Mischa Meier

Ein Ringen um die Zeit

Tria Corda

Jenaer Vorlesungen zu Judentum,
Antike und Christentum

Herausgegeben von

Karl-Wilhelm Niebuhr, Matthias Perkams
und Meinolf Vielberg

18

Mischa Meier

Ein Ringen um die Zeit

Zeitvorstellungen, Zeitregime
und Temporalitäten
im 6. Jahrhundert

Mohr Siebeck

Mischa Meier ist Professor für Alte Geschichte an der Universität Tübingen und war bis 2023 Sprecher des SFB 923 „Bedrohte Ordnungen".
Orcid.org/0009-0007-6043-8070

ISBN 978–3–16–164885–4 / eISBN 978–3–16–164886–1
DOI 10.1628/978–3–16–164886–1

ISSN 1865–5629 / eISSN 2569–4510 (Tria Corda)

Die Deutsche Nationalbibliothek verzeichnet diese Publikation in der Deutschen Nationalbibliographie; detaillierte bibliographische Daten sind über *https://dnb.dnb.de* abrufbar.

© 2025 Mohr Siebeck Tübingen.

Das Werk einschließlich aller seiner Teile ist urheberrechtlich geschützt. Jede Verwertung außerhalb der engen Grenzen des Urheberrechtsgesetzes ist ohne Zustimmung des Verlags unzulässig und strafbar. Das gilt insbesondere für die Verbreitung, Vervielfältigung, Übersetzung und die Einspeicherung und Verarbeitung in elektronischen Systemen. Das Recht einer Nutzung der Inhalte dieses Werkes zum Zwecke des Text- und Data-Mining im Sinne von § 44b UrhG bleibt ausdrücklich vorbehalten.

Satz: Laupp & Göbel, Gomaringen.

Gedruckt auf alterungsbeständiges Papier.

Mohr Siebeck GmbH & Co. KG, Wilhelmstraße 18, 72074 Tübingen, Deutschland
www.mohrsiebeck.com, info@mohrsiebeck.com

Vorwort

Im November 2024 hatte ich die Freude und Ehre, die Tria Corda-Vorlesungen in Jena halten zu dürfen. Das vorliegende Buch ist aus diesen vier Vorträgen und den anschließenden Diskussionen hervorgegangen. Es greift Themen und Aspekte auf, die mich seit der Arbeit an meiner Habilitationsschrift, seit mehr als 20 Jahren also, beschäftigen, versucht sie neu zu perspektivieren und zu systematisieren. Meine Sichtweise auf das 6. Jahrhundert und Überlegungen zum Thema ‚Zeit' sind in dieser Monographie zusammengeflossen.

Der Aufbau des Buches folgt im Wesentlichen der Abfolge der Vorlesungen; allerdings habe ich die schriftliche Fassung noch ein wenig ergänzt durch die Diskussion von Zeugnissen, deren Erörterung im Rahmen der Vorlesungen nicht mehr möglich war. Dies betrifft vor allem die Überlegungen zu den miaphysitischen Milieus und zur Rolle zeitgenössischer Konzepte von Aufstieg und Niedergang.

Ganz herzlich sei an dieser Stelle den Organisatoren der Tria Corda-Vorlesungen für die Einladung und die perfekte Betreuung gedankt. Die Diskussionen nach den Vorträgen und die munteren Gespräche bei den anschließenden Abendessen, überhaupt die wunderbare Atmosphäre während meines Aufenthalts, werden mir noch lange in Erinnerung bleiben. Insbesondere Timo Stickler und sein Team haben dafür gesorgt, dass ich die Woche in Jena genießen konnte.

Das Manuskript haben mehrere Freunde und Kollegen kritisch kommentiert, so dass ich an einigen Stellen noch einmal nachschärfen und korrigieren konnte. Dafür schulde ich Volker Drecoll, Simon Elsäßer, Hartmut Leppin, Sebastian Schmidt-Hofner, Peter Zeller und einmal mehr Timo Stickler großen Dank.

Reutlingen, im März 2025   Mischa Meier

Inhaltsverzeichnis

Vorwort V

1. Einleitung 1

2. Der Verlust der Zukunft: Das Beispiel
   Johannes Malalas 21

3. Kollektives Vergessen und schwebende
   Gegenwarten: Prokop, Agathias, Euagrios
   und die Verräumlichung der Zeit 59

4. Von der Pluritemporalität zur Nontemporalität: Der Kaiser und die Zeit 115

5 Retardation und Beschleunigung:
   Miaphysitische Milieus 175

6. ‚Zeitkämpfe' im 6. Jahrhundert: Suchbewegungen und Lösungsansätze 193

7. Aufstieg und Niedergang:
   Traditionelle Konzeptionen des Zeitverlaufs
   im 6. Jahrhundert 249

8. Ein Ringen um die Zeit: Vorläufiges Fazit . . 277

Quellen	285
Literaturverzeichnis	297
Abkürzungen	339
1.) Quellen	339
2.) Literatur	343
Geographisches Register	347
Namensregister	349
Sachregister	355

1. Einleitung

Es ging ans Sterben. Nicht lange, bevor Kaiser Anastasios I. in der Nacht zum 9. Juli 518 im Kaiserpalast zu Konstantinopel die Welt verließ, ereilte ihn ein beunruhigender Traum. Ein Zeitgenosse, der Chronist Johannes Malalas, berichtet darüber wie folgt:[1]

Kurze Zeit darauf aber sah dieser nämliche Kaiser Anastasios in einem Traum, dass sich vor ihm ein vollendet schöner Mann, gutaussehend [oder weißgewandet], mit einem beschriebenen Kodex in Händen, aufbaute; und er las, schlug fünf Blätter des

---

[1] Malal. p. 334,42-335,66 Thurn: Μετὰ δὲ ὀλίγον καιρὸν εἶδεν ἐν ὁράματι ὁ αὐτὸς βασιλεὺς Ἀναστάσιος, ὅτι ἔστη ἐναντίον αὐτοῦ ἀνήρ τις τέλειος, λευχείμων, βαστάζων κώδικα γεγραμμένον, καὶ ἀναγινώσκων καὶ ἀναπτύξας τοῦ κώδικος φύλλα πέντε καὶ ἀναγνοὺς τὸ τοῦ βασιλέως ὄνομα εἶπεν αὐτῷ· ‚ἴδε, διὰ τὴν ἀπληστίαν σου ἀπαλείφω δεκατέσσαρα.‘ καὶ τῷ ἰδίῳ δακτύλῳ αὐτοῦ ἀπήλειψε, φησίν. καὶ διυπνίσθη ταραχθεὶς ὁ αὐτὸς Ἀναστάσιος βασιλεύς, καὶ προσκαλεσάμενος Ἀμάντιον τὸν κουβικουλάριον καὶ πραιπόσιτον διηγήσατο αὐτῷ τὴν τοῦ ὁράματος ὀπτασίαν. ὅστις Ἀμάντιος εἶπεν αὐτῷ· ‚εἰς τὸν αἰῶνα ζῆθι, βασιλεῦ· ἐνύπνιον γὰρ εἶδον κἀγὼ ἐν ταύτῃ τῇ νυκτί, ὅτι ὡς ἑστηκὼς κἀγὼ ἐναντίον τοῦ ὑμετέρου κράτους ὄπισθέν μου ἐλθὼν χοῖρος, ὥσπερ σύαγρος μέγας, καὶ δραξάμενος τῷ στόματι τὴν ἀρχὴν τῆς χλαμύδος καὶ τινάξας κατήγαγέν με εἰς τὸ ἔδαφος τῆς γῆς, καὶ ἀνήλωσέν με κατεσθίων καὶ καταπατῶν.‘ καὶ προσκαλεσάμενος ὁ βασιλεὺς Πρόκλον τὸν Ἀσιανὸν φιλόσοφον, τὸν ὀνειροκρίτην, ὄντα πάνυ ἐπιτήδειον, εἶπεν αὐτῷ <τὸ ὅραμα, ὁμοίως δὲ καὶ Ἀμάντιος· ὁ δὲ ἐσαφήνισεν αὐτοῖς> τὴν τοῦ ὁράματος δύναμιν καὶ ὅτι μετὰ χρόνον τελειοῦνται. […] Καὶ μετ' ὀλίγον χρόνον ἀρρωστήσας ἀνέκειτο, καὶ ἀστραπῆς καὶ βροντῆς γενομένης μεγάλης πάνυ θροηθεὶς ὁ αὐτὸς βασιλεὺς Ἀναστάσιος ἀπέδωκε τὸ πνεῦμα, ὢν ἐνιαυτῶν ἐνενήκοντα καὶ μηνῶν πέντε (Übers.: J. Thurn/ M. Meier).

Kodex auf, und er trug den Namen des Kaisers vor und sagte zu ihm: „Siehe, wegen deiner Unersättlichkeit (ἀπληστίαν)² lösche ich vierzehn". Und mit seinem Finger, heißt es, tilgte er sie. Und erschreckt wachte eben dieser Kaiser Anastasios auf, er bestellte den *cubicularius* und *praepositus* Amantios zu sich und erzählte ihm das Traumgesicht. Dieser Amantios sagte zu ihm: „Lebe nur für immer weiter, Kaiser; denn auch ich hatte in dieser Nacht ein Traumgesicht: Ich stand auch Eurer Hoheit gegenüber; hinter mir kam ein Schwein herbei, etwa ein großer Wildeber, packte den Saum meines Mantels, schüttelte mich und warf mich auf den Erdboden nieder, und es brachte mich zu Tode, indem es von mir abbiss und mich niedertrampelte". Und der Kaiser ließ Proklos, den Mann aus Asien, den Philosophen und Traumdeuter – er war ihm sehr vertraut – herbeirufen. Er erzählte ihm <das Gesicht, in gleicher Weise aber auch tat dies Amantios. Dieser aber legte ihnen die Bedeutung> des Traumes dar, nämlich, dass sie nach einiger Zeit sterben müssten.³ […]
Und kurze Zeit darauf wurde er [sc. Anastasios] krank und war bettlägerig; und es gab sehr heftigen Blitz und Donner, dieser nämliche Kaiser Anastasios fiel in Schrecken und gab seinen Geist auf. Er war 90 Jahre und fünf Monate alt.

Der Traum des greisen Anastasios, den mit geringen Abweichungen auch andere Autoren überliefern,⁴ gibt der Forschung vielfache Rätsel auf.⁵ Ungeklärt ist bisher ins-

---

² Einige spätere Autoren haben ἀπιστίαν bzw. κακοπιστίαν (‚Gottlosigkeit') statt ἀπληστίαν (Joh. Mosch., Theoph., Kedren., Zonar.). Vgl. FATOUROS 1998, 62; MOTTA 2003, 222; MEIER ²2010, 54.
³ Der unter Anastasios höchst einflussreiche und umtriebige Amantios (PLRE II 67f. [Amantius 4]) wurde unter Justin I. noch im Jahr 518 exekutiert, vgl. WEBER 2000, 488.
⁴ Vgl. *Chron. Pasch.* p. 610,10–611,10 DINDORF; Joh. Mosch. *Prat. Spirit.* 38 *PG* 87.3, 2888–2889; Theoph. a.m. 6010 p. 163,31–164,8 DE BOOR; Sym. Log. 102,5 p. 135 WAHLGREN; Kedren. p. 635–636 BEKKER; Zonar. 14,4,22.
⁵ Zum Doppeltraum des Anastasios und Amantios s. etwa FATOUROS 1998; WEBER 2000, 486–489; MEIER ²2010, 53–56.

besondere, wie die vierzehn Blätter des Kodex, die von der Traumerscheinung (ein Engel?) gelöscht werden, zu verstehen sind. Glaubte man tatsächlich, dass es sich dabei um Lebensjahre handelte[6] und dass der Kaiser, der hochbetagt mit ca. 88–90 Jahren verstarb, ursprünglich noch bis 532 hätte leben sollen? Bezieht die Zahl sich auf Herrschaftsjahre oder gar eine Reihe vorausgegangener Kaiser? Unabhängig von dieser und anderen Fragen kann zumindest eines als sicher gelten: Die Traumgeschichte entfaltete sich vor einem endzeitlichen Hintergrund (worin die Rätselhaftigkeit des Textes immerhin eine partielle Erklärung findet).[7] Nach der Prophezeiung, die – wie auch immer im Einzelnen zu verstehen – den Tod des Kaisers und seines Kammerherrn voraussagt, erliegt Anastasios angsterfüllt wie ein Tyrann einer Krankheit, in einer unheilschwangeren, donnerschweren Gewitternacht, die sicherlich nicht ohne Grund jene Erdbeben und Finsternis evoziert, die Christi Kreuzigung begleitet hatten.[8] Der Tod jenes Kaisers, dessen Name bereits auf die Auferstehung (*anástasis*) verwies (s.u.) und der in der zeitgenössi-

---

[6] So die Interpretation späterer Quellen (Sym. Log., Kedren., Zonar.), die hier möglicherweise eine ungekürzte Originalversion der Traumgeschichte reflektieren.

[7] Vgl. MANGO 1980, 203–205; WEBER 2000, 487; MEIER ²2010, 55f.

[8] Mt 27,45–52 (Finsternis und Erdbeben); Mk 15,33; Lk 23,44 (Finsternis). In einigen Varianten der Traumerzählung wird dem Kaiser ein Tod durch Feuer prophezeit und er stirbt durch himmlischen Blitzschlag, vgl. Kedren. p. 636 BEKKER. Vict. Tunn. *ad ann.* 518,1 p. 196 MOMMSEN, berichtet, Anastasios habe angsterfüllt ob des Donners innerhalb des Palastes die Flucht ergriffen, sei dann aber von einem Blitz getroffen worden.

schen Apokalyptik⁹ eine zentrale Rolle spielte,¹⁰ präludierte unmittelbar dem Ende der Welt, das verbreiteten und lang etablierten Kalkulationen zufolge in den Jahren um 500 zu erwarten war. Leben und insbesondere Sterben des Kaisers vollzogen sich im Kontext des eschatologischen Dramas – das musste sogar Johannes Malalas konzedieren, der, wie wir noch sehen werden, prinzipiell gegen die zeitgenössischen Endzeiterwartungen anschrieb und die ihm vorliegende Version der Traumerzählung (sie könnte auf den Anastasios-feindlichen Kirchenhistoriker Theodoros Anagnostes zurückgehen)[11] bereits entsprechend abgemildert haben dürfte.

Auch den beiden nachfolgenden Kaisern, Justin I. (518–527) und Justinian (527–565), wurden endzeitlich konnotierte Träume zugeschrieben. So hält der gleichfalls zeitgenössische Historiograph Prokop in seinen *Anekdota* fest:[12]

---

[9] Im Folgenden wird nicht analytisch streng zwischen „Eschatologie" und „Apokalyptik" unterschieden. Tendenziell verwende ich den Begriff „Apokalyptik" im weiteren Sinne für Haltungen und Texte, die auf das prognostizierte Weltende hin ausgerichtet sind.

[10] Z.B. *Baalbek-Orakel* p. 19,161–166 ALEXANDER. Vgl. auch *Chron. Melcit.* 12 p. 30 DE HALLEUX; Ps.-Dionys. p. 12 CHABOT (2. Hälfte 8. Jh.); *Chron. ad ann. 846* p. 166 CHABOT; Mich. Syr. 9,11. BRANDES 1997.

[11] Vgl. MEIER ²2010, 56.

[12] Prok. *HA* 6,5–11: Οὗτος Ἰωάννης τὸν Ἰουστῖνον ἁμαρτάδος τινὸς ἕνεκα ἐν δεσμωτηρίῳ καθεῖρξεν, ἡμέρᾳ τε τῇ ἐπιούσῃ ἐξ ἀνθρώπων αὐτὸν ἀφανιεῖν ἔμελλεν, εἰ μή τις μεταξὺ ἐπιγενομένη ὄψις ὀνείρου ἐκώλυσεν. ἔφη γάρ οἱ ἐν ὀνείρῳ ὁ στρατηγὸς ἐντυχεῖν τινα παμμεγέθη τε τὸ σῶμα καὶ τἆλλα κρείσσω ἢ ἀνθρώπῳ εἰκάζεσθαι. καὶ τὸν μέν οἱ ἐπισκῆψαι μεθεῖναι τὸν ἄνδρα, ὅνπερ καθείρξας ἐκείνῃ τῇ ἡμέρᾳ ἐτύγχανεν· αὐτὸν δὲ τοῦ ὕπνου ἐξαναστάντα ἐν ἀλογίᾳ τὴν τοῦ ὀνείρου ὄψιν ποιήσασθαι. ἐπιλαβούσης δὲ καὶ ἑτέρας νυκτὸς ἐδόκει μέν οἱ ἐν τῷ ὀνείρῳ καὶ αὖθις τῶν λόγων ἀκούειν ὧνπερ ἠκηκόει τὸ πρότερον,

1. Einleitung

Der genannte Feldherr Johannes [Kyrtos] nahm Justin wegen eines Vergehens in Haft und wollte ihn am nächsten Tag hinrichten lassen, doch verhinderte das ein Traumgesicht. Wie er erklärte, sei ihm im Traum ein Mann erschienen, von riesiger Gestalt und auch sonst von übermenschlichen Ausmaßen. Und dieser habe ihm befohlen, den Mann, den er an jenem Tage gefangen gesetzt habe, laufen zu lassen. Johannes erwachte indessen und kümmerte sich nicht weiter um die Erscheinung. In der folgenden Nacht glaubte er wieder im Traum die Worte zu vernehmen, die er zuvor gehört hatte, war aber auch jetzt noch nicht gewillt, den Auftrag auszuführen. Und die Traumerscheinung meldete sich zum dritten Mal und stieß fürchterliche Drohungen aus, falls Johannes den Befehl nicht befolge. Sie fügte noch hinzu, sie könne Justin und seine Verwandtschaft als Werkzeuge für ihren künftigen Groll (ὡς αὐτοῦ τε τοῦ ἀνθρώπου καὶ τῆς ξυγγενείας χρέος οἱ μέγα ὀργισθησομένῳ ἐς χρόνον τὸν ὄπισθεν εἴη) recht wohl brauchen. So kam der Verurteilte damals mit dem Leben davon und stieg im Laufe der Zeit zu großer Macht auf. Denn Kaiser Anastasios bestellte ihn zum Kommandeur der Palastwache, und als dieser Herrscher gestorben war, übernahm Justin kraft seines Amtes die Kaiserwürde [...].

Von Bedeutung ist in dieser Passage[13] die Aussage, Justin und seine Verwandtschaft (d. h. sein Neffe Justinian) würden der geheimnisvollen Erscheinung – hinter der sich of-

---

ἐπιτελέσαι δὲ τὰ ἐπιτεταγμένα οὐδ' ὡς βεβουλῆσθαι. τρίτον τέ οἱ ἐπιστᾶσαν τὴν τοῦ ὀνείρου ὄψιν ἀπειλῆσαι μὲν τὰ ἀνήκεστα, ἢν μὴ τὰ ἐπηγγελμένα ποιοίη, ἐπειπεῖν τε ὡς αὐτοῦ τε τοῦ ἀνθρώπου καὶ τῆς ξυγγενείας χρέος οἱ μέγα ὀργισθησομένῳ ἐς χρόνον τὸν ὄπισθεν εἴη. τότε μὲν οὖν οὕτως Ἰουστίνῳ περιεῖναι ξυνέβη, προϊόντος δὲ τοῦ χρόνου ἐς μέγα δυνάμεως οὗτος Ἰουστῖνος ἐχώρησεν. ἄρχοντα γὰρ αὐτὸν Ἀναστάσιος βασιλεὺς κατεστήσατο τῶν ἐν Παλατίῳ φυλάκων. ἐπειδή τε ὁ βασιλεὺς ἐξ ἀνθρώπων ἠφάνιστο, αὐτὸς τῇ τῆς ἀρχῆς δυνάμει τὴν βασιλείαν παρέλαβε [...] (Übers.: O. VEH, leicht modifiziert).

[13] Zu diesem Traum und den Inkonsistenzen im Text s. WEBER 2000, 230–233.

fenkundig der Widersacher Gottes verbirgt[14] – als Werkzeuge ihres zukünftigen Grolls dienen. Dies verweist direkt auf die Zeichnung Justinians als „Dämon in Menschengestalt" (δαίμων ἀνθρωπόμορφος), als Sohn eines Dämons (δαιμόνιον) und insbesondere „Fürst der Dämonen" (δαιμόνων ἄρχων) in den *Anekdota*.[15] Schon vor Jahrzehnten hat Berthold Rubin aufgezeigt, dass damit das Schreckbild des Antichrist evoziert wird,[16] eine eschatologisch hochgradig aufgeladene Figur, deren Auftreten das unmittelbar bevorstehende Weltende anzeigt und die in der Spätantike häufig mit dem schon im Neuen Testament

---

[14] WEBER 2000, 232, identifiziert die Figur als „den Dämonenfürsten […], der der gleichen Schrift Prokops zufolge als Vater Iustinians angesehen wurde".

[15] Justinian als „Dämon in Menschengestalt": Prok. *HA* 18,1. – Sohn eines δαιμόνιον: Prok. *HA* 12,19. – „Fürst der Dämonen": Prok. *HA* 12,26; 12,32; 30,34 (prominent am Werkende!). Vgl. auch Prok. *HA* 12,14; 12,14 (ἀνθρωποδαίμονες), sowie 12,28, zu Theodora. Auch die Geschichten über Justinian, der als kopfloser Dämon nachts durch den Palast wandle und dessen Gesicht sich in einen ungestalten Fleischklumpen verwandeln könne (Prok. *HA* 12,20–23), sind dem Antichrist-Kontext zuzurechnen, vgl. SCOTT 2012, 12. Vgl. RUBIN 1951; GANTAR 1961; CAMERON 1985, 56; BRODKA 2022, 79–81.

[16] RUBIN 1961, bes. 61 f.: „Das laientheologische Weiterleben der Verwechslung von Satan und Antichrist und die angeführten Parallelen zwischen der Domitianinterpretation der Apokalypse und dem domitianisch gefärbten Iustinianbild der Geheimgeschichte sprechen dafür, daß Prokop oder seine Gewährsmänner, wenn sie vom Dämonenfürst reden, auch den Antichrist im Auge haben. […] Prokop verzichtet also auf das Wort Antichrist, weiß aber nur um so sicherer im Leser das Chaos chiliastischer Erwartungen zu erwecken und mit der Person Iustinians in Beziehung zu setzen". Vgl. auch RUBIN 1951; 1960, 203 f.; 212 f.; 445 f.; CAMERON 1985, 56 f.; SCOTT 1985, 108 f.; MEIER ²2004, 86–89; MAGDALINO 2008, 123 f.; SCOTT 2012, 11 f.; BRODKA 2022, 80; STICKLER 2022a, 219.

als „Fürst der Dämonen" aufgerufenen Beelzebul bzw. Satan vermengt wird.[17] Noch im Geschichtswerk des Johannes Zonaras aus dem 12. Jahrhundert wird Johannes' Traum erwähnt, freilich ohne die polemisch-scharfe antijustinianische Ausrichtung, die den *Anekdota* eigen ist. Die endzeitliche Konnotation bleibt indes präsent in dem – nunmehr wohl positiv zu verstehenden – Hinweis, Justin und Justinian würden Gott behilflich sein, jeder zu seiner Zeit (μέλλει γὰρ ἕκαστος αὐτῶν ὑπουργῆσαι τῷ θεῷ ἐν καιροῖς ἰδίοις).[18]

---

[17] Vgl. Mt 9,34; 12,24; Mk 3,22; Lk 11,15; 11,18–19; zum biblischen Antichrist s. etwa 1 Joh 2,18; 4,3; 2 Joh 7 (vgl. auch das Endzeittier Apk 13,5–8; 17,8–13; 19,20). Weitere frühchristliche und spätantike Zeugnisse bei RUBIN 1951, 475–477. Zur Vermengung von Dämonenfürst/Satan und Antichrist in der Spätantike s. BOUSSET 1895, 88; 91 („Man sieht, die Überlieferung schwankt zwischen der Auffassung des Antichrist als eines vom Teufel regierten Menschen und seiner Identifikation mit dem Satan"); RUBIN 1961, 55; 61 f. U.a. Hieronymus und Johannes Chrysostomos sahen sich genötigt, vor einer Gleichsetzung beider Figuren zu warnen.
Einzelne römische Herrscher in den Kontext der Antichrist-Figur zu rücken, war keine Innovation des 6. Jh., sondern findet sich schon weitaus früher, so etwa im *Daniel-Kommentar* des Hippolytos, vgl. Hippolyt. *Dan.* 4,9 p.214 BONWETSCH/RICHARD, mit BRACHT 2016, 118 f., Anm. 29 (Hinweis Simon ELSÄSSER).

[18] Zonar. 14,4,20–21: Πρὸ μικροῦ δὲ τῆς τελευτῆς αὐτοῦ Ἀναστάσιος, ἐπιβουλῆς αὐτῷ μηνυθείσης, συνέσχε πολλούς, σὺν οἷς καὶ Ἰουστῖνον καὶ Ἰουστινιανόν, καὶ ἦν γνώμης ἀπολέσαι αὐτούς· ἐκωλύθη δὲ κατ' ὄναρ φοβεροῦ τινος ἀνδρὸς δόξαντος παραστῆναι αὐτῷ καὶ εἰπεῖν ‚Ἰουστίνῳ καὶ Ἰουστινιανῷ μηδὲν ἐργάσῃ κακόν· μέλλει γὰρ ἕκαστος αὐτῶν ὑπουργῆσαι τῷ θεῷ ἐν καιροῖς ἰδίοις'. ὅθεν ἀφῆκεν αὐτοῖς τὸ τῆς καθοσιώσεως ἔγκλημα. WEBER 2000, 233, vermutet, dass es sich bei der von Zonaras aufgegriffenen Variante des Traums um die ursprüngliche Version gehandelt habe; sie sei in Umlauf gebracht worden, um das Regime Justins und Justinians zu stabilisieren. Die polemische Wendung und das Insinuieren, die Kaiser stünden mit dem

Im 6. Jahrhundert besaß die Spiegelung von Herrschern und Herrschaft in Träumen und Visionen bereits eine lange Tradition und durfte prinzipiell nicht eben originell erscheinen.[19] Verändert hatte sich nunmehr jedoch der Bezugsrahmen. Die konsequente Einbettung der Kaiser in einen eschatologischen Kontext verweist auf einen neuartigen Aspekt ihrer Wahrnehmung, Repräsentation und Kommunikation: die Verknappung von Zeit. Herrscherliches Handeln wurde im 6. (und auch im 7.) Jahrhundert in direkten Bezug zum Eschaton, zum Ende der irdischen Zeit, gesetzt.[20] Damit verdichtete sich in der Gestalt des Kaisers ein Unbehagen, das zahlreiche Mitlebende umgetrieben haben muss: Man wähnte sich in der letzten Phase der Weltzeit, am Endpunkt der Geschichte, und sah sich mit der Notwendigkeit konfrontiert, Vorbereitungen für das unmittelbar drohende Weltgericht zu treffen. Nicht nur das je eigene Ende gewann damit eine bis dahin ungekannte, schwer lastende Präsenz, sondern das Ende von allem und jedem, das Ende der Welt.

In den nachfolgenden Überlegungen möchte ich diesen Befund zum Ausgangspunkt nehmen, um einer schlichten Frage nachzugehen: Wie wirkte sich die Vorstellung, dem Eschaton direkt entgegenzuschreiten, auf das Verständnis und die Konzeption von Zeit aus, die ja nun auf das bevorstehende Telos hin extrem komprimiert wurde? Angesichts multipler Krisen in unserer eigenen Gegenwart – vom Klimawandel über die Erfahrung einer weltweiten Pandemie mit ihren sozialen und kulturellen Konsequenzen, über Wohlstandsverluste, ökonomische Turbulenzen

---

Teufel in Verbindung, gehe hingegen auf eine nachträgliche Bearbeitung durch Prokop zurück.
[19] Das Thema wurde aufgearbeitet von WEBER 2000.
[20] Zum 7. Jh. s. MEIER (im Druck 2).

und politische Polarisierungen bis hin zur Rückkehr des Krieges nach Europa – erscheint mir der Blick auf ein historisches Beispiel, an dem sich Aushandlungsprozesse in einer verunsicherten, von den apokalyptischen Reitern gleichsam niedergaloppierten Gesellschaft studieren und analysieren lassen, aufschlussreich und erkenntnisfördernd. Dieser Blick kann selbstverständlich nur auf einen eng definierten Bereich gerichtet werden und muss, um den durch die ursprünglichen vier Vorlesungen gesetzten Rahmen nicht zu überdehnen, auch dabei von ausgewählten Exempla ausgehen. Ich möchte im Folgenden die oströmische Welt in den Blick nehmen – im lateinischen Westen gestaltete sich die Lage in vielerlei Hinsicht different[21] – und mich auf die Frage nach zeitgenössischem Zeitverständnis, nach Zeitkonzepten und Zeitregimen konzentrieren. Wie ging man mit der *Vergangenheit* um, wenn man überzeugt war – oder immerhin allseits mit der Überzeugung konfrontiert wurde –, dass keine (irdische) Zukunft mehr möglich war? Wie ließ sich *Zukunft* in dieser Situation konzeptualisieren? Und welche Konsequenzen hatten die Verknappung der irdischen Zeit sowie die damit einhergehende Beschleunigungserfahrung[22] auf die Wahrnehmung, Konzeption und Situierung der eigenen *Gegenwart*? Und ganz generell: Wie gingen Akteure mit der Überzeugung um, als Kollektiv keine (irdische) Zeit mehr zu haben? Mein Ziel besteht darin, darzulegen, dass

---

[21] Zu den Unterschieden s. MEIER 2008. Die Historiographie im römischen Osten des 6. Jahrhunderts blendet den Westen nahezu aus, setzt dort jedenfalls keine erkennbaren Schwerpunkte. Marcellinus Comes weist sogar explizit darauf hin, dass seine Chronik lediglich den römischen Osten behandelt, vgl. Marc. Com. pr. p. 60 MOMMSEN: *Orientale tantum secutus imperium*.

[22] Vgl. ROSA 2005, 281.

im 6. Jahrhundert nicht ein einzelnes Konzept von Zeit existierte und akzeptiert wurde, sondern dass Zeit und die auf sie zu beziehenden Dimensionen Vergangenheit, Gegenwart und Zukunft, zudem auch darauf beruhende Konstrukte wie Geschichte sowie spezifische Erwartungen, in einem vielschichtigen Diskurszusammenhang permanent ausgehandelt, modelliert und umkämpft wurden; Zeit und Zeitkonzepte waren umstritten, man rang um sie, suchte sie zu instrumentalisieren und arbeitete sich fortwährend an ihnen ab – all dies unter dem lastenden Schatten des drohenden Endes der Welt.

Indem ich somit einem Aspekt der Folgen verbreiteter Endzeiterwartungen im 6. Jahrhundert nachgehe, kehre ich wieder zurück zu den Anfängen meiner Beschäftigung mit der Spätantike.[23] Gegenüber meinen früheren Arbeiten verschiebt sich nunmehr jedoch der Fokus. Mein Ziel besteht darin, durch die Diskussion der Frage nach dem Umgang der Mitlebenden mit Zeit zum Verständnis der Geschichte Ostroms im 6. Jahrhundert beizutragen, indem ein bisher vernachlässigter Bereich neu erschlossen werden soll. Dafür werde ich, wie angedeutet, exemplarisch vorgehen, mit einem Schwerpunkt auf der Historiographie: Nach einigen Grundlegungen (1.) werde ich (2.) zunächst die *Weltchronik* des Johannes Malalas in den Blick nehmen und aufzeigen, dass der Verfasser gegen die weitreichenden Endzeiterwartungen anzuschreiben suchte (was indirekt die hohe Verbreitung dieser Erwartungen dokumentiert),[24] dass er dabei auch die Zukunft neu konzipierte – dieses Bemühen fasse ich unter den (bewusst prägnant zugespitzten) Terminus der ‚Enteschatologisie-

---

[23] Vgl. MEIER ²2004. Daneben MEIER 2002a; 2008.
[24] So auch VARGHESE 2006, 394.

rung' –, diese aber unter dem Stichwort der Angst bzw. Furcht auf die Gegenwart bezog. Sodann werde ich (3.) weitere historiographische Texte, darunter insbesondere die Geschichtswerke Prokops und des Agathias, einer Analyse unterziehen und Aspekte des kollektiven Vergessens sowie der Verräumlichung von Zeit herausarbeiten. ‚Pluritemporalität' und ‚Nontemporalität' sind Phänomene, die ich im nächsten Schritt an Schriften und Handeln Justinians aufzeigen möchte (4.), gefolgt von der Betrachtung weiterer Zeugnisse, die für Spezifika miaphysitischer Milieus (5.),[25] für Suchbewegungen in unterschiedliche Richtungen (6.) sowie für eine neue Konjunktur des Niedergangsdiskurses unter Anastasios und Justinian (7.) stehen. Auf dieser Basis, die sich mühelos durch weitere Texte (z. B. Hagiographie und [politische] Philosophie), aber auch durch materielle Monumente (nicht zuletzt die auf den Tempel Salomons und die Polyeuktoskirche verweisende Hagia Sophia in Konstantinopel)[26] erweitern ließe, soll (8.) eine Verdichtung von ‚Zeitkämpfen', ein regelrechtes Ringen um die Zeit herausgearbeitet werden,

---

[25] Der Begriff ‚Miaphysitismus' wird in dieser Arbeit im generischen Sinne zur Bezeichnung von Antichalkedoniern, die tendenziell eine Einnaturenlehre vertraten, verwendet. Er bleibt freilich – ebenso wie ‚Monophysitismus' – problematisch, vgl. LANGE 2023, der etwa mit Blick auf Severos von Antiocheia (zu ihm s. u. S. 178 ff.) zu der Schlussfolgerung gelangt: „Wegen seines klaren Bekenntnisses zur Vollständigkeit der menschlichen Natur des Fleisch gewordenen Gott-Logos erscheint es deshalb auch als konsequenter, in dem anti-chalcedonensischen Patriarchen Severus von Antiochia keinen „Monophysiten" zu sehen" (223 f.).

[26] Im weiteren Umfeld der materiellen Monumente ließe sich auch Christodoros' *Ekphrasis* der (nicht mehr erhaltenen) Statuen in den Zeuxippos-Thermen nennen; dazu vgl. zuletzt KALDELLIS 2007; KRUSE 2019, 57–79.

das – so meine These – eine spezifische Signatur des 6. Jahrhunderts darstellt.

Auch wenn Zeit für jegliche Art und Form historischen Forschens grundlegende Bedeutung besitzt, ist es um eine allgemeine Theorie historischer Zeit – eine Historik der Temporalität(en) – schlecht bestellt. Allzu lang sind auch Historiker unreflektiert davon ausgegangen, dass Zeit schlicht linear zu denken sei und kontinuierlich fortschreite, formal unterteilbar in Subgliederungen wie Epochen, Jahre, Monate, Tage, Stunden und Minuten. Man diskutierte über Zeitmodelle wie Zyklen, Linearität, Verzweigungen und Apokalyptik, analysierte Zeit- und Geschichtsmetaphern,[27] versuchte kollektive Erinnerung im Kontinuum zu situieren, reflektierte dabei jedoch nur selten den zugrundeliegenden Zeitbegriff als solchen. Erst mit den Arbeiten Reinhart Kosellecks trat seit den 1970er Jahren allmählich die Komplexität historischer Zeit(en) hervor.[28] Indem Koselleck die Kategorien ‚Erfahrungsraum' und ‚Erwartungshorizont' definierte und aufeinander bezog, suchte er Spezifika der Neuzeit herauszuarbeiten (Entkoppelung von Erfahrungsraum und Erwartungshorizont). Von ihm wurden wichtige, auch heute intensiv verhandelte Begriffe und Konzepte geprägt, so etwa ‚Geschichte' und ‚Fortschritt' als Kollektivsingulare, die Beschleunigung,[29] Wiederholungsstrukturen, die Gleichzeitigkeit des Ungleichzeitigen[30] und die Zeitschichten. Gleichwohl ist es Koselleck nie gelungen,

---

[27] Vgl. DEMANDT 1978; THOMSEN/HOLLÄNDER 1984.
[28] Vgl. etwa die Aufsatzsammlungen KOSELLECK 1989; 2000. Zur Einführung: OLSEN 2012.
[29] Dazu s. jetzt auch die Arbeiten von Hartmut ROSA, bes. ROSA 2005.
[30] Dazu s. JORDHEIM 2020; LANDWEHR 2020, 177–208.

seine Arbeiten zu historischen Zeiten und ihren Semantiken in eine kohärente, übergreifende neue Historik zu überführen,[31] wenngleich eben dies sein erklärtes Ziel war.[32] Die jüngere Forschung hat sich in Auseinandersetzung mit Kosellecks Thesen der Frage nach Zeitregimen und der Spezifik von Zeit als kulturellem Konstrukt gewidmet;[33] ‚Eigenzeiten', ‚Pluritemporalität(en)', ‚Chronoferenzen', ‚Synchronisierung' und ‚Verdichtung' sind nur einige Stichworte, unter denen diese Zusammenhänge aktuell diskutiert werden; insbesondere die Arbeiten von Helge Jordheim[34] und Achim Landwehr[35] haben dabei in den letzten Jahren erheblichen Erkenntnisgewinn er-

---

[31] Vgl. JORDHEIM 2012, 160 („fragmented and scattered across his entire work"); HOFFMANN 2023, bes. 14 f. („Über mehr als ein halbes Jahrhundert, von der Studienzeit im Nachkrieg bis zu seinen letzten Essays, hat Koselleck in immer neuen Anläufen mögliche Zugänge zu einer neuen Zeit- und Wissenstheorie der Geschichte skizziert. Anders als Johann Gustav Droysen, der Biograf Alexanders des Großen, hat Koselleck sie nie zu einem geschlossenen, systematischen Buch zusammengefügt – einer Historik"). Zur Kritik an KOSELLECKS Thesen zur Entstehung des „Kollektivsingulars" ‚Geschichte' s. etwa SAWILLA 2011.

[32] Vgl. KOSELLECK 2000, 302: „Ich möchte deshalb meine These dahingehend einengen, daß die ubiquitär angelegte Historie nur als Wissenschaft bestehen kann, wenn sie eine Theorie der geschichtlichen Zeiten entwickelt, ohne die sich die Historie als Allesfragerin ins Uferlose verlieren müßte"; ferner ebd., 324: „Wenn wir als Historiker eine genuine Theorie entwickeln wollen, die sich von den allgemeinen Sozialwissenschaften unterscheiden soll, so muß es offensichtlich eine Theorie sein, die es möglich macht, eine Veränderung temporaler Erfahrungen einzukalkulieren".

[33] Vgl. etwa SIMONIS/SIMONIS 2000; ASSMANN 2013; HARTOG 2015; HÖLSCHER 2020; LANDWEHR 2020.

[34] Vgl. etwa JORDHEIM 2005; 2012; 2014; 2017a; 2017b; 2019; 2020; 2022.

[35] Zusammengeführt in LANDWEHR 2020.

bracht. Doch auch sie haben eine umfassende Historik der Zeit bisher noch nicht formuliert.

Ich werde im Folgenden verschiedentlich auf Konzepte der gegenwärtigen Zeitforschung zurückgreifen und diese dann, soweit erforderlich, kurz erläutern. Die Literatur der zurückliegenden drei Jahrzehnte hat immerhin deutlich gemacht, dass zumal Historiker reflektierter mit dem Phänomen der Zeit umgehen sollten;[36] sie hat zudem ein Sensorium geschaffen, das den Blick auf bisher übersehene bzw. vernachlässigte Aspekte schärft. Aus meiner Beschäftigung mit diesen Diskussionen sind auch meine eigenen Fragen zum Umgang mit Zeit und zu Zeitregimen im 6. Jahrhundert hervorgegangen. Auch sie werden nicht zur Entwicklung einer neuen Zeittheorie führen – das ist auch gar nicht mein Anspruch. Aber sie vermögen vielleicht einige Aspekte zutage zu fördern, die dem Verständnis der von mir in den Blick genommenen Phase dienlich sein können.

Zunächst gilt es jedoch, den zentralen Gegenstand meiner nachfolgenden Überlegungen konkreter einzugrenzen: Was ist Zeit? Jegliches Nachdenken über diese Frage hat weiterhin von jenem vielzitierten Augustinus-Zitat auszugehen, in dem der Bischof von Hippo konstatiert:[37]

---

[36] Vgl. etwa ASSMANN et al. 2004; ADAM 2005; ESPOSITO 2006; 2007 (systemtheoretischer Zugriff); GLOY 2008; JORDHEIM 2012; 2017a; 2017b; 2020; 2022; VAN ZANTWIJK 2012; ASSMANN 2013; DUX ³2017; HÖLSCHER 2020; LANDWEHR 2020. S. darüber hinaus FRASER ³1993. Zum christlichen Zeitverständnis in der Spätantike s. GOLDHILL 2022.

[37] Augustin. *conf.* 11,14: *quid est ergo tempus? si nemo ex me quaerat, scio; si quaerenti explicare velim, nescio; fidenter tamen dico scire me, quod, si nihil praeteriret, non esset praeteritum tempus, et si nihil adveniret, non esset futurum tempus, et si nihil esset, non esset praesens tempus.*

Was ist also Zeit? Wenn mich niemand fragt, dann weiß ich es; wenn ich es einem Fragenden erklären will, dann weiß ich es nicht. Dennoch behaupte ich zuversichtlich, ich wüsste, dass es keine Vergangenheit gäbe, wenn nichts vorüber ginge, und keine Zukunft, wenn nichts herankäme, und keine Gegenwart, wenn nichts gegenwärtig wäre.

Dieses demonstrative Kokettieren mit der Problematik einer griffigen Definition von Zeit ist für unseren Fragezusammenhang aus mehreren Gründen von Bedeutung: Zum einen benennt Augustinus Vergangenheit, Gegenwart und Zukunft als zentrale Dimensionen von Zeit.[38] Dass dies nicht selbstverständlich sein muss, haben jüngere Arbeiten erwiesen, indem sie auf differierende Zeit-Konzepte aufmerksam machten, die sich in solchen Gesellschaften finden, die nicht allein dem Verständnis der europäisch-atlantischen Moderne verpflichtet sind.[39] Zum anderen konzipiert der Kirchenvater die drei Dimensionen bzw. Ebenen aufeinander bezogen und antizipiert damit bereits wichtige Einsichten der jüngeren Zeitforschung, die Vergangenheit und Zukunft letztlich als Projektionen einer Gegenwart fasst, die wiederum durch diese Entwürfe ihrerseits maßgeblich geprägt wird.[40] Und schließlich denkt Augustinus Zeit im Modus des linearen Verlaufs. All diese Aspekte – die drei Dimensionen, ihre Interdependenz und die Verlaufsvorstellung – gelten uns zumeist unreflektiert als Gegebenheiten. Angesichts der

---

[38] Für das 6. Jh. so auch ganz explizit Joh. Lyd. *mens.* 4,67.
[39] Vgl. LEVINE 1998; VAN ZANTWIJK 2012, 1513; LANDWEHR 2020. Es gibt auch physikalisch-philosophische Kritik am Konzept der drei Zeitebenen, vgl. VAN ZANTWIJK 2012, 1511. Auch die antike Welt kannte unterschiedliche Zeit- und Zeitberechnungssysteme, vgl. MARKSCHIES 2020.
[40] LANDWEHR 2020, 39f.; 65–74; 117–138.

Tatsache, dass einige Gesellschaften ohne einen abstrakten Zeitbegriff und davon abgeleitete Dimensionen auskommen,[41] wäre diese vermeintliche Selbstverständlichkeit aber durchaus hinterfragbar. Der Umstand, dass Augustinus die genannten Aspekte als Prämissen anerkennt, erleichtert uns immerhin die Aufgabe. Denn wir können damit voraussetzen, dass die Menschen in der Spätantike zumindest grundsätzlich Zeit in ähnlichen Formen und Modi gedacht haben wie wir – vergegenwärtigt man sich den Umstand, dass unsere Konzepte und Begrifflichkeiten in einer langen Kontinuitätslinie zur Antike stehen, so findet dieser Befund auch eine plausible Erklärung.

Einer konkreten Definition von Zeit weicht Augustinus dennoch aus, und dies mit gutem Grund. Denn letztlich verweist er auf ein erkenntnistheoretisches Problem: Jede Aussage über Zeit kann nur *innerhalb* der Zeit getätigt werden. Wir sind nicht in der Lage, Zeit von außen zu beobachten; aus diesem Grund können wir sie nicht unbefangen definieren.[42] Achim Landwehr versucht dieser Aporie dadurch zu begegnen, dass er auf die permanente Gleichzeitigkeit verschiedener Zeiten (in Gestalt von Konzepten, Erfahrungen, kulturellen Prägungen usw.), d.h. auf Pluritemporalität,[43] verweist und zumindest ein-

---

[41] Vgl. DUX ³2017, 84.
[42] Vgl. LANDWEHR 2020, 36: „Es ist tatsächlich unmöglich, zu sagen, was Zeit ist. Ebenso ist es unmöglich, zu sagen, was Zeit nicht ist".
[43] Vgl. LANDWEHR 2020, 43 („Gesellschaften leben nicht im Kokon eines monolithischen Zeitregimes, kennen also nicht nur eine singuläre Form der Gleichzeitigkeit, sondern pflegen zahlreiche, parallel zueinander bestehende Zeitformen, existieren also in einer Welt der Vielzeitigkeit").

zelne Zeiten erfassen zu können glaubt: „An die Stelle der definitorischen und abstrakten Frage nach *der Zeit*", so seine Schlussfolgerung, „tritt die historische Frage nach *den Zeiten*".[44] Damit ist bereits ein eminent wichtiger Aspekt berührt: Zeit ist „nicht etwas Gegebenes, sondern etwas Gemachtes",[45] sie ist nicht das, was sich uns in Naturgesetzen wie Entstehen und Vergehen, der Uneinholbarkeit von Geschehenem usw. manifestiert, sie ist nicht objektiv bestimmbar, sondern sozial und kulturell konstruiert, ein Produkt sozialer Praxis, die sich je nach Individuum, Gruppe oder Gesellschaft unterschiedlich gestalten kann; Zeit ist damit subjektiv,[46] individuell oder kollektiv gebunden, vielfältig, gleichzeitig mit sich selbst, aufgesplittert in zahllose Einzelzeiten.[47] Gesellschaften „zeiten" sich und ihre Umwelt in verschiedener Weise, sie bewegen sich in differenten Zeitlichkeiten, die parallel existieren können (,Gleichzeitigkeit des Ungleichzeitigen'), deren Ebenen miteinander verknüpft sind und kommunizieren. Der Zweck dieses „sich Zeitens" liegt darin, den jeweiligen Erfahrungsraum zu strukturieren und Orientierung zu gewinnen. Um noch einmal Landwehr

---

[44] LANDWEHR 2020, 37. Ähnlich van ZANTWIJK 2012, 1508: „Zeiterfahrung ist immer schon Erfahrung in der Z. und nicht von der Z.".

[45] LANDWEHR 2020, 46; vgl. 59. Vgl. LEVINE 1998; GLOY 2008; van ZANTWIJK 2012, 1508: „Die ontologischen Hintergrundannahmen der Zeitphilosophie werden häufig als aporetisch beschrieben".

[46] Vgl. GLOY et al. 2006, 507 f. (K. GLOY); GLOY 2008, 8 f.; 37 ff.

[47] Vgl. LANDWEHR 2020, 39; 59 („Die soziale und kulturelle Praxis ist also nicht in der Zeit, sondern macht die Zeit"); 78. Zu „sozialen Zeiten", ihren Manifestationen und Funktionen s. ADAM 2005; NASSEHI ²2008; DUX ³2017; vgl. auch LEVINE 1998. Für einen Überblick über die philosophischen Zeit-Debatten s. ASSMANN et al. 2004; vgl. GLOY 2008.

zu zitieren: „Die Zeit ist ein Mittel zur Orientierung in der sozialen Welt und dient vor allem der Regulierung des Zusammenlebens unter den Menschen".[48] Landwehr spricht daher auch von der „Konstitution von Zeit als Form sozialer Sinngebung".[49]

In der jüdisch-christlichen Tradition wird Zeit linear, im Modus des Verlaufs von der Vergangenheit über die Gegenwart in Richtung Zukunft, konstruiert, zunächst noch endlich und teleologisch, seit dem 17./18. Jahrhundert offen und ohne erklärtes Ziel.[50] Freilich lassen sich all diese Ebenen zeittheoretisch gleichfalls nicht objektiv bestimmen: Wie angedeutet, stellen Vergangenheit und Zukunft lediglich Projektionen aus der Gegenwart dar, die durch diese ihrerseits mitkonstituiert wird.[51] Vergangenheit ist also immer auch gegenwärtig, dasselbe gilt für die Zukunft. Unterschiedliche Zeiten prägen, ja konstituieren die Gegenwart. Für dieses Phänomen hat Landwehr den Terminus der Chronoferenzen geprägt:[52]

Chronoferenz soll zum Ausdruck bringen, dass Menschen und Kollektive dazu in der Lage sind, sich auf nichtgegenwärtige Zeiten zu beziehen, also Vergangenheiten und Zukünfte unterschiedlicher Art zu imaginieren, um diese zu anwesend-abwesenden Zeiten zu machen. […] Man bezieht sich auf Wirklichkeiten, die nicht mehr oder noch nicht wirklich sind. Zugleich werden aber diese abwesenden Wirklichkeiten und diese inaktuellen Zeiten mittels Chronoferenzen anwesend und aktuell ge-

---

[48] LANDWEHR 2020, 38.
[49] LANDWEHR 2020, 41. Vgl. VAN ZANTWIJK 2012, 1508: „Ordnungsfunktionen des Zeitbewußtseins".
[50] Vgl. LANDWEHR 2020, 32; GOLDHILL 2022.
[51] Vgl. LANDWEHR 2020, 65: „kollektive Projektionen auf abwesende Zeiten".
[52] LANDWEHR 2020, 245.

macht. Sie sind daher geprägt durch den gleichzeitigen Status von Abwesenheit *und* Anwesenheit.

Kein Historiker vermag die Vergangenheit exakt so zu beschreiben, wie sie tatsächlich war; kein Prophet dürfte die Zukunft exakt in der Weise darstellen können, wie sie dann eintreffen wird. Aber wir sind in der Lage, aus Vergangenheitskonstrukten Fundamente für die Gestaltung unserer Gegenwart zu gewinnen, Legitimationen, Argumente und Traditionen zu entwickeln; der Blick auf die imaginierte Zukunft wiederum gestaltet unser Handeln und Kommunizieren in der Gegenwart; Chronoferenzen sind für unsere soziale Praxis und Kommunikation unabkömmlich. Wer mit einem Regenschauer rechnet, wählt entsprechende Kleidung, wenn er das Haus verlässt. Wer absehen kann, dass er mit einem Freund oder Verwandten ein letztes Mal zusammenkommt, wird entsprechende Abschiedsworte wählen. Wer davon überzeugt ist, dass das Ende der Welt bevorsteht – wie wird diese Person agieren und kommunizieren? Das ist die zentrale Frage, die ich im Folgenden behandeln möchte.

2. Der Verlust der Zukunft: Das Beispiel Johannes Malalas

Die Ausgangssituation, auf der meine Überlegungen aufbauen, habe ich bereits andernorts mehrfach dargelegt und begründet,[1] so dass ich mich im Folgenden kurzfassen kann. Von grundlegender Bedeutung ist die Tatsache – und um eine solche handelt es sich ohne Zweifel –, dass eine überwiegende Mehrheit der Bevölkerung des Oströmischen Reiches im 6. Jahrhundert das unmittelbar bevorstehende Ende der Welt erwartete; die antizipierte Zukunft ragte also als machtvolle Chronoferenz in die Gegenwart hinein.[2] Diese populäre Naherwartung resultierte aus einer spezifischen Koinzidenz mehrerer Voraussetzungen und Begleitumstände.

Die wichtigste Grundlage der konkreten Endzeiterwartungen im 6. Jahrhundeert stellten chronologische Kalkulationen dar, die infolge der Parusieverzögerung – also der sich zunehmend durchsetzenden Erkenntnis, dass das zunächst als unmittelbar bevorstehend verheißene Weltende noch auf sich warten ließ[3] – und unter dem Eindruck zunehmender Bedrückungen (,Reichskrise', Christenverfolgungen) seit dem 3. Jahrhundert vorge-

---

[1] Vgl. MEIER ²2004; 2008. S. auch MAGDALINO 1993; BRANDES 1997.
[2] Vgl. GOLDHILL 2022, 93.
[3] Vgl. Mt 24,32–44; Mk 13,28–32; Lk 21,25–28; 1 Thess 4–5; 1 Kor 7,29–31; Röm 13,11. Zur Parousieverzögerung s. etwa TIMMERMANN 1968.

nommen wurden. Sie sollten Aufschluss darüber geben, wie lange die irdische Weltzeit währen werde und wo die eigene Gegenwart in einem lineal konzipierten zeitlichen Kontinuum, das auf das Telos des Weltgerichts hin zulief, anzusiedeln sei. Ausgehend von Ps 90 (89),4 (vgl. auch 2 Petr 3,8) interpretierte man den Schöpfungsbericht Gen 1,1–2,3 als typologische Vorwegnahme einer Weltwoche und ordnete jedem Schöpfungstag ein Jahrtausend dieser Weltwoche zu. Zu Beginn des 7. Jahrtausends, so die Annahme, würden Parusie und Weltende erfolgen.[4] Die Berechnungen angesehener Autoritäten wie Sextus Iulius Africanus und Hippolytos, die den Nachweis zu erbringen suchten, dass der Weltuntergang vorerst noch nicht drohe, führten seit dem 3. Jahrhundert zur Ansetzung der Geburt Christi um das Weltjahr 5500 (Iulius Africanus)[5] bzw. 5500/5502 (Hippolytos),[6] woraus sich folgern ließ, dass die 6000 Jahre während irdische Weltzeit um die Wende zum 6. Jahrhundert n. Chr. enden musste.[7] Seither war diese Phase eschatologisch vorbelastet. Ungeachtet einiger kritischer Stimmen (vor allem Eusebios von Kaisareia) setzte sich diese Kalkulation im römischen Osten durch. Die sogenannte protobyzantinische Ära datierte dementsprechend das Weltende in das Jahr 491 und die alexandrinischen Mönche Panodoros und Annianos kamen

---

[4] Vgl. etwa KÖTTING 1957; SCHWARTE 1966, 78 ff.; BRANDES 1997; MEIER ²2004, 17 f.

[5] Iul. Afric. T 92; T 93b-d WALLRAFF; MOSSHAMMER 2006.

[6] 5500: Hippolyt. *Dan.* 4,23 p. 244–251 BONWETSCH/RICHARD (dazu s. BRACHT 2016, XXXVI; 133–136). – 5502: Hippolyt. *Chron.* p. XXVIII BAUER/HELM. Dazu s. DANIÉLOU 1948, 13; VAN DEN BRINCKEN 1957, 54–57; SCHWARTE 1966, 128–148; 152–158; PODSKALSKY 1972, 8–10; 79 f.; LANDES 1988, 144 ff.; STROBEL 1993, 117.

[7] Vgl. bereits Theoph. *Ad Autol.* 3,28, mit SCHWARTE 1966, 120 f., Anm. 6; STROBEL 1993, 116.

im frühen 5. Jahrhundert auf die Jahre 507/08.[8] Eine beachtliche Reihe von Texten – sie dürften lediglich die Spitze des Eisbergs darstellen – reflektiert den hohen Grad der eschatologischen Aufladung jener Jahre.[9] Ich möchte diesen Sachverhalt lediglich an einem Beispiel illustrieren. Eine Anfang 507 entstandene syrische *Chronik*, die unter dem Namen des Josua Stylites bekannt ist, schildert die Bedrängnisse der Bevölkerung des syrisch-nordmesopotamischen Raumes in den Jahren 494–506.[10] Folgender Abschnitt ist für unser Thema von besonderer Bedeutung:[11]

Auch auf das Land Mesopotamien, in dem wir wohnen, kamen in diesem Jahr große Schmerzen, so dass die Dinge, die unser Herr Christus in seinem Evangelium in Bezug auf Jerusalem vorherbestimmte und in der Tat erfüllte, und außerdem die Dinge, die über das Ende der Welt gesagt sind, auch zu dem passen können, was uns in dieser Zeit zugestoßen ist. Nachdem sich nämlich hier und dort die Beben ereignet hatten [...] und nachdem sich Hungersnöte und Seuchen ereignet hatten sowie Furcht und Schrecken dagewesen waren und große Zeichen vom Himmel gesehen worden waren, erhob sich Volk gegen Volk und Königreich gegen Königreich, und wir fielen durch die Schneide des

---

[8] GELZER 1880–1885/98, II 189 ff.; VASILIEV 1942/43, 467–470; GRUMEL 1958, 73 ff.; 85 ff.; CROKE 1990, bes. 32–35; MAGDALINO 1993; BRANDES 1997, 29 f. S. u. S. 132.

[9] Eine (unvollständige) Liste findet sich MEIER ²2004, 65 f., Anm. 94; vgl. auch SCOTT 2012, 4 f.; ASHBROOK HARVEY 1988, 298–301. Hinzuweisen ist auf den Umstand, dass diese hohe eschatologische Aufladung sich für die Jahre um 500 vornehmlich im Osten der römischen Welt nachweisen lässt, während sich die Endzeiterwartungen im Westen eher ein Jahrhundert später verdichteten, vgl. MEIER 2008.

[10] Dazu s. LUTHER 1997; MEIER ²2004, 72–77; WATT 2006; DEBIÉ 2015, 10–14; 63 f.; 101–103; 522–527; WOLFE 2023.

[11] Jos. Styl. cap. 49 p. 64–65 LUTHER.

Schwertes und wurden als Gefangene in alle Länder geführt. Unser Land wurde von fremden Völkern zertreten, so dass wir zu sagen gewagt hätten, dass das Ende der Welt gekommen sei (denn viele glaubten und redeten auch so), hätten wir nicht die Worte unseres Herrn vor Augen gehabt, der da spricht: „Wenn ihr die Kriege vernehmt und die Wirren, fürchtet euch nicht. Diese Dinge werden nämlich vorher geschehen. Noch ist aber das Ende nicht gekommen" (Mt 24,6). Wir aber erkannten, dass es nicht auf der ganzen Welt diesen Krieg gab. Damit erinnerten wir uns auch an die Worte des heiligen Paulus, in welchen er die Thessalonicher in Bezug auf das Kommen unseres Herrn ermahnte und sprach, sie sollen sich nicht verwundern, weder über ein Wort noch über einen Geist oder über einen betrügerischen Brief – wie wenn er von ihm wäre – [mit der Botschaft]: „Siehe, der Tag des Herrn ist gekommen". Er legte aber dar, dass es unmöglich ist, dass das Ende kommt, bevor der lügnerische Messias auftritt (2 Thess 2,1–3). Durch diese Worte unseres Herrn und seines Apostels erkannten wir, dass sich diese Dinge nicht aufgrund des Weltendes ereigneten, sondern zum Zwecke unserer Züchtigung geschahen, denn unsere Sünden wogen schwer.

Resolut deutet der Autor die gegenwärtigen Bedrückungen als Manifestationen göttlichen Zornes, indem er sich ebenso explizit wie nachdrücklich gegen die von Zeitgenossen offenbar bevorzugte Sichtweise wendet, die, ausgehend von den Andeutungen in den Evangelien, das Unheil als Ankündigung des drohenden Weltendes interpretierten.[12] Damit stellt die *Chronik* ein wichtiges Zeugnis für die weite Verbreitung entsprechender Erwartungen dar. Es handelte sich keineswegs ausschließlich um einen Elitendiskurs (der im Übrigen gleichzeitig zwischen Christen und Altgläubigen geführt wurde, wie die berühmte Kontroverse zwischen Johannes Philoponos auf

---

[12] Vgl. in diesem Sinne auch Wolfe 2023, 422. S. ferner Debié 2015, 260f.

der einen sowie Proklos und Simplikios auf der anderen Seite dokumentiert),[13] auch nicht um simples esoterisches Gerede – ganz im Gegenteil: Den *Kontakia* des Romanos Melodos ist zu entnehmen, dass der bevorstehende Anbruch des Jüngsten Tages sogar im Gottesdienst offen thematisiert wurde – ich werde darauf noch zu sprechen kommen.[14] Die im letzten Jahrzehnt des 5. Jahrhunderts (jedenfalls unter der Herrschaft des Anastasios) entstandene *Vita* des Styliten Daniel († 493) lässt in ihrer eschatologischen Überformung erkennen, in welcher Weise die allgemeinen Erwartungen auch populäre Textgattungen wie Hagiographie (und möglicherweise auch das Handeln der Asketen selbst) beeinflussten.[15] Zudem lässt sich für das 6. Jahrhundert eine verstärkte Auseinandersetzung mit der Offenbarung des Johannes beobachten (deren Kanonizität damals im Osten noch umstritten war) – manifest im *Apokalypse-Kommentar* des Oikoumenios, dem wohl frühesten griechischen Kommentar zum letzten Buch des Neuen Testaments.[16] Die Hochkonjunktur anti-

---

[13] Vgl. SCOTT 2012, 1f.

[14] Rom. Mel. 34 MAAS/TRYPANIS; dazu s. MEIER ²2004, 77–84, sowie u. S. 211.

[15] Vgl. *Vita Dan. Styl.* 1 p. 1–2; 3 p. 3–4; 10 p. 12; 102 p. 93–94 DELEHAYE. Zur *Daniel-Vita* vgl. zuletzt BRUCKLACHER 2023, 200–225, der die eschatologische Überformung anschaulich herausarbeitet (dort auch weitere Literatur); zum spezifisch eschatologischen Hintergrund der *Vita* (den grundsätzlich natürlich jede Asketenerzählung aufweist) s. auch ENDERLE 2013.

[16] Dazu s.u. S. 229ff. Auch Primasius, Bischof von Hadrumetum (Sousse, Tunesien), könnte seinen lateinischen *Apokalypse-Kommentar*, der allerdings über weite Strecken auf Augustinus und dem Donatisten Tyconius basiert, in Konstantinopel verfasst haben, vgl. PALMER 2014, 40f., mit Anm. 75.

quarischen Schrifttums im 6. Jahrhundert dürfte zudem ein verbreitetes Krisenbewusstsein reflektieren.[17]

Konnten Zeitgenossen um 500 also ohnehin mit dem nahenden Weltende rechnen, so mussten sie diese Erwartungen und die zugrundeliegenden Berechnungen durch mehrere Koinzidenzen geradezu sicher bestätigt finden. Da war zum einen der Kaiser, der das Weltgericht nicht nur im Namen trug – „sein Name", so das zeitgenössische *Orakel von Baalbek*, „gleicht dem Jüngsten Tag"[18] –, sondern der auch selbst durch auffällige körperliche Merkmale auf die Endzeit verwies; Anastasios litt an einer Iris-Heterochromie, einer Pigmentstörung, die zu unterschiedlichen Farben der Augen führt – dies trug ihm den Beinamen *ho díkoros* („der Mann mit den verschiedenfarbigen Pupillen") ein.[19] Zudem war sein rechter Arm ungewöhnlich lang.[20] Körperliche Asymmetrien dieser Art boten Gesprächsstoff, und in Phasen, die eschatologisch ohnehin aufgeladen waren, mussten sie Angst verbreiten. Denn sie deuteten auf endzeitliche Figuren hin, namentlich den Antichrist.[21]

Vor allem aber ein weiterer Faktor kam hinzu: In den Jahren um 500 setzte eine Kette außergewöhnlich schwerer Katastrophen ein, die sich über mehrere Dekaden hinzogen und keineswegs lediglich ein durch entsprechende Erwartungen bedingtes Wahrnehmungsphänomen darstellten.[22] Nahezu jährlich wurde die Bevölkerung des

---

[17] S.u. S. 282, Anm. 5.
[18] *Baalbek-Orakel* p. 19,164 ALEXANDER (ὁμοιοῖ δὲ τὸ ὄνομα αὐτοῦ τῇ ἡμέρᾳ τῇ ἐσχάτῃ). Dazu MEIER ²2004, 67 f.
[19] Malal. p. 319,3–4; 319,10–11 THURN.
[20] *Baalbek-Orakel* p. 19,161–168 ALEXANDER.
[21] Vgl. BRANDES 1997, 59 ff., mit Beispielen.
[22] Zu den Naturkatastrophen im 6. Jh. und zur eschatologischen

Oströmischen Reiches von Erdbeben, Überflutungen, Klimaveränderungen, geheimnisvollen Naturerscheinungen (Nordlichter, Kometen, Sonnenfinsternis des Jahres 536–537), Heuschreckenplagen, Bränden, Barbareneinfällen, Kriegsfolgen und anderen Bedrückungen gepeinigt. Diese Ereignisse als Vorzeichen des nahenden Weltendes zu deuten, lag nicht nur nahe – und wurde, wie wir bei Josua Stylites gesehen haben, so auch praktiziert –, sondern trug vor allem dazu bei, dass Zeitgenossen angesichts des ubiquitären Unheils nicht die Orientierung in einer aus den Fugen geratenen Welt verloren.[23] Spätestens mit dem Ausbruch der Pest im Jahr 541/42[24] – dem Höhepunkt jener Katastrophenserie – musste jedoch die Erkenntnis durchdringen, dass der Jüngste Tag weiterhin auf sich warten ließ, die schweren Katastrophen mithin keine Erklärung mehr fanden. Panik und Orientierungslosigkeit waren die Folge – signifikant sind in diesem Zusammenhang Massenhysterien, wie sie sich etwa 541/42 in Konstantinopel und 560/61 in Amida (Diyarbakir) zuge-

---

Konnotation des Namens ‚Anastasios' s. MEIER ²2004, 67–72; 656–670. Zur Diskussion über die Frage, ob es sich möglicherweise lediglich um ein Wahrnehmungsphänomen gehandelt haben könnte, s. ebd., 27 ff. Jüngere naturwissenschaftliche Daten bestätigen das Katastrophengeschehen, das die schriftlichen Quellen nachzeichnen, vgl. etwa HARPER 2017; s. auch HALDON et al. 2014; IZDEBSKI/MULRYAN 2019; FLEITMANN et al. 2022.

[23] Vgl. MEIER ²2004, 45–55.

[24] Zur ‚Justinianischen Pest', die seit einigen Jahren wieder in die Diskussion geraten ist, s. etwa HARPER 2017; MORDECHAI/EISENBERG 2019; MORDECHAI et al. 2019; EISENBERG/MORDECHAI 2019; MEIER 2020a; 2020b; KELLER/PAULUS/XOPLAKI 2021; PREISER-KAPELLER 2021, 29 ff.; SARRIS 2022; DELP 2023; LEVEN 2023. Vgl. auch die Bibliographie von M. GREEN: https://docs.google.com/document/d/1w80dd0iZJs5qQRwyXyfzq41BiZBWFrGRQURz9rTyDXM/edit [30.7.2024].

tragen haben – ich werde darauf noch zurückkommen.[25] Auch auf den Umgang mit der Zeit, deren Zielpunkt man bereits nahe wähnte, musste sich das Geschehen auswirken. Wie diese Konsequenzen aussahen, auch danach gilt es im Folgenden zu fragen.

Wenden wir uns nun einem Text zu, in dem das Ringen um das Ende der Welt deutliche Spuren hinterlassen hat: der *Weltchronik* des Johannes Malalas.[26] In der heute vorliegenden Form umfasst dieses Werk 18 Bücher, in denen die Geschichte der Menschheit von Adam bis in die Gegenwart des Autors behandelt wird. Wer dieser Autor war und wie seine Biographie aussah, wissen wir nicht. Ältere Verunglimpfungen, die ihn als ungebildeten Mönch betrachteten,[27] sind sicherlich unzutreffend. Vielmehr wird man den Chronisten im Stab des *comes Orientis* verorten müssen. Dafür sprechen der Fokus der *Chronik* auf An-

---

[25] Konstantinopel: Ps.-Dionys. p. 97 WITAKOWSKI (= Joh. Eph.). – Amida: Ps.-Dionys. p. 104–107 WITAKOWSKI (= Joh. Eph.); [Joh. Eph.] *LHO*, *Appendix PO* 19,259–262; Mich. Syr. 9,32; *Chron. ad ann. 1234* LI p. 157 CHABOT. ASHBROOCK HARVEY 1980; MEIER ²2004, 412 ff.; zum Hintergrund ASHBROOCK HARVEY 1990.

[26] Zur *Chronik* des Johannes Malalas s. CROKE/JEFFREYS/SCOTT 1990; JEFFREYS 2003; BEAUCAMP et al. 2004; AGUSTA-BOULAROT et al. 2006; DROSIHN/MEIER/PRIWITZER 2009; MEIER/RADTKI/SCHULZ 2016; CARRARA/MEIER/RADTKI-JANSEN 2017; BORSCH/GENGLER/MEIER 2019; GENGLER/MEIER 2022. Vgl. ferner den in Arbeit befindlichen Kommentar zur *Weltchronik*: https://malalas.hadw-bw.de/kommentar/18/1 [31.7.2024].

[27] Vgl. etwa GELZER 1880–1885/98, II 129: „Panodoros und selbst Annianos, die beiden Alexandriner, erscheinen uns noch als bedeutende Gelehrte, wenn wir ihre Leistungen mit dem einzigen uns erhaltenen Machwerk der antiochenischen Schule, der Chronographie des Johannes Malalas, vergleichen. Es ist ein bedenkliches Zeichen für die mönchische Gelehrsamkeit, dass ein so elendes Elaborat so grosses Ansehen genoss".

tiocheia (zumindest bis zum Jahr 532) und Kenntnisse, die einen Zugang zu örtlichen Archiven nahelegen. Herausfordernd ist der Umgang mit der *Weltchronik* vor allem aus zwei Gründen: Zum einen besitzen wir nicht den Originaltext, sondern lediglich eine mehrfach gekürzte Fassung, die größtenteils in nur einer einzigen Handschrift vorliegt;[28] spätere Autoren, die sich auf vollständigere Versionen des Malalas-Textes gestützt haben, geben Hinweise darauf, wie dieser einmal ausgesehen haben könnte, doch eine vollständige Rekonstruktion ist nicht möglich. Dies resultiert nicht zuletzt aus dem zweiten Problem: Die *Chronik* wurde – entweder nur bis zum Jahr 532 reichend oder bereits mit weiteren Einträgen versehen – nach ihrer Publikation von verschiedenen Personen ergänzt, bearbeitet, fortgeschrieben, wobei diese bereits für das ausgehende 6. Jahrhundert nachweisbaren Versionen sich rasch wechselseitig beeinflusst haben und damit ein heute nicht mehr durchdringbares Geflecht ergaben. Rasch wurde die Malalas-*Chronik* so zu einem *living text*, der in der uns vorliegenden Fassung mit dem Jahr 563, also kurz vor dem Tod Kaiser Justinians († 565), abbricht.[29]

Welche Rolle spielt nun das Thema Zeit in der *Weltchronik*? Vor wenigen Jahren kamen Richard Burgess und Michael Kulikowski zu dem ernüchternden Ergebnis,

---

[28] *Codex Bodleianus Baroccianus 182* (11./12. Jh.). Die Handschrift ist unvollständig (Buch 1 fehlt, daneben gibt es größere Ausfälle in den Büchern 5, 12 und 18); zudem wurde der Text wurde zu einem unbekannten Zeitpunkt (vielleicht auch mehrfach) systematisch gekürzt. Buch 1 ist zugänglich in *Cod. Paris. suppl. gr. 682* und *Cod. Vatop. Athous 290* (jeweils 10. Jh.) – beide Handschriften dürften ihrerseits eine bearbeitete/gekürzte Version bieten. Zur Überlieferung vgl. die Einleitung zur Edition von THURN.
[29] Vgl. JEFFREYS 2016, 139–151.

dass Malalas' „understanding of chronology [...] marginal and confused" sei. Der Autor, so heißt es weiter, „wrote a long *breviarium* that drew on chronicle sources in a very few places, while largely failing to handle chronological complexity with any skill".[30] Träfe diese Beurteilung zu, so wäre die *Weltchronik* für unsere Fragestellung irrelevant. Das Gegenteil ist jedoch der Fall: Der Autor zeigt sich, wie ich darlegen möchte, geradezu obsessiv mit Fragen der Chronologie und damit auch der Zeit befasst.[31]

Ein erstes Indiz für diesen Eindruck erkenne ich in dem Umstand, dass die *Chronik* auf verschiedene Datierungssysteme rekurriert, die ineinandergreifen und dadurch ein stabiles chronologisches Gerüst konstituieren (z. B. Herrscherlisten und Konsuldatierungen, Regierungsjahre römischer Kaiser, Indiktionen, die antiochenische Ära, Listen der *comites Orientis*, Patriarchen, Erdbebenkataloge, auf Christus bezogene Kalkulationen usw.).[32] Die darin vorgenommenen Bestimmungen sind zwar häufig unzutreffend, unzuverlässig und grundsätzlich suspekt; dies jedoch dürfte weniger auf Desinteresse oder Unvermögen des Chronisten zurückzuführen sein als auf die ihm vorliegende Tradition sowie auf Verschreibungen und Eingriffe im Verlauf des Überlieferungsprozesses.[33] Zeit, so lässt sich aus dem dichten Gewebe der verwendeten chro-

---

[30] BURGESS/KULIKOWSKI 2016, 111. Vgl. auch BURGESS/KULIKOWSKI 2013, 229: „[...] Malalas, whose *annus mundi* dates cannot be made to render a coherent chronology". Ähnlich bereits GELZER 1880–1885/98, II 129–138, bes. 131: „confus und verwirrt".

[31] Das Folgende basiert auf MEIER (im Druck 3).

[32] JEFFREYS 1990a hat sämtliche Datierungssysteme bei Malalas aufgearbeitet.

[33] Vgl. JEFFREYS 1990a; 1990b; 2003, 514; s. auch MEIER 2002a, bes. 162; ²2004, 444f.

nologischen Systeme folgern, stellt für den Autor nicht nur einen zentralen Faktor dar, sondern soll auch stets möglichst exakt bestimmt werden können. Dies wiederum ist wichtig für die im 6. Jahrhundert drängende Frage, an welchem Punkt des Zeit*verlaufs* sich die Gegenwart eigentlich befand.

Den Kern des von Malalas erstellten chronologischen Gerüstes stellt die Kalkulation „seit Adam" (ἀπὸ τοῦ Ἀδάμ) dar, die sämtliche anderen Berechnungsmodelle überlagert und sich durch die gesamte *Chronik* zieht.[34] Erstaunlicherweise weicht aber ausgerechnet dieses übergreifende System markant von den im 6. Jahrhundert geläufigen Chronologien ab. Da der Chronist seinen Ansatz jedoch ausgesprochen prominent platziert hat, wird man ihm eine besondere Bedeutung für das Gesamtwerk zumessen dürfen; es wurde sogar vermutet, dass die Darlegung dieser ungewöhnlichen Konzeption für den Chronisten einen wesentlichen Anlass dargestellt habe, seine *Chronik* überhaupt zu verfassen.[35] Träfe diese Annahme zu, dann wären chronologische Aspekte in Malalas' Werk alles andere als „marginal and confused", sondern würden vielmehr auf den Kern des Textes führen. Werfen wir daher einen genaueren Blick auf die Datierungen „seit Adam".

Bemerkenswert ist zunächst einmal, dass dieses Kalkulationsmodell seinen Fluchtpunkt in der *Kreuzigung* Christi findet, wohingegen die geläufigen Modelle sich auf seine *Geburt* bezogen.[36] Die Kreuzigung wiederum wird

---

[34] Vgl. dazu JEFFREYS 1990a, 111–120 („the key structure in Malalas' chronological framework" [111]); MEIER 2002a, 159–177; ²2004, 444–460.
[35] So etwa JEFFREYS 1990a, 165; 1990b, 122; 137; 2003, 501; CROKE 1990, 36; vgl. auch MEIER 2002a, 167.
[36] Vereinzelt wurde auch in der lateinischen Chronographie mit

zu Beginn des 10. Buches – also exakt in der Mitte der 18 Bücher umfassenden *Chronik* – in das Weltjahr 6000 ge setzt.³⁷ Der Autor teilt also grundsätzlich das providentielle Weltbild seiner christlichen Zeitgenossen und die damit einhergehende linear-teleologische Zeitvorstellung. Gleichwohl bleiben seine Berechnungen eigentümlich, wie ein Blick auf die im 6. Jahrhundert populären Kalkulationen lehrt: Wie gezeigt, verorteten diese die *Geburt* Christi (die Malalas auf das Jahr 5967 datiert) in das Weltjahr 5500, woraus sich das Weltende um 500 n. Chr. (= Weltjahr 6000) ergab. Malalas scheint gegen diese Modelle – und insbesondere gegen die daraus resultierenden akuten Endzeiterwartungen – angeschrieben zu haben, indem er einen alternativen Kalkulationsansatz präsentierte.

Tabelle 1: Chronographie

	Konventionelle Kalkulationen	Johannes Malalas
Geburt Christi	ca. 5500	5967
Kreuzigung Christi	ca. 5533	6000
Weltende	6000 (ca. 500 n. Chr.)	?

Passion bzw. Kreuzigung Christi kalkuliert, vgl. KLEIN 2023, 164–166.

³⁷ Vgl. Malal. p. 173,17–20 THURN: Καὶ λοιπὸν συνανεστράφη ἐπὶ τῆς γῆς τοῖς ἀνθρώποις ὁ κύριος ἡμῶν καὶ θεός, ὡς ἐν ταῖς γραφαῖς ἐμφέρεται, ἔτη λγ', ὡς γίνεσθαι ἀπὸ Ἀδὰμ τοῦ πρωτοπλάστου ἕως τῆς τοῦ κυρίου ἡμῶν Ἰησοῦ Χριστοῦ κατὰ σάρκα γεννήσεως καὶ σταυρώσεως καὶ ἀναλήψεως ἔτη ,ς πλήρη. Dazu JEFFREYS 1990a, 116f., mit Erläuterungen zur Emendation der handschriftlichen Überlieferung; MEIER 2002a, 165; ²2004, 449f.

Dieses Modell dürfte Malalas freilich nicht selbst entwickelt haben, denn wir finden seine Spuren auch andernorts, so etwa bei Prokop von Gaza[38] sowie unter der Bezeichnung „antiochenisches Modell" (κατὰ Ἀντιοχεῖς) in einem mit einer Malalas-Passage nahezu identischen kurzen Textstück, das die handschriftliche Tradition einem ‚Hesychios' zuweist, der aber sicherlich nicht mit Hesychios von Jerusalem († um 450) und wohl auch nicht mit Malalas' Zeitgenossen Hesychios von Milet identisch ist. Das Fragment wurde in einer Sammelhandschrift im Verbund mit weiteren Texten zu Fragen der Datierung und des Kalenders überliefert; ihm wurde also zumindest in späterer Zeit eine gewisse Bedeutung für das Thema ‚Zeit' zugemessen.[39] Sowohl Malalas als auch ‚Hesychios' beru-

---

[38] Prok. Gaz. *Comm. in Gen.* ad 11,18(-25) p. 232 METZLER: Ἀπὸ κτίσεως ἕως τοῦ Φάλεκ συνάγεται ἔτη ͵γ, τὸ ἥμισυ τοῦ σύμπαντος χρόνου τῆς συστάσεως τοῦ κόσμου· οὐ γὰρ μόνον ἡ γῆ, ἀλλὰ καὶ ὁ χρόνος ἐπ' αὐτοῦ ἐμερίσθη· θείας ἄρα προνοίας ἡ κλῆσις ὡς καὶ τοῦ Νῶε.

[39] *Cod. Baroccianus 206*, fol. 112v-113r: Ἡσυχίου ἐκ τοῦ εἰς τὴν Χριστοῦ γέννησιν (Edition: *PG* 93,1449; L. DINDORF [Ed.], Chronicon Paschale. Ad Exemplar Vaticanum rec., Vol. II, Bonn 1832, p. 116–117 - Zur Hs. s. https://medieval.bodleian.ox.ac.uk/catalog/manuscript_1041 [1.8.2024]). Der Text wird gerahmt von einem Auszug aus der Eusebios-*Chronik* zu chronologischen Fragen (fol. 111r-112v – Edition: DINDORF, Chronicon Paschale II, p. 112-116) und Ausführungen des Johannes von Damaskos zum Kalender und zu den Monaten (fol. 113r-114r – Edition: *PG* 95,236–237). Datierung des Hesychios in das 6. Jh.: GELZER 1880–1885/98, II 132; vgl. auch SCHWARTE 1966, 124–126; MEIER ²2004, 457–460. – PODSKALSKY 1972, 93, und CROKE 1990, 35 f., vermuten, dass Malalas auf ‚Hesychios' basiere (den sie wie andere – wohl unzutreffend [vgl. MEIER ²2004, 458] – mit Hesychios von Milet identifizieren). Den umgekehrten Fall nimmt z. B. GELZER 1880–1885/98, II 131 f., an. Eine Entscheidung über etwaige Abhängigkeiten ist auf Basis des vorhandenen Materials letztlich nicht möglich. Wahrscheinlich er-

fen sich für ihr Kalkulationsmodell auf die drei Autoritäten Klemens, Theophilos und Timotheos; diese dürften fiktiv sein, lassen sich jedenfalls nicht sicher mit bekannten Personen in Verbindung bringen.[40]

Die weitaus größte Anzahl der Rekurse auf die Kalkulation „seit Adam" – insgesamt 15 Passagen – findet sich in den Büchern 1–9, in denen die Zeit vor der Inkarnation Christi und der Herrschaft des Augustus behandelt wird.[41] In der ungleich ausführlicheren zweiten Werkhälfte[42] verweist der Chronist hingegen nur dreimal auf dieses Modell: Zu Beginn des 10. Buches anlässlich der Koinzidenz der Herrschaft des Augustus und der Fleischwer-

---

scheint mir eher, dass beide Autoren aus einer gemeinsamen Quelle geschöpft haben. Dafür spricht insbesondere der Umstand, dass auch Prokop von Gaza auf die 3000jährige Weltdauer bis Phalek hinweist, die offenbar ein wesentliches Element innerhalb der von Malalas propagierten Chronologie darstellte (Prok. Gaz. *Comm. in Gen.* ad 11,18(-25) p. 232 METZLER; vgl. JEFFREYS 1990b, 124; 133). Zu ‚Hesychios' s. auch SCOTT 2012, 5, mit Anm. 17.

[40] Vgl. MEIER ²2004, 455–457.

[41] Malal. p. 5,36–38 THURN (2122 Jahre bis zur Zeit, da die Engel nach Frauen begehrten); p. 6,79–80 THURN (2552 Jahre bis zur Sintflut); p. 8,19–20 THURN (2922 Jahre bis zum Turmbau zu Babel); p. 25,23 THURN (3000 Jahre bis Phalek); p. 42,29–30 THURN (3745 Jahre bis Abraham); p. 44,87–88 THURN (4036 Jahre bis zur Geburt Mose); p. 44,89–90 THURN (4156 Jahre bis zum Tod von Moses und Aaron); p. 112,14 THURN (4755 Jahre bis David); p. 112,21 THURN (4795 Jahre bis Salomon); p. 112,28 THURN (5266 Jahre bis Ezekias); p. 116,34 THURN (5321 Jahre bis Manasse); p. 116,42 THURN („insgesamt" [τὰ πάντα] 5365 Jahre); p. 125,45 THURN („bis zu diesen Zeiten" [ἕως τῶν χρόνων τούτων]); p. 147,33–34 THURN (5557 Jahre bis zum Sieg Alexanders des Makedonen); p. 148,69–70 THURN (5593 Jahre bis Alexanders Tod) – jeweils mit den Anmerkungen von JEFFREYS 1990a, 112–116.

[42] In der aktuell maßgeblichen Edition THURNS umfassen die Bücher 1–9 die Seiten 3–172, die Bücher 10–18 die Seiten 173–432.

dung Christi, am Ende des 15. Buches nach dem Tod Zenons († 491) sowie im 18. Buch zum Jahr 528/29.[43]

Die Darstellung alttestamentlicher Geschichte (und der darin eingeschriebenen bzw. mit ihr synchronisierten Aspekte der nahöstlichen, griechischen und römischen Geschichte) wird also ganz erheblich durch die Kalkulation „seit Adam" gestützt und intern vernetzt, während mit dem Beginn der Kaiserzeit das Interesse des Autors an diesem Kalkulationsmodell offenkundig nachlässt. Der Grund dafür dürfte darin liegen, dass mit dem Ablauf der kanonischen 6000 Jahre irdischer Weltzeit sämtliche weiteren Berechnungen irrelevant erscheinen mussten, und dieser Sachverhalt wird von Malalas denn auch in dem Exkurs zur Chronologie, mit dem er das 10. Buch einleitet, explizit konstatiert – sämtliche Gegenstimmen sowie Inkonsistenzen seiner eigenen Kalkulationen elegant von sich weisend:[44]

Darin aber, dass der Herr im 6000. Jahre erschienen sei, stimmen alle überein. Und ob es nun mehr oder weniger ist, sie sagten, er sei im 6000. Jahre erschienen gemäß dem Worte des Propheten; und auch wenn sie bei ihrer Darlegung der Jahreszahl nicht

---

[43] Malal. p. 173,12 THURN (3000 Jahre bis Phalek); p. 173,14–16 THURN (5967 Jahre bis zu Jesu Geburt und dem 42. Herrschaftsjahr des Augustus); p. 173,18–20 THURN (6000 Jahre bis zur Kreuzigung Christi) – all diese Angaben finden sich innerhalb ein und desselben Exkurses zur Chronologie. Die beiden weiteren Stellen sind Malal. p. 318,95 THURN (5983 Jahre bis zum Tod Zenons); p. 357,66–68 THURN (6497 Jahre „bis zu dieser Indiktion" [ἕως τῆς αὐτῆς ἰνδικτιῶνος = 528/29]). Vgl. JEFFREYS 1990a, 116–119.

[44] Malal. p 174,38–42 THURN: ἐν δὲ τῷ ἑξακισχιλιοστῷ ἔτει συμφωνοῦσιν ἅπαντες φανῆναι τὸν κύριον· κἂν οὖν πλέον κἂν ἔλασσον, εἰς τὸ ‚ς'ἔτος εἶπαν φανῆναι κατὰ τὴν προφητικὴν φωνήν, κἂν μὴ ὁμοφωνοῦσιν οἱ ἐκθέμενοι περὶ τὸν ἀριθμὸν τῶν ἐνιαυτῶν, ἐν ἐσχάτοις καιροῖς ἐφάνη, ὡς ἡ θεία γραφὴ σημαίνει (Übers.: J. THURN/M. MEIER).

übereinstimmen, so erschien er doch in den letzten Zeiten, wie die Heilige Schrift es betont.

Die Botschaft ist eindeutig: Mit der Herrschaft des Augustus hatte der Lauf der irdischen Welt bereits sein Ziel erreicht, denn die 6000 Jahre hatten sich vollendet.[45] Seitdem – und dies ist bemerkenswert – lebten die Menschen „in den letzten Zeiten" (ἐν ἐσχάτοις καιροῖς).[46] Die Zeit des Jüngsten Gerichts war demzufolge bereits angebrochen, der Jüngste Tag gewissermaßen allgegenwärtig – aber er ließ sich nicht mehr chronologisch fixieren. Wer die Parusie Christi zeitlich bestimmen wollte, musste zwangsläufig scheitern, weil keine weitere Berechnungsmöglichkeit mehr existierte, denn die bis dahin tragende Kalkulation „seit Adam", deren Basis die 6000 Jahre während Weltzeit bildete, war mit der Kreuzigung ausgelaufen. Seit Augustus gestaltete sich der weitere Fortgang der Geschichte und damit auch der Zeitverlauf insgesamt offen, unbestimmt, letztlich ziellos, d. h. ohne Eschaton. Malalas hat die Geschichte und insbesondere auch seine eigene Gegenwart enteschatologisiert und die Zukunft ins Unbestimmte geöffnet. In seiner Sichtweise hatten die Menschen seit der Kreuzigung gleichsam unerwartete Zusatzzeit gewonnen, deren Dauer jedoch im Ungewissen lag. Diese Enteschatologisierung zu verdeutlichen dienen, soweit ich sehe, die einzigen beiden Bezugnahmen auf das Kalkulationsmodell „seit Adam", die sich für die nachaugusteische Zeit noch im Malalas-Text finden:

1.) Das 15. Buch schließt mit Zenons Tod (491) und dem Hinweis: „Von Adam nun bis zum Tode des Kaisers

---

[45] Vgl. Scott 2012.
[46] Vgl. Hebr 1,2.

Zenon sind es 5983 Jahre".[47] Elizabeth Jeffreys hat auf Basis der bei Theophanes († 818) bezeugten Malalas-Tradition zeigen können, dass dieser Satz das Relikt eines vormals längeren Exkurses zur Chronologie darstellt, der sich in der ursprünglichen Version des Malalas-Textes befunden haben muss.[48] Der Theophanes-*Chronik* ist darüber hinaus zu entnehmen, dass Johannes Malalas auch die Kalkulation von Zenons Todesjahr gemäß der alexandrinischen Ära diskutiert haben muss;[49] die entsprechende Jahreszahl – 5983 – scheint nach der Kürzung des Textes irrtümlich stehengeblieben zu sein. Aus der *Chronik* des Michael Syrus geht nämlich hervor, dass Malalas ursprünglich 6458 Jahre von Adam bis zu Zenons Tod gezählt hat;[50] auch die slawische Malalas-Übersetzung bestätigt dies.[51] Und tatsächlich ergibt sich exakt diese Zahl, wenn man das von Malalas errechnete Datum der Geburt Christi (5967) und die seitdem vergangenen 491 Jahre addiert.

Warum aber stellte der Chronist ausgerechnet nach Zenons Tod ähnliche Reflexionen zur Chronologie an, wie er es anlässlich der Koinzidenz der Herrschaft des Augustus mit der Inkarnation Christi getan hatte? Offenbar führte das Ableben Zenons und die Thron-

---

[47] Malal. p. 318,95 THURN: ἔστιν οὖν ἀπὸ Ἀδαμ ἕως τῆς τελευτῆς Ζήνωνος βασιλέως ἔτη ‚εϡπγ' (Übers.: J. THURN/M. MEIER).

[48] JEFFREYS 1990a, 117f.; 1990b, 134–136. Vgl. Theoph. a.m. 5983 p. 136,16–20 DE BOOR.

[49] Theoph. a.m. 5983 p. 136,18–19 DE BOOR. Zur alexandrinischen Ära s.u. S. 130.

[50] Mich. Syr. 9,6.

[51] Der slawische Text bietet 5458, was leicht in 6458 zu emendieren ist, vgl. JEFFREYS 1990a, 117; vgl. MEIER ²2004, 452f.

besteigung des Anastasios angesichts des Herannahens der eschatologischen Schwelle um 500 zu verstärken. Diskussionen über das nahende Weltende und entsprechende Beunruhigungen. In der unmittelbar nach Zenons Tod entstandenen sogenannten *Tübinger Theosophie* jedenfalls wird der Tod dieses Kaisers mit dem Ablauf der 6000 Jahre und dem bevorstehenden Weltende in Verbindung gebracht, und auch andere Texte, wie das um 503/04 entstandene *Orakel von Baalbek*, markieren diese Schwelle.[52] Zudem scheint der Übergang der Herrschaft von Zenon auf Anastasios auch andere Historiographen dazu inspiriert zu haben, über Fragen von Chronologie und Zeit nachzudenken. Die *Chronik* des Eustathios von Epiphaneia († nach 505) jedenfalls muss gleichfalls

---

[52] *Theos. Tubing.* 2–3 p. 1–2 ERBSE. Vgl. CARRARA/MÄNNLEIN-ROBERT 2018, 68–72. – *Baalbek-Orakel* p. 14,94–95; 19,173–22,227; bes. 19,161–166 ALEXANDER. Dazu s. BRANDES 1997, 57 ff.; CAMERON 2001; MEIER ²2004, 67 ff.; MOTTA 2003, 229 ff. Ebenfalls in die Jahre um 500 ist die griechische Vorlage einer armenischen Apokalypse (*Die siebte Vision Daniels*) zu datieren (Text und deutsche Übersetzung: KALEMKIAR 1892, dessen Datierung des griechischen Originals in das 7. Jh. [114] wohl nicht zutrifft; zur Datierung in die Zeit um 500 s. ALEXANDER 1967, 118, Anm. 74; BRANDES 1997, 54; LA PORTA 2013, 414 f.; DITOMMASO 2014 zufolge reicht die Daniel-Tradition möglicherweise noch weiter zurück). Auch der Verweis auf die endzeitliche Rolle des Anastasios und den Ablauf der 6000 Jahre unter seiner Herrschaft in der nach 912 verfassten *Chronik* des Petros von Alexandreia (SAMODUROVA 1961, p. 195,38–196,7) könnte auf eine Vorlage aus der Zeit um 500 zurückgehen, vgl. BRANDES 1997, 55. Das *Chronicon Paschale* (um 630) setzt die Kaiserkrönung des Anastasios (und damit auch den Tod Zenons) dezidiert in das bedeutungsschwere Jahr 6000 (*Chron. Pasch.* p. 607,12 DINDORF). Daneben s. auch *Chron. Melcit.* 12 p. 30 DE HALLEUX; Ps.-Dionys. p. 12 CHABOT (2. Hälfte 8. Jh.); *Chron. ad ann. 846* p. 166 CHABOT; Mich. Syr. 9,11.

einen entsprechenden Exkurs enthalten haben;[53] er ist in der *Kirchengeschichte* des Euagrios noch fassbar.[54] Offenkundig diente Malalas' Rekurs auf die Datierung „seit Adam" am Ende des 15. Buches dem Zweck, konkrete Endzeitängste seiner Zeitgenossen zurückzuweisen und dabei einmal mehr darauf aufmerksam zu machen, dass die 6000 Jahre bereits vor langer Zeit abgelaufen seien. Vor diesem Hintergrund wird man auch die auffällige Formulierung im Proömium erklären können, wonach die *Chronik* Ereignisse von Adam bis zur Herrschaft Zenons „und der nachfolgenden Kaiser" behandele.[55] Die Erwähnung Zenons scheint hier nicht nur den Übergang von schriftlichen Quellen zur Zeitzeugenschaft zu markieren, sondern auch den eschatologischen Kipppunkt, den Mitlebende im Übergang von Zenon zu Anastasios gesehen haben müssen.

2.) Ich vermute, dass auch die letzte Erwähnung der Kalkulation „seit Adam" eine ähnliche Intention verfolgt. Sie ist eingebettet in einen chronologischen Exkurs zur 7. Indiktion (= 528/29 n. Chr.): „Somit sind es insgesamt vom *erstgeschaffenen* Adam bis zu dieser Indiktion 6497 Jahre".[56] Es folgen weitere Zeitangaben nach unterschiedlichen Ären, bevor der Autor einmal mehr resümiert und den für ihn entscheidenden Punkt hervorhebt: „Die Schriften aller freilich erbringen,

---

[53] Vgl. ALLEN 1988; MEIER ²2004, 460; BRODKA 2006, 62f.

[54] Euagr. *HE* 3,29.

[55] Malal. p. 3,10–11 THURN: λέγω δὴ ἀπὸ Ἀδὰμ ἕως τῆς βασιλείας Ζήνωνος καὶ τῶν ἑξῆς βασιλευσάντων.

[56] Malal. p. 357,64–358,95, bes. 357,66–68 THURN: ὡς εἶναι τὰ πάντα ἔτη ἀπὸ τοῦ πρωτοπλάστου Ἀδὰμ ἕως τῆς αὐτῆς ἰνδικτιῶνος ἔτη ͵ϛυϟζ'.

dass das sechste Jahrtausend an Jahren vorbeigegangen war *und das siebte Jahrtausend glücklich gegenwärtig ist* †...†".[57] Eine Zuspitzung erfährt diese Aussage wenige Sätze später, wenn betont wird, dass letztlich die „Gesamtheit der vergangenen Zeit" (ποσότης τῶν διαδραμόντων χρόνων) entscheidend sei.[58] Erklärungsbedürftig erscheint indes der Umstand, dass der Historiograph diese Anmerkungen zur Chronologie ausgerechnet mit dem Jahr 528/29 verknüpft, das weder einen Kaiserwechsel brachte noch aus der Perspektive geläufiger Kalkulationen gegenüber anderen Jahren besonders aufgeladen war. Die eschatologischen Erwartungen, denen Malalas mit den zitierten Bemerkungen begegnete, dürften sich vielmehr auf seine Heimatstadt bezogen haben. Antiocheia war im Jahr 525 von einem verheerenden Großbrand heimgesucht[59] und 526 durch ein Erdbeben nahezu vollkommen zerstört worden.[60] Im Folgejahr vernichtete ein weiterer Erdstoß die wenigen Gebäude, die sich noch erhalten hatten bzw. die bereits wiederaufgebaut worden waren.[61] Für die Überlebenden musste einmal mehr die Annahme naheliegen, dass Gott mit diesem sich verdichtenden Katastrophengeschehen das ohnehin unmittelbar bevorstehen-

---

[57] Malal. p. 357,78–80 THURN: πάντων οὖν τὰ συγγράμματα φέρει ἕκτην χιλιάδα ἐνιαυτῶν περαιωθεῖσαν καὶ ἑβδόμην χιλιάδα εὐτυχῶς παρεῖναι †...† (Übers.: J. THURN/M. MEIER).

[58] Malal. p. 358,93–94 THURN.

[59] Malal. p. 344,52–61 THURN. Weitere Quellen zu diesem Ereignis bei MEIER ²2004, 659, Anm. 25.

[60] Malal. p. 346,92–350,18 THURN. Weitere Quellen bei MEIER ²2004, 659, Anm. 27.

[61] Malal. p. 369,78–370,88 THURN. Weitere Quellen bei MEIER ²2004, 670, Anm. 34.

de Weltende donnernd ankündigte oder gar einleitete.[62] Malalas indes trat derartigen eschatologischen Naherwartungen dezidiert entgegen, indem er selbstbewusst das ‚antiochenische Modell' der Zeitrechnung präsentierte und erneut deutlich zu machen versuchte, dass die 6000 Jahre längst abgelaufen seien. Das Jüngste Gericht war demzufolge nicht früher oder später zu erwarten als zu jedem beliebigen Zeitpunkt seit der Kreuzigung Christi, dem erklärten Anbruch der „letzten Zeiten".[63]

Wenn aber das Weltgericht sich innerhalb der offenen Zukunft einer mit der Kreuzigung abgelaufenen Geschichte, im zeitlichen Nirwana, nicht mehr fixieren ließ, so stellt sich die Frage, warum Malalas ausgerechnet jene Katastrophen, die von Zeitgenossen als sichere Indizien für den Anbruch der Endzeit interpretiert wurden und deren Hervorhebung seiner eigenen Intention somit konsequent zuwiderlaufen musste, nicht nur minutiös auflistet, sondern teilweise sogar in bemerkenswerter Ausführlichkeit darstellt und warum sich diese Einträge zumal in den zeitgeschichtlich ausgerichteten Büchern 17–18 signifikant häufen (mit allein 30 entsprechenden Lemmata im 18. Buch).[64] Hätte es seinem Anliegen nicht eher genützt, die

---

[62] Vgl. JEFFREYS 1990a, 118.

[63] Auch die Darstellung der Juden in der *Weltchronik* könnte diesem Ziel gedient haben, wie FINKELSTEIN 2024 plausibel macht.

[64] Ab Buch 10 nimmt dem Befund des *Codex Baroccianus* zufolge die Häufigkeit solcher von Malalas erwähnten bzw. beschriebener Ereignisse zu, die wir heute als Katastrophen bezeichnen würden: Buch 10 (Augustus – Nerva): 9 Einträge – Buch 11 (Traian – Marc Aurel): 3 Einträge – über Buch 12 (Commodus – Konstantin I.) können wegen einer größeren Textlücke keine zuverlässigen Angaben gemacht werden – Buch 13 (4. Jh.): 2 Einträge – Buch 14 (Theodosios

Beschreibungen von Katastrophen zu reduzieren, umzudeuten oder gar fortzulassen, das Unheilsgeschehen jedenfalls in irgendeiner Weise zu relativieren und damit einen ähnlichen Weg zu wählen, wie ihn gut ein Jahrhundert zuvor Orosius beschritten hatte?[65]

Tatsächlich, so meine These, ermöglichte dem Chronisten gerade die offensive Thematisierung der schweren Katastrophen seiner eigenen Gegenwart ihre radikale Enteschatologisierung. Wie ich an anderer Stelle ausführlich begründet habe,[66] maß Johannes Malalas den Bedrückungen, deren Zeuge er selbst wurde, offenbar eine kathartische Funktion zu. So wie Josua Stylites deutete auch er sie als Manifestationen göttlichen Zornes, betrachtet aus der Perspektive einer alttestamentlichen Straftheologie, die uns auch in anderen Zeugnissen zum 6. Jahrhundert prominent begegnet (Johannes von Ephesos, Agathias). Katastrophen sollten, so die offenkundige Sichtweise des Chronisten, Angst erzeugen und dadurch die Menschen zu Umkehr und Verhaltensänderungen bewegen; für diesen Mechanismus bietet die *Weltchronik* zahlreiche illustrative Beispiele.[67] So wird etwa zum zweiten Ausbruch der

---

II. – Leon II.): 7 Einträge – Buch 15 (Zenon): 2 Einträge – Buch 16 (Anastasios): 2 Einträge. Vor allem in den zeithistorischen Büchern 17–18 häufen sich die Katastrophen: 7 Einträge in Buch 17 (Justin I.) sowie 30 Einträge in Buch 18 (Justinian). Dazu vgl. auch MEIER 2007a, 571 f. (mit den Belegen). S. auch SCOTT 2012, 19: „Malalas may wish to project himself into the role of a skeptical historian who distances himself from eschatological preoccupations, but paradoxically his chronicle is full of apocalyptic themes, and provides an insight into the anxiety of the people".

[65] Zu Orosius s. GOETZ 1980; HERZOG 2002; VAN NUFFELEN 2012.
[66] Zum Folgenden s. auch MEIER 2007a.
[67] Vgl. etwa Malal. p. 344,53–55 (Brand Antiocheias 525);

Pest in Konstantinopel 558 festgehalten: „Im Monat Februar, in der sechsten Indiktion, kam es in Konstantinopel zu einem Massensterben durch die Beulenpest. Im Verlauf dieser entsetzlichen Seuche (φόβος) stellte man silberne Tragbahren her, um sie auf Reisen mitzunehmen. Diese besagte furchtbare Drohung Gottes (ἡ αὐτὴ φοβερὰ τοῦ θεοῦ ἀπειλή) hielt aber sechs Monate hindurch an".[68] In diesem Zusammenhang kommt dem Motiv der Angst bzw. – ganz konkret – der Furcht (φόβος) eine zentrale Bedeutung zu.[69] Malalas geht sogar so weit, dass er den Terminus φόβος (‚Furcht') zur Bezeichnung einzelner verstörender Ereignisse verwendet – für Blitz und Donner, Erdbeben und die Pest.[70] Generell verweisen Katastrophen bei ihm terminologisch auf göttliche Gunst oder göttlichen Unwillen; so verwendet er häufig das Wort θεομηνία (‚Zorn Gottes') als Synonym für Erdbeben[71] und

---

p. 347,44–348,51 (Erdbeben in Antiocheia 526); p. 407,12–14 Thurn (zum Ausbruch der Pest). Zum Motiv der Angst vgl. Malal. p. 295,35–38; p. 338,27–29; p. 346,97; p. 346,11–12; p. 347,29; p. 382, 26–30; p. 403,41–42; p. 407,7–8; p. 410,50–53; p. 413,76–77; p. 416,16–17; p. 419,53–54; p. 419,55–56; p. 419,63; p. 420,73–74 Thurn.

[68] Malal. p. 420,71–74 Thurn: Μηνὶ φεβρουαρίῳ ἰνδικτιῶνος ϛ' γέγονε θνῆσις ἐν Κωνσταντινουπόλει ἀπὸ βουβώνων. ἐν αὐτῷ δὲ τῷ φόβῳ τὰ μεθόδια πάντα κραββάτους ἀργυροῦς ἐποίησαν. ἐπεκράτησεν δὲ ἡ αὐτὴ φοβερὰ τοῦ θεοῦ ἀπειλὴ ἐπὶ μῆνας ἕξ (Übers.: J. Thurn/ M. Meier).

[69] Zum Motiv der Angst im 6. Jh. – insbesondere bei Johannes Malalas – s. Scott 1985; 2013.

[70] Z.B. Malal. p. 410,52 Thurn (φόβος als Oberbegriff für Donner und Blitze); p. 413,79; p. 416,18; 419,62 Thurn (φόβος als Bezeichnung für ein Erdbeben); 420,72 Thurn (φόβος zur Bezeichnung der Pest).

[71] Z.B. Malal. p. 174,44; p. 184,22; p. 189,60; 196,61; p. 196,63–64; p. 198,19; p. 202,33; p. 210,7; p. 211,17; p. 213,75; p. 218,18; p. 230, 22; p. 240,26; p. 248,47–48; p. 280,71; p. 302,28; 308,63; p. 333,9;

bezeichnet die Pest einmal als ἡ εὐσπλαγχνία τοῦ θεοῦ (‚Barmherzigkeit Gottes').[72]

Indem Malalas die Katastrophen vornehmlich als Artikulationen göttlichen (Un-)Willens beschreibt, beraubt er sie ostentativ ihrer eschatologischen Funktion innerhalb des irdischen Weltgeschehens – ein konsequenter Schritt, da dieses seiner Ansicht zufolge ja nicht mehr auf einen konkreten Termin für das Jüngste Gericht zulief und Katastrophen dementsprechend nicht mehr als Vorzeichen interpretiert werden konnten. Stattdessen verbindet er sie eng mit kaiserlichem Handeln, dem dadurch eine spezifische Funktion zugewiesen wird: Die Reaktionen der Herrscher auf das Katastrophengeschehen werden auffällig stereotyp umschrieben; der Autor unterscheidet nicht zwischen christlichen und altgläubigen Monarchen und gewinnt aus der kaiserlichen Katastrophenhilfe auch keine Kriterien für die Charakterisierung einzelner Individuen.[73] Vielmehr wird geradezu repetitiv ein stets gleichbleibender Mechanismus beschrieben: Gott straft, der

---

p. 344,62; p. 345,69; p. 345,72; p. 346,93; p. 352,65; p. 365,54; p. 376,91; p. 376,10 THURN; im 18. Buch verändert sich allmählich der Wortgebrauch: θεομηνία wird durch σεισμός abgelöst, vgl. MEIER 2007a, 576, Anm. 77).

[72] Malal. p. 407,18 THURN.

[73] Vgl. Malal. p. 174,43–45 (Augustus); p. 184,22–31 (Caligula); p. 189,59–66 (Claudius); p. 196,58–64 (Vitellius); p. 198,19–21 (Vespasian); p. 202,32–203,52 (Nerva); p. 210,6–13 (Hadrian); p. 211,16–21 (Hadrian); p. 213,73–76 (Marc Aurel); p. 218,18–22 (Commodus); p. 230,21–23 (Claudius II. Gothicus); p. 240,26–241,32 (Constantius I. Chlorus); p. 248,47–55 (Konstantin); p. 280,70–81 (Theodosios II.); p. 302,27–30 (Basiliskos); p. 308,63–309,69 (Zenon); p. 333,9–11 (Anastasios); p. 344,52–61 (Justin I.); p. 344,62–345,67 (Justin I.); p. 345,67–69 (Justin I.); p. 345,69–71 (Justin I.); p. 345,71–91 (Justin I.); p. 346,92–350,18 (Justin I.); p. 352,65–79 (Justin I.); p. 365,54–59 (Justinian); p. 370,89–371,95 (Justinian); p. 371,7–10 (Justinian);

Kaiser zeigt demütig-freigebige Milde und wirkt mit seinen wiederherstellenden Maßnahmen integrativ auf die gepeinigte Gesellschaft ein, indem er das von Gott gesandte Unheil zumindest partiell wieder auffängt.[74] Doch man darf sich nicht täuschen lassen. Denn die Kaiser besitzen gleichfalls die Möglichkeit, Angst zu erzeugen, und sie machen davon durchaus Gebrauch. Auch sie sind in der Lage, Menschen ins Unglück zu stürzen und damit Verhaltensänderungen zu erzwingen. Jenseits der von Gott gesandten Katastrophen bzw. diese ergänzend erzielen sie also ebenfalls kathartische Effekte. Damit zeigt sich: Göttliches und kaiserliches Handeln verläuft in der Darstellung des Malalas parallel, Gott und Kaiser wirken Hand in Hand, und das verbindende Element war das Motiv der Angst bzw. Furcht.

Diesen erschreckenden Wirkmechanismus zeigt der Chronist namentlich am Beispiel Justinians auf, dessen Herrschaft er geradezu als ‚Zeitalter der Angst' charakterisiert[75] – in einem solchen Ausmaß, dass die von ihm abhängige Chronistik die nachjustinianische Phase durch ihre *Freiheit* von Angst kennzeichnen konnte: „Und so kehrte durch den Stadtpräfekten Iulianos in der Hauptstadt wieder Ordnung ein, und alle konnten frei und ohne Angst die Straßen betreten und wurden ordentlich behandelt".[76] Anders jedoch als ein großer Teil seiner Zeitgenossen bezog der Historiograph diese Angst nicht auf

---

376,91–93 (Justinian); p. 376,10–12 (Justinian); p. 413,76–414,89 THURN (Justinian).

[74] Vgl. MEIER 2007a, 577f.

[75] Vgl. Malal. p. 351,46; p. 365,52–53; p. 400,6–7 (mit Theoph. a.m. 6024 p. 186,1 DE BOOR); p. 418,39–40 THURN; ferner (auf Malalas beruhend) Theoph. a.m. 6021 p. 177,16–17 DE BOOR.

[76] Vgl. *De insid.* 51 p. 176,14–17 de Boor: καὶ οὕτως διὰ τοῦ Ἰουλια-

ein unmittelbar drohendes Weltende, sondern auf die Strafmaßnahmen des Kaisers – eine nunmehr entzeitlichte (und eben nicht endzeitliche) Straftheologie, der er offenbar durchaus positiv gegenüberstand.[77]

Katastrophen verweisen im Werk des Malalas also nicht mehr als eschatologisch aufgeladene Vorzeichen auf die Zukunft, sondern dienen als Strafinstrumente in konkreten Situationen und ermöglichen dem Kaiser ein spezifisches Handeln. Die Zukunft selbst hingegen bleibt unbestimmt, offen, ohne Eschaton, da der Historiograph das Geschehen eines konkret terminierbaren Zieles beraubt. Kann es in dieser Sichtweise überhaupt noch eine Zukunft geben? Und wie wird sie in der *Chronik* konzeptualisiert?[78]

Mustert man unter dieser Fragestellung die *Weltchronik*, so stellt sich ein interessanter Befund ein: Der Autor bezieht sich nirgendwo auf eine Zukunft, die außerhalb bzw. jenseits des in der *Chronik* berichteten Geschehens angesiedelt werden kann: Es finden sich zwar Orakel und Prophezeiungen im Text, die auf verschiedene Zukünfte verweisen; doch diese Zukünfte realisieren sich stets innerhalb des Textes, so dass sie aus der Perspektive des Autors und seiner Leser immer bereits in der Vergangenheit liegen.[79] Eine jenseits des Textes anzusiedelnde Zukunft

νοῦ ἐπάρχου <τῆς> πόλεως ἔλαβεν ἡ πόλις κατάστασιν, καὶ πάντες ἐλευθερίως καὶ ἀφόβως προήρχοντο καὶ ἐθεραπεύοντο.

[77] Vgl. in diesem Sinne Scott 1985, 103: „Malalas quite obviously sees a reign of terror as proper and right"; 2013, 309f.; Meier 2007a, 579.
[78] Zu antiken Konzepten von Zukunft vgl. auch die Überlegungen von Meyer-Zwiffelhoffer 2020.
[79] Z.B. der Traum des Anastasios, vgl. Malal. p. 334,42–335,58 Thurn (s.o.). Vgl. Schulz 2017, 329: „Orakelsprüche und Prophetien spielen in Malalas" Chronik gerade in den frühen Büchern eine

Das Beispiel Johannes Malalas 47

oder gar ein Telos der Geschichte wird nicht konzeptualisiert. Exemplarisch lässt sich dieser Sachverhalt am Beispiel einer (scheinbar) apokalyptischen Prophezeiung aufzeigen, die in der 5. Indiktion (541/42) erfolgt sein soll:[80]

In der fünften Indiktion ereignete sich ein derartiger Vorfall (πρᾶγμα): Eine Frau, die in der Nähe der sogenannten Goldenen Pforte wohnte, wurde in einer Nacht vom Wahrsagegeist erfüllt und sprudelte vieles heraus (χρηματισθεῖσα ἐν μιᾷ νυκτὶ ἐφλυάρησε πολλά); infolgedessen veranstalteten die Volksmassen von Konstantinopel einen Auflauf, sie begaben sich in einer Bittprozession zur Kirche des heiligen Diomedes in Jerusalem,[81] sie führten das Weib aus ihrem Hause hervor und verbrachten sie hinein in die Kirche des heiligen Diomedes. Sagte sie doch, dass nach drei Tagen das Meer ansteigen und alle verschlingen würde

---

wichtige Rolle. Dabei fällt auf: Egal, ob sie von der Pythia oder von Moses kommen, sie gehen immer in Erfüllung".

[80] Malal. p. 406,87–407,8 Thurn: Ἰνδικτιῶνος ε' συνέβη γενέσθαι τοιοῦτον πρᾶγμα. γυνή τις καταμένουσα πλησίον τῆς λεγομένης Χρυσῆς πόρτας χρηματισθεῖσα ἐν μιᾷ νυκτὶ ἐφλυάρησε πολλά, ὥστε συν δραμεῖν τὰ πλήθη Κωνσταντινουπόλεως καὶ ἀπελθεῖν λιτανεύοντα εἰς τὸν ἅγιον Διομήδην εἰς Ἱερουσαλὴμ καὶ καταγαγεῖν τὴν γυναῖκα ἐκ τοῦ οἴκου αὐτῆς καὶ εἰσαγαγεῖν εἰς τὴν ἐκκλησίαν τοῦ ἁγίου Διομήδους· ἔλεγε γάρ, ὅτι μετὰ τρεῖς ἡμέρας ἀνέρχεται ἡ θάλασσα καὶ πάντας λαμβάνει. καὶ πάντων λιτανευόντων καὶ κραζόντων τὸ ‚κύριε ἐλέησον·' ἠκούετο γάρ, ὅτι καὶ πόλεις πολλαὶ κατεπόθησαν. τότε δὲ καὶ ἐν Αἰγύπτῳ καὶ ἐν Ἀλεξανδρείᾳ θνῆσις ἀνθρώπων γέγονεν. ὁ δὲ αὐτὸς βασιλεὺς πέμψας Ναρσῆν τὸν κουβικουλάριον μετὰ δρομώνων καὶ ἄλλους τινὰς μαθεῖν τὰ γενόμενα, καὶ ἀπελθόντων τῶν παίδων Ναρσοῦ κατ' ἐπιτροπὴν αὐτοῦ εἰς τὸν ἅγιον Διομήδην καὶ μαθόντων παρὰ τοῦ συναχθέντος ὄχλου τὰ λεγόμενα ὑπὸ τῆς γυναικός, ἐλθόντες ἀπήγγειλαν Ναρσῇ τὰ γενόμενα ἐν τῇ ἐκκλησίᾳ, καὶ ὅτι ἤκουσαν ἀπὸ τῆς γυναικὸς τῆς χρηματισθείσης, ὅτι μετὰ τρεῖς ἡμέρας ἀνέρχεται ἡ θάλασσα καὶ κατακλύζει πάντας. καὶ ἀκούσαντες οἱ ὄχλοι τῶν λεγομένων παρ' αὐτῆς ἀνεχώρουν πτοούμενοι (Übers.: J. Thurn/M. Meier).

[81] Vgl. zu diesem Kloster Janin ²1969, 95 ff. Die Lage des Klosters in der Nähe der Goldenen Pforte, dem Wohnort der weissagenden Frau, ist mehrfach bezeugt, vgl. Janin ²1969, 97.

(ἔλεγε γὰρ, ὅτι μετὰ τρεῖς ἡμέρας ἀνέρχεται ἡ θάλασσα καὶ πάντας λαμβάνει). Und alle nahmen an der Bittprozession teil und riefen das „Herr, erbarme dich unser". Vom Hörensagen wusste man ja, dass auch viele Städte unter den Wogen untergegangen waren. Damals kam es aber auch in Ägypten, insbesondere in Alexandreia, zu einem Massensterben (θνῆσις ἀνθρώπων). Der nämliche Kaiser aber entsandte den *cubicularius* Narses mit Dromonen, dazu weitere Persönlichkeiten; sie sollten das Geschehen rekognoszieren. Und auf seine Anweisung hin machten sich die Diener des Narses auf in die Kirche des heiligen Diomedes und erfragten bei der zusammengeströmten Menge die Aussprüche der Frau; dann gingen sie weg und berichteten Narses, was sich in der Kirche zugetragen hatte, ferner, dass sie von der geisterfüllten Frau vernommen hätten, nach drei Tagen schwelle das Meer an und überflute alle. Und die Volksmenge, die die Aussprüche jener gehört hatte, zog sich voll Angst zurück (ἀνεχώρουν πτοούμενοι).

Diese Episode musste bei Zeitgenossen insbesondere wegen der manifesten Sintflut-Assoziation – „ein Standardthema der byzantinischen Apokalyptik"[82] – konkrete Endzeitängste evozieren,[83] zumal, wie der Chronist andeutet, unmittelbar zuvor offenbar tatsächlich oströmische Städte Opfer von Flutwellen geworden waren. Möglicherweise gehört die Überflutung einiger Orte im benachbarten Thrakien, von der die Theophanes-*Chronik* (allerdings chronologisch nicht ganz akkurat zum Jahr 544/45) berichtet, in diesen Zusammenhang.[84] Kein

---

[82] BRANDES 1997, 41, mit Anm. 114 (Belege).
[83] Vgl. Gen 6,17; 7,4. MAGDALINO 1993, 5f.; MEIER ²2004, 321f.
[84] Theoph. a.m. 6037 p. 224,29–33 DE BOOR: Τούτῳ τῷ ἔτει ἐπανέστη ἡ θάλασσα τῇ Θρᾴκῃ ἐπὶ μίλια δ' καὶ ἐκάλυψεν αὐτὴν ἐπὶ τὰ μέρη Ὀδύσσου καὶ Διονυσοπόλεως καὶ τὸ Ἀφροδίσιον· καὶ πολλοὶ ἐπνίγησαν ἐν τοῖς ὕδασιν. καὶ πάλιν τῷ τοῦ θεοῦ προστάγματι ἀπεκατέστη ἡ αὐτὴ θάλασσα εἰς τοὺς ἰδίους τόπους. Vgl. Georg. Mon. p. II 628,13–17; Kedren. p. 657 BEKKER. Die Passage könnte aus dem Ur-Malalas

Wunder also, dass auch moderne Interpreten dazu tendiert haben, die Prophezeiung innerhalb eines eschatologisch-apokalyptischen Rahmens zu verorten.[85] Dafür spricht nicht zuletzt ihre Verbindung mit dem Ausbruch der Pest in Ägypten, denn darauf dürfte die θνῆσις ἀνθρώπων sicher zu beziehen sein; überdies folgt wenige Zeilen später der ausführliche Bericht über das Pestgeschehen in Konstantinopel.[86]

Der Text allerdings sendet widersprüchliche Signale: Bereits die recht allgemeine Bezeichnung des Vorfalls als πρᾶγμα (,Sachverhalt') sollte zur Vorsicht bei der Interpretation gemahnen, und es drängt sich die Frage auf, warum Malalas nicht konkreter wird. Vor allem aber scheint sich der Historiograph von den Prophezeiungen der Frau zu distanzieren, wenn er diese unverblümt abschätzig mit dem Verbum φλυαρεῖν (,sprudeln', ,schwätzen') charakterisiert. Das Gerede irgendeiner anonymen (!) Frau (γυνή τις) hatte demzufolge zwar die Bevölkerung Konstantinopels – jedenfalls zu großen Teilen! – in Unruhe zu versetzen vermocht, es hatte Bittprozessionen und sogar eine offizielle Untersuchung generiert. Doch die Flutkatastrophen, in deren Kontext man die Prophezeiung rückte, gehörten bereits der Vergangenheit an und die Pest, die in Ägypten wütete und bald darauf auch in Konstantinopel ausbrechen sollte, brachte zwar unsägliches Leid über die Menschen – aber nicht das Ende der Welt.[87] Die von Zeit-

---

stammen, vgl. JEFFREYS/JEFFREYS/SCOTT 1986, 286; MANGO/SCOTT 1997, 326, Anm. 1; MEIER ²2004, 663 f., Anm. 63.

[85] Z.B. MAGDALINO 1993, 5 f.; 2008, 125; BRANDES 1997, 41; MEIER ²2004, 321–323.

[86] Malal. p. 407,12-19 THURN.

[87] Die Tatsache, dass im Jahr 542 ein schweres Erdbeben vor allem die Viertel um die Goldene Pforte verwüstete und dass sich dieses

genossen als Apokalypse gedeuteten Worte der Frau führen in der Darstellung des Malalas somit nicht auf ein konkretes eschatologisches Ziel in der Zukunft, sondern ins Nichts bzw. allenfalls zum Ausbruch der Pest, der dann ebenfalls als vergangenes Geschehen referiert wird. Und mehr noch: Der Autor behandelt die Prophezeiung letztlich exakt in derselben Weise, wie tatsächlich eingetroffene Katastrophen in seinem Werk konzeptualisiert werden: Indem er die Zukunftsprognose als ziellos entlarvt, enteschatologisiert er sie. Als letzte noch verbliebene Funktion bleibt dem Vorfall vor allem eines: unter der Bevölkerung Angst zu erzeugen (ἀνεχώρουν πτοούμενοι), und als „Erinnerung an die Angst" (μνήμη φόβου) gingen die Geschehnisse denn auch in das kollektive Gedächtnis der Konstantinopolitaner ein, wie der liturgische Kalender der Stadt später bezeugen sollte.[88] Die Malalas-Tradition hingegen hat die Prophezeiungen der Frau, soweit wir sehen können, ignoriert; da sie sich nicht erfüllt hatten, waren sie obsolet und lohnten keine weitere Erwähnung.

Mit diesem Befund einer Tendenz zur Enteschatologisierung zeitgenössischer Erfahrungen in der *Weltchronik* des Malalas lässt sich eine weitere Beobachtung korrelieren: Jenes Konstrukt aus Ideologemen, Erfahrungen und Zukunftsprojektionen, das häufig als ‚byzantinische Reichseschatologie' bezeichnet wird,[89] erscheint in diesem

---

Erdbeben ausgerechnet am 16. August – dem Tag des heiligen Diomedes – ereignete (vgl. MEIER ²2004, 322 f.), wird von Malalas nicht eigens thematisiert.

[88] *Synax. Eccl. Const.* p. 895-896,45-46 DELEHAYE: Μνήμη φόβου τοῦ ἐν τῇ Νέᾳ Ἱερουσαλὴμ πλησίον τῆς Χρυσῆς Πόρτης.

[89] Grundlegend: PODSKALSKY 1972. Vgl. auch PERTUSI 1988; BRANDES 1997; MAGDALINO 1993; 2008.

Text außer Funktion gesetzt bzw. ist dort schlichtweg nicht präsent. Zu den grundlegenden Bestandteilen dieser ‚Reichseschatologie' gehörte die Interpretation des paulinischen *katéchon* – jenes rätselhaften hemmenden Momentes also, das die bevorstehende Parusie und damit den Weltuntergang noch aufhalten sollte – als *Imperium Romanum*; diese Deutung von 2 Thess 2,3–7 ist erstmals in Tertullians *Apologeticum* (197 n. Chr.) belegt[90] und wird danach immer wieder aufgegriffen.[91] In der Konzeption des Malalas hingegen kommt dem *Imperium Romanum* keine eschatologische Funktion mehr zu, da seine Etablierung als allumfassende Monarchie unter Augustus ohnehin bereits in das (vermeintliche) Ende der Zeiten fiel und dieses überdauerte. Die Ziellosigkeit der Geschichte allgemein bezieht sich damit auch konkret auf die Geschichte des Römischen Reiches. Jene Sichtweise, die sich in Byzanz bald durchsetzen sollte, wonach einzig der Fortbestand des Reiches und insbesondere die unversehrte Existenz der Hauptstadt Konstantinopel das Ende der Welt aufhalten könne,[92] findet im Text des Malalas jedenfalls keine Resonanz. Mit Blick auf das Ende erscheinen Reichs- und Weltgeschichte in der *Chronik* entkoppelt.

Und noch ein weiteres Kernelement spätantiker Eschatologie und oströmisch-byzantinischer ‚Reichseschatologie' wird in Malalas' Geschichtswerk ausgeblendet: die Vorstellung von der Abfolge der vier Weltreiche gemäß den Prophezeiungen im alttestamentlichen Buch

---

[90] Tert. *apol.* 32,1; vgl. *Scap.* 2,6; *resurr.* 24,17–18; Hippolyt. *Dan.* 4,21; Lact. *inst.* 7,25,7–8; Hieron. *In Ier.* 5,25,26 p. 245–246 REITER. Vgl. SCHWARTE 1966, 136–140; SUERBAUM ³1977, 111–115; STROBEL 1993, 89–95.
[91] Vgl. BOUSSET 1895, 78–83.
[92] PERTUSI 1988; BRANDES 1997.

Daniel (wohl zwischen 168 und 165 v. Chr. entstanden).[93] Vor allem seit Hieronymus hatte sich die Identifikation der vier Reiche mit jenen der Babylonier, Meder/Perser, Makedonen/Diadochen und dem *Imperium Romanum* durchgesetzt. Nach dessen Untergang erwartete man das himmlische Gottesreich.[94] Der Umstand, dass diese für das zeitgenössische eschatologische Denken so wichtige und bei anderen Autoren durchaus präsente Prophezeiung vom Historiographen nicht aufgegriffen wird, ist, wie schon Gerhard Podskalsky angemerkt hat,[95] umso bemerkenswerter, als die Figur des Propheten Daniel ihm durchaus bekannt war und auch mehrfach erwähnt wird;[96] es wird sogar in Anlehnung an Dan 7,6 Alexander d. Gr. mit einem Panther (ὡς πάρδαλις) verglichen.[97] Malalas scheint im Kontext der von ihm geschilderten Daniel-Epi-

---

[93] Dan 2 (bes. 2,31–45); 7. Die Vorstellung von der *translatio imperii*, d.h. der Aufeinanderfolge von (Welt-)Reichen ist freilich älter und begegnet etwa schon bei Herodot (Assyrer, Meder, Perser, vgl. Hdt. 1,95; 1,130) und Ktesias (FGrHist 688 F 5). Die eschatologische Aufladung erfolgte jedoch erst mit den Prophezeiungen im Daniel-Buch. Im (paganen) römischen Kontext findet sich die Weltreichslehre Vell. 1,6,6 (wohl interpoliert: SCHMITZER 2000, 67f.). Der christlichen Chronistik ist der Gedanke der *translatio imperii* spätestens seit Iulius Africanus († nach 240) geläufig, vgl. Iul. Afric. F 62 WALLRAFF, mit ROBERTO 2011, 114–120.

[94] Hieron. *Comm. Dan.* I 2,31–35 p. 793–795 GLORIE; II 7,2–7a p. 838–843 GLORIE. Vgl. PODSKALSKY 1972, 13. Die Gleichsetzung des letzten der vier Reiche mit dem Römischen ist allerdings schon älter, vgl. *IV Esr.* 11,44; *syrBar* 39,3–7 (1. Jh.). Eine Liste mit der jeweiligen Identifizierung der vier Weltreiche durch einzelne Autoren findet sich bei ROWLEY 1964, 184 f.

[95] PODSKALSKY 1972, 57.

[96] Malal. p. 13,28–29; p. 117,18–118,40; p. 119,80–120,85; p. 121,22–45; p. 122,64 THURN. Vgl. FONTANA 2018, 276–278.

[97] Malal. p. 146,23 THURN.

soden die berühmten Prophezeiungen also geradezu spielerisch-demonstrativ zu unterschlagen. Dies bedeutet freilich nicht, dass er überhaupt keine Vorstellungen von einer *translatio imperii* besitzt – im Gegenteil.[98] Agnese Fontana hat unlängst gezeigt, wie der Historiograph in den Büchern 1–9 die vorkaiserzeitliche Geschichte als Abfolge von *translationes* konzeptualisiert, beginnend mit den Söhnen Noahs bis zur schrittweisen Übernahme der Diadochenreiche durch Rom.[99] Diese *translationes* jedoch bilden lediglich einen narrativen und organisatorischen Rahmen für die erzählte Geschichte, ohne dass ihnen irgendeine eschatologische Funktion zukommen würde.[100] Kontinuität zwischen einzelnen Reichen, zwischen der mythisch-griechischen, der römischen und der kaiserzeitlichen Geschichte wird bei Malalas vielmehr durch ein konkretes Objekt des Mythos vermittelt: Über die Wanderung des Palladions, einstmals ein Talisman Troias, von Asios über Troos, Diomedes, Aineias, Albas, Romulus und Remus bis zu Konstantin in Konstantinopel[101] konst-

---

[98] Vgl. bes. Malal. p. 154,10; p. 146,3–6 Thurn.
[99] Fontana 2018. Zur Übernahme der Diadochenreiche (d. h. in der Perspektive des Malalas: der makedonischen Herrschaft) durch Rom s. Malal. p. 145,21–23 Thurn (Rom wölbt sich über die Herrschaft der Makedonen); p. 158,55–56 Thurn (Übernahme des Makedonenreiches); p. 159,4–160,44 Thurn (Übernahme des Seleukidenreiches); p. 165,94–168,48 Thurn (Übernahme des Ptolemäerreiches).
[100] Vgl. Fontana 2018, 286: „L'autore pare trascurare, dunque, le implicazioni escatologiche legate alla sequenza danielina dei quattro imperi, fatte proprie invece dalle opere cronografi che precedenti, e sembra limitarsi ad impiegare lo schema della *translatio imperii* quale strumento ‚organizzativo' della storia e della sua narrazione".
[101] Malalas zufolge habe zunächst der Philosoph Asios das Palladion (eine hölzernes Athene-Statue) Troos, dem Gründer Troias, übergeben, woraufhin Troos das gesamte Land um die Stadt herum

ruiert der Chronist eine Kette von Übergängen, die es ihm ermöglicht, jeglichen eschatologischen, auf eine konkrete Endzeit gerichteten Aspekt auszublenden, ohne den Gedanken einer Abfolge von Herrschaften bzw. Reichen und damit den Rahmen eines vom Konzept der Abfolge von Monarchien geprägten Geschichtsbildes aufgeben zu müssen. Daran, dass das Palladion schließlich kommentarlos im Kontext seiner Etablierung in Konstantinopel aus der Erzählung verschwindet,[102] zeigt sich einmal mehr, dass die Geschichte für Malalas kein Ziel hat und Zukunft nicht prognostizierbar ist – jedenfalls nicht im Sinne konkreter eschatologischer Bestimmungen.

Für all jene hingegen, die in den Kategorien der eschatologisch konnotierten Lehre von den vier Weltreichen gedacht haben (und damit für die große Mehrheit von Malalas' Zeitgenossen!), konnte sich der vom Historiographen präsentierte Entwurf dennoch zumindest implizit als ak-

---

„Asien" genannt habe (Malal. p. 81,12–15 THURN). Während der Belagerung Trojas hätten Odysseus und Diomedes das Kultbild heimlich geraubt (Malal. p. 81,15–23 THURN). Nach dem Fall der Stadt sei es zwischen Aias und Odysseus zum Streit um das Palladion gekommen und Aias wurde in der Nacht erschlagen, woraufhin Odysseus geflohen sei (Malal. p. 81,9–12; 81,23–85,18 THURN). Diomedes habe daher das Palladion an sich genommen und sei mit diesem in seine Heimat aufgebrochen (Malal. p. 93,73–74 THURN); später habe er die Statue dem Aineias zurückgegeben (Malal. p. 129,60–71 THURN), der sie in Albania (Alba Longa?) deponiert habe (Malal. p. 130,86–88 THURN). In einem nächsten Schritt sei das Objekt von Aineias' Nachkommen Albas in die Stadt Silva überführt worden (Malal. p. 131,13–17 THURN) und von dort durch Romulus und Remus nach Rom verbracht worden (Malal. p. 132,11–12 THURN). Konstantin I. schließlich habe das Palladion nach Konstantinopel gebracht und unter der Konstantinsäule vergraben (Malal. p. 246,83–86 THURN). Vgl. BRIQUEL 2018, 117–124.

[102] Malal. p. 246,83–86 THURN.

Das Beispiel Johannes Malalas

zeptabel erweisen – dann nämlich, wenn man das letzte Reich mit jenem der Makedonen/Diadochen identifizierte; der Text der *Chronographia* steht einer solchen Sichtweise jedenfalls nicht entgegen, er lädt vielmehr dazu ein: Denn er präsentiert den Makedonen Alexander explizit als Nachfolger der Assyrer (die in der Spätantike häufig mit den Babyloniern gleichgesetzt wurden)[103] und Meder/Perser;[104] vor allem aber lässt er im Kontext der als gleitender Übergang (s.o.) gezeichneten *translatio imperii* von den Makedonen/Diadochen zu den Römern das letzte Diadochenreich (das Ptolemäerreich) unter Oktavian/Augustus in das römische Imperium einmünden,[105] indem er diese (letzte) *translatio* über eine das *Imperium Romanum* vollendende ‚Weltreise' des Augustus, die ihren Höhepunkt im Triumph zu Rom findet,[106] mit dem Anbruch jenes Zeitalters verknüpft, das mit der Inkarnation und Kreuzigung Christi begann. Konsequenz dieses Raum und Zeit integrierenden Ansatzes musste geradezu sein, jene ‚nachhistorische', bei Malalas dem Ablauf der 6000jährigen Weltzeit nachgelagerte Phase – also die rö-

---

[103] Payne 2021.
[104] Malal. p. 146,3–6 Thurn: Τῷ δὲ τετάρτῳ ἔτει τῆς βασιλείας Δαρείου τοῦ Μήδου τοῦ Ἀσσαλάμου ἐξανέστησεν ὁ θεὸς τοῖς Ἀσσυρίοις καὶ Πέρσαις καὶ Πάρθοις καὶ Μήδοις Ἀλέξανδρον τὸν τῆς Μακεδονίας τοπάρχην, ἤτοι βασιλέα, τὸν Φιλίππου. S. auch Malal. p. 147,35–37 Thurn: Ἐλύθη δὲ τότε τὰ Περσικὰ μέρη καὶ τὰ βασίλεια αὐτῆς καὶ κατεδυνάστευσαν οἱ Μακεδόνες καὶ Ἀλέξανδρος μετὰ τῶν ἅμα αὐτῷ συμμάχων τῆς γῆς Χαλδαίων καὶ Μήδων καὶ Περσῶν καὶ Πάρθων. Vgl. Fontana 2018, 282f.
[105] Malal. p. 165,94–168,48 Thurn.
[106] Malal. p. 168,49–170,27 Thurn, mit dem seltsamen Hinweis, Augustus habe sich voller Stolz zu der Fehleinschätzung verleiten lassen, er habe die Welt unterworfen (p. 170,22 Thurn: ὑπτιωθεὶς καὶ ἀπονενοημένος, ὡς ὑποτάξας τὸν κόσμον).

mische Kaiserzeit – direkt mit dem Reich Christi zu identifizieren. Dass diese, für moderne Interpreten nur schwer nachvollziehbare Vorstellung für Mitlebende keineswegs abwegig erscheinen musste, belegt die *Christliche Topographie*, die der Kaufmann Kosmas Indikopleustes (der Name ist nicht gesichert) um 550 verfasste. In diesem Werk wird tatsächlich und explizit das letzte der vier Weltreiche der Daniel-Prophetie mit dem makedonischen identifiziert:[107]

Es hat also das Römische Reich Anteil an den Würden des Reiches Christi, des Herrn, da es alle überragt, soweit es in diesem Leben möglich ist, und indem es bis zum Ende unbesiegbar bleibt […] Über das Reich der Römer aber: Da es mit Christus zusammen aufgegangen ist, wird es in diesem Zeitalter nicht untergehen.

Auf das Reich der Makedonen, so der Autor, sei die Herrschaft Christi gefolgt, die mit dessen Inkarnation in römischer Zeit begonnen habe. Das römische und das messia-

---

[107] Kosm. Ind. 2,66–76, bes. 2,75: Μετέχει οὖν ἡ βασιλεία τῶν Ῥωμαίων τῶν ἀξιωμάτων τῆς βασιλείας τοῦ Δεσπότου Χριστοῦ, πάσας ὑπεραίρουσα ὅσον ἐνδέχεται κατὰ τὸν βίον τοῦτον, ἀήττητος διαμένουσα μέχρι τῆς συντελείας […] ἐπὶ δὲ τῆς Ῥωμαίων βασιλείας ὡς συνανατειλάσης τῷ Χριστῷ, εἰς τὸν αἰῶνα τοῦτον οὐ διαφθαρήσεται. Dazu s. PODSKALSKY 1972, 16–19; CASEY 1989; MACCORMACK 1982, 293–295; MAGDALINO 1993, 11–15 (allgemein zur Vorstellung der Verschmelzung von *Imperium Romanum* und Gottesreich); SCOTT 2012, 2–4. S. aber auch SCHNEIDER 2010, 43–46; 64f., der die entsprechenden Kapitel für Scholien hält, die nachträglich in den Kosmas-Text gerutscht seien. Diese Bewertung beruht freilich lediglich auf einem subjektiven Eindruck, wonach der Gedankengang des Textes lose sei, wohingegen die vorangegangenen Kapitel eine erkennbare Erzähleinheit bildeten. Angesichts der Tatsache, dass der Kosmas-Text auch an anderen Stellen Gedankensprünge und lose Verknüpfungen aufweist, vermag diese Begründung nicht zu überzeugen.

nische Reich verschmelzen in dieser Vorstellung zu einer festen Einheit, wodurch umso mehr der Blick in eine *offene* Zukunft ermöglicht wurde.

Kosmas' Konzept erlaubte es Zeitgenossen, die gesamte Bevölkerung des *Imperium Romanum* als Zeugen der Gottesherrschaft und somit als eine Versammlung von Heiligen zu interpretieren – eine Vorstellung, die sich zu dem seit der 2. Hälfte des 6. Jahrhunderts immer deutlicher hervortretenden Konzept vom Römischen Reich als einem singulären, von Gott beschirmten Raum fügt, wie es sich etwa in Coripps (Goripps) Panegyricus auf Justin II. spiegelt: *res Romana Dei est, non eget terrenis armis*.[108] Dieses Konzept kann nur vor dem Hintergrund der seit spätjustinianischer Zeit um sich greifenden Liturgisierung verstanden werden.[109] Als Prozess der Durchdringung nahezu sämtlicher für uns greifbarer Bereiche des Alltags und Lebens der Zeitgenossen mit christlich-religiösen Elementen bereitete diese seit der 1. Hälfte des 7. Jahrhunderts angesichts der existenziellen Bedrohungen durch Sāsāniden und Araber nicht zuletzt auch den Boden für neue eschatologische Konzepte, wie sie uns spätestens seit den 690er Jahren in der *Apokalypse* des Ps.-Methodios

---

[108] Coripp. *Laud. Iust.* 3,333. Als im Spätsommer 591 die mit dem entthronten Perserkönig Chosroes II. verbündeten Römer den Truppen des Usurpators Bahram bei Kanzakon gegenüberstanden, profitierten auch die auf römischer Seite kämpfenden Perser vom himmlischen Schirm, der sich über das *Imperium Romanum* wölbte: „Denn auch für die Chaldäer [d.h. für die mit den Römern alliierten Perser] wurde der Name Marias zur Rettung" (Theophyl. Sim. *Hist.* 5,10,5: ἐγίνετο γὰρ καὶ Χαλδαίοις τὸ τῆς Μαρίας σωτήριον ὄνομα).

[109] Zur ‚Liturgisierung' vgl. CAMERON 1979; s. ferner CAMERON 1978, 80–82; 107f.; NELSON 1976, 101; 114f.; MEIER 2004a; ²2004, 608–614; 2009; 2012; 2016; ⁸2021; BOOTH 2018.

entgegentreten. So paradox es also anmuten mag: Ausgerechnet die radikale Enteschatologisierung der irdischen Geschichte, wie Malalas sie propagierte, hat möglicherweise mit dazu beigetragen, dass sich seit dem 7. Jahrhundert eine neue, wirkmächtige Eschatologie herauskristallisieren konnte.

Ungewiss bleibt hingegen, wie der Chronist selbst seine eigene Gegenwart verortete und die Zukunft konzeptualisierte. Ging er tatsächlich von einer offenen Zukunft aus, der jegliche weiteren chronologischen Fixpunkte fehlten, war er sich also der Konsequenzen, die sein Kalkulationsmodell zeitigte, vollständig bewusst? Wir wissen es nicht. Sicher ist allein die Tatsache, dass er den konkreten Endzeiterwartungen seiner Generation offensiv eine Alternative gegenüberstellte und damit neue Denkhorizonte eröffnete, indem er eine Interpretation der Vergangenheit[110] anbot, welche die Gegenwart einer zeitlichen Festlegung enthob und die Zukunft ins Unbestimmte öffnete.

---

[110] Zu Malalas' Umgang mit der Vergangenheit ist noch immer wichtig SCOTT 1990.

3. Kollektives Vergessen und schwebende Gegenwarten: Prokop, Agathias, Euagrios und die Verräumlichung der Zeit

„Du siehst, mein Sohn, / zum Raum wird hier die Zeit".[1] Dieser Satz aus Richard Wagners *Parsifal* gibt seit Jahrzehnten Anlass für vielfältige, weit über den ursprünglichen Kontext hinausgehende Reflexionen. In Wagners Bühnenweihfestspiel dokumentiert er zunächst die allmähliche Verlagerung der Handlung an einen anderen Ort ohne erkennbare Bewegung der Protagonisten dorthin („Ich schreite kaum, / doch wähn ich mich schon weit").[2] Allein das Vergehen der Zeit bewirkt eine Veränderung des Raumes. Auf einer abstrakteren Ebene steht der Satz aber auch für das Bühnenwerk insgesamt, insbesondere das Irren des Titelhelden und seiner Antagonistin Kundry durch Zeiten und Räume hin zur finalen (Wieder-)Herstellung ihrer Balance. Später wurde der Satz emblematisch als konzise Beschreibung des physikalisch erwiesenen Zusammenhangs von Raum und Zeit – wir sprechen nicht ohne Grund vom ‚Zeit-Raum' und beschreiben Zeit in Raummetaphern (z. B. ‚Ver*lauf*', ‚Fort-

---

[1] Richard Wagner, *Parsifal*, 1. Aufzug (= W. ZENTNER [Hg.], Richard Wagner, Parsifal. Ein Bühnenweihfestspiel in drei Aufzügen, Stuttgart 1983, 24).
[2] Richard Wagner, *Parsifal*, 1. Aufzug p. 23 ZENTNER.

schritt', 'Nieder*gang*', 'Ent*wicklung*').³ Dieser schon von Aristoteles beschriebene Konnex⁴ scheint mir auch für das Verständnis der Historiographie des 6. Jahrhunderts von Bedeutung zu sein, wie ich im Folgenden aufzeigen möchte. Zentral sind in diesem Zusammenhang die Geschichtswerke des Prokop und des Agathias, die im Mittelpunkt meiner nachfolgenden Ausführungen stehen werden, bevor ich den Blick weiten und – stets vor dem Hintergrund meiner Ausgangsprämissen und -fragestellungen – kurz noch weitere Historiographen des 6. Jahrhunderts in den Blick nehmen werde.

Prokop gilt seit jeher als wichtigster Chronist des sogenannten Zeitalters Justinians.⁵ Seine monumentale *Kriegsgeschichte* (*Bella*) in 8 Büchern dokumentiert nicht nur die Auseinandersetzungen Ostroms mit Persern, Vandalen und Goten bis zum Jahr 553, sondern entwirft auch ein Bild, mitunter ein Zerrbild, der Herrschaft des Kaisers und der Lage des Reichs. Flankiert wird das Großwerk von einer Lobschrift auf Justinian und seine intensive Bautätigkeit, den *Bauten* (*De aedificiis*), sowie der rätselhaften *Geheimgeschichte* (*Anekdota*) mit ihren Skandal-

---

³ Zum Zusammenhang von Zeit und Raum s. etwa HÖLSCHER 2020, 211–217, bes. 212 („Ohne Raum ist historische Zeit nicht zu denken, Zeit und Raum sind Dimensionen aller lebenden Dinge und Ereignisse, ganz egal ob sie ruhen, sich bewegen oder verändern").

⁴ Aristot. *Kat.* 6. Vgl. van Zantwijk 2012, 1511 f., mit Literatur.

⁵ Die Literatur zu Prokop ist in den letzten Jahren beträchtlich angewachsen. Zur Einführung eignen sich BRODKA 2022; MEIER/MONTINARO 2022. Die klassische, weiterhin grundlegende Monographie ist CAMERON 1985. Vgl. darüber hinaus aus der jüngeren Forschung KALDELLIS 2004a; GREATREX 2014; GREATREX/JANNIARD 2018; LILLINGTON-MARTIN/TURQUOIS 2018. Forschungsüberblick: GREATREX 2019.

berichten, schaurig-faszinierenden Schlüssellochepisoden und den gegen das Herrscherpaar Justinian und Theodora gerichteten Invektiven und Verwünschungen. Bis heute ist die Forschung darum bemüht, diese so unterschiedlichen Texte konzeptionell zusammenzubringen und als Werk eines einzigen Autors zu ergründen. Dieser Autor, um das Jahr 500 geboren, stammte aus der palästinischen Hafenstadt Kaisareia. In der Regel wird er im Milieu der grundbesitzenden provinzialen Eliten situiert, jedenfalls wird dieser soziale Status durch Andeutungen und Kommentare in seinem Werk nahegelegt, und auch seine solide rhetorisch-juristische Ausbildung sowie die Belesenheit in der griechischen Literatur und Beherrschung der lateinischen Sprache sprechen dafür. Nach seinem vielleicht in Berytos (Beirut) absolvierten Studium wurde Prokop um das Jahr 527 Berater (ξύμβολος/*consiliarius*) des aufstrebenden Feldherrn Belisar und durfte diesen fortan auf verschiedene Kriegsschauplätze im Osten, in Afrika und Italien begleiten, was ihn zum unmittelbaren Augenzeugen großer Teile des berichteten Geschehens machte.[6] Im Jahr 542 erlebte er den Ausbruch der Pest in Konstantinopel;[7] danach verlieren sich seine Spuren, doch scheint Prokop als Senator in den Rang eines *vir illustris* aufgestiegen zu sein,[8] vielleicht führte er sogar den *patricius*-Titel.[9] Ob er mit dem gleichnamigen Stadtpräfekten des Jahres 562[10] identisch ist, bleibt ebenso ungewiss wie der Zeitpunkt

---

[6] Vgl. Prok. *BP* 1,1,3.
[7] Prok. *BP* 2,22,9.
[8] *Suda* Π 2479 s.v. Προκόπιος.
[9] Vgl. dazu die umstrittene Bemerkung Joh. Nik. 92,20 p. 147 CHARLES.
[10] PLRE IIIB 1066 f. (Procopius 3).

seines Todes.¹¹ Die ersten sieben Bücher seiner *Bella* veröffentlichte Prokop im Jahr 551; ein späteres achtes Buch erschien um 552/53, vielleicht auch erst nach 557.¹²

Die Forschung hat sich bisher noch nicht näher mit Zeitkonzepten im Werk des Historiographen beschäftigt. Allerdings haben vor einiger Zeit Geoffrey Greatrex und Timo Stickler Prokops Umgang mit der Vergangenheit untersucht.¹³ Stickler kam dabei zu dem Ergebnis, dass „die Beschäftigung mit der Vergangenheit […] nichts Randständiges in Prokops Werk [ist]; sie führt im Gegenteil mitten hinein in dessen Zentrum, nämlich die Auseinandersetzung mit der Politik des νεωτεροποιός Justinian und ihren – jedenfalls Prokop zufolge – katastrophalen, beklagenswerten Folgen für die gesamte mediterrane ‚Alte Welt'".¹⁴ Prokop, so könnte man dieses Resultat zuspitzen, präsentiert also in jenen Teilen seines Werks, die über Selbsterlebtes hinausreichen, eine Vorgeschichte der im Sinne einer *histoire engagée* textgewordenen Wahrnehmung der Gegenwart. Diese bewusst konstruierte, zur eigenen Geschichte verdichtete Vergangenheit reicht bis in die Jahre um 400 zurück: Die *Perserkriege* setzen mit dem Tod des Arkadios im Jahr 408 ein,¹⁵ die *Vandalenkriege* etwas früher mit dem Ende seines Vaters Theodosius I. (395).¹⁶ Zwar wird der Handlungsfaden zu Beginn der *Go-*

---

[11] Zur Biographie Prokops s. BRODKA 2022, 11–14; GREATREX 2022, 1–3; PLRE IIIB 1060–1066 (Procopius 2) (mit den Quellen).

[12] Vgl. BRODKA 2022, 15 f., der das 8. Buch der *Bella* zwischen 554 und 557 ansetzt. Zu den Forschungspositionen s. auch GREATREX 1994; 2003, 54–57 (zur Datierung des 8. Buches); SIGNES CODOÑER 2017.

[13] GREATREX 2018; STICKLER 2018.

[14] STICKLER 2018, 156.

[15] Prok. *BP* 1,2,1. Vgl. STICKLER 2018, 141 f.

[16] Prok. *BV* 1,1,2.

tenkriege erst deutlich später mit der Absetzung des letzten weströmischen Kaisers Romulus im Jahr 476 aufgenommen,[17] doch verweist der Erzähler explizit darauf, dass er die Ereignisse unter Alarich und Attila bereits in seinen früheren Büchern berichtet habe,[18] so dass auch in den *Gotenkriegen* der vergegenwärtigte Zeithorizont bis in die Jahre um 400 zurückreicht (was auch in Nebenbemerkungen im weiteren Werkverlauf deutlich wird).[19]

Damit umfasst die vom Historiographen ausbuchstabierte Vergangenheit grob jene Drei-Generationen-Erinnerung, die, wie insbesondere Jan Assmann gezeigt hat, als kommunikatives Gedächtnis einen wichtigen Bestandteil der kollektiven Erinnerung von Gruppen und Gemeinschaften konstituiert[20] – ein Sachverhalt, der nicht zuletzt deshalb von Bedeutung ist, weil er die kontroverse Diskussion um Prokops Quellen tangiert;[21] sie soll an dieser Stelle nicht erneut aufgegriffen werden, doch zeigt die Kongruenz des im Werk präsenten Zeitraums mit dem Drei-Generationen-Gedächtnis, dass der Historiograph sich auch für die Jahre vor 500 zumindest partiell auf mündliche Berichte gestützt haben muss und deren Versiegen (vielleicht unbewusst) als Zäsur empfand, die Einfluss auf die Konzeption seines Werks ausübte. Einen vergleichbaren Einschnitt definiert im Übrigen auch

---

[17] Prok. *BG* 1,1. Vgl. auch Prok. *BG* 2,6,15–23, ebenfalls mit Rückerinnerungen an die Jahre nach 476 (Odoaker, Zenon).
[18] Prok. *BG* 1,1,3: ἐξ οὗ δὴ αὐτοῖς πρός τε Ἀλαρίχου καὶ Ἀττίλα συνηνέχθη παθεῖν ἅπερ μοι ἐν τοῖς ἔμπροσθεν λόγοις ἐρρήθη.
[19] Vgl. Prok. *BG* 2,16,24.
[20] Vgl. ASSMANN ²1997, 48–56, der diesen Zeitraum grob auf 80–100 Jahre veranschlagt; rechnet man diesen vom Geburtsjahr Prokops um 500 zurück, so gelangt man ungefähr in die Jahre um 400.
[21] Zu dieser Problematik s. einführend MECELLA 2022.

Johannes Malalas in seiner *Weltchronik* – allerdings deutlich später: Der Übergang von Zeitzeugen und Autopsie zu schriftlichen Quellen erfolgt für ihn, wie bereits angedeutet,[22] mit der Herrschaft Zenons (474–491), also erst im ausgehenden 5. Jahrhundert.[23] Für die Geschichtskonzeption des Malalas war offenbar nicht das Drei-Generationen-Gedächtnis maßgeblich, sondern die selbst erlebte Gegenwart. Dementsprechend unterscheidet sich der Zugriff beider Autoren auf die frühe Vergangenheit: Bei Malalas wird sie, beginnend mit Adam, *in extenso* und auf breiter, wenngleich weitgehend ungewisser Quellengrundlage[24] ausgebreitet, bei Prokop spielt sie jenseits der Jahre um 400 praktisch keine Rolle (s.u.).

Timo Stickler hat die zeitlichen Rückgriffe in Prokops *Bella* in Analogie zur ‚Archäologie' des Thukydides[25] gesetzt, spricht von einer „Gesamt-Archäologie für sämtliche acht Bücher der ‚Kriegsgeschichte'" und möchte nicht zuletzt damit die Abhängigkeit des spätantiken Autors von seinem Vorbild illustrieren.[26] Auch ich denke, dass Prokop sich demonstrativ auf Thukydides bezieht, allerdings weichen die von beiden Autoren vorgelegten einleitenden Exkurse in die Vergangenheit in einem entscheidenden Punkt deutlich voneinander ab: Während der athenische Historiograph den Blick weit zurückrichtet und mit der Wanderungszeit vor Ausbruch des Troianischen Krieges (den man in der Antike zeitlich fixieren zu

---

[22] S.o. S.39.
[23] Malal. pr. p.3,10–11 THURN.
[24] Zur Frage der Quellen des Malalas s. CARRARA/MEIER/RADTKI-JANSEN 2017.
[25] Thuk. 1,1–19.
[26] STICKLER 2018, 142.

können glaubte)²⁷ einsetzt, um einen ausgreifenden historischen Überblick zu entwickeln, der dem Erweis seiner These gilt, wonach der Peloponnesische Krieg die bisher größte Erschütterung der Menschen und ihrer Umwelt darstelle, gelangt Prokop kaum über die Wende zum 5. Jahrhundert n. Chr. hinaus. Die Zeit vor Alarich, Theodosius I. und den jüngeren Bewegungen barbarischer Verbände zerrinnt bei ihm in einem Nebel aus Andeutungen und vagen Referenzen. Selbstverständlich rekurriert auch Prokop immer wieder auf die ferne Vergangenheit oder zeitlich entlegene Ereignisse. Doch diese Bezugnahmen bleiben im Ungefähren, werden zumeist jedenfalls nicht in chronologische Relation zur Gegenwart gebracht. So verweist der Historiograph zwar in den *Perserkriegen* auf das Wirken des Odainathos († 267) und seiner Ehefrau Zenobia († um 273), verortet dieses aber lediglich vage „in früheren Zeiten" (ἐν τοῖς ἄνω χρόνοις).²⁸ Nur in wenigen Ausnahmefällen wird Prokop präziser. Die Triumphfeier des Jahres 534 vergleicht er mit Siegesfeiern „in früheren Zeiten" (ἐν τοῖς ἄνω χρόνοις), um dann immerhin zu präzisieren: „Etwa 600 Jahre waren seitdem schon vergangen" (χρόνος δὲ ἀμφὶ ἐνιαυτοὺς ἑξακοσίους παρῳχήκει ἤδη ἐξ ὅτου).²⁹ Den Bau der *Via Appia* datiert er (nicht ganz zutreffend) 900 Jahre vor seiner Zeit.³⁰ In den seltenen Fällen, in denen derartige Festlegungen erfolgen, unterlaufen

---

[27] S. Hdt. 2,145,4; 7,171; Hellanikos FGrHist 4 F 79b; F 84; Thuk. 6,2. Vgl. PETER ³1866, 12 (1193–1184 v. Chr.). BURKERT 1995; MÖLLER 2001; NICOLAI 2001.
[28] Prok. *BP* 2,5,4–6.
[29] Prok. *BV* 2,9,1–2.
[30] Prok. *BG* 1,14,6. Tatsächlich sollen die Arbeiten an der *Via Appia* im Jahr 312 v. Chr. begonnen haben, vgl. HÜLSEN 1895, 238 (Quellen).

3. Kollektives Vergessen und schwebende Gegenwarten

dem Autor sachliche Irrtümer, so etwa mit der Behauptung, Augustus habe den Thüringern ihr Gebiet zugewiesen,[31] Auch der Bau einer Brücke in Italien wird mit dem prominenten Namen des ersten Princeps verbunden.[32] Andererseits finden sich auch historische Anspielungen, bei denen es sich wohl um demonstrativ entfaltetes traditionelles Bildungsgut handelt; in diesem Sinne interpretiere ich Verweise auf den Sieg des Camillus über die Gallier, die Schlacht bei Cannae (216 v. Chr.) oder die Ausdehnung des *Imperium Romanum* unter Traian in den *Gotenkriegen*.[33]

Die meisten Rückgriffe in die Vergangenheit vor 400 bleiben jedenfalls unbestimmt und werden auch semantisch entsprechend markiert, indem der Historiograph auf einen reichhaltigen Fundus aus Adverbien und adverbiellen Konstruktionen zurückgreift, die ihn der Verpflichtung auf konkrete Festlegungen entheben: ἐκ παλαιοῦ (‚seit alters'),[34] πάλαι (‚in alter Zeit', ‚früher', ‚schon lange'),[35] τὸ παλαιόν (‚früher', ‚einst', ‚in alter Zeit'),[36] κατὰ (τὸ) παλαιόν (‚in alter Zeit'),[37] πρότερον/τὰ

---

[31] Prok. *BG* 1,12,10.
[32] Prok. *BG* 1,17,11.
[33] Prok. *BG* 4,29,4–5; 3,18,19; 4,2,16.
[34] Z.B. Prok. *BP* 1,3,3; 1,12,3; 1,12,15; 1,15,19; 1,19,4; 1,19,29; 1,24,2; 2,1,8; 2,5,5; 2,10,1; 2,29,15; 2,29,18; *BV* 2,10,19; *BG* 1,12,9; 1,16,2; 1,19,8; 1,23,4; 1,26,7; 2,14,1; 2,27,2; 3,14,22; 3,27,17; 3,27,19; 4,2,24; 4,5,27; 4,18,20; *HA* 7,1; 23,1; 25,14; 30,13.
[35] Z.B. Prok. *BP* 1,17,21; *BG* 1,12,17; 1,15,4; 1,19,6; 1,19,13; 2,1,11; 4,5,1; *HA* 30,21.
[36] Z.B. Prok. *BP* 1,12,8; 1,19,20; *BV* 1,2,5; 2,10,16; 2,13,43; *BG* 1,11,29; 1,12,8; 1,12,18; 1,12,42; 1,23,3; 2,11,12; 2,20,11; 2,23,23; 4,2,14; 4,13,16.
[37] Z.B. Prok. *BV* 1,1,13; 1,21,2; *BG* 4,4,2.

πρότερα ('früher'),³⁸ τότε ('damals'),³⁹ ποτέ ('einst'),⁴⁰ (τὸ) ἀνέκαθεν ('von alters her'),⁴¹ ἄνωθεν ('von Anfang an'),⁴² ἐν τοῖς ἄνω χρόνοις ('in alter Zeit', 'einstmals'),⁴³ πολλοῖς ἔμπροσθεν χρόνοις bzw. χρόνοις τισὶ πολλοῖς ἔμπροσθεν ('vor langer Zeit'),⁴⁴ ἐξ ἀρχῆς ('ursprünglich', 'seit Anbeginn'),⁴⁵ κατ' ἀρχάς ('einst', 'anfangs'),⁴⁶ τὰ πρῶτα ('ursprünglich').⁴⁷ Damit einher gehen Wendungen wie „die alten Römer" (οἱ πάλαι Ῥωμαῖοι),⁴⁸ „die damaligen Menschen" (οἱ παλαιοὶ ἄνθρωποι)⁴⁹ oder schlicht „die Alten" (οἱ παλαιοί).⁵⁰

Jenseits des Drei-Generationen-Gedächtnisses, so lässt sich aus diesem Befund folgern, verliert sich das Geschichtswerk des Prokop im Ungefähren. Es besitzt, anders als etwa die Texte seiner Vorbilder Herodot und Thukydides – auch letzterer wie Prokop ein erklärter Zeithistoriker –, keine zeitliche Tiefenstruktur, sondern ist weitgehend präsentistisch angelegt, sucht Chronoferenzen zu vermeiden. Das gegenwärtige Geschehen wird

---

[38] Z.B. Prok. *BV* 1,2,2; 1,2,8; *BG* 1,15,23; 2,4,28; 3,21,6; 4,4,5; *HA* 25,12; 26,5; 30,8; 30,27.
[39] Z.B. Prok. *BG* 4,5,1.
[40] Z.B. Prok. *BP* 1,5,10; 1,17,10; *BG* 2,4,27.
[41] Z.B. Prok. *BV* 1,20,19; *BG* 1,12,11.
[42] Z.B. Prok. *BP* 2,1,7; *BG* 1,9,27; 3,11,2.
[43] Z.B. Prok. *BP* 1,17,24; 2,5,6; 2,12,8; *BV* 1,22,18; 2,9,1; *BG* 4,5,6; 4,14,49; *HA* 24,12; 30,2.
[44] Z.B. Prok. *BP* 1,7,5; *HA* 28,2.
[45] Z.B. Prok. *BP* 1,15,21.
[46] Z.B. Prok. *BV* 1,22,3.
[47] Z.B. Prok. *BP* 2,15,2.
[48] Z.B. Prok. *BG* 1,19,9; 1,23,16; 1,28,24; 3,28,8; 4,21,14.
[49] Z.B. Prok. *BG* 1,22,14; 2,11,13; 4,20,42.
[50] Z.B. Prok. *BP* 2,4,5.

nicht aus der Vergangenheit entwickelt oder mit dieser konzeptionell in Relation gesetzt.[51]

Dem widerspricht auch nicht der Umstand, dass der Historiograph mitunter in den Mythos ausgreift. Denn zum einen weiß er ebenso scharf wie explizit zwischen dem, was wir ‚Mythos' und ‚Geschichte' nennen würden, zu unterscheiden – was innerhalb des Kontextes antiker Geschichtsvorstellungen und ihres Niederschlags in der Historiographie durchaus bemerkenswert ist.[52] So hält er zu Beginn des achten Buchs der *Bella* ausdrücklich fest: „Denn zwischen Mythos und Geschichte besteht meiner

---

[51] Zu einem ähnlichen Ergebnis scheint mir auch GREATREX 2018 zu gelangen, freilich aus anderer Perspektive und unter anderer Fragestellung; vgl. ebd. 969 („a distinction can be observed between his choice to focus on recent events and that of most of his contemporaries to concentrate rather on earlier history"); 981 („We are thus arguing that Procopius is an enthusiast for contemporary events"); 982 („Procopius distinguishes himself from the majority of his contemporaries by insisting on the remoteness and inaccessibility of the past and by scepticism about how much can be known about it. There is a clear distinction for him between past and present").

[52] Vgl. ASSMANN ²1997, 52: „Der Unterschied zwischen Mythos und Geschichte wird hier hinfällig. Für das kulturelle Gedächtnis zählt nicht faktische, sondern nur erinnerte Geschichte". S. auch GEHRKE 1994, 246: „Der Mythos als vertrauter Vergangenheitsraum, von dem, was heute als Geschichte gilt, nicht prinzipiell (und allenfalls partiell) geschieden, war für die Griechen generell oder in den Poleis, Bünden oder kleineren Gruppen ihre Geschichte". GEHRKE sucht den für die Antike grundsätzlich problematischen Unterschied zwischen Mythos und Geschichte durch sein Konzept der ‚intentionalen Geschichte' einzuebnen, „was in einer Gruppe von der Vergangenheit ‚gewußt, wie über sie *geurteilt* [wird], was mit ihr *gemeint* ist' – unabhängig davon, was die historische Forschung im modernen Sinne davon hält" (GEHRKE 1994, 247, mit Zitat von WENSKUS ²1977, 9).

Ansicht nach ein himmelweiter Unterschied".⁵³ Das geht über die bekannte Kritik des Thukydides am μυθῶδες seiner Vorgänger hinaus, denn diese zielte nicht auf die Unterscheidung von Mythos und Geschichte, sondern attackierte den Hang zur Plauderei, zum dichterisch Verspielten und zum Fabulieren;⁵⁴ selbstverständlich aber hielt auch Thukydides etwa den Troianischen Krieg für ein historisches Ereignis.⁵⁵ Zum anderen fällt auf, dass Prokop auf den Mythos vorwiegend dann (und häufig kritisch) zurückgreift, wenn er topographische Aspekte beleuchten möchte.

So wird in den *Perserkriegen* der Mythos von Iphigeneia und Orestes aufgerufen, um Informationen über die Region Kelesene und eine Namensetymologie für die Orte Komana in Pontos und Kappadokien zu geben, die nach einem Haaropfer des Orestes benannt worden seien;⁵⁶ Kolchis wiederum wird als jenes Land eingeführt, in dem sich „nach den Erzählungen der Dichter die Geschichte mit Medeia und Jason abgespielt haben soll".⁵⁷ In den *Vandalenkriegen* wird der Name des römischen *palatium* auf die mythische Figur Pallas zurückgeführt;⁵⁸ Hinweise auf den Riesen Antaios und auf Dido sind Teil der ethnographischen Durchdringung Nordafrikas im

---

⁵³ Prok. *BG* 4,1,13: μύθου γὰρ ἱστορίαν παρὰ πολὺ κεχωρίσθαι οἶμαι (Übers.: O. Veh). Vgl. Prok. *aed.* 4,3,12-13. Rückgriff der Dichter auf den Mythos: Prok. *BP* 2,17,2; *BG* 1,8,1; 3,27,19; 4,2,30. Vgl. Greatrex 2018, 982f.

⁵⁴ Thuk. 1,22,4 mit Graf ²1987, 119.

⁵⁵ Vgl. Thuk. 1,12; 1,14.

⁵⁶ Prok. *BP* 1,17, 11–20, mit Greatrex 2022, 228–235.

⁵⁷ Prok. *BP* 2,17,2: οὗ δὴ τά τε ἀμφὶ Μήδειαν καὶ Ἰάσονα οἱ ποιηταὶ γεγενῆσθαι μυθολογοῦσιν (Übers.: O. Veh).

⁵⁸ Prok. *BV* 1,21,4.

Rahmen eines Exkurses zur Herkunft der Berber (s.u.).[59] Verschiedentlich rekurriert Prokop auch in den *Gotenkriegen* auf den Mythos: Terracina und das Kirkaische Vorgebirge geben ihm Anlass zu Reflexionen über die Lage der Heimat Kirkes;[60] an die Erwähnung Benevents werden gelehrte Informationen über Diomedes und das Schicksal des Palladions geknüpft;[61] Lazika wiederum ruft Assoziationen an den Mythos von Jason und dem Goldenen Vlies auf,[62] und ein Exkurs über den Kaukasus und seine Bewohner lässt den Historiographen über die Amazonen räsonieren;[63] jenseits der Maeotis (Asowsches Meer), im Land der Taurer, wird jenes Artemis-Heiligtum lokalisiert, in dem einst Iphigeneia gedient haben soll (ein Passus, der die in den *Perserkriegen* gegebenen Informationen zu Kelesene und Komana ergänzt);[64] mit Kerkyra (Korfu) werden die Frage nach der Lage der Insel der Kalypso und weitere Probleme der Geographie homerischer Mythenelemente verbunden.[65] Der griechische Ort Anchialos schließlich wird als jener Platz präsentiert, an dem Aeneas' Vater Anchises verstorben sein soll.[66] All diese Beispiele, die sich durchaus noch ergänzen ließen, belegen, dass Prokop den Mythos weniger als Teil der Geschichte, sondern eher als Beschreibungselement für topographische Besonderheiten behandelt. Ausgriffe in die mythische Welt verleihen dem Werk jedenfalls keine his-

---

[59] Prok. *BV* 2,10,23–25.
[60] Prok. *BG* 1,11,2–4.
[61] Prok. *BG* 1,15,7–14.
[62] Prok. *BG* 4,2,30–31.
[63] Prok. *BG* 4,3,5–11.
[64] Prok. *BG* 4,5,23–25.
[65] Prok. *BG* 4,22,17–29.
[66] Prok. *BG* 4,22,31.

torische Tiefenstruktur, sondern haben akzidentiellen Charakter.

Lediglich zwei längere Passagen in den *Bella* reichen tiefer in die Vergangenheit zurück und beziehen diese dabei explizit auf die Gegenwart: Anlässlich der Schilderung des ersten Angriffs der Perser unter Chosroes I. auf Edessa (540) referiert Prokop ausführlich die bekannte Abgarlegende[67] sowie weitere Episoden, die sich mit einem Aufenthalt des Herrschers über Edessa und die Osrhoene, Abgar V. Ūkāmā (4 v. Chr. – 7 n. Chr.; 13–50), bei Augustus in Rom verbanden.[68] Der (erstmals bei Eusebios greifbaren)[69] Legende zufolge habe der schwer erkrankte Abgar von Jesu Wundertaten gehört und ihn eingeladen, nach Edessa zu kommen; dieser habe zwar brieflich einen Besuch abgelehnt, nichtsdestotrotz aber Abgars Heilung bewirkt. In einem Zusatz des Briefes habe Christus dem Herrscher versichert, dass Edessa niemals von Barbaren erobert werde.[70] Dieser Teil des vermeintlichen Schreibens prangte auf den Stadttoren Edessas, wo Prokop den Text gelesen haben könnte.[71] Die andere Passage findet sich in

---

[67] Dazu s. GUSCIN 2009; CAMPLANI 2009.

[68] Der vermeintliche Romaufenthalt, bei Prokop erstmals erwähnt, könnte in der Tradition aus dem Besuch, mit dem Abgar VIII. († 212) Kaiser Septimius Severus ehrte, abgeleitet worden sein, vgl. ROSS 2001, 56; BRODKA 2013a, 351; GREATREX 2022, 484.

[69] Euseb. *HE* 1,13. Ob Prokop auf Eusebios zurückgegriffen hat, ist freilich umstritten, vgl. die Skepsis von BRODKA 2013a, 352; 354f.

[70] Prok. *BP* 2,12,7–30. Dazu s. GREATREX 2022, 483–492. S. ferner PALMER 2000; MEIER ²2004, 388–392; BRODKA 2013a; ZIEBUHR 2024, 150–160.

[71] Prok. *BP* 2,12,26. Die früheste erhaltene Version der Abgarlegende (Eusebios, s.o.) weiß noch nichts von dem himmlischen Schutz Edessas. Zur Popularität der Abgarlegende, auf die bereits Josua Stylites anspielt, s. jetzt WOLFE 2023.

den *Vandalenkriegen* und behandelt die Herkunft der Berber (die Prokop Maurusier nennt): Nach dem Auszug der Israeliten aus Ägypten und der Landnahme in Palästina unter Josua seien einige Phöniker über Ägypten nach Libyen und in die westlichen Teile Nordafrikas abgewandert und hätten diese Gebiete in Besitz genommen; weitere phönikische Migranten seien später mit Dido eingetroffen und hätten Karthago gegründet, deren Bewohner die ursprünglich in Afrika lebenden Phöniker besiegt und zurückgedrängt hätten. Die Römer hätten diese schließlich in den libyschen Randgebieten der Oikoumene angesiedelt und die Karthager unterworfen. Die Berber jedoch hätten danach mehrfach die Vandalen besiegt und Nordafrika wieder in Besitz genommen.[72] Beiden Textabschnitten ist ihre Verankerung in (jüdisch-)christlichen Traditionskontexten gemeinsam,[73] so dass die Annahme naheliegt, dass Prokop sich jeweils auf spezifische Überlieferungszusammenhänge stützte, die er offenbar *en bloc* in sein Werk integrierte und möglicherweise durch Autopsie (Stadttore Edessas, phönikische Inschriften in Tigisis) ergänzte bzw. bestätigt sah. Es handelt sich um punktuelle Demonstrationen hoher Gelehrsamkeit, zugleich auch um manifeste Bekenntnisse zum Christentum, die der ‚klassizistische' Profanhistoriograph möglicherweise deshalb in Vergangenheitsexkurse eingelegt hat, um den traditionsgebundenen Duktus seiner Darstel-

---

[72] Prok. *BV* 2,10,12–29; vgl. *aed.* 6,3,9. Dazu s. GERNET 1937; WIEMER 2022, 288; ZIEBUHR 2024, 108–149. Die Geschichte wird mit geringen Abweichungen auch von anderen Autoren überliefert, vgl. Joh. Ant. *fr.* 22.2 p. 50 ROBERTO; Euagr. *HE* 4,18; Theoph. a.m. 6026 p. 200,16–201,2 DE BOOR; vgl. auch Mos. Chor. 1,19 p. 104 THOMSON.

[73] Dazu s. jetzt ausführlich ZIEBUHR 2024, 108–163.

lung nicht zu gefährden.⁷⁴ Für den Fortgang der Erzählung erweisen sie sich letztlich als wenig relevant, und allein hätten sie ohnehin nicht hingereicht, um Prokops Werk stärker in der historischen Tiefe zu verankern.

Die Zeit vor den Jahren um 400 lässt Prokop letztlich dem Vergessen anheimfallen. Er stützt sich, wie gezeigt, maßgeblich auf das Drei-Generationen-Gedächtnis – also eine Form kollektiver Erinnerung –, und sein Bericht verliert sich exakt dort, wo dieses Gedächtnis versiegt, wo kollektive Erinnerung in kollektives Vergessen übergeht. Die wenigen Vorstöße in den dahinterliegenden Nebel bleiben zumeist unbestimmt oder von der Haupterzählung entkoppelt. Während Johannes Malalas seine Gegenwartsgeschichte aus einer extensiven Darlegung der Vergangenheit entwickelt, verzichtet Prokop weitgehend auf die Vorgeschichte dessen, was er selbst, was seine Eltern- und Großelterngenerationen erlebt haben. Dennoch ist dem Historiographen durchaus bewusst, dass seine eigene Gegenwart auf einer weit zurückreichenden Vergangenheit aufruht: Mehrfach weist er auf die Länge der bereits vergangenen Zeit hin, darunter programmatisch zu Beginn des Proömiums.⁷⁵ Auch das allmähliche Voranschreiten der Zeit wird mehrfach thematisiert bzw. vorausgesetzt (προιόντος τοῦ χρόνου)⁷⁶ – vom „Fluss der Zeit"

---

⁷⁴ Die von KALDELLIS 2010, 272 f., vertretene Ansicht, das im Exkurs zur Abgarlegende enthaltene offene Bekenntnis zum Christentum sei ironisch zu verstehen (vgl. 273: „[…] so absurd that it must be a joke, or at best an ironic cover of a sceptical exposé"), wird von BRODKA 2013a, 349 f., zu Recht zurückgewiesen (vgl. auch BRODKA 2004, 21–39); ähnlich GREATREX 2022, 13 f.; 487; STICKLER 2022a.
⁷⁵ Prok. BP 1,1,1. Vgl. ferner z. B. BG 4,22,6; 4,22,22; 4,22,28.
⁷⁶ Z.B. Prok. BP 2,3,4; BV 1,22,4; 2,10,26; BG 1,12,12; 4,5,7; 4,11,28; HA 24,18.

(ῥεύσας ὁ χρόνος) ist die Rede[77] –, ebenso das Phänomen des historischen Wandels.[78] Aber all dies ermöglicht keine Verankerung des Dargestellten im Kontinuum der Zeit oder in Relation zu gewichtigen Fixdaten wie der Geburt Christi, dem Prinzipat des Augustus, der Herrschaft Konstantins oder vergleichbaren fundierenden Ereignissen; eine konstitutive Wirkung für das historiographische Werk ist daraus jedenfalls nicht zu gewinnen.

Das Phänomen des kollektiven Vergessens ist in jüngerer Zeit verschiedentlich thematisiert worden, kaum jedoch als strukturbildendes Element der Historiographie, die ja gemeinhin, wie schon Herodot konstatiert hat,[79] ihre Hauptaufgabe gerade darin sieht, dem Vergessen entgegenzuwirken.[80] Zuletzt hat Frank Bernstein aufgezeigt, in welchem Ausmaß antike Gesellschaften nach Krisen- und Konfliktsituationen mitunter darauf angewiesen waren, auf die Option des „politisch lancierte[n] Vergessen[s] als ein bewußtes Verdrängen" zurückzugreifen, um Konsens und damit politische Stabilität zu erzwingen.[81] Diese Intention scheint Prokop indes nicht verfolgt zu haben, denn er wollte die Spannungen, Konflikte, Verwerfungen und Bruchlinien, von denen er seine Gegenwart gezeichnet sah, ja gerade nicht verdrängen, sondern herausarbei-

---

[77] Prok. *HA* 1,4.

[78] Z.B. Prok. *BG* 4,1,11.

[79] Hdt. pr: Ἡροδότου Ἁλικαρνησσέος ἱστορίης ἀπόδεξις ἥδε, ὡς μήτε τὰ γενόμενα ἐξ ἀνθρώπων τῷ χρόνῳ ἐξίτηλα γένηται, μήτε ἔργα μεγάλα τε καὶ θωμαστά, τὰ μὲν Ἕλλησι, τὰ δὲ βαρβάροισι ἀποδεχθέντα, ἀκλεᾶ γένηται, τά τε ἄλλα καὶ δι' ἣν αἰτίην ἐπολέμησαν ἀλλήλοισι.

[80] Vgl. etwa YERUSHALMI et al. 1988; HÖLSCHER 1989; FLAIG 1999; 2004; ESPOSITO 2002; BUTZER/GÜNTER 2004; MARCOWITZ/PARAVICINI 2009; LANDWEHR 2020, 159–176, der auch Konsequenzen für die Historiographie mitreflektiert.

[81] BERNSTEIN 2023, das Zitat 88.

ten und konturieren – nicht zuletzt die *Anekdota* sprechen hier eine deutliche Sprache. Ich vermute eher – ohne dass ich dies sicher belegen könnte –, dass sich in der fehlenden historischen Verankerung des Dargestellten, dem Mangel an zeitlicher Tiefe, ein unbewusst-untergründiges Gefühl der Verlorenheit spiegelt, wie ich es auch in anderen Zeugnissen aus dem 6. Jahrhundert fassen zu können meine (ich werde darauf noch zurückkommen).

Freilich bietet Prokops Geschichtswerk eine Kompensation für die fehlende zeitliche Tiefe, indem es in einem auch für historiographische Texte ungewöhnlichen Ausmaß in die räumliche Breite ausgreift. Diese räumliche Breite spiegelt sich bereits in der strukturellen Anlage der *Bella*: der *geographischen* Anordnung des rekapitulierten Geschehens[82] (das konzeptionell freilich keine Innovation darstellte, sondern etwa auch von Appian [† um 160] schon praktiziert worden war). Vor allem aber die hohe Frequenz geographischer Exkurse, die insbesondere das achte Buch maßgeblich durchdringen (das, chronologisch hochverdichtet, die geringste zeitliche Tiefe aufweist und konzeptuell eher auf Gleichzeitigkeit[83] ausgerichtet zu sein scheint), verleiht dem Gesamtwerk eine gewaltige, geradezu herodoteisch-universalgeschichtliche Breite.[84] Ungeachtet der Problematik, wie sich ein ‚Exkurs' innerhalb einer historiographischen Narratio überhaupt definieren

---

[82] Dazu s. Prok. *BG* 4,1,1–2.
[83] Zur Idee der Gleichzeitigkeit s. HÖLSCHER 2020, 220–224.
[84] Zu den Exkursen in Prokops Geschichtswerk s. NOBBS 2018; RIEMENSCHNEIDER 2023; ZIEBUHR 2024, der von „einer Gesamtzahl von fast 50 Exkursen, die sich in einigen Fällen sogar über mehrere Kapitel erstrecken können", spricht (17). Listen mit Exkursen bieten RIEMENSCHNEIDER 2023, 276–279; und ZIEBUHR 2024, 69–76.

und eingrenzen lässt,[85] können wir doch zahlreiche längere Passagen identifizieren, in denen der Autor nahezu die gesamte Oikoumene durchmisst, teilweise sogar darüber hinausgeht (Amazonenland) und seine geographisch-topographischen Kenntnisse präsentiert.[86] Prokop berichtet ebenso über den äußersten Westen des Mittelmeers und seine Anlieger wie über Mesopotamien und die nord- bzw. nordostpontischen Gefilde, er referiert über Britannien und die Regionen um das Rote Meer, über Gallien, Italien, Nordafrika und den Kaukasus. Die zeitliche Dimension wird somit gewissermaßen in die räumliche übersetzt, und dies geschieht nicht nur ganz wesentlich *durch* die geographischen Exkurse, sondern insbesondere auch, in höchstem Maße verdichtet, *innerhalb* dieser Passagen, die häufig zeitliche ‚Tiefenbohrungen' enthalten und damit Kristallisationsorte der punktuellen Vergangenheitsreferenzen in den *Bella* darstellen. So wird in der Digression über das Taurosgebirge und die Kaspischen Tore auf Alexander d. Gr. verwiesen;[87] die Beschreibung

---

[85] Dazu s. RIEMENSCHNEIDER 2023, 10–13; ZIEBUHR 2024, 24–59.

[86] Vgl. Prok. *BP* 1,10,1–9 (Taurosgebirge und Kaspische Tore); 1,15,19–25 (Gebiet der Tzanen); 1,17,3–25 (Mesopotamien, Euphrat und Tigris); 1,19,1–37 (Rotes Meer und Umgebung; Himyar, Axum, Blemmyer und Nobaten); *BV* 1,1 (geographischer Überblick über die beiden Hälften des Römischen Reiches); 2,10,12–29 (Besiedlung Afrikas durch Maurusier); 2,13,22–29 (Aurasion-Gebirge und angrenzende Gebiete); *BG* 1,1,18–23 (Lagune von Ravenna); 1,12,1–11 (westliches Mittelmeer, Spanien, Gallien, Ligurien); 1,15,15–30 (Italien und angrenzende Gebiete); 2,4,21–30 (Vesuv); 2,15,4–26 (Thule); 4,1,7–13; 4,2,1–33 (Schwarzes Meer und seine Anrainer); 4,3,1–21 (Kaukasus); 4,4,1–13 (Nordküste des Schwarzen Meeres); 4,5,1–33 (Hunnen und Goten am Schwarzen Meer); 4,6,1–15 (die Grenzen zwischen Europa und Asien); 4,6,16–31 (Meere, Flüsse und Strömungen; 4,20 (Brittia/Britannien); 4,35,1–6 (Vesuv).

[87] Prok. *BP* 1,10,9.

des Gebiets der Tzanen enthält auch einen Abriss ihrer Geschichte;[88] im Exkurs über Mesopotamien wird die Abtretung der Festung Nisibis an die Perser (363) erwähnt;[89] die Ausführungen über die Regionen am Roten Meer bieten Informationen über einen Besuch Diokletians (284–305) und die vom Kaiser vor Ort getroffenen Maßnahmen;[90] im Kontext der Beschreibung des Aurès-Gebirges wird auf Erfolge der Berber gegen die Vandalen hingewiesen;[91] der Überblick über die Länder rings um das westliche Mittelmeer enthält die Behauptung, Augustus habe den Thüringern Land zugewiesen;[92] eine Beschreibung des Vesuv wird mit der Information verbunden, dass „einst" (ποτέ) infolge eines Ausbruchs sogar in Konstantinopel ein Ascheregen niederging, der Anlass für Bittprozessionen gab;[93] ein Durchgang durch die Anlieger der Schwarzmeerküsten gibt Gelegenheit, über die Entstehung von Kutriguren und Utiguren in ferner Vergangenheit zu referieren[94] – die Beispiele ließen sich noch vermehren. Prokop, so meine Schlussfolgerung, verräumlicht die Zeit[95] – näherhin: die vergangene Zeit –, und dies geschieht vornehmlich über Chronoferenzen in den geo-

---

[88] Prok. *BP* 1,15,19–25.
[89] Prok. *BP* 1,17,25.
[90] Prok. *BP* 1,19,29–37.
[91] Prok. *BV* 2,13,22–29.
[92] Prok. *BG* 1,12,10.
[93] Prok. *BG* 2,4,27.
[94] Prok. *BG* 4,5,1–22.
[95] Auf einen interessanten Nebeneffekt dieser Verräumlichung von Zeit hat mich Sebastian SCHMIDT-HOFNER hingewiesen: die Relativierung der Bedeutung des *Imperium Romanum*, das nicht mehr als alleinige, bestenfalls mit dem Sāsānidenreich konkurrierende Vormacht über die Oikoumene erscheint, sondern lediglich als eine politische Formation unter vielen.

graphischen Digressionen innerhalb eines ansonsten weiten Nebels des Vergessens. Diese Verräumlichung der Zeit im Kontext des Vergessens der Vorvergangenheit materialisiert sich schließlich sogar in einem konkreten Ort, der „Festung des Vergessens" (τὸ φρούριον τῆς Λήθης) – ein auch anderen Autoren bekanntes Verlies, in das der persische Großkönig Kabades um 496 von seinen adeligen Widersachern versenkt wurde, bis er sich mit Hilfe der Hephthaliten zu befreien vermochte.[96] Prokop widmet diesem Ort in der Einleitung seines Geschichtswerks einen bemerkenswert ausführlichen Exkurs, für den er sogar eine armenische Quelle heranzieht (einer der seltenen Hinweise des Historiographen auf seine Materialgrundlage).[97] Sollte die von Anthony Kaldellis entwickelte These zutreffen, wonach in den Exkursen, Anekdoten und Episoden zu Beginn der *Perserkriege* Motive und Deutungshorizonte entwickelt werden, die sich durch die gesamten *Bella* ziehen,[98] so wäre es zumindest nicht abwe-

---

[96] Prok. *BP* 1,5,7–8; 1,6,1–18; Theophyl. Sim. *Hist.* 4,6. Dazu s. LUTHER 1997, 146–152. Zur „Festung des Vergessens", die wohl bei Sūsan (Giligerda) in Khuzistan zu lokalisieren ist, s. auch Amm. 27,12,3; Agath. 4,28,1; Theophyl. Sim. *Hist.* 3,5,2–3; Theoph. a.m. 6080 p. 261,29–30 DE BOOR; Mos. Chor. 3,35 p. 292–293; 3,50 p. 315; 3,55 p. 323 THOMSON. KETTENHOFEN 1988; TRAINA/CIANCAGLINI 2002; BÖRM 2007, 216 f.; GREATREX 2022, 80.

[97] Prok. *BP* 1,5,9–40. Zur Diskussion um die Quelle s. GREATREX 2022, 81.

[98] KALDELLIS 2004a, bes. 64: „I contend that we must read these stories with the utmost seriousness. This is not to deny the presence of playfulness. Yet their primary purpose is to establish the fundamental parameters of the remainder of the narrative. They also point toward the heart of Procopius' political thought, which, as we will see, was in many ways indebted to the teaching of Plato's *Republic*. That Procopius expounds his political thought in a series of largely unhistorical vignettes and not, as with scholars today, in a theoreti-

gig, auch die extensive Thematisierung der „Festung des Vergessens" in diesem Sinne zu interpretieren.[99] Prokop hätte dann, bewusst oder unbewusst, ausgerechnet das Vergessen zu seinem eigenen Erinnerungsort erhoben. In jedem Fall aber begreift er Raum und Zeit als Einheit – eine Tatsache, die unzweifelhaft auch aus einer Nebenbemerkung im Proömium der *Anekdota* hervorgeht, in der er mit Blick auf die *Bella* konstatiert, er habe die bisherigen Folgen der Kriege Justinians „gemäß den passenden zeitlichen und örtlichen Gegebenheiten" (ἐπὶ καιρῶν τε καὶ χωρίων τῶν ἐπιτηδείων) dargelegt.[100]

Wird im Werk des Historiographen somit die Vergangenheit weithin ausgeblendet, so stellt sich andererseits die Frage, ob Vorstellungen oder Konzepte von Zukunft identifiziert werden können. Auf den ersten Blick erscheint der Befund auch in dieser Frage eher mager. Der Horizont, innerhalb dessen das Geschehen konzipiert wird, wirkt schmal: Das Hier und Jetzt stellt einen zentralen Fixpunkt dar, und mehrfach verfolgt der Autor Entwicklungen „bis heute" (ἐς τόδε τοῦ χρόνου / ἄχρι τοῦδε / ἄχρι δεῦρο),[101] „bis zum heutigen Tage" (ἐς ἡμέραν

---

cal introduction rich in technical jargon and abstract theory indicates the difference in the ways that ancient and modern historians grapple with the problems of historical truth".

[99] KALDELLIS 2004a, 80–93, interpretiert die Geschichte als Hinweis auf die despotische Herrschaft der persischen Großkönige, in der Prokop wiederum das Regime Justinians gespiegelt habe. Dagegen s.aber GREATREX 2022, 82: „The sheer length of the excursus, combined with its epic flavour, make it more likely that it is included rather to intrigue the reader".

[100] Prok. *HA* 1,1.
[101] Z.B. Prok. *BG* 1,12,18; 2,4,27; *BV* 2,14,18; *HA* 1,1.

τήνδε),[102] „bis in meine Zeit" (μέχρι ἐς ἐμέ),[103] ohne eine darüber hinaus gehende Perspektive anzudeuten. Der Zeitrahmen innerhalb dessen sich die Akteure in den *Gotenkriegen* bewegen, scheint auf die Entscheidung des kriegerischen Konflikts, das eigene Dasein, maximal auf das Ende der Lebenszeit Justinians hin begrenzt zu sein.[104] So habe Belisar das Angebot der Goten, die Kaiserwürde zu übernehmen, mit dem Argument abgelehnt, er habe Justinian Treue bis zu dessen Tod gelobt.[105] Vorzeichen verweisen zwar auf zukünftiges Geschehen, doch Prokop akzeptiert (wenngleich nicht immer kritiklos) fast ausschließlich die Validität jener Zeichen, deren Botschaft sich bereits erfüllt hat,[106] während er denjenigen, die in eine entferntere, noch unbekannte Zukunft verweisen, eher skeptisch gegenübersteht.[107] So referiert er im Wissen um Belisars Einzug in Ravenna 540 ein Vorzeichen, das den Sieg des Feldherrn in Italien prophezeien sollte, weitgehend unkommentiert und gibt damit zu verstehen, dass er die Ankündigung für erfüllt halte.[108] Ganz ähnlich deutet er die Sonnenverfinsterung des Jahres 536/37 und ihre Koinzidenz mit dem zehnjährigen Herrschaftsjubiläum Justinians als Fanal einer selbst erlebten, noch andauernden langjährigen Elendszeit (und knüpft damit eine Ver-

---

[102] Z.B. Prok. *BG* 1,23,8.
[103] Z.B. Prok. *BG* 4,3,14; 4,4,5; *BV* 1,8,4.
[104] Vgl. Prok. *BG* 4,16,20.
[105] Prok. *BG* 2,29,20; 2,30,28.
[106] Z.B. Prok. *BP* 2,10,1–3; 2,14,5–7; 2,30,51–54; *BV* 1,4,1–11; 1,4,30–35; 1,15,34–35; 1,21,17–25; 2,14,5–6; *BG* 1,7,6–8; 1,9,3–7; 2,14,18–20; 3,35,3–8; 4,14,38–40; 4,21,14–19; *HA* 19,1–3; 19,16.
[107] Z.B. Prok. *BP* 2,4,1–3; *BG* 4,15,21–25. Zu Prokops Umgang mit Vorzeichen und Prophezeiungen s. etwa Veh 1952, 16–30; Cameron 1966; Signes Codoñer 2005; Ziebuhr 2024, 216–229.
[108] Prok. *BG* 1,20,1–4.

bindung zu Motiven der *Anekdota*).[109] Demgegenüber scheinen ihn die unterschiedlichen Deutungen, mit denen gelehrte Zeitgenossen das Erscheinen eines Kometen im Jahr 539 kommentierten, nicht überzeugt zu haben, weil noch unklar war, ob sie zutreffen würden; man werde, so sein Fazit, den Verlauf der Dinge abwarten müssen.[110] Seine grundsätzliche Haltung erläutert er in den *Gotenkriegen* am Beispiel der sibyllinischen Orakel:[111]

> Ich halte es nämlich für ausgeschlossen, dass ein Mensch den Sinn der Sibyllinischen Sprüche vor dem wirklichen Eintritt der Ereignisse (πρὸ τοῦ ἔργου) deuten kann. [...] Daher kann kein Mensch vor Eintritt des Ereignisses die Sibyllinischen Sprüche richtig deuten; erst die Zeit allein (ὁ χρόνος αὐτὸς) liefert eine solche Erklärung, wenn das Geschehen sich wirklich zugetragen hat (ἐκβάντος ἤδη τοῦ πράγματος) und der Spruch als zutreffend erwiesen ist.

Vorzeichenglaube, so führt er andernorts aus, sei ohnehin vornehmlich ein Instrument zur Bewältigung akuter Notlagen, dem man skeptisch zu begegnen habe.[112] Aus diesem Grund möchte er auch ungewöhnliche Wetterphänomene, die von Zeichendeutern unterschiedlich interpretiert wurden, keinesfalls überbewerten und verweist darauf, dass die Zukunft ja zeigen werde, wie sich die Dinge entwickeln.[113]

---

[109] Prok. *BV* 2,14,5–6.
[110] Prok. *BP* 2,4,1–3.
[111] Prok. *BG* 1,24,34–37: τῶν γὰρ Σιβύλλης λογίων τὴν διάνοιαν πρὸ τοῦ ἔργου ἐξευρεῖν ἀνθρώπῳ οἶμαι ἀδύνατον εἶναι. [...] ταύτῃ τε ἀδύνατά ἐστιν ἀνθρώπῳ ὁτῳοῦν πρὸ τοῦ ἔργου τῶν Σιβύλλης λογίων ξυνεῖναι, ἢν μὴ ὁ χρόνος αὐτὸς ἐκβάντος ἤδη τοῦ πράγματος καὶ τοῦ λόγου ἐς πεῖραν ἐλθόντος ἀκριβὴς τοῦ ἔπους ἑρμενεὺς γένοιτο (Übers.: O. VEH).
[112] Prok. *BG* 1,9,3; 3,29,18–19.
[113] Prok. *BG* 4,15,21–25.

Prokop perspektiviert also – anders als Johannes Malalas – durchaus eine jenseits des erzählten Zeitraums, auch jenseits seiner eigenen Lebenszeit und der Herrschaft Justinians liegende Zukunft; diese erscheint ungewiss, steht aber in Verbindung mit der Vergangenheit. Selbstverständlich könne man, so legt er es einem langobardischen Gesandten in den Mund, zuverlässige Schlüsse aus der Vergangenheit für die Zukunft ziehen.[114] Und tatsächlich bezieht er sich im Proömium der *Bella* explizit auf die nachfolgenden Generationen als Nutznießern seines Werkes.[115]

Prokop von Kaisareia hat die Kriege, die der römische Kaiser Justinian in Ost und West führte, nach ihrem jeweiligen Verlauf (ὥς πη αὐτῶν ἑκάστῳ ξυνηνέχθη γενέσθαι) geschildert (ξυνέγραψεν); denn überragende Taten (ἔργα ὑπερμεγέθη) sollen doch nicht, der Darstellung entbehrend, durch die Länge der Zeit unterdrückt und der Vergessenheit (τῇ λήθῃ) preisgegeben und dadurch gänzlich ausgelöscht (παντάπασιν ἐξίτηλα) werden, Taten, deren Fortleben nach Ansicht des Verfassers etwas Großes bedeutet und den Zeitgenossen wie den künftigen Ge-

---

[114] Prok. *BG* 3,34,8: ἐπεὶ τοῖς ἀεὶ προγεγενημένοις τεκμηριοῦσθαι τὰ ἐσόμενα ξὺν τῷ ἀσφαλεῖ δύνανται ἄνθρωποι.

[115] Prok. *BP* 1,1,1–2: Προκόπιος Καισαρεὺς τοὺς πολέμους ξυνέγραψεν, οὓς Ἰουστινιανὸς ὁ Ῥωμαίων βασιλεὺς πρὸς βαρβάρους διήνεγκε τούς τε ἑῴους καὶ ἑσπερίους, ὥς πη αὐτῶν ἑκάστῳ ξυνηνέχθη γενέσθαι, ὡς μὴ ἔργα ὑπερμεγέθη ὁ μέγας αἰὼν λόγῳ ἔρημα χειρωσάμενος τῇ τε λήθῃ αὐτὰ καταπρόηται καὶ παντάπασιν ἐξίτηλα θῆται, ὧνπερ τὴν μνήμην αὐτὸς ᾤετο μέγα τι ἔσεσθαι καὶ ξυνοῖσον ἐς τὰ μάλιστα τοῖς τε νῦν οὖσι καὶ τοῖς ἐς τὸ ἔπειτα γενησομένοις, εἴ ποτε καὶ αὖθις ὁ χρόνος ἐς ὁμοίαν τινὰ τοὺς ἀνθρώπους ἀνάγκην διάθοιτο. τοῖς τε γὰρ πολεμησείουσι καὶ ἄλλως ἀγωνιουμένοις ὄνησίν τινα ἐκπορίζεσθαι οἵα τέ ἐστιν ἡ τῆς ἐμφεροῦς ἱστορίας ἐπίδειξις, ἀποκαλύπτουσα μὲν ὅποι ποτὲ τοῖς προγεγενημένοις τὰ τῆς ὁμοίας ἀγωνίας ἐχώρησεν, αἰνισσομένη δὲ ὁποίαν τινὰ τελευτὴν τοῖς γε ὡς ἄριστα βουλευομένοις τὰ παρόντα, ὡς τὸ εἰκός, ἕξει (Übers.: O. Veh).

schlechtern (τοῖς τε νῦν οὖσι καὶ τοῖς ἐς τὸ ἔπειτα γενησομένοις) außerordentlichen Nutzen bringt, sofern die Menschheit wieder einmal durch die Zeit einer ähnlichen Zwangslage gegenüber gestellt werden sollte (εἴ ποτε καὶ αὖθις ὁ χρόνος ἐς ὁμοίαν τινὰ τοὺς ἀνθρώπους ἀνάγκην διάθοιτο). Kann doch die Schilderung eines ähnlichen Geschichtsverlaufes (ἡ τῆς ἐμφεροῦς ἱστορίας ἐπίδειξις) denen, die einen Krieg führen oder sonstwie einen Kampf ausfechten wollen, von beträchtlichem Vorteil sein. Denn jeder sieht daraus, wie für die Menschen von einst ein gleichgearteter Streit endete, und empfängt außerdem einen Hinweis, welchem Ziel etwa (ὁποίαν τινὰ τελευτὴν) die augenblicklichen Verhältnisse (τὰ παρόντα), wenn man sie aufs genaueste überdenkt, vermutlich zusteuern werden.

Diesen Verweis auf spätere Generationen mag man zunächst als topische Verbeugung vor der ehrwürdigen Tradition der antiken Historiographie verstehen, zumal das Proömium durchsetzt ist von gelehrten Allusionen an die alten Vorbilder und insbesondere deutliche Bezugnahmen auf die Einleitungen der *Historien* Herodots sowie des thukydideischen Geschichtswerks erkennen lässt.[116] Doch das klassizistisch-gelehrte Ambiente kann nicht darüber hinwegtäuschen, dass die literarische Imagination einer potentiellen Nachwelt im 6. Jahrhundert keine Selbstverständlichkeit (mehr) darstellte; Johannes von Ephesos etwa bemüht im Proömium zum sechsten Buch des dritten Teils seiner *Kirchengeschichte* denselben Topos, jedoch mit der signifikanten Einschränkung, „sofern die

---

[116] Zum Proömium der *Bella* s. GREATREX 2022, 31–35, der die Bezugnahmen auf frühere Historiographen jeweils herausarbeitet; im Einzelnen zu herodoteischen und thukydideischen Einflüssen auf das *Bella*-Proömium s. BASSO/GREATREX 2018. S. darüber hinaus auch LIEBERICH 1900, 1f.; CAMERON 1985, 37f.; KALDELLIS 2004a, 18–20.

Welt solange überhaupt fortbesteht",[117] und der Verfasser der unter dem Namen Ps.-Zacharias bekannten *Kirchengeschichte* (um 569) sieht sich selbst als Angehörigen der „letzten Generation".[118] Wir dürfen den Umstand, dass Prokop ungeachtet seiner Traditionsgebundenheit in der Einleitung der *Bella* programmatische Grundpfeiler einschlägt, also durchaus ernstnehmen. Der Historiograph macht deutlich, dass er in zeitlichen Verlaufskategorien denkt; dass lange Zeiträume für ihn zum (kollektiven) Vergessen führen – es sei denn, die Erinnerung wird durch schriftliche Kodifikation bewahrt; Vergangenheit und Zukunft erscheinen miteinander verwoben, und die Zeit verläuft zielgerichtet. Letzteres lässt sich unter Hinzuziehung weiterer Passagen aus den *Bella*, den *Bauten*[119] und den *Anekdota* im Sinne eines providentiellen Zeitverständnisses konkretisieren. Zwar verweist der Autor immer wieder (und gleichfalls in klassizistischem Gestus) auf das unberechenbare Wirken des Schicksals (τύχη),[120] doch ist dieses lediglich für die Menschen undurchschaubar, denn dahinter verbirgt sich der unhintergehbare Plan Gottes,[121] mit dem Prokop mitunter durchaus hadert (so etwa im Angesicht der Zerstörung Antiocheias im Jahr 540),[122] den er aber niemals infrage stellen würde.

Da das Geschehen gemäß Gottes Plan linear auf ein Ziel zuläuft, mag es auch nicht verwundern, dass sich bei ge-

---

[117] Joh. Eph. *HE* 6,1.
[118] Ps.-Zach. *HE* 12,5.
[119] Vgl. bes. Prok. *aed.* 1,1,1–5.
[120] Zur τύχη bei Prokop s. BRODKA 2004, 40–56; 2022, 145–147; KALDELLIS 2004a, 165–221.
[121] Vgl. Prok. *BG* 2,9,23; 2,29,32; 3,21,10; 4,35,33; *HA* 4,44; 28,13.
[122] Prok. *BP* 2,10,4–5.

nauerer Lektüre weitere Hinweise auf die Zukunft und nachfolgende Generationen einstellen,[123] die meisten davon signifikanterweise in den *Anekdota*[124] – die Schrift endet sogar mit einem expliziten Verweis auf die Zukunft: „Wenn nun einmal Justinian als Mensch aus dem Leben scheidet oder als Fürst der Dämonen, der er ja ist, sein irdisches Dasein beschließt, dann werden die Überlebenden die Wahrheit erfahren".[125]

Tatsächlich scheint mir in den *Anekdota* der Schlüssel zur Beantwortung der Frage nach Prokops Vorstellungen von Zukunft zu liegen. Das rätselhafte Pamphlet wird bekanntlich seit Jahrhunderten kontrovers diskutiert, und bis heute existiert kein Konsens in zentralen Fragen wie derjenigen der Datierung (vermutlich um 550/51),[126] des Verhältnisses zu den übrigen Werken Prokops und insbesondere der Intention des Autors. Zuletzt hat Henning Börm die These vertreten, der Historiograph habe angesichts einer schweren Krise des justinianischen Regimes hastig die kleine Schrift verfasst, um vor einem möglichen Nachfolger hinreichend Distanz gegenüber Justinian demonstrieren zu können. Nachdem sich die Herrschaft des Kaisers dann aber wieder stabilisiert hatte, könnte Prokop das Interesse an der Invektive verloren

---

[123] Z.B. Prok. *BP* 2,10,4; *BG* 3,34,8; *aed.* 1,1,2.
[124] Vgl. etwa *HA* 1,4; 1,5; 1,6; 1,8; 1,9; 27,2; 30,34.
[125] Prok. *HA* 30,34: ὁπηνίκα οὖν ἢ ἄνθρωπος ὢν ὁ Ἰουστινιανὸς ἀπέλθῃ τοῦ βίου, ἢ ἄτε τῶν δαιμόνων ἄρχων ἀπολύσῃ τὸν βίον, ὅσοι τηνικάδε περιόντες τύχωσι, τἀληθὲς εἴσονται (Übers.: O. Veh).
[126] Greatrex 1994; Pfeilschifter 2022, 131. Der Alternativvorschlag 558/59 findet nur noch wenige Anhänger in der Forschung (z.B. Croke 2005a), vgl. Brodka 2022, 62–64, der den Stand der Diskussion zusammenfasst. Erwägenswert ist der zuletzt von Battistella 2019 vorgetragene Datierungsvorschlag 553/54.

haben, womit ihr unfertiger, inkohärenter Zustand erklärt werden könnte.[127]

Ich kann die *Anekdota*-Problematik an dieser Stelle nicht im Einzelnen erörtern und kommentieren, sondern verweise dafür auf die umfangreiche Literatur.[128] Mir geht es im Folgenden um die Frage, welchen Aufschluss die Schrift über das Zeitverständnis ihres Verfassers gibt.

Bezugnahmen auf die Zukunft finden sich vor allem im Proömium der *Anekdota*. Der Autor sorgt sich hier um die Glaubwürdigkeit seiner ungeheuerlichen Enthüllungen bei kommenden Generationen, blickt dann aber tatendurstig voraus,[129] bevor ihn wieder die Sorge um die späteren Leser und das Gespenst nachfolgender τύραννοι umtreiben; ihre Taten und Charakterzüge würden schriftlich ja „für immer" (ἐς ἀεί) festgehalten – so sei es schon Semiramis, Sardanapal und Nero ergangen.[130] Formal schließt die Einleitung der *Anekdota* eng an das Proömium der *Bella* an – gleich im ersten Satz wird dieser Zusammenhang geknüpft, und die Partikel οὖν (‚also', ‚folglich') signalisiert, dass nunmehr die *Kriegsgeschichte* organisch, gleichsam übergangslos fortgesetzt werde. Im Folgenden wird rasch deutlich, dass der Historiograph die Schmähschrift als eine Art Supplement, als Korrektiv der *Bella*, ja letztlich als Schlüssel zu ihrem Verständnis konzipiert hat.[131] Der Aufrechterhaltung dieses Eindrucks dienen

---

[127] BÖRM 2015.
[128] Nützliche Überblicke über die aktuellen Diskussionen haben BRODKA 2022, 62–86; 117–121, und PFEILSCHIFTER 2022 vorgelegt. Vgl. auch KALDELLIS 2009; GREATREX 2014, 100f.; BÖRM 2015.
[129] Prok. *HA* 1,4–5.
[130] Prok. *HA* 1,6–10.
[131] MEIER ²2004, 435f.; BRODKA 2022,65; 71; 117; PFEILSCHIFTER 2022, 125.

zahlreiche, über den Text verstreute Rückverweise auf das Geschichtswerk.[132] Auch die teilweise wörtlichen Übereinstimmungen zwischen den Proömien der *Geheimgeschichte* und dem 8. Buch der *Bella* verweisen auf die engen Bezüge zwischen beiden Werken.[133] Prokop erläutert sein Vorgehen damit, dass es lebensgefährlich gewesen sei, Kritik zu Lebzeiten der Akteure zu äußern; nun erst könne er offen sprechen.[134] Ungeachtet der Diskussionen um die Datierung der *Anekdota* steht indes eines fest: Der Text entstand zu Lebzeiten Justinians und Belisars; allein Theodora war bereits 548 verstorben, was der Autor auch kommentarlos vermerkt.[135] Wir können davon ausgehen, dass die *Geheimgeschichte* nie publiziert wurde in dem Sinne, dass ein freier Zugang zum Text möglich war; vielleicht kursierte sie in exklusiven Kreisen,[136] aber selbst dies hätte für den Autor ein unkalkulierbares Risiko bedeutet. Nachweislich rezipiert wurde sie erst seit dem 10. Jahrhundert.[137] Nicht zuletzt aus diesem Grund hat Geoffrey Greatrex darüber spekuliert, ob die *Anekdota* lediglich eine Materialsammlung darstellen, die nach dem

---

[132] Z.B. Prok. *HA* 1,14; 1,21; 1,28; 2,15; 2,18; 2,26; 4,1; 5,1; 5,17; 5,28; 6,22; 11,11; 12,6; 16,1; 17,38; 18,44; 19,12; 20,16. Vgl. CAMERON 1985, 50, mit Anm. 12, die auch auf die Ähnlichkeiten zwischen den Einleitungen des achten Buchs der *Bella* und der *Anekdota* hinweist.

[133] SIGNES CODOÑER 2017,14–17, der sogar davon ausgeht, dass *Anekdota* und *Bella* ursprünglich als Teile ein und desselben Werkes geplant waren.

[134] Prok. *HA* 1,2.

[135] Prok. *HA* 5,23–27.

[136] Darüber wird verschiedentlich spekuliert, vgl. etwa RUBIN 1954, 258.

[137] Frühester Beleg: *Suda* Π 2479 s.v. Προκόπιος. Vgl. BRODKA 2022, 73 f.; PFEILSCHIFTER 2022, 132.

Tod Justinians in eine überarbeitete Fassung der *Bella* eingehen sollte.[138] In der vorliegenden Form jedenfalls handelt es sich um einen Text, der sich selbst zumindest in Teilen und namentlich im Proömium (im weiteren Verlauf wird Justinian als lebend imaginiert)[139] in die Zukunft projiziert und damit auf die nachjustinianische Zeit ausgerichtet ist.

Die *Anekdota* entwerfen das Bild einer weitgehend zerstörten Welt. Justinian und Theodora, so heißt es, hätten das Römische Reich regelrecht in Stücke gerissen (διεσπάσαντο),[140] der Kaiser sei der größte Vernichter der wohletablierten Ordnung (μέγιστος [...] διαφθορεὺς τῶν εὖ καθεστώτων),[141] das Imperium durch sein Wirken in die Knie gesunken (ἐς γόνυ ἐλθεῖν Ῥωμαίοις τὴν πολιτείαν πεποίηκεν);[142] alles befinde sich in Verwirrung (ξυνεταράχθη),[143] alles sei erschüttert (συγχεῖν ἅπαντα εὐθὺς ἴσχυσεν).[144] Die ganze Menschheit, die Oikoumene, stünden vor der Vernichtung, so Prokop weiter,[145] bevor dann vollends das zerstörerische Wesen des Kaisers als neuer Domitian,[146] als Fürst der Dämonen und Antichrist expliziert wird[147] und die im 12. Kapitel angelegte Dämonisierung Justinians im 18. Kapitel mit einem monumentalen

---

[138] GREATREX 2000, 219.
[139] Vgl. bes. Prok. *HA* 30,34.
[140] Prok. *HA* 6,1.
[141] Prok. *HA* 6,21.
[142] Prok. *HA* 7,1.
[143] Prok. *HA* 7,7; 7,31.
[144] Prok. *HA* 11,1.
[145] Prok. *HA* 12,16.
[146] Prok. *HA* 8.
[147] S.o. S. 6f. BRODKA 2004, 34f., weist zu Recht auf den hochgradig rhetorischen Charakter dieser Passagen hin.

Panorama seines weltweiten infernalischen Wirkens und Wütens ihren Höhepunkt findet.

Berthold Rubins Identifikation des „Fürsten der Dämonen" mit dem Antichrist und die damit verbundene endzeitliche Konnotation der *Anekdota*[148] werden von der Mehrheit der Prokop-Interpreten auch heute noch akzeptiert.[149] Dariusz Brodka sah in der Schmähschrift ein eschatologisch aufgeladenes Komplementärprodukt zu den *Bella*,[150] und in der Tat lässt sich kaum bezweifeln, dass die *Geheimgeschichte* das Zerrbild einer untergehenden Welt präsentiert – man könnte auch sagen: ein apokalyptisches Szenario.

Aber: Der Historiograph konstatiert ebenso explizit, dass die Welt *noch nicht untergegangen ist*; selbst die Pest als Kulminationsereignis der von Justinian initiierten Katastrophen habe lediglich die Hälfte der Menschheit dahingerafft.[151] Der Weltuntergang hat sich also noch nicht vollendet – und er wird sich auch nicht vollenden: Im Schlusssatz der *Anekdota* verweist Prokop auf all diejenigen, die den Kaiser und sein zerstörerisches Wirken dereinst überleben werden (ὅσοι τηνικάδε περιόντες τύχωσι); sie sollten durch sein Geschichtswerk die Wahrheit erfahren und ihnen gelten demzufolge die Hinweise auf die zu-

---

[148] Vgl. RUBIN 1951; 1960, 203 f.; 212 f.; 445–454; 1961.
[149] Vgl. etwa CAMERON 1985, 56 f.; MEIER ²2004, 86–89; BRODKA 2004, 34–39; 2022, 80; PFEILSCHIFTER 2022, 128 f.; STICKLER 2022a, 219. Gegenposition: KALDELLIS 2004a, 154 f., der die Dämonisierung Justinians durch Prokop als literarische Strategie deutet, die christliche Repräsentation des Kaisers zu konterkarieren.
[150] BRODKA 2004, 38.
[151] Prok. *HA* 18,44.

künftigen Generationen.¹⁵² Dies ist die postapokalyptische Zukunft, die der Historiograph imaginiert.

Prokop präsentiert sich als Zeuge und Chronist eines parallelen Weltuntergangs, einer jahrzehntelangen Teil-Apokalypse – sofern man die *Anekdota* als Zeugnis eigener Wahrnehmung ernstnehmen darf; auch in diesem Fall bleibt freilich ungewiss, ob und inwieweit der Autor tatsächlich an die Antichrist-Apokalypse glaubte oder diese nur imaginierte. Dafür, dass die hier vorgetragene Interpretation der Schrift plausibel ist, sprechen m. E. die engen Bezüge zu den *Bella*, die das Pamphlet ungeachtet aller weiterhin bestehenden Deutungsschwierigkeiten organisch in das Gesamtwerk integrieren und ihr eine Kommentar- und Entschlüsselungsfunktion zuweisen. Was der Autor in den *Bella* lediglich implizit andeuten konnte, indem er etwa die Sonnenverfinsterung des Jahres 536/37 mit Justinians Decennalien verknüpfte oder den „Fürsten der Dämonen" zum Agenten der Pestverbreitung stilisierte, da diese von „gespensterhaften Dämonen" (φάσματα δαιμόνων) an die Opfer weitergegeben werde¹⁵³ – all dies konnte er in den *Anekdota* offen aussprechen. Und so dürfte es nicht erstaunen, dass – von der Forschung bisher nicht hinreichend beachtet – im Proömium der *Bella* ein im christlich-endzeitlichen Diskurs hoch aufgeladenes Verbum prominent, ja wohl auch programmatisch platziert wird: Seine „Darlegung der Geschichte" (ἱστορίας ἐπίδειξις), so hält der Autor in herodoteischem Duktus fest, solle „enthüllen" (ἀποκαλύπτουσα),¹⁵⁴ wie vergangene

---

¹⁵² Prok. *HA* 30,34.
¹⁵³ Prok. *BP* 2,22,10.
¹⁵⁴ Zum Verbum ἀποκαλύπτειν und der Beleglage s. W. BAUER, Griechisch-deutsches Wörterbuch zu den Schriften des Neuen Testaments und der frühchristlichen Literatur. 6., völlig neu bearbeitete

Kriege geendet seien und auf welches Ziel die Gegenwart zulaufe. *Apokalýptein*: Prokops Geschichtswerk präsentiert sich dezidiert als Apokalypse der eigenen Zeit, es projiziert die Naherwartungen eines Großteils der Zeitgenossen in die Gegenwart, blendet Erfahrungsraum und Erwartungshorizont ineinander und rüttelt damit am Grundverständnis basaler Zeitkategorien. Dies aber geschieht nicht nur in der Einleitung der *Bella*, sondern der endzeitliche Hintergrund bleibt im weiteren Verlauf präsent. Wenn der Historiograph daran erinnert, dass einst Alexander d.Gr. den Kaukasus gegen andrängende Barbaren befestigt habe, so bezieht er sich unmissverständlich auf die eschatologisch aufgeladene Legende von der Errichtung der Eisernen Pforten gegen den Angriff der Endzeitvölker;[155] der lange Exkurs über das Ende des ‚Seeungeheuers' (κῆτος) Porphyrios (547/48), das jahrzehntelang die Seefahrt im Bosporus beeinträchtigt haben soll, erschließt sich allein vor dem Hintergrund endzeitlicher Erwartungen;[156] zudem lässt sich Prokops Beschreibung der Pest, welche die ganze Erde und alle Menschen erfasst habe,[157] als Verdichtung des apokalyptischen Dramas interpretieren – eine Lesart, die durch entsprechende Hin-

---

Auflage hg. von K. ALAND/B. ALAND, Berlin/New York 1988, 184, u. a. mit Verweis auf Lk 17,30; 2 Thess 2,3; 2,6; 2,8; 1 Kor 3,13; Röm 8,18; Mk 16,14.

[155] Prok. *BP* 1,10,9. Zur Legende von Alexander und den Eisernen Pforten s. ANDERSON 1932; SCHMIDT 2008.

[156] Prok. *BG* 3,29,9–20, mit der Analyse von SIGNES CODOÑER 2005; ZIEBUHR 2024, 205–219 (mit der Deutung des ‚Ungeheuers' als Pottwal).

[157] Prok. *BP* 2,22,3 (τὴν γῆν ξύμπασαν, βίους […] ἀνθρώπων ἅπαντας); 2,22,5–6.

weise in den *Anekdota*, dem Schlüssel zum Verständnis der *Bella*, nahegelegt wird.[158]

Folgt man dieser Deutungsperspektive für die *Bella*, so gelangt man über Rubins Ansatz, der Prokops Apokalypse letztlich allein aus den Kapiteln 8 (Domitian-Exempel), 12 (Dämonologie) und 18 (Zerstörung der Oikoumene durch Kriege und Katastrophen) der *Anekdota* entwickelt hat und selbstreferentiell immer wieder um diese Passagen herumgekreist ist,[159] weit hinaus. Prokop ließe sich so als Apokalyptiker *sui generis* verstehen, der auch die populäre *Kriegsgeschichte* vor einem eschatologischen Horizont entwickelt, die Zeithorizonte verschoben und damit auf zeitgenössische Erwartungen und Attitüden reagiert hätte. Selbstverständlich müssen ihm die Diskussionen um den Ablauf der 6000-Jahres-Frist, die zu seinen Lebzeiten geführt wurden, vertraut gewesen sein; man würde ein beträchtliches Maß an Weltfremdheit unterstellen, wollte man postulieren, dass die angsterfüllten Debatten um ein möglicherweise unmittelbar bevorstehendes Weltende an ihm vorbeigegangen seien. Vor diesem Hintergrund gewinnt seine Apokalypse eine spezifische Relevanz, denn Zeitgenossen mussten sie als Positionierung und Kommentar innerhalb dieser Diskussionen verstehen. Weder in den *Bella* noch in den *Bauten* oder den *Anekdota* hat der Historiograph den Ablauf der fest kalkulierten irdischen Weltzeit und das drohende Weltgericht explizit angesprochen. Stattdessen hat er den permanenten, doch niemals vollendeten Untergang bereits für die Gegenwart

---

[158] Prok. *HA* 18,44.
[159] Vgl. Rubin 1951; 1961, bes. 62 („Man könnte daher die biographischen Teile dieser Geheimgeschichte cum grano salis eine Apokalypse des Prokopios von Kaisareia nennen"); vgl. McGinn 1979, 66–68; Magdalino 1993, 8.

evoziert und eine offene Zukunft entworfen. Auch Prokop positionierte sich also gegen die allgemeine Erwartung, dass mit dem Ablauf der 6000 Jahre die irdische Geschichte enden werde. Anders als Johannes Malalas bezog er sich dabei aber nicht auf Jahreszählungen und Chronologien, sondern machte die Kaiserkritik zum Vehikel seiner Apokalypse – oder umgekehrt. Nur zu gerne wüsste man, wie er auf dieser Basis jene kirchenhistorische Darstellung angelegt hätte, die er mehrfach angekündigt, doch offenbar nie ausgeführt hat.[160]

Die im ausgehenden 6. Jahrhundert entstandene Geschichte der justinianischen Zeit des Theophanes von Byzanz, wohl ein Konkurrenzprodukt zu den *Bella*, ist nicht mehr erhalten,[161] doch fand Prokop in dem gelehrten Rechtsanwalt, Rhetoriker, Dichter und Historiographen Agathias von Myrina (ca. 532–580) einen direkten Fortsetzer. Agathias komponierte vermutlich in den Jahren 579–582 – also nach dem Tod Justinians (565) – ein fünf Bücher umfassendes Geschichtswerk über den Zeitraum 552–559. Die referierten Geschehnisse lagen damals bereits zwei Jahrzehnte zurück, so dass zwar, wie schon im Proömium angedeutet (s.u.), eigene Erlebnisse und Erfahrungen in die Darstellung eingingen, die zeitliche Distanz zum Gegenstand im Moment der schriftlichen Niederlegung jedoch weitaus größer war als in Prokops *Kriegsgeschichte*.[162] Wie im Fall Prokops vermag die klassizistische

---

[160] Vgl. Prok. *BG* 4,25,13; *HA* 1,14; 11,33; 26,18. SIGNES CODOÑER 2017, 17–19, bezweifelt allerdings, dass Prokop tatsächlich eine *Kirchengeschichte* habe verfassen wollen.

[161] S. dazu BLECKMANN 2021, 96 f.

[162] Zu Agathias ist noch immer grundlegend CAMERON 1970. Vgl. darüber hinaus KALDELLIS 1997; 1999; 2003a; BRODKA 2004; MEIER 2004b; BLECKMANN 2021, 39–46.

Attitüde nicht darüber hinwegzutäuschen, dass auch Agathias aus einer christlichen Perspektive schrieb,[163] Den apokalyptischen Ansatz seines Vorgängers scheint er zwar nicht weiterverfolgt zu haben, doch zeichnet auch Agathias ein zutiefst verdüstertes Bild der von ihm dargestellten Jahre, die er als Zeitraum der Katastrophen und der Angst konzeptualisiert und damit als Einheit fasst,[164] wie bereits im rhetorisch überladenen Proömium zum Ausdruck kommt:[165]

Da es aber dazu kam, dass zu meinen Lebzeiten (ἐν τῷ κατ' ἐμὲ χρόνῳ) große Kriege überall auf der Welt (πολλαχοῦ τῆς οἰκουμένης) unerwartet ausbrachen, zahlreiche Barbarenvölker durcheinandergewirbelt, dass ungewisse und unwahrscheinliche Dinge ganz gegen die Erwartung (παραλόγους) ausgingen, das Schicksal aus dem Gleichgewicht geriet, dass Völker vernichtet und Städte versklavt wurden, dass die Bewohner Wechselfällen unterzogen wurden, ja dass gleichsam sämtliche Lebensverhältnisse der Menschen in Bewegung waren – da dies und ähnliche Dinge sich also ereignet hatten, überkam mich irgendwie Furcht, dass es vielleicht nicht richtig sei, wenn so äußerst gewaltige und wundersame Dinge, die überdies späteren

---

[163] Vgl. CAMERON 1970, 75–111. Die von KALDELLIS 1999, 236–252, vorgebrachten Zweifel am christlichen Hintergrund des Autors sind unbegründet, vgl. BRODKA 2004, 153.

[164] Dazu s. im Einzelnen MEIER 2004b, 294–299.

[165] Agath. pr. 10: ἐπειδὴ δὲ ἐν τῷ κατ' ἐμὲ χρόνῳ ξυνέβη μεγάλους μὲν πολέμους πολλαχοῦ τῆς οἰκουμένης ἀπροσδόκητα ξυρραγῆναι ἐθνῶν τε πολλῶν βαρβαρικῶν μεταναστάσεις γενέσθαι καὶ πράξεων ἀδήλων τε καὶ ἀπίστων παραλόγους ἀποβάσεις καὶ τύχης ἀτάκτους ἀντιρροπίας γενῶν τε καταλύσεις καὶ πόλεων ἀνδραποδισμοὺς καὶ μεταβολὰς οἰκητόρων καὶ οἷον ἅπαντα τὰ ἀνθρώπεια κεκινῆσθαι· ἐπειδὴ οὖν ταῦτα καὶ τὰ τοιάδε ξυνέβη, δεδιέναι μοί πως ἐπῆλθε, μή τι ἄρα οὐχ ὅσιον εἴη ἔργα οὕτω μέγιστά τε καὶ θαύματος ἄξια καὶ τοῖς μετὰ ταῦτα χρήσιμα ἐσόμενα καὶ ὀνησιφόρα καταλιπεῖν ἄμνηστα τὸ μέρος καὶ σεσιγημένα. Zum Proömium vgl. KALDELLIS 1999, 207–211.

Generationen (τοῖς μετὰ ταῦτα) hilfreich und nützlich sein können, teilweise vergessen (ἄμνηστα) und verschwiegen werden.

Der Autor präsentiert eine Welt in Aufruhr, eingekleidet in rhetorisch-hyperbolische Kaskaden, die an den Stil der *Anekdota* erinnern (die Agathias aber vermutlich nicht kannte).[166] Geläufige Motive wie der Nutzen für spätere Generationen sowie das Anschreiben gegen das Vergessen werden aufgegriffen, ohne dass sich zunächst klären ließe, ob damit tatsächlich konzeptuelle Anliegen angesprochen werden oder lediglich der Tradition Reverenz erwiesen wird. Gleiches gilt für die Frage, ob man die Bemerkung, unwahrscheinliche Dinge seien gegen die Erwartung ausgegangen, im Sinne des Auseinandertretens der von Reinhart Koselleck eingeführten Kategorien ‚Erfahrungsraum' und ‚Erwartungshorizont' interpretieren darf (was eine reizvolle Perspektive eröffnen würde) oder doch eher nur als gelehrte Anspielung auf das seit Thukydides immer wieder bemühte παράλογον der Geschichte.[167] Demgegenüber ist der Hinweis auf die Turbulenzen „überall auf der Welt" (πολλαχοῦ τῆς οἰκουμένης) sicherlich ernstzunehmen. Denn er reflektiert das von Prokop übernommene Prinzip der räumlichen Breite innerhalb einer Darstellung, die nur wenige Jahre umfasst und damit gegenüber den *Bella* zeitlich noch komprimierter erscheint – möglicherweise eine textgewordene Beschleunigungserfahrung. Insbesondere die ausgreifenden[168] Exkurse über Franken und Perser illustrieren anschaulich den weiten

---

[166] In seiner ausführlichen Zusammenfassung der *Kriegsgeschichte* Prokops (Agath. pr. 23–32) finden sich jedenfalls keine Verweise auf die *Anekdota*.

[167] Vgl. Thuk. 1,78,1; Polyb. 2,1,3.

[168] Vgl. CAMERON 1970, 35: „The three long excursuses are in fact so long that they almost rank as works in their own right".

geographischen Horizont des Geschichtswerks.[169] Hat Agathias, der sich in seinen *Historien* tatsächlich um ein weiträumiges Panorama von den Franken bis zu den Persern und den nordpontischen Hunnen bemüht, diese Perspektive gleichfalls mit einem Verzicht auf zeitliche Tiefe verbunden?

Auch bei Agathias finden sich immer wieder ‚Tiefenbohrungen' in eine jenseits des Berichtszeitraums liegende Vergangenheit; anders als in Prokops Geschichtswerk geht es hier zumeist um Begebenheiten und Konstellationen, die vom gebildeten Leser mühelos zeitlich fixiert bzw. situiert werden konnten, ohne dass der Historiograph präzise Daten zu nennen brauchte. Bereits die Beschreibung des Erdbebens im Jahr 551 greift hinter die eigentliche Ereignisschilderung zurück.[170] Die ausführliche Darstellung gibt dem Autor Gelegenheit, sich selbst als Zeitzeugen einzubringen,[171] und behandelt zugleich eine Katastrophe, die sich in Parallele setzen ließ zum verheerenden Erdbeben zu Konstantinopel im Jahr 557, dessen Schilderung und Kommentierung einen großen Teil des letzten Buches einnimmt.[172] Der Rückgriff in die Vergangenheit hat also strukturierende Wirkung für das Gesamtwerk und zeigt zugleich an, dass die desaströsen Geschehnisse der Jahre 552–559 einen Vorlauf in der unmittelbar voraufgehenden, von Prokop behandelten Zeit besaßen. Demgegenüber ist die bekannte Geschichte von der Auswanderung der sieben paganen Philosophen ins Perserreich um 530 und ihrer enttäuschten Rückkehr ein-

---

[169] CAMERON 1968 (Franken, vgl. Agath. 1,2–6); 1969/70 (Perser, vgl. Agath. 2,23–27; 4,24–30).
[170] Agath. 2,15–17.
[171] Agath. 2,15,7; 2,16,4.
[172] Agath. 5,3–9. MEIER 2004b, 297.

gebettet in einen Exkurs, der offenkundig aktuellen positiven Darstellungen des persischen Großkönigs Chosroes I. (531–579) entgegenwirken sollte, und damit ganz auf die Gegenwart bezogen.[173]

Weitaus tiefer in die Vergangenheit reichen Rekurse auf den griechisch-persischen Konflikt und den Peloponnesischen Krieg (Sizilische Expedition) im 5. Jahrhundert v. Chr.,[174] auf das Erdbeben in Tralleis 25 v. Chr.,[175] auf die Geschichte der Achaimeniden,[176] das kaiserzeitliche Rom und demokratische Athen,[177] die frühen Sāsāniden und den Tod Kaiser Valerians († 260)[178] sowie auf den spartanischen König Leonidas und die Schlacht an den Thermopylen 480 v. Chr.[179] zurück. Betrachtet man diese jedoch näher, so zeigt sich rasch, dass sie nur wenig zum Verständnis der jeweils beschriebenen Situation oder des Gesamtwerks beitragen, sondern eher als Dokumentationen rhetorischer Virtuosität angelegt sind und häufig Vergleiche evozieren sollen. So dienen etwa die Rückgriffe auf die Perserkriege und die Sizilische Expedition allein dazu, die Bedeutung des römischen Sieges über die Franken 554 bei Capua und des Feldherrn Narses herauszuarbeiten; die „vergangene Zeit" (ὁ ἔμπροσθεν χρόνος) fungiert hier als beliebig ausschöpfbares Reservoir historischer Exempla. Die Geschichte vom Erdbeben in Tralleis und dem Bot-

---

[173] Agath. 2,28–32, mit BÖRM 2007, 277–283. Zur Auswanderung der Philosophen und ihren Hintergründen (Vorgehen Justinians gegen die Akademie zu Athen 529) s. HARTMANN 2002; NECHAEVA 2017.
[174] Agath. 2,10,2–4 (Perserkriege); 2,10,5 (Sizilische Expedition).
[175] Agath. 2,17.
[176] Agath. 2,24,4; 2,26,4.
[177] Agath. 4,1,8.
[178] Agath. 4,23,6–8.
[179] Agath. 5,19,1–2.

schafter Chairemon soll Belesenheit und Kenntnisse des Verfassers demonstrieren: „Dass sich diese Dinge so ereignet haben, offenbart die Stadtgeschichte dieses Orts und nicht zuletzt auch ein Epigramm, das ich, als ich dorthin kam, gelesen habe" (und das dann zitiert wird).[180] Das Thermopylen-Exempel schließlich soll die Großtaten Belisars und seiner Truppe bei der Verteidigung Konstantinopels gegen die Kutriguren im Jahr 559 überhöhen.

So stellt sich der Eindruck ein, dass die elaborierten Exkurse des Agathias trotz ihrer vielfach konkreten Situierung in der Vergangenheit den *Historien* keine Tiefenstruktur verleihen. Das Werk wirkt sogar noch präsentistischer als dasjenige Prokops, denn es arbeitet nicht einmal das Drei-Generationen-Gedächtnis aus, sondern verharrt im Referieren dessen, was der Autor selbst erlebte bzw. was sich während seiner Lebenszeit ereignete und ihm über mündliche Quellen vermittelt wurde. Averil Cameron hat herausgearbeitet, dass der Unterschied zwischen dem Hauptstrang der Erzählung und den Exkursen vor allem darin besteht, dass der Autor in letzteren auf schriftliche Quellen zurückgreifen und damit seine Gelehrsamkeit demonstrieren konnte.[181] Dies gilt auch für einen wichtigen Komplex, der auf den ersten Blick meine These vom präsentistischen Charakter des Werks widerlegen zu können scheint: Im zweiten Buch kündigt der Erzähler an, über den Dolmetscher Sergios Zugriff auf eine vollständige persische Königsliste, die auch die wichtigsten *res gestae* umfasste, erhalten zu haben, was bisherigen

---

[180] Agath. 2,17,6: ταῦτα δὲ οὕτω ξυνενεχθῆναι δηλοῖ μέν που καὶ ἡ πάτριος τοῦ ἄστεος ἱστορία, οὐχ ἥκιστα δὲ τοὐπίγραμμα, ὅπερ ἔγωγε ἐκεῖσε ἐλθὼν ἀνελεξάμην (das Epigramm 2,17,8).
[181] CAMERON 1970, 40 f.

Historiographen (χρονογράφοι) noch nicht gelungen sei.[182] Entfaltet wird diese Liste dann freilich erst im vierten Buch[183] – ein eindrucksvolles Dokument antiquarischer Gelehrsamkeit,[184] das zwar modernen Historikern wichtiges Material bietet,[185] für die Erzählung innerhalb der *Historien* jedoch vollkommen folgenlos bleibt; diese hätte auch ohne die Digression verlustfrei weitergeführt werden können. Die jenseits der Haupterzählung liegende Vergangenheit wird bei Agathias also zum Ankerpunkt für die Demonstration von Belesenheit, zugleich zum Re-

---

[182] Agath. 2,27,6–7. Zur angeblichen Leistung des Sergios (PLRE IIIB 1129 [Sergius 9]) s. Agath. 4,30,2–5, mit der Anmerkung, dass Diskrepanzen zwischen der Darstellung Prokops und den Informationen, die Agathias mitteilt, zugunsten letzterer aufgelöst werden müssten, da diese auf persischen Quellen basierten.

[183] Agath. 4,24,1–4,29,9.

[184] Agathias hat sich freilich nicht darauf beschränkt, das über Sergios vermittelte Material aus den sāsānidischen Archiven wiederzugeben, vgl. CAMERON 1969/70, 69 f.: „Both excursuses [über die Perser, M.M.] mix in with the hard information a quantity of decoration and moralizing provided by Agathias himself. Again, both owe a debt to Procopius, even at the very point where Agathias explicitly disclaims it (see on IV.28, p. 130.217 f.). The excursus on religion presents the popularized impression of an outsider, not the informed comment of one who really understood it. The second excursus lends support to Agathias' own statement (p. 134.294 f.) that Sergius abbreviated what he derived from the Annals, so that caution is needed in accepting at face value Agathias' accounts of some of the shorter reigns. Further, both excursuses have an admixture of non-Oriental material. Nor is all of Agathias' account, as we might otherwise have expected, told from the Persian side. Only Nöldeke has explicitly recognized (and then without developing the point) that some of Agathias' Sassanian history has a Syrian, *anti*-Persian slant, very probably unnoticed by Agathias himself". S. auch CAMERON 1970, 41 f.; 63.

[185] Vgl. CAMERON 1970, 51 f.

servoir moralisch-rhetorischer Exempla sowie zum Boden, auf dem eigene Kommentare stehen.[186] Wirken die *Historien* auf den ersten Blick deutlich solider in der Vergangenheit verankert als die *Bella* Prokops, so erweist eine genauere Untersuchung das Gegenteil. Auch Agathias löst letztlich zeitliche Tiefe in räumliche Breite auf. Mehr noch als dasjenige Prokops schwebt sein Werk weitgehend fundamentlos in der Gegenwart. Exemplarisch dafür sei auf eine Beobachtung Dariusz Brodkas verwiesen: „Außer einer kurzen Bemerkung über die strategische Rolle von Lazika spricht Agathias nicht mehr über die Gründe für die römisch-persischen Konflikte".[187] Lediglich an zwei Stellen vertäut der Historiograph seine Darstellung im zeitlichen Kontinuum. Am Ende des ersten langen Exkurses über die Perser wird der Tod des sāsānidischen Feldherrn Mihr-Mirhoe (Mermeroes)[188] im Jahr 555 exakt datiert: 319 Jahre nach Beginn der sāsānidischen Herrschaft (eine unzutreffende Angabe),[189] im 25. Herrschaftsjahr des Chosroes und im 28. Jahr Justinians.[190] Sodann wird eine (indirekte) Datierung für das große Erdbeben gegeben, das im Dezember 557 Konstantinopel heimsuchte.[191] Die vermeintlich exakte (tatsächlich aber inkonsistente) Verortung der Thronbesteigung des ersten Sāsāniden Ardašir I. in das 4. Jahr des Severus Alexander (222–235) und 538 Jahre nach Alexander d. Gr. († 323

---

[186] Vgl. CAMERON 1970, 40: „most of his personal judgements come in the excursuses and digressions rather than in the narrative proper".
[187] BRODKA 2004, 190.
[188] PLRE IIIB 884f. (Mermeroes).
[189] Dazu s. den Kommentar von CAMERON 1969/70, 110.
[190] Agath. 2,27,9.
[191] Agath. 5,3,2; CAMERON 1970, 143.

v. Chr.) kann hingegen für die Darstellung als irrelevant angesehen werden, weil sie ohne Bezug zu den beschriebenen Ereignissen lediglich den Exkurs über die iranischen Großkönige einleitet.[192]

Aufmerksame Leser konnten immerhin im Wissen darum, dass Agathias direkt an Prokop anschloss, eigene Berechnungen anstellen und dem Fortgang der Erzählung somit auch chronologisch folgen, wenngleich es der Historiograph durch Rückgriffe wie jenen auf das Erdbeben 551 und selbst erzeugte Inkonsistenzen[193] seinem Publikum nicht leicht machte. Zeigte er sich dabei von den verbreiteten Naherwartungen beeinflusst?

Zunächst einmal wird man festhalten müssen, dass ein Autor, der um 580 aktiv war, bereits in weitaus stärkerem Maße dem Umstand Rechnung zu tragen hatte, dass der in den Jahren um 500 angesetzte Jüngste Tag möglicherweise doch nicht derart unmittelbar drohte, wie man es noch einige Dekaden zuvor hatte annehmen müssen. Agathias' Geschichtswerk gehört vielmehr in jene Phase, in der die Überzeugung, direkt auf das Weltende zuzumarschieren, allmählich einer generellen Orientierungslosigkeit wich, da die weiterhin anhaltenden Katastrophen immer weniger mit dem bevorstehenden Weltgericht zu erklären waren (wenngleich auch weiterhin akute Naherwartungen kursierten, wie etwa die *Kirchengeschichte* des Johannes von Ephesos bezeugt).[194] In dieser Orientierungslosigkeit mag einer der Gründe für den gegenüber Prokops *Bella* noch einmal verstärkten ‚Schwebecharakter' der *Historien* liegen. Und in der Tat scheint sich jene

---

[192] Agath. 4,24,1.
[193] Dazu s. CAMERON 1970, 143 f.
[194] Zu Johannes von Ephesos und seiner *Kirchengeschichte* s.u. S. 182 ff.

Verlorenheit, die sich bereits im Werk Prokops in der Vermeidung expliziter Chronoferenzen andeutete, bei Agathias noch einmal intensiviert zu haben. Hatte Prokop mit Blick auf den Untergang Antiocheias im Jahr 540 bereits offen die Theodizeefrage formuliert,[195] so wird sein Fortsetzer noch deutlicher: Zwar präsentiert auch er wie Prokop ein providentielles Weltbild und argumentiert mit einem göttlichen Plan,[196] doch schon angesichts der Erdbebenkatastrophe im Jahr 551 lässt er Unsicherheit erkennen.[197] Während er über das Erdbeben im Jahr 557 und die Pestwelle 558 räsoniert, treibt ihn der Zusammenhang von Schuld, Unschuld, Recht und Vergeltung um. Ausgehend von der Prämisse eines gütigen Gottes[198] kann er nicht nachvollziehen, warum dieser die Verfehlungen Einzelner mit dem Leiden Vieler, auch Unschuldiger, vergelten sollte.[199] Das straftheologische Deutungsmuster, das er mit Blick auf die von Alemannen begangenen Kriegsgreuel noch offensiv vertreten hatte,[200] will ihn nicht mehr überzeugen. Doch auch das drohende Weltende verliert an Orientierungskraft. Die erneut aufkommenden Endzeitängste, die nach dem Erdbeben 557 artikuliert wurden, weist er explizit als Scharlatanerie zurück,[201] und sein rein chronologisch angelegter Exkurs über die Abfolge der Herrschaft der Assyrer, Meder, Perser, Makedonen, Parther und Sāsāniden lässt sich m.E. durchaus auch als Gegenentwurf zur eschatologisch hoch

---

[195] Prok. *BP* 2,10,4–5.
[196] Vgl. Agath. 2,15,13.
[197] Agath. 2,15,12–13.
[198] Agath. 1,1,4.
[199] Agath. 5,4,3; 5,4,6.
[200] Vgl. Agath. 2,1,6–11; 2,3,4–6. S. KALDELLIS 1999, 211–221.
[201] Agath. 5,5,2–3.

aufgeladenen Lehre von der Reihe der vier Weltreiche, an die Mitlebende sich unweigerlich erinnert fühlen mussten, interpretieren.²⁰²

Letztlich erscheint dem Historiographen die Frage nach der Erklärung des ubiquitären Leids unlösbar, weshalb er sich selbst auferlegt, nicht weiter zu spekulieren, sondern sich der Aufgabe eines Historiographen zu widmen: „Das Gesetz der Geschichtsschreibung ist nämlich dann von mir erfüllt, wenn ich Ereignisse – auch in Kurzform – berichtet habe".²⁰³ Diese Aussage indes dürfte aufmerksame Zeitgenossen zutiefst irritiert haben. Hatte der Autor nicht im ersten Buch explizit den Anspruch erhoben, Historiographie dürfe sich gerade nicht im simplen Auflisten von Ereignissen erschöpfen, sondern müsse stets auch kritisches Kommentieren und nützliche Reflexionen beinhalten?²⁰⁴

Schon vor längerer Zeit habe ich die These aufgestellt, dass dieser fundamentale Widerspruch dem Geschichtsschreiber nicht einfach unterlaufen sein kann.²⁰⁵ Zu sehr zerreißt er die *Historien* konzeptuell, und darin scheint mir seine eigentliche Funktion zu liegen: Angesichts der Tragödien der eigenen Zeit und aus der Erfahrung des Fortbrechens der einzigen bisher gültigen und überzeu-

---

²⁰² Agath. 2,25,4-2,26,1. Dazu s. den Kommentar von CAMERON 1969/70, 100-107. CAMERON 1970, 96, vermutet, dass der Historiograph für diese Passage auf christlich-chronographische Quellen zurückgriff. Die von Agathias skizzierte Abfolge der Reiche wurde von späteren Autoren reproduziert, vgl. Georg. Synk. p. 439,23–442,5 MOSSHAMMER; Zonar. 12,15, mit CAMERON 1964.
²⁰³ Agath. 5,10,7: μόνον γάρ μοι τοῦ ξυμβεβηκότος εἰ καὶ διὰ βραχέων ἐπιμνησθέντι ὁ τῆς ἱστορίας ἐκτεθεράπευται νόμος.
²⁰⁴ Agath. 1,7,6–7.
²⁰⁵ Vgl. MEIER 2004b, 297f. Dazu s. auch BLECKMANN 2021, 27–38.

genden Erklärung für die jahrzehntelange Katastrophenserie und das um sich greifende Leid – das unmittelbar bevorstehende Weltende – kapituliert der Historiograph von der Aufgabe, Geschehniskomplexe zu erklären, da er sie nicht mehr erklären *kann*, und spiegelt diesen Umstand in sein Geschichtswerk zurück, das gleichfalls seine reflexiv-erklärende, deutende Funktion nicht mehr wahrzunehmen vermag und an den eigenen Widersprüchen konzeptuell scheitert – scheitern muss.

Auch Agathias entlässt seine Leser daher in eine ungewisse, nicht mehr kalkulierbare Zukunft,[206] und dies geschieht aus offen artikulierter Ratlosigkeit heraus. Sein Geschichtswerk endet unvermittelt mit dem dreifachen Schreckensszenario aus Erdbeben (557) Pest (558) und Kriegsgreuel (559), vor dessen Hintergrund das abschließende Lob der Umsicht Justinians[207] aufgesetzt wirkt – umso mehr als Agathias' Publikum um 580 ja wissen musste, dass sich die Situation auch nach 559 nicht grundlegend verbessert hatte. Dementsprechend hatte der Historiograph bereits zu Beginn seines Werks die Befürchtung geäußert, dass auch seine Generation, ja letztlich überhaupt kein Mensch mehr, ein Ende des Unheils und Leids erleben werde.[208] Diese Aussage bezieht nicht nur den Berichtszeitraum der Jahre 552–559 auf die Abfassungszeit der *Historien* um 580, sondern entwirft ein düster eingefärbtes Bild einer ansonsten unberechenbaren, unsicheren Zukunft.

---

[206] Zur Ungewissheit der Zukunft s. etwa Agath. 1,5,2.
[207] Agath. 5,24–25, bes. 5,25,6.
[208] Agath. 1,1,2: οἶμαι γὰρ οὐδὲ ἐπιλείψειν ποτὲ τὸν αἰῶνα ἡμῶν τὰ τοιάδε, μένειν δὲ ἐς ἀεὶ καὶ ἀκμάζειν, ἔστ' ἂν ἡ αὐτὴ φύσις ἀνθρώπων ᾖ, ἐπεὶ καὶ ἄνωθεν ἡμῖν, ὡς ἔπος εἰπεῖν, συνεισῆλθε τῷ βίῳ.

Ebenfalls in das ausgehende 6. Jahrhundert datiert das um 594 entstandene Geschichtswerk des Euagrios von Epiphaneia (Syrien) in sechs Büchern. Formal der Kirchengeschichtsschreibung zuzurechnen (wie das Proömium unmissverständlich deutlich macht),[209] weist es gleichfalls klassizistische Elemente auf, stützt sich auch auf profanhistorische Vorlagen (z.B. Priskos, Prokop)[210] und steht damit exemplarisch für das Konvergieren der historiographischen Gattungen im 6./7. Jahrhundert.[211] Die *Kirchengeschichte* des Euagrios umfasst den Zeitraum 431–594 und schließt damit grob an die Kirchenhistoriker des 5. Jahrhunderts, Sokrates, Sozomenos und Theodoret, an.[212] Euagrios, der als Anwalt bzw. Rechtskundiger lange in Antiocheia wirkte und dort zum Sekretär des Patriarchen aufstieg, repräsentiert eine Perspektive, die das berichtete Geschehen von der Peripherie des *Imperium Romanum* her konzeptualisiert und damit nicht in den Diskurszusammenhängen der hauptstädtischen Eliten steht.[213] Dennoch ist die Frage nach dem Ende der Welt auch in seinem Werk gegenwärtig (s.u.) und wir dürfen danach fragen, ob sich daraus Konsequenzen für sein Verständnis und die Konzeption von Zeit ableiten lassen.

Wie seine Vorgänger bemüht auch Euagrios im Proömium das Motiv der Gefahr des Vergessens als Impuls für

---

[209] Vgl. Euagr. *HE* pr., mit dem programmatischen Bezug auf Eusebios von Kaisareia direkt zu Beginn.
[210] Vgl. Euagr. *HE* 5,24.
[211] Dazu s. MEIER 2004b; BLECKMANN 2021.
[212] Zu Euagrios und seiner *Kirchengeschichte* s. ALLEN 1981; WHITBY 2000; LEPPIN 2003; 2009; 2012; HÜBNER 2007. Zum Anschluss an die Kirchenhistoriker des 5. Jh. s. Euagr. *HE* pr.; 5,24.
[213] Dazu s. LEPPIN 2009; 2012.

die Aufnahme seiner historiographischen Tätigkeit.[214] Aus einer Bemerkung im ersten Buch, in der er noch einmal betont, dass all jene Ereignisse, die nicht von Geschichtsschreibern festgehalten werden, „von der Zeit aufgelöst und aufgesogen werden" (διερρύη τε καὶ κατεπόθη τῷ χρόνῳ),[215] lässt sich schließen, dass das drohende Vergessen für den Kirchenhistoriker mehr bedeutete als einen allfälligen Topos für ein standesgemäßes Proömium. Denn die Vergangenheit zerfalle in eine „verirrte Geschichte", die zum Nutzen der Menschen wieder zusammenzutragen hohe Aufgabe des Historiographen sei: […] ὡς πεπλανημένην ἱστορίαν συνελέξαμεν, τὴν τῶν ἀνθρώπων ὠφέλειαν πραγματευσάμενοι.[216] Dieser Aussage liegt offenbar die Vorstellung einer Partikularisierung, Fragmentierung und abschließenden Auflösung von Geschichte, so sie denn nicht kodifiziert wird, zugrunde. Die unübersichtliche Kleinteiligkeit, deren sinnstiftender Aufarbeitung der Geschichtsschreiber sich zu widmen hat, schimmert insbesondere in der Darstellung der kirchenhistorisch relevanten Ereignisse des 5. Jahrhunderts noch durch, denen der Verfasser die ersten drei Bücher bis zum Tod des Anastasios († 518) gewidmet hat, ist aber auch noch in den nachfolgenden Büchern greifbar. Euagrios zeigt sich ostentativ bemüht, Klarheit und Ordnung zu stiften. Dabei sichert er die Vergangenheit allerdings weniger in der Tradition des Eusebios durch die Darlegung von Bischofssukzessionen ab[217] – vertikale Stützpfeiler, die, nach den großen Bischofssitzen geordnet, Orientierung in die Tiefe

---

[214] Euagr. *HE* pr.
[215] Euagr. *HE* 1,7.
[216] Euagr. *HE* 6,24.
[217] Dazu s. ALLEN 1981, 54 f.

der Zeit hinein geben und verbindende Synchronismen ermöglichen[218] –, wie er denn überhaupt nur geringe Ambitionen erkennen lässt, exakte Chronologien, Datierungen und Kalkulationen vorzulegen.[219] In weitaus höherem Maße vertraut der Autor darauf, dass, beginnend mit Moses und bis Prokop, Agathias sowie Johannes von Epiphaneia hinaufreichend, eine durchgehende Reihe von Historiographen und Chronisten „die Ereignisse der Kirchengeschichte" (τὰ τῆς ἐκκλησιαστικῆς ἱστορίας) sowie „die alte und die profane Geschichte" (ἡ ἀρχαία [...] καὶ ἡ θύραθεν ἱστορία) aufgezeichnet hätten, die er selbst nun fortsetze.[220] Diese Haltung sowie die Auswahl der genannten Historiographen, die keineswegs ausschließlich christliche Autoren umfasst, ist bemerkenswert. Sie verbindet über einen durchgehenden Wissensstrang Gegenwart und weit entlegene Vergangenheit, ermöglicht Rückbezüge und (scheinbar) exakte Datierungen[221] und schlägt

---

[218] Vgl. etwa Euagr. *HE* 3,10; 4,37.

[219] Vgl. WHITBY 2000, LI-LIV. Auch bei Euagrios finden sich häufig Formulierungen wie „in dieser Zeit" (ἐν τούτοις τοῖς χρόνοις, Euagr. *HE* 1,17), „in eben jenen Zeiten des Theodosios" (ἐν τοῖς αὐτοῖς χρόνοις Θεοδοσίου, 1,19), „einige Zeit später" (χρόνοις ὕστερον, 1,20), „zur selben Zeit" (ἀνὰ τοὺς αὐτοὺς χρόνους, 3,43), „damals" (τηνικαῦτα, 4,39; τότε, 6,20), „während dies geschah" (τούτων ὧδε δρωμένων, 6,16), „währenddessen" (ἐν τοσούτῳ, 6,23); vgl. WHITBY 2000, LIII.

[220] Euagr. *HE* 5,24. In der Forschung wird die These debattiert, „dass Euagrios hier einfach nur eine Liste der Autoren wiedergibt, die seine Quelle, Eustathios, beim Epitomieren verwendet hat" (BLECKMANN 2021, 19; vgl. BRODKA 2017).

[221] Vgl. Euagr. *HE* 2,12, zu einem Erdbeben in Antiocheia unter der Herrschaft Leons I. (457–474), das aber trotz der ausführlichen Angaben des Euagrios nicht exakt datierbar ist, vgl. HÜBNER 2007, I 255, Anm. 227. Als Datierungsmethoden verwendet Euagrios Herr-

sich in durchaus soliden Kenntnissen über die Vergangenheit nieder, die bis in die Zeit Theodosios' II. (408–450), teilweise noch darüber hinaus, zurückreichen[222] und sich im Übrigen – ausgesprochen selten im 6. Jahrhundert – auch auf den Westen erstrecken (dies vielleicht eine Folge seiner Perspektive aus der Peripherie, die auch ein Interesse an anderen Randgebieten geweckt haben könnte).[223] Anders als die Geschichtswerke Prokops und des Agathias schwebt das von Euagrios berichtete Geschehen nicht gleichsam frei im zeitlichen Kontinuum, sondern wird aus einer durch die historiographische Tradition abgesicherten Vergangenheit heraus entwickelt. Im Gegenzug engt sich der räumliche Fokus – trotz der provinzialen Perspektive – wieder ein, indem der Blick auf das *Imperium Romanum* (vor allem im Osten) und die jeweils regionalen Zentren des Geschehens gerichtet wird.

Obwohl auch Euagrios immer wieder über Katastrophen berichtet[224] und insbesondere der Pest, die ihm selbst und seiner Familie entsetzliches Leid zugefügt hat, eine längere Beschreibung widmet,[225] zeigt er sich grundsätzlich überzeugt davon, dass sich die Lage des *Imperium Romanum* in christlicher, insbesondere nachkonstantinischer Zeit verbessert hat. Der Niedergangserzählung des Zosimos[226] hält er daher trotzig entgegen: „Denn es zeigt sich im Gegenteil ganz klar, dass der römische Staat

---

scherjahre (vgl. Euagr. *HE* 2,12; 2,16; 4,5; 5,17; 6,24) und die antiochenische Ära (vgl. Euagr. *HE* 2,12; 3,33; 4,1; 4,4; 4,9; 6,8).

[222] Vgl. z. B. Euagr. *HE* 1,15, zu Synesios.
[223] Vgl. Euagr. *HE* 2,7; 2,16.
[224] Z.B. Euagr. *HE* 1,17; 2,6; 2,12–14; 3,2; 4,6; 4,25.
[225] Euagr. *HE* 4,29.
[226] Dazu s.u. S. 251ff.

gleichzeitig mit unserem Glauben angewachsen ist".[227] Hier dringt ein lineares Fortschrittskonzept durch, das sich auch bei früheren christlichen Autoren wie Eusebios oder Orosius greifen lässt,[228] das durch die Katastrophenerfahrungen des Historiographen indes untergründig immer wieder unterlaufen wird. Euagrios vermittelt eine providentielle Weltsicht mit Rissen. Die gesamte Oikoumene, ja sogar die ganze Erde wird immer wieder von gewaltigen Katastrophen erfasst, so etwa während eines Erdbebens im Jahr 447 oder während der Justinianischen Pest.[229] Das selbst erlebte Elend lässt den frommen Kirchenhistoriker sogar am eigenen Glauben zweifeln; allein die Intervention des Asketen Symeon, so seine Auskunft, habe die endgültige Abkehr verhindert – eine Selbstbespiegelung, die keineswegs rein literarischen Charakter trägt, da die Episode in der *Symeon-Vita* ebenfalls, sogar noch ausführlicher, referiert wird.[230] Euagrios zieht sich schließlich auf die Position zurück, dass Gott zweifellos einen Plan verfolge, doch weder Ursachen noch Ziel seien erkennbar[231] – mit anderen Worten: So trefflich der Historiograph die Geschichte auf Basis umfangreicher Lektüre auch aufgearbeitet hat, der Gang der Ereignisse lässt sich aus ihr nicht mehr begründen; die Verhältnisse wandeln sich zwar grundsätzlich zum Besseren, aber zu welchem Telos, bleibt ungewiss. Der Autor blickt immerhin opti-

---

[227] Euagr. *HE* 3,41: Τοὐναντίον γὰρ διαφανῶς δείκνυται τῇ ἡμετέρᾳ πίστει συναυξῆσαι τὰ Ῥωμαίων πράγματα (Übers.: A. HÜBNER).
[228] Vgl. Euseb. *HE* 4,26,7–10. KINZIG 1994 (Eusebios); GOETZ 1980; HERZOG 2002; VAN NUFFELEN 2012 (Orosius).
[229] Euagr. *HE* 1,17; 4,29. S. ferner 2,6.
[230] Euagr. *HE* 6,23; *Vita Sym. d. J.* p. 210–211 VAN DEN VEN.
[231] Euagr. *HE* 4,29: Καὶ τὰ ἑξῆς δὲ ἄδηλα, ἐκεῖσε ἰόντα οὗ ὁ θεὸς εὐδοκήσει, ὁ καὶ τὰς αἰτίας ἐξεπιστάμενος καὶ ποῖ φέρονται.

mistisch auf die unmittelbare Zukunft unter dem herrschenden Kaiser Maurikios (582–602), doch lässt sich aus diesem panegyrischen Element nicht viel gewinnen.[232] Letztlich vermag auch die *Kirchengeschichte* des Euagrios keine mögliche Zukunft zu perspektivieren,[233] ja mehr noch: Die Ungewissheit des Ziels von Zeit und Geschichte in der Zukunft stellt sogar ein mögliches Weltgericht infrage, und in der Tat hält Euagrios, wiederum an Zosimos gewandt, fest: „Ob von den Prophezeiungen über das Ende der Welt etwas schon angefangen hat oder noch eintreten wird, das zu wissen bedarf es einer größeren Geisteskraft als deiner".[234]

In diesem Zusammenhang sind zwei Exkurse zur Chronologie von Bedeutung: Wie bereits angedeutet, hat Euagrios ebenso wie Johannes Malalas den Tod Zenons, der nahe der 6000-Jahres-Schwelle erfolgte (491), zum Anlass für eine chronologische Standortbestimmung genommen, die auf die *Chronik* des Eustathios von Epiphaneia († nach 505) zurückgeht. Anders als Malalas jedoch vermeidet Euagrios (und vielleicht auch schon Eustathios?) die Kalkulation „seit Adam" und weicht damit einer konkreten Stellungnahme zum Problem des Ablaufs der irdi-

---

[232] Euagr. *HE* 6,1. Euagrios wehrt sich freilich gegen den Vorwurf der Schmeichelei, indem er darauf hinweist, dass Maurikios sein Werk (wohl aufgrund der geographischen Entfernung) nicht kenne. Dies schließt jedoch keineswegs aus, dass der Autor nicht gehofft haben mag, seine *Kirchengeschichte* könne dem Kaiser irgendwann zur Kenntnis gebracht werden.

[233] Auch im Fall des Euagrios werden Vorzeichen und Voraussagen in der Regel nur dann affirmativ berichtet, wenn sie sich ohnehin schon erfüllt haben, vgl. Euagr. *HE* 2,1; 2,7; 5,8; 5,21; 6,23.

[234] Euagr. *HE* 3,41: Εἰ δέ τι τῶν προφητευθέντων περὶ τῆς τοῦ κόσμου τελευτῆς ἢ προοίμιον εἴληφεν ἢ καὶ τὸ πέρας δέξεται, μείζονός ἐστιν οἰκονομίας ἢ κατὰ σέ (Übers.: A. HÜBNER).

schen Weltzeit aus. Stattdessen zählt er die Jahre seit Beginn der Herrschaft Diokletians (207 Jahre), seit Augustus (532 Jahre, 7 Monate), seit Alexander d. Gr. (832 Jahre, 7 Monate), seit der Gründung Roms (1052 Jahre, 7 Monate) und seit dem Fall Troias (1686 Jahre, 7 Monate) – mithin: Der Kirchenhistoriker rechnet allein mit Daten der profanen Geschichte.[235] In einem weiteren Exkurs zur Zeitkalkulation wird auch der Herrschaftsantritt des Maurikios (582) ausschließlich in Beziehung zu Romulus, dem Stadtgründer Roms, gesetzt, ohne auf christliche Kalkulationsmodelle zu rekurrieren.[236]

Euagrios, so lässt sich zusammenfassen, scheut vor einer klaren Aussage zum Ablauf der 6000 Jahre und dem Datum des Weltendes zurück, obwohl er – anders als Prokop und Agathias, die in diesem Punkt vage bleiben – auch die entfernte Vergangenheit (Troianischer Krieg!) exakt nach Jahreszahlen kalkulieren zu können vorgibt. Während er diese über Ketten von Geschichtswerken sowohl chronologisch als auch inhaltlich erschließen und dokumentieren zu können meint, bleibt die Zukunft für ihn ungewiss, weil das von ihm vorgetragene Fortschrittskonzept immer wieder durch unerklärliche Katastrophen torpediert wird, in einem Ausmaß, dass ein Telos von Zeit und Geschichte nicht mehr auszumachen ist und selbst das Ende der Welt infrage gestellt werden kann. Nun wird man – und dies gilt keineswegs nur für Euagrios – einem Historiographen kaum vorwerfen können, sich mit Blick auf die Zukunft zu unpräzise zu äußern und klaren Kom-

---

[235] Euagr. *HE* 3,29. Grundsätzlich stützt sich Euagrios vor allem auf die Angabe von Herrscherjahren und Berechnungen nach der antiochenischen Ära, vgl. WHITBY 2000, LII.

[236] Euagr. *HE* 5,23.

mentaren auszuweichen. In einem heilsgeschichtlich geprägten Umfeld, in dem der absehbare Eintritt des Eschaton erregt diskutiert wurde, musste jedoch eine spezifische Konstellation entstehen, die auch Aussagen zu kommenden Zeiten erwarten ließ; denn Vergangenheit, Gegenwart und Zukunft konnten kaum enger aufeinander bezogen werden als im Modell der 6000jährigen Weltzeit. Umso bemerkenswerter ist vor diesem Hintergrund der Umstand, dass es ausgerechnet der Kirchenhistoriker war, der das Weltgericht letztlich verabschiedete.

Die oströmische Historiographie des 6. Jahrhunderts erschöpft sich keineswegs in Prokop, Agathias sowie der *Kirchengeschichte* des Euagrios, und wir werden im Folgenden auch noch weitere Autoren näher in den Blick nehmen. Mehrere Geschichtsschreiber sind uns indes nur noch dem Namen nach oder aus wenigen Fragmenten und kurzen Zusammenfassungen bekannt – zu wenig Material, um ihren Umgang mit Zeit und Zeitphänomenen näher bestimmen zu können. Immerhin zeigt sich in der schillernden Figur des Petros Patrikios († um 565) der interessante Fall eines Historiographen, der sein Geschichtswerk offenbar vollkommen von der Gegenwart zu entkoppeln suchte, indem er – mutmaßlich – nur die Zeit von Octavian/Augustus († 14) bis Constantius II. († 361) behandelte; über die Gründe für diese Entscheidung und die konkrete Art ihrer Umsetzung geben die Fragmente indes keinen erkennbaren Aufschluss.[237] Nicht nur Petros, sondern auch Namen wie Menandros Protektor, Johannes von Epiphaneia oder Theophanes von Byzanz sollten uns da-

---

[237] Zu Petros Patrikios (PLRE IIIB 994–998 [Petrus 6]) s. BANCHICH 2015 mit den Testimonia und Fragmenten des Geschichtswerks.

her zunächst einmal daran erinnern, dass die analysierten Autoren Teil eines vielstimmigen Chores waren, den in seiner Gesamtheit zu rekonstruieren wir nicht mehr in der Lage sind.[238]

---

[238] Den neuesten Forschungsstand zu den fragmentarisch erhaltenen Historiographen des späten 6. Jahrhunderts repräsentiert BLECKMANN 2021; s. auch CATAUDELLA 2003, 422–431. Zu Menandros s. demnächst den Kommentar von B. BLECKMANN; zu Johannes von Epiphaneia vgl. BRODKA 2013b. – Aus dem Proömien-Fragment des Johannes (Joh. Epiph. *fr.* 1 FHG IV p. 273) geht immerhin eine Reverenz gegenüber den Vorbildern Prokop und Agathias sowie einmal mehr der Wunsch, große Ereignisse der Nachwelt zu überliefern und vor dem Vergessen zu bewahren, hervor. „Denn es gewähren die Worte/Erzählungen das Leben, auch wenn der Staat zusammenbricht" (παρέχουσι γὰρ οἱ λόγοι τὸ ζῆν καὶ διαφθειρομένοις τοῖς πράγμασιν).

4. Von der Pluritemporalität zur Nontemporalität: Der Kaiser und die Zeit

Wir beobachten ein außergewöhnliches Interesse an Zeitkalkulation, Vergangenheit und Geschichte im 6. Jahrhundert.[1] Und so nimmt es nicht wunder, dass am 31. August 537 auch Kaiser Justinian geruhte, sich persönlich um die rechte Perspektive auf die römische Geschichte sowie – viel wichtiger noch – um die Zeitrechnung als solche zu kümmern. In der *47. Novelle*, die er zu diesem Zweck erließ,[2] greifen in singulärer Weise Geschichtskonstrukti-

---

[1] Vgl. GREATREX 2018, mit dem Ergebnis, „that there was a marked interest for the past in the sixth century, an interest that cut across pagan and Christian identities". GREATREX gibt zu Beginn seiner Überlegungen einen Überblick über Autoren des 6. Jh., die sich mit der Vergangenheit auseinandergesetzt haben.

[2] Seit langem wird darüber diskutiert, ob Justinian seine Gesetzestexte selbst verfasst hat oder von seinen Amtsträgern formulieren ließ. HONORÉ 1978, der auf Basis stilistischer und thematischer Untersuchungen die Handschrift einzelner Verfasser identifizieren zu können glaubt, hat darauf hingewiesen, dass insbesondere, ja sogar ausschließlich jene Novellen, die vom *quaestor sacri palatii* Tribonian (PLRE IIIB 1335–1339 [Tribonianus 1]) formuliert worden seien, ausgreifende historische Digressionen und Exempla enthalten (HONORÉ 1978, 251 f.). Demzufolge würde auch *Nov. Iust.* 47 auf ihn zurückgehen. Allerdings wird man auch in diesem Fall den Kaiser als lenkenden Geist im Hintergrund ansehen müssen, vgl. MAAS 1986, 27 („We may believe that the formal composition of the laws with their historical prefaces was Tribonian's, that many practical administrative suggestions came from John the Cappadocian, but that the project in its entirety was the conception of Justinian"); ROUECHÉ 1998, 87; KRUSE 2015, 234 („Justinian's official voice,

on, Neubestimmung der Gegenwart und Zukunftsperspektive ineinander – nicht in Form gelehrter Literatur oder als Beitrag zu einem übergreifenden Diskurs, sondern als Kontrollmechanismus in Gestalt eines allseits bindenden Gesetzes.[3] Bereits die *Praefatio* gibt signifikante Aufschlüsse:[4]

---

ghost-written here by Tribonian"); GENGLER 2019, 242; 254 („Die Wörter stammen wahrscheinlich von Tribonian – der Diskurs jedoch geht auf Justinian zurück"); PIEPENBRINK 2019, 61.

[3] Zu dieser Novelle s. MEIER ²2004, 470–474; FEISSEL 2010, 504–507; LEPPIN 2011a, 231; KRUSE 2019, 107–110.

[4] *Nov. Iust.* 47 pr.: Ἐκεῖνο πάντων εἶναι σεμνότατον καὶ συμβόλαιον καὶ ὑπόμνημα καὶ εἴ τί περ ὅλως εἰς χρόνου μνήμην ἀνθρώποις ἐξεύρηται νομιστέον, ὅπερ καὶ αὐτὴ κοσμεῖται τῇ τῆς βασιλείας μνήμῃ. ὕπατοι μὲν γὰρ καὶ ἐπινεμήσεις καὶ εἴ τί περ δεῖγμα τῶν χρόνων ὅλως ἐστὶ παρ' ἡμῖν, ἔστι μὲν ἴσως καὶ αὐτὰ δηλωτικὰ τούτων ὧν βούλεταί τις, οὐ μὴν ἡμεῖς τι τούτων ἀναιροῦμεν, ἀλλὰ μείζονα προσθήκην αὐτοῖς ἐπιτίθεμεν, ἵνα ἐκ μειζόνων τε καὶ τελεωτέρων αὐτοῖς ὁ τῶν χρόνων δηλῶται δρόμος. εἰ γάρ τις ἀπίδοι πρὸς τὰ παλαιότατα πάντων καὶ ἀρχαῖα τοῦ πολιτεύματος, Αἰνείας ἡμῖν ὁ Τρὼς ὁ βασιλεὺς τῆς πολιτείας ἐξάρχει, Αἰνεάδαι τε ἡμεῖς ἐξ ἐκείνου καλούμεθα· εἴτε τις καὶ εἰς τὰς δευτέρας ἀρχὰς θεωρήσειε τὰς ἐξ οὗ καθαρῶς τὸ ῥωμαικὸν ὄνομα παρ' ἀνθρώποις ἐξέλαμψε, βασιλεῖς αὐτὰς κατεστήσαντο Ῥωμύλος τε καὶ Νουμᾶς, ὁ μὲν τὴν πόλιν οἰκοδομήσας, ὁ δὲ αὐτὴν νόμοις τάξας τε καὶ κατακοσμήσας· εἴτε καὶ τὰ τρίτα προοίμια λάβοι τις τῆς βασιλείας, τὸν Καίσαρα τὸν μέγαν καὶ Αὔγουστον τὸν σεβαστὸν καὶ οὕτω τὴν πολιτείαν ἡμῖν ἐξευρήσει τὴν νῦν δὴ ταύτην κρατοῦσαν (εἴη δὲ ἀθάνατος) ἐξ ἐκείνων προιοῦσαν. ἔστιν οὖν ἄτοπον ἐν τοῖς συμβολαίοις καὶ τοῖς ἐν δικαστηρίοις πραττομένοις καὶ ἁπλῶς ἐν ἅπασιν, ἐν οἷς <ἂν> μνήμη τις γένηται χρόνου, μὴ τὴν βασιλείαν ἡγεῖσθαι τούτων. – *Illud omnium esse honestius putandum documentum et gesta et quod omnino pro temporis memoria hominibus adinventum est, quod ipsa quoque commemoratione ornatur imperii. Consules etenim et indictiones et quodquod indicium temporum omnino est apud nos, sunt quidem forsan et haec significativa horum quae volunt, non tamen nos aliquid horum perimimus, sed maiorem adiectionem eis inponimus, ut ex maioribus et perfectioribus eis temporum designetur cursus. Si quis enim respexerit ad vetustissima omnium et antiqua reipublicae,*

Der Kaiser und die Zeit

Das muss man von allen für das ehrwürdigste Dokument oder Gestaprotokoll oder was sonst von den Menschen zum Gedächtnis der Zeit (*pro temporis memoria* / εἰς χρόνου μνήμην) erfunden worden ist halten, was nämlich auch durch die Erinnerung an die Herrschaft selbst geziert wird (*ipsa [...] commemoratione ornatur imperii* / αὐτῇ κοσμεῖται τῇ τῆς βασιλείας μνήμῃ). Denn die Konsuln, die Indiktionen und was uns sonst noch zur Kennzeichnung der Zeiten (*indicium temporum* / δεῖγμα τῶν χρόνων) zur Verfügung steht, können vielleicht auch das anzeigen, was man will, und wir wollen auch gar nichts davon aufheben, aber wir wollen ihnen eine größere Ergänzung hinzufügen, damit der Lauf der Zeit (*temporum cursus* / ὁ τῶν χρόνων [...] δρόμος) auf größere und vollkommenere Weise bezeichnet werden kann. Blickt man nämlich zurück auf die ältesten Zeiten von allen (*vetustissima omnium* / τὰ παλαιότατα πάντων) und die Anfänge des Gemeinwesens (*antiqua reipublicae* / ἀρχαῖα τοῦ πολιτεύματος), so war der troianische König (*Troianus rex*) Aeneas der erste *princeps* und wir werden nach ihm *Aeneaden* genannt; mag man auch auf den zweiten Ursprung blicken, von dem aus der Name der Römer rein bei den Menschen erstrahlte, so begründeten es die Könige Romulus und Numa, der eine, indem er den Staat errichtete, der andere hingegen, indem er diesen mit Gesetzen ordnete und schmückte; mag man auch den dritten Ursprung des Reiches nehmen, den gewaltigen Caesar und den frommen Augustus und so herausfinden, dass das jetzige blühende Gemeinwesen – möge es unsterblich bestehen –, sich von jenen aus entwickelt. Es ist daher unangemessen, wenn in Doku-

---

Aeneas nobis Troianus rex reipublicae princeps est nosque Aeneadae ab illo vocamur; sive quis etiam ad secunda principia respexerit, ex quo pure Romanorum nomen apud homines coruscavit, reges eam constituerunt Romulus et Numa, ille quidem civitatem aedificans, ille autem eam legibus ordinans et exornans; sive etiam tertia principia sumat quilibet imperii, Caesarem maximum et Augustum pium et ita rempublicam nobis inveniet hanc quae nunc est valentem, sitque immortalis ab illis procedens. Erit ergo absurdum in documentis et his quae in iudiciis aguntur et absolute in omnibus, in quibus memoria quaedam fit temporum, non imperium his praeponi.

menten und Gerichtsverhandlungen und letztlich überall, wo Zeit erwähnt wird (*in quibus memoria quaedam fit temporum* / ἐν οἷς <ἂν> μνήμη τις γένηται χρόνου), nicht der Herrscher(name) vorangestellt wird.

In geradezu programmatischer Weise wird in diesem Text die Auseinandersetzung mit der Vergangenheit (χρόνου μνήμη / *temporis memoria*) auf Justinian und sein ewiges Gedenken (ἡ τῆς βασιλείας μνήμη / *commemoratio imperii*) bezogen, ja sogar der Lauf der Zeit (ὁ τῶν χρόνων δρόμος / *cursus temporum*) insgesamt wird an den kaiserlichen Namen gekoppelt, das *indicium temporum* gerät zum *indicium Iustiniani*: Der *Augustus* erhebt sich zum Herrscher über Vergangenheit, Gegenwart und Zukunft, er postuliert nicht weniger als die Kontrolle über Zeit, Erinnerung und Perspektiven, er gerät zur personifizierten Chronoferenz. Die Begründung für diesen Anspruch (γάρ / *enim*) überrascht indes: Denn anstatt eine Erklärung für die Notwendigkeit der Datierungsvorgaben und der Verbindung des kaiserlichen Namens mit sämtlichen Zeitangaben vorzulegen, entwirft der Text eine kühne Periodisierung der römischen Geschichte von den Anfängen bis in die Gegenwart und expliziert, in welcher Weise die Gründerheroen dreier Zeitalter jeweils auf die Gegenwart bezogen seien (interessanterweise ohne Erwähnung Konstantins I. und der christlichen Kaiser). Der Anspruch des Herrschers, wonach Zeitangaben fortan stets mit seinem eigenen Namen zu versehen seien (so wie die Römer noch in seiner eigenen Gegenwart *Aeneaden* nach Aeneas genannt würden), erwächst dabei aus der unausgesprochenen Prämisse, selbst ebenfalls ein Zeitalter inauguriert zu haben; nur vor diesem Hintergrund gewinnt der historische Exkurs Relevanz und Bezug zur Frage des *indicium temporum*. Das vierte Zeitalter der römischen Geschichte, so die Botschaft der *Praefatio*, ist das Zeitalter Justinians, und dieses möge ewig währen: Denn letztlich gehe es um das Gedenken der (justinianischen) Kaiserherrschaft (ἡ τῆς βασιλείας μνήμη / *commemoratio imperii*), also um eine Perspektive, die über den Tod des Kaisers hinausreicht.[5]

Entsprechend dem in der Einleitung entfalteten Programm verfügt die Novelle im Folgenden, dass bei allen offiziellen Anlässen im gesamten *Imperium Romanum* ein festes Datierungsformular anzuwenden sei: „Im … Jahr der Herrschaft des göttlichsten Augustus und Kaisers …" (Βασιλείας τοῦδε τοῦ θειοτάτου Αὐγούστου καὶ αὐτοκράτορος ἔτους τοσοῦδε / *Imperii illius sacratissimi Augusti et imperatoris anno toto*); danach seien Konsulname, Indiktion, Monat und Tag anzuführen.[6] Darüber hinausgehende Angaben, etwa nach lokalen Ären, seien weiterhin zugelassen, bevor noch einmal betont wird, dass es sich bei der Regelung, die immerhin zur weiteren Entwertung des 541/42 faktisch abgeschafften altehrwürdigen Konsulats beitrug,[7] keinesfalls um eine Neuerung, sondern lediglich eine Ergänzung geläufiger Praxis handele.[8] Auch für Justinians Nachfolger gelte das nunmehr festgelegte Formular.[9]

---

[5] Vgl. MEIER ²2004, 472.

[6] *Nov. Iust.* 47,1 pr. Datierungen nach Herrscherjahren waren keine Innovation Justinians, sondern sind vorher schon vielfach belegt, vgl. BAGNALL/WORP ²2004, 223–251; s. auch FICHTENAU 1986; MEIMARIS 1992, 357–380; MEIER ²2004, 472.

[7] Diesen Aspekt betonen LEPPIN 2011a, 231, und KRUSE 2019, 107 („The most drastic attack on the status of the consulship"). Zum Ende des Konsulats s. MEIER 2011 [2002]; KRUSE 2019, 102–147.

[8] *Nov. Iust.* 47,1,1.

[9] *Nov. Iust.* 47 1,1.

Das Gesetz, dessen Regelungen mit der 1. Indiktion (537/38) in Kraft traten, sollte die Basis für eine stabile und einheitliche Zeitrechnung bilden, deren Proprium in der strikten Fokussierung auf den Kaiser als Inaugurator des vierten Zeitalters der römischen Geschichte beruhte. Insofern dürfte es nicht verwundern, dass die Regelungen mit signifikanten Veränderungen in der herrscherlichen Repräsentation einhergingen:[10] Ebenfalls mit Beginn des neuen Indiktionszyklus erfolgte eine Reform der Kupferprägungen, die nunmehr ihrerseits nach Herrscherjahren datiert wurden;[11] einige Kupfermünzen aus Konstantinopel zeigen darüber hinaus das Kreuz mit Globus[12] und verweisen damit auf die neuartige Darstellung des Kaisers auf *solidi* (Goldmünzen) seit dem Jahr 537. Auf dem Avers dieser Münzen erscheint Justinian erstmals in Frontalansicht mit Kreuzglobus.[13] Auch auf Silberprägungen seit jener Zeit wurde der Kreuzglobus übernommen (Revers).[14] Die neuen, strikt kaiserbezogenen Datierungsvorgaben gingen also mit signifikanten Veränderungen in der Repräsentation Justinians einher:[15] Der Kaiser, der mit seinem eigenen Zeitalter einen Schirm über Vergangenheit, Gegenwart und Zukunft spannte, zeigte sich nunmehr zugleich als gottbeschützter Herrscher über den gesamten Globus. Zeitliche und räumliche Ausdehnung des

---

[10] Vgl. dazu auch Meier ²2004, 473 f.
[11] Hahn 1973, 58 f.; Haarer 2022, 102.
[12] Hahn 1973, 58, mit Taf. 19, Nr. 85; Taf. 20, Nr. 91.
[13] Bellinger 1966, Pl. XIII, Nr. 7–13; Dinkler/Dinkler-von Schubert 1995, 46; Hahn 1973, 47, mit Taf. 15, Nr. 6–7. Das Frontalporträt findet sich ab 538 auch auf Kupfermünzen, vgl. Rubin 1960 386; Hahn 1973, 47; 59.
[14] Hahn 1973, 54 f.; 58, Anm. 55a, Taf. 18, Nr. 49–50.
[15] Vgl. Leppin 2011a, 232 f.

Machtanspruchs kongruierten; anders als bei Prokop und Agathias vermochte Justinian beide Größen parallelzuführen.

Inschriften und Papyri lassen erkennen, dass die Maßnahmen zur Zeitrechnung zunächst nur vereinzelt griffen, allmählich aber (wenngleich eher verhalten) als Datierungsinstrument akzeptiert wurden.[16] In der Forschung wurde Justinians Gesetz denn auch zumeist als folgerichtig angesehen, da traditionelle Datierungsinstrumente wie die *tribunicia potestas* des Kaisers (letztmals 516 für als Zeitangabe bezeugt)[17] oder die Konsulatszählung außer Funktion geraten waren bzw. sich als impraktikabel erwiesen hatten und eine Vielzahl lokaler Ären Synchronisierungen erschwerte. Der Herrscher habe in diesem Bereich für Klarheit sorgen und zugleich die Gelegenheit für eine markante Selbsterhöhung nutzen wollen.[18] Dies alles ist kaum zu bestreiten, zumal im Text der Novelle ausdrücklich auf die gerichtliche Praxis, also konkrete Anwendungen im Alltag, verwiesen wird. Mir scheint indes noch ein weiteres Motiv Relevanz zu besitzen: Der Kaiser suchte offensiv die Kontrolle über die Zeit zu gewinnen und diese ganz auf sich und sein Zeitalter zu beziehen. Nicht ohne Grund ließ er um 536 eine öffentliche Uhr am Milion Konstantinopels errichten,[19] und nicht ohne Grund fällt die *47. Novelle* in dasselbe Jahr, in dem mit der

---

[16] BAGNALL/WORP 1979, 285; FEISSEL 2010, 507–524; MILLER/SARRIS 2018, 405, Anm. 1.

[17] Letzter Beleg: *Coll. Avell.* 113 [a. 516]; RÖSCH 1978, 33; 167, Nr. 42.

[18] Vgl. etwa FICHTENAU 1986, 203f.; FEISSEL 2010, 505; LEPPIN 2011a, 231; MILLER/SARRIS 2018, 405, Anm. 1.

[19] Theoph. a.m. 6028 p. 216,24–25 DE BOOR; vgl. Malal. p. 404,60–61 THURN.

Hagia Sophia der größte Tempel der Christenheit vollendet wurde, die steingewordene Manifestation der Pracht des christlichen *Imperium Romanum* und der Autorität seines höchsten Repräsentanten. Die Kirche sollte nicht nur Salomons Tempel in den Schatten stellen,[20] sondern – ganz konkret – auch die in den 520er Jahren errichtete Polyeuktoskirche, die, denselben Anspruch verkündend, von Anicia Iuliana[21] finanziert worden war,[22] einer Aristokratin aus angesehenster Familie (Enkelin Valentinians III.), die mit dem Kaiser um Prestige rang und ihrerseits die Hoheit über die Zeit für sich postuliert hatte, als sie im Weihepigramm ‚ihrer' Kirche verkünden ließ, sie allein habe „die Zeit gewaltsam bezwungen" (χρόνον δ' ἐβιήσατο μούνη).[23] Offenkundig war Zeit ein umkämpftes Gut, und der Text der *47. Novelle* belässt unter dieser Prämisse wenig Raum für Missverständnisse: Zeitmessung, Zeitbestimmung und Zeitmanagement, so die unverkennbare Haltung, waren Aufgabe allein des Herrschers.

Im Hintergrund der chronopolitischen Maßnahmen Justinians scheint mir das bereits angesprochene Unsicherheits-, ja Verlorenheitsgefühl zu stehen, das m.E. in den historiographischen Texten greifbar ist, auch andernorts Gestalt gewinnt und angesichts der vielfältigen Katastrophenerfahrungen ohnehin große Teile der Bevölkerung umtreiben musste. Verschiedene Indizien deuten auf

---

[20] *Script. Orig. Const.* 105,4–5 PREGER: ἐνίκησά σε, Σολομών. Vgl. Rom. Mel. 54,21 MAAS/TRYPANIS; *Anonymi in Hagiam Sophiam Hymnus* p. 141–147 TRYPANIS; Coripp. *Laud. Iust.* 4,283, mit CAMERON 1976, 204f.

[21] PLRE II 635f. (Anicia Iuliana 3).

[22] Vgl. HARRISON 1983; 1990; BARDILL 2006; OUSTERHOUT 2010, 239–251.

[23] *Anth. Graec.* 1,10,47, mit GOLDHILL 2022, 206–219.

eine entsprechende Grundierung von Kommunikation und Praxis jener Dekaden. So wurde in der Forschung mehrfach darauf hingewiesen, dass seit dem späten 5. und dann vor allem im 6. Jahrhundert die Datierung nach Indiktionen zunehmende Relevanz gewann;[24] Marcellinus Comes etwa zählte in seiner *Chronik* die Jahre nach Indiktionen und Konsuln,[25] und nicht ohne Grund versuchte Euagrios das periodische Auftreten der Pest zu rationalisieren, indem er es auf die Indiktionen bezog.[26] Selbst Dionysius Exiguus übernahm sie 525 in seine Ostertafel (s.u.). Bei den Indiktionen handelt es sich um Steuerzyklen, die wohl unter Diokletian eingeführt worden waren und seit dem frühen 4. Jahrhundert (vielleicht seit 312/13) für jeweils 15 Jahre die zu entrichtenden Abgaben festlegten.[27] Für das Jahr 356 ist erstmals belegt, dass sie auch offiziell zu Datierungszwecken verwendet wurden.[28] Benannt wurde dabei jedoch lediglich das konkrete Jahr innerhalb eines Indiktionszyklus (das im 6. Jahrhundert

---

[24] Vgl. BAGNALL/WORP 1979, bes. 285; MEIMARIS 1992, 34, mit dem Hinweis, dass in Inschriften aus Palästina und Arabien die Indiktionenzahl bis zum 6. Jh. neben weiteren Angaben erscheint, dann jedoch zunehmend allein („Until the sixth century AD the practice of dating by indiction was supplementary to time computation by eras, regnal years or consulships. [...] From that time onward, however, indiction year combined with month were considered sufficient chronological data"); BAGNALL/WORP ²2004, 7–42. Daneben s. auch FICHTENAU 1986, 197, Anm. 59; WORP 1987.

[25] Vgl. Marc. Com. pr. p. 60 MOMMSEN: *per indictiones perque consules infra scriptos.*

[26] Euagr. *HE* 4,29.

[27] Zu den Indiktionen und ihrer Funktion s. GINZEL 1958, 148–155; MEIMARIS 1992, 32–34; BAGNALL/WORP ²2004, 7–42; MEIER ²2004, 464, Anm. 231; MOSSHAMMER 2008, 20–24.

[28] *Cod. Theod.* 12,12,2. Vgl. BAGNALL/WORP ²2004, 26 f., mit Anm. 15; MOSSHAMMER 2008, 21.

vom 1. September bis zum 31. August reichte), nicht aber die Nummer des Zyklus selbst. Die Angabe „in der 5. Indiktion" kann sich daher auf die Jahre 526/27, 541/42, 556/57 usw. beziehen. Es handelt sich gleichsam um eine freischwebende Datierung, deren Verankerung in der Zeit ausschließlich über zusätzliche Präzisierungen oder Kontexte möglich ist. Diese fehlende Verortung machte die Indiktionenzählung nicht eben praktikabel. „Eine Jahreszählung nach fünfzehnjährigen Cyclen", so hat Victor Gardthausen bereits 1913 festgehalten, „war deshalb eine sehr unvollkommene, weil es nach Verlauf kurzer Zeit bereits zweifelhaft wurde, auf welchen fünfzehnjährigen Indictionscyclus das betreffende Datum zu beziehen sei".[29] Trotzdem gewann die Indiktionendatierung im 6. Jahrhundert derart an Relevanz, dass Justinian offenbar meinte, sie in seinem 537 implementierten Formular weiterhin voraussetzen zu müssen – ein Sachverhalt, der mir die Beharrungskraft jener Orientierungslosigkeit zu reflektieren scheint, die sich aus dem Ablauf der 6000 Jahre, den auf das Weltende hindeutenden Katastrophen und der zunehmenden Bewusstwerdung einer Nichterfüllung all der damit verbundenen Erwartungen und Prophezeiungen ergab. Ein generelles Verlorensein in der Zeit ließ sich über ein Datierungsinstrument, das lediglich innerhalb eines frei flottierenden Fünfzehnjahreszeitraums Konkretisierungen erlaubte und damit die Kurzfristigkeit weiterer Perspektiven illustrierte, eben trefflich abbilden. Dieser schleichende Prozess erfolgte sicherlich nicht reflektiert oder gar zielgerichtet, aber er löste offenbar Nachdenken aus; denn auch die nunmehr zunehmend prominenten Indiktionen benötigten als Hilfsmittel zur

---

[29] GARDTHAUSEN ²1913, 454.

Datierung eine eigene ‚Geschichte', und sollte es gar möglich sein, ihren Ursprung konkret zu bestimmen, so ließ sich über die Addition der bisher vergangenen Indiktionen möglicherweise erneut eine Verankerung in der Zeit gewinnen. Dieses Anliegen könnte hinter einem Fragment des zeitgenössischen Historiographen Hesychios von Milet stehen, in dem es heißt:[30]

Indiktion heißt In-Aktion – gemeint ist der Sieg bei Aktion (Actium). Deswegen beginnt die Indiktion beim ersten (Jahr) und endet beim fünfzehnten, kehrt dann wieder zurück und beginnt beim ersten, weil Antonius bis zum fünfzehnten Jahr Mitherrscher des Augustus Caesar war; danach herrschte Augustus allein.

Diese gelehrt-gewundene Rückführung der Indiktionenzählung auf das Jahr 31 v. Chr. erstaunt; denn auch im 6. Jahrhundert war durchaus noch bekannt, dass ihr Ursprung in diokletianisch-konstantinischer Zeit lag, wie nicht zuletzt dem *Chronicon Paschale* (um 630) zu entnehmen ist;[31] doch findet sich selbst in diesem Text eine

---

[30] Hesych. Mil. *fr.* 2 FHG IV p. 146 (= Konst. Porph. *them.* 2,8 p. 92 PERTUSI): ἰνδικτιὼν τουτέστιν ἰνακτιῶν ἡ περὶ τὸ Ἄκτιον νίκῃ· διὰ τοῦτο ἄρχεται μὲν ἰνδικτιὼν ἀπὸ πρώτης καὶ καταλήγει μέχρι τῆς ιε'· καὶ πάλιν ὑποστρέφει καὶ ἄρχεται ἀπὸ πρώτης, διὰ τὸ τὸν Ἀντώνιον συνάρχοντα γενέσθαι Αὐγούστου τῷ Καίσαρι μέχρι τοῦ ιε' χρόνου, μετὰ δὲ ταῦτα μόνος ἐκράτησεν Αὔγουστος. Zu Hesychios s. KALDELLIS 2005a; JANISZEWSKI 2006, 278–281; KRUSE 2019, 43–55. Auch Joh. Lyd. *mens.* 3,16; 3,22, räsonierte über die Indiktionen-Kalkulation und ihre Ursprünge in ferner Vergangenheit. – Das Folgende nach MEIER ²2004, 476 f.

[31] *Chron. Pasch.* p. 522,13–14 DINDORF: Ἰνδικτιώνων Κωνσταντινιανῶν ἐντεῦθεν ἀρχή. In einer koptischen Handschrift aus dem 10. Jh. (Vat. Copt. 69) wird nach dem 43. Indiktionszyklus datiert, womit der Beginn der Indiktionszählung in das Jahr 297 gesetzt wird, vgl. DEPUYDT 1987, 138.

gegenläufige Tradition, derzufolge die Indiktionenzählung sogar bis Caesar zurückgereicht habe.[32] Offenbar wurde das Wissen um die tatsächlichen Ursprünge der Indiktionen in diokletianisch-konstantinischer Zeit überlagert von einem Bedürfnis, einen präzisen, jahresexakten Anknüpfungspunkt festmachen zu können. Dieser dürfte nicht ohne Grund weit in die Vergangenheit, bis zum Beginn der Herrschaft des Augustus oder gar bis Caesar, verschoben worden sein, wurde damit doch die Suggestion erzeugt, die Indiktionen repräsentierten eine ungebrochene Kontinuitätslinie vom Beginn der römischen Monarchie bis in die Gegenwart – eine Kontinuität, die sich in die Zukunft verlängern und damit als Gegenentwurf zum Modell der 6000 Jahre interpretieren ließ. Ob Hesychios eben dies intendiert hat oder von Mitlebenden entsprechende Anstrengungen unternommen wurden, muss mangels weiterer Evidenz ungewiss bleiben. Der Historiograph scheint seine Spekulationen jedenfalls dezidiert als Beitrag zu Fragen der Zeitrechnung verstanden zu haben. Aus der *Weltchronik* des Georgios Kedrenos (11./12. Jh.), der Teile des Kontextes der Hesychios-Passage überliefert, geht hervor, dass dieser die Abschaffung der Olympischen Spiele – also die Liquidierung eines etablierten Datierungsinstrumentes – unter Theodosius I. zum Anlass seiner Erörterungen genommen hatte.[33]

---

[32] *Chron. Pasch.* p. 355,14–18 DINDORF: Ἀπὸ πρώτου ἔτους Γαίου Ἰουλίου Καίσαρος καὶ τῶν προκειμένων ὑπάτων Λεπίδου καὶ Πλάγκου, ἤγουν ιβ' καὶ αὐτῆς τοῦ ἀρτεμισίου μηνός, Ἀντιοχεῖς τοὺς ἑαυτῶν χρόνους ἀριθμοῦσι, καὶ αἱ ἴνδικτοι δὲ χρηματίζειν ἀπὸ πρώτης καὶ αὐτῆς τοῦ γορπιαίου μηνός.

[33] Kedren. p. 573 BEKKER: Ἐν τούτοις ἥ τε τῶν Ὀλυμπιάδων ἀσέβη πανήγυρις, ἥτις κατὰ τετραετῆ χρόνον ἐπετελεῖτο. ἤρξατο δὲ ἡ τοιαύτη πανήγυρις ὅτε Μανασσῆς τῶν Ἰουδαίων ἐβασίλευσε, καὶ ἐφυλάττετο

Der Kaiser und die Zeit

Schon das Beispiel Johannes Malalas hatte gezeigt, dass die chronologischen Unsicherheiten im 6. Jahrhundert beträchtlich gewesen sein müssen; denn nur vor ihrem Hintergrund lässt sich die von dem Chronisten betriebene offensive Einkleidung der Heilsgeschichte in ein alternatives chronologisches Modell erklären. Michael Maas verortet den Traktat *De mensibus* des Johannes Lydos plausibel im Kontext jener Ungewissheiten, mit denen christliche Kalkulationsmodelle im 6. Jahrhundert befrachtet waren.[34] Auch die von dem skythischen Mönch Dionysius Exiguus im Jahr 525 konzipierte Kalkulation *ab incarnatione Christi* – die Basis unserer Zeitrechnung – könnte, wie ich bereits andernorts aufgezeigt habe,[35] in Reaktion darauf entstanden sein, dass herkömmliche Chronologien ihre Überzeugungskraft zu verlieren begannen. Der in Rom wirkende Dionysius zählte zu den herausragenden Gelehrten seiner Generation.[36] Als er die Arbeit an seinem Modell aufnahm, hatte er bereits Erfahrungen in der Komputistik gesammelt und über alternative Zeitrechnungen nachgedacht;[37] mit den Verhältnissen

---

ἕως τῆς ἀρχῆς αὐτοῦ τοῦ μεγάλου Θεοδοσίου. καὶ ἤρξαντο ἀριθμεῖσθαι αἱ ἴνδικτοι, ἀρξάμεναι ἀπὸ Αὐγούστου Καίσαρος ἐν ἔτει ιε' τῆς ἀρχῆς αὐτοῦ. καλεῖται δὲ ἰνδικτιών, τουτέστιν ἰνακτιών, ἡ περὶ τὸ Ἄκτιον νίκη. Ἄκτιον δέ ἐστιν ἀκρωτήριον Νικοπόλεως τῆς Ἠπείρου, ἔνθα μαχεσάμενος Αὔγουστος τόν τε Ἀντώνιον καὶ Κλεοπάτραν ἐνίκησε, μόναρχος ἀναδειχθεὶς τῷ τότε χρόνῳ.

[34] MAAS 1992, 54.
[35] Vgl. MEIER ²2004, 462–466.
[36] Zu Dionysius Exiguus und seinem Modell der Zeitkalkulation s. etwa JONES 1943, bes. 68–77; PEITZ 1960; RICHTER 1982; DECLERCQ 2000; MOSSHAMMER 2008, 59–106.
[37] Vgl. PEITZ 1960, 22 f.; 252–273, bes. 256. In der spanischen Ära war Dionysius bereits auf ein Kalkulationsmodell gestoßen, das aufgrund seines Beginns im Jahr 38 v. Chr. der Kalkulation *ab incarna-*

im Osten und der griechischen Sprache war er bestens vertraut, so dass er wichtige, schon von Mitlebenden (Cassiodor) anerkannte Vermittlungsfunktionen einzunehmen vermochte.[38] Sein Auftrag war indes bescheidener: Päpstliche Legaten hatten Dionysius lediglich mit der Erstellung einer neuen Ostertafel betraut;[39] denn für das Jahr 526 drohte einmal mehr ein Konflikt um den korrekten Festtermin. Dionysius erwies sich indes als Übersollerfüller: Weit über seinen Auftrag hinausgehend, verwarf er nicht nur die Kalkulation nach der diokletianischen Ära, die der Ostertafel Kyrills von Alexandreia zugrunde gelegen hatte (an die er anknüpfte),[40] sondern liquidierte auch die Konsuldatierung,[41] zog nunmehr die sich im Osten etablierende Indiktionenrechnung heran[42] und versuchte, indem er das Jahr 248 der diokletianischen Ära mit der 10. Indiktion (= 531/32 n. Chr.) sowie das Jahr 753/54 *ab urbe condita* mit dem Geburtstermin Jesu gleichsetzte, fortan die Jahre seit der Inkarnation Christi zu zählen.[43] Als Begründung führte er einen Umstand an, der freilich längst bekannt war, doch bisher niemanden dazu veranlasst hatte, weitreichende Konsequenzen zu ziehen: die Tatsache, dass man Zeit nicht nach einem Modell kalkulieren solle, das auf einen Christenverfolger zurückgehe:[44]

---

tione zeitlich recht nahekam. Dazu vgl. MEIER ²2004, 463f., Anm. 178.

[38] Cassiod. *inst.* 1,23,2. Vgl. PEITZ 1960, 15. S. auch STEINACKER 1954, 51–55; RICHTER 1982.

[39] KRUSCH 1938, 59; RICHTER 1982,2.

[40] Vgl. Dionys. Exig. p. 63,19–64,14 KRUSCH. KRUSCH 1938, 59; DECLERCQ 2000, 80; 100–107; MOSSHAMMER 2008, 65–67.

[41] Vgl. KRUSCH 1938, 59; 62.

[42] Vgl. FICHTENAU 1986, 197, Anm. 59; MOSSHAMMER 2008, 74f.

[43] Dionys. Exig. p. 69–70 KRUSCH. KRUSCH 1938, 60.

[44] Dionys. Exig. p. 64,10–12 KRUSCH: *noluimus circulis nostris*

Wir wollen unsere Zyklen nicht mit der Erinnerung an einen gottlosen Verfolger verbinden, sondern haben uns eher dafür entschieden, die Jahreszählung von der Menschwerdung unseres Herrn Jesus Christus (*ab incarnatione domini nostri Iesu Christi*) an zu bezeichnen.

Dieser Schritt führte in eine radikale Reform, die folglich zunächst auch nur geringen Widerhall fand.[45] Erst mit Beda Venerabilis († 735) begann sich die Jahreszählung nach Christi Geburt allmählich durchzusetzen.[46] Umso erratischer und rätselhafter wirkt der Vorstoß des Dionysius, zumal dem Gelehrten bewusst gewesen sein muss, dass eine Ostertafel, die partiell auf einem bisher nicht anerkannten Kalkulationsmodell beruhte, nur schwer zu etablieren sein würde.[47] Andererseits könnte Dionysius zugetragen worden sein, dass andernorts ebenfalls mit den konventionellen Methoden der Zeitbestimmung gerungen wurde und dabei vereinzelt sogar auch die Zäh-

---

memoriam impii et persecutoris innectere, sed magis elegimus ab incarnatione domini nostri Iesu Christi annorum tempora praenotare.

[45] Die Anwendung der von Dionysius entworfenen Zeitrechnung wurde immerhin 525 in der päpstlichen Kanzlei erwogen, vgl. PEITZ 1960, 22. Aus dem chronologischen Exkurs am Ende der *Chronik* des Victor von Tunnuna (um 565), in dem die Jahre *a nativitate [...] domini nostri Iesu Christi secundum carnem* berechnet werden (Vict. Tunn. *ad ann.* 567,3 p. 206 MOMMSEN), lässt sich freilich nicht auf eine Dionysius-Rezeption im 6. Jh. schließen, da der entsprechende Passus – wie jüngst KLEIN 2023, 157–197, plausibel gemacht hat – wohl erst nachträglich in einem spanischen Kontext hinzugefügt wurde.

[46] JONES 1943; WALLIS 1999. Zur Rezeption des von Dionysius vorgelegten Modells s. DECLERCQ 2000, 149–188; MOSSHAMMER 2008, 30–34.

[47] MCCARTHY 2003 vertritt die These, dass zumindest Eusebios bereits die Jahresrechnung ab Christi Geburt in Erwägung gezogen habe.

lung *ab incarnatione* bereits diskutiert wurde. Wenige Jahrzehnte später jedenfalls sollte der palästinische Mönch und Hagiograph Kyrillos von Skythopolis († um 558) unter Rückgriff auf die (über Kyrillos von Alexandrela indirekt auch von Dionysius verwendete) alexandrinische Ära aus dem frühen 5. Jahrhundert[48] verschiedentlich mit Inkarnationsdaten arbeiten. Den Tod des heiligen Sabas im Jahr 532 etwa setzt er (in den Daten nicht ganz konsistent) wie folgt an:[49]

Und seine Vollendung erfuhr er am 5. Dezember in der 10. Indiktion, im 6024. Jahr seit der Erschaffung der Welt, seitdem man begonnen hatte, die Zeit nach dem Umlauf der Sonne zu messen, im Jahr 524 seit der Menschwerdung des göttlichen Logos aus der Jungfrau und Geburt im Fleische (ἀπὸ δὲ τῆς τοῦ θεοῦ λόγου ἐκ παρθένου ἐνανθρωπήσεως καὶ κατὰ σάρκα γεννήσεως) […].

Derartige Fälle blieben zunächst freilich seltene Ausnahmen. Dass Dionysius dennoch zuversichtlich an seiner Innovation festhielt und auf Akzeptanz seiner Arbeit hoffen durfte, lässt sich m.E. gleichfalls nur aus Unsicherhei-

---

[48] Zur alexandrinischen Ära s. etwa GRUMEL 1958, 85–97; ADLER 1989; DECLERCQ 2000, 20f.; 29–39; MOSSHAMMER 2008, 190–203.

[49] Kyrill. Skythop. *Vita Sabae* 77 p. 183 SCHWARTZ: καὶ ἡ μὲν τελείωσις αὐτοῦ γέγονεν κατὰ τὴν πέμπτην τοῦ Δεκεμβρίου μηνὸς τῆς δεκάτης ἰνδικτιόνος, ἀπὸ μὲν κτίσεως κόσμου ἀφ' οὗπερ ἤρξατο χρόνος τῇ τοῦ ἡλίου φορᾷ μετρεῖσθαι ἔτους τετάρτου εἰκοστοῦ ἑξακισχιλιοστοῦ, ἀπὸ δὲ τῆς τοῦ θεοῦ λόγου ἐκ παρθένου ἐνανθρωπήσεως καὶ κατὰ σάρκα γεννήσεως ἔτους τετάρτου εἰκοστοῦ πεντακοσιοστοῦ […]. Zur Diskussion und Harmonisierung der Daten s. den Komm. von SCHWARTZ ebd. sowie S. 340–355. Ähnlich Kyrill. Skythop. *Vita Euthym.* 40 p. 59–60 SCHWARTZ. Vgl. dazu DECLERCQ 2000, 46; FLUSIN 2001 (ohne Bezugnahme auf die Spezifik der Datierung *ab incarnatione*).

ten in der Zeitrechnung erklären, die im 6. Jahrhundert einen Möglichkeitsraum für kühne Experimente schufen.[50]

Nicht zufällig gingen Dionysius' grundsätzliche Überlegungen zur Komputistik vom Nachdenken über das Osterfest aus. Den Diskussionen um den korrekten Ostertermin wohnte seit jeher eine eschatologische und damit die Grundfesten der Chronologie berührende Komponente inne.[51] Bereits vor mehreren Jahrzehnten hat der Neutestamentler August Strobel auf die konkreten Naherwartungen hingewiesen, die, zurückgehend auf jüdische Traditionen zum Pessach-Fest,[52] frühchristliche Osterfeiern geprägt hätten.[53] Auch im Rahmen des Prozesses der Parusieverzögerung sei die eschatologische Konnotation des Osterfestes in der Antike nie verlorengegangen, und in der Tat belegt eine Reihe von Zeugnissen, die bis in das 7. Jahrhundert reichen, diese Aussage.[54] Hinter den erbittert geführten Kontroversen um die korrekte Ansetzung des Festes verberge sich daher, so Strobel, stets auch „die geheime Sorge, den richtigen Termin von Jesu Wie-

---

[50] In diesem Sinne bereits MEIER ²2004, 465.
[51] Das Folgende nach MEIER ²2004, 466–470.
[52] Vgl. STROBEL 1977, 37–46, bes. 44f.; 450; vgl. auch STROBEL 1958.
[53] STROBEL 1977, 29–36; 37–46; 356f.; 395; 397; 450, jeweils bezogen auf die Quartodezimaner (die das Fest zusammen mit dem jüdischen Pessach-Termin begingen und STROBEL zufolge [vgl. 15; 17f.; 37; 59] der urchristlichen Praxis am nächsten standen). Kritisch zu STROBELS These vgl. allerdings TALLEY 1986, 83f.
[54] STROBEL 35f.; 357, unter Hinweis auf Euseb. *solemn. Pasch.* 4 PG 24,697C-D; Lact. *inst.* 7,19,3; Hieron. *Comm. Mt.* 4,25,6 p. 237 HURST/ADRIAEN; *Testamentum Domini Nostri Jesu Christi* 2,19 p. 139 RAHMANI; Isid. Sev. *Etym.* 6,17,12; *Evangelium Ioannis Apocryphum* 51,7 p. 317 GALBIATI.

derkehr nicht zu verfehlen";[55] man könne geradezu von einem „Wechselverhältnis von Osterkalender, Weltchronologie und eschatologischer Erwartung" sprechen.[56] Sichtbar wird dies insbesondere seit dem 3. Jahrhundert in der christlichen Chronistik und Komputistik, am anschaulichsten vielleicht im *Chronicon Paschale* (*Osterchronik*) aus dem 7. Jahrhundert; ein nicht minder wichtiges älteres Beispiel wäre die (nicht erhaltene, aber weithin rezipierte) *Chronik* des alexandrinischen Mönches Annianos (frühes 5. Jh.), die eine Ostertafel enthielt.[57] Vor diesem Hintergrund wird man Verdichtungen der Debatten um den Ostertermin als Indikatoren für verstärkte eschatologische Erwartungen und damit verbundene Unsicherheiten interpretieren dürfen. Sie lassen sich zwar nicht als alleinige oder gar sichere Belege für entsprechende Konstellationen deuten, gewinnen jedoch innerhalb einer Gemengelage, in der verschiedene weitere Indizien in dieselbe Richtung weisen, durchaus an Relevanz.

Tatsächlich flammten Kontroversen um die korrekte Berechnung des Ostertermins im 6. Jahrhundert mehrfach auf. Dies betrifft nicht nur jenen Anlass, aus dem heraus Dionysius Exiguus mit der Erstellung einer neuen Ostertafel betraut wurde. Die syrische *Chronik zum Jahr 1234* berichtet von Wirren um das Osterfest zu Beginn der Herrschaft Justinians;[58] im Jahr 577 soll die Feier dem Zeugnis Gregors von Tours zufolge sogar an verschiedenen Tagen begangen worden sein; auch 590 wurde keine

---

[55] STROBEL 1977, 59; vgl. 451.
[56] STROBEL 1977, 397.
[57] Zu Annianos s. BAUER/STRZYGOWSKI 1905, 82–92; ADLER 1989; ADLER/TUFFIN 2002; FITSCHEN ³2002; MOSSHAMMER 2008, 198–203. S.o. S. 22 f.
[58] *Chron. ad ann. 1234* LIIII p. 151 CHABOT.

Einigung gefunden, und der Historiograph bettet den Konflikt in einen dicht geflochtenen Kranz aus unheilvollen, eschatologisch ausdeutbaren Zeichen ein.[59] Das *Chronicon Paschale* wiederum kommentiert die Vollendung des ersten 532jährigen Osterfestzyklus im Jahr 562 mit einem ausführlichen Exkurs.[60] Zudem wurde schon in den 540er Jahren über den Beginn der Fastenzeit gestritten, so dass – und dies ist bemerkenswert – einmal mehr der Kaiser selbst sich zum Herrn der Zeit aufschwang und in den Konflikt intervenierte.[61] Es sollte kein einmaliger Eingriff bleiben. Armenische Quellen weisen auf erbitterte Auseinandersetzungen um den Festtermin unter Beteiligung des Kaisers in der Spätzeit Justinians hin. So dokumentiert der Kosmograph und Philosoph Ananias von Schirak († 685)[62] eine Kontroverse, die im Jahr 552/53, direkt nach dem Auslaufen des von Andreas von Byzanz erstellten Osterkalenders, ausgebrochen sein soll:[63] Als sich in Alexandreia eine Expertengruppe zusammenfand, um eine

---

[59] Greg. Tur *Hist.* 5,17; 10,23.

[60] *Chron. Pasch.* p. 685,6–687,10 DINDORF. Vgl. MAGDALINO 2008, 124.

[61] Malal. p. 408,27–31 THURN; Ps.-Dionys. p. 108 WITAKOWSKI (= Joh. Eph.); Theoph. a.m. 6038 p. 225,5–10 DE BOOR (verbindet den Osterfeststreit mit einem Erdbeben); Georg. Mon. p. II 644,13–18; Kedren. p. 657 BEKKER; Mich. Syr. 9,29; 9,33. Zu Ananias s. PETRI 1964; MAHÉ 1987; BRUNS ³2002a; GREENWOOD 2011. S. auch MOSSHAMMER 2008, 246–277.

[62] Zu Ananias s. PETRI 1964; MAHÉ 1987; BRUNS ³2002a; GREENWOOD 2011. S. auch MOSSHAMMER 2008, 246-277.

[63] Ananias p. 579 CONYBEARE. Andreas von Byzanz (zu ihm s. GINZEL 1958, 315 f.; 319; GRUMEL 1958, 24; 44–48; 98 f.; MOSSHAMMER 2008, 93; 246 f.) hatte seinen Osterkalender im Jahr 353 eingeführt (vgl. SCOTT 1987, 218); Ananias zufolge lief er 200 Jahre später aus. – Jüngere armenische Quellen datieren die Kontroverse eine Dekade später (vgl. DULAURIER 1859, 68 ff.; GRUMEL 1958, 102;

neue Ostertafel zu erarbeiten, entsandte Justinian den gelehrten Höfling Iron/Irion,[64] um die Diskussionen als Beobachter zu begleiten; die in der ägyptischen Hafenstadt versammelten Theologen und Philosophen demütigten ihn jedoch derart, dass Iron/Irion trotzig entschied, eine eigene Ostertafel anzulegen, die er freilich – so Ananias – wider göttlichen Auftrag und gegen die Berechnungen sämtlicher Gelehrter konzipierte.[65] Justinian jedoch habe die Anwendung der inkriminierten Ostertafel seines Beauftragten per Edikt verfügt.[66] Ananias rühmt sich schließlich, einen eigenen Kalender als Alternative zum kaiserlichen Modell erstellt zu haben,[67] bewogen nicht zuletzt durch den Umstand, dass Iron/Irion seine Kalkulationen in den Kontext des 6000-Jahres-Modells eingearbeitet und die Geburt Christi entsprechend den traditionellen Berechnungen in das Weltjahr 5500 datiert habe[68] – ein weiterer Beleg für die enge Verflechtung der Kontroversen um den Ostertermin mit eschatologischen Spekulationen. Wie Dionysius Exiguus scheint auch Iron/Irion die Gelegenheit der Erstellung einer Ostertafel dazu genutzt zu haben, sich grundsätzlich zu Problemen der Zeitberechnung und Chronologie zu äußern.

Scott 1987, 220), so dass der exakte Zeitpunkt der Kontroverse letztlich offenbleiben muss.

[64] PLRE IIIA 717 (Iron).

[65] Ananias p. 579–580 Conybeare, mit Grumel 1958, 103–108. Scott 1987, 218 f., vermutet, der Kaiser habe Iron/Irion deshalb entsandt, weil es sich bei den Gelehrten in Alexandreia um Miaphysiten gehandelt habe, die dem Kaiser suspekt gewesen seien.

[66] Ananias p. 580 Conybeare: „and by means of the oyerpowering force of the emperor's edict he established his method all over the world".

[67] Ananias p. 584 Conybeare.

[68] Ananias p. 582 Conybeare.

Es sind diese aus unmittelbaren Naherwartungen und ihrer Enttäuschung, aus den verbreiteten eschatologischen Spekulationen und Deutungskämpfen hervorgehenden Unsicherheiten in der Zeitbestimmung, die den Hintergrund für die chronopolitischen Interventionen Justinians gebildet haben dürften. Der Erwartung des Endes aller Zeiten und den davon ausgehenden Diskussionen versuchte er mit einem umso strafferen Zeitregime (das sich im Übrigen auch in der Verlegung und Einführung christlicher Feste [z. B. Euangelismos, Hypapante] und Eingriffen in den jüdischen Festkalender manifestiert)[69] sowie eigenen Angeboten entgegenzutreten; unter diesen Maßnahmen nimmt die Kreation eines ‚Zeitalters Justinians', das, wie gesehen, dem Proömium der *47. Novelle* zugrunde liegt, eine besondere Rolle ein. Denn dieses Zeitalter war nicht nur strikt auf den Kaiser ausgerichtet, sondern zudem auf ewige Dauer hin konzipiert und bot insofern einen veritablen Gegenentwurf zum Schema der 6000 Jahre, in dem Zeit und Geschichte unaufhaltsam auf ein fest definiertes, präzise berechnetes Telos zuliefen – konzipiert ausgerechnet von jenem Kaiser, der sich als der allerchristlichste präsentierte. Lässt sich dieses ‚Zeitalter Justinians' noch schärfer fassen?

Zunächst einmal ist auffällig, in welcher Intensität das ‚Zeitalter Justinians' in offiziellen und offiziösen Quellen hervorscheint – eine von Übersteigerungen und Redundanzen gekennzeichnete Massivität, die sich kaum allein mit der vergleichsweise guten Quellensituation erklären oder jenen vermeintlich epochalen Wenden an die Seite

---

[69] Auf dieses weite Themenfeld sei an dieser Stelle nur verwiesen, vgl. MEIER 2002b; ²2004, 570–586 (Verlegung der *Hypapante* auf den 2. Februar); 584f. (Euangelismos); Prok. *HA* 28,16–18 (Regulierung des jüdischen Pessach-Festes).

stellen lässt, als die verschiedene andere Kaiser ihre Herrschaft präsentierten;[70] denn insbesondere die Kontexte der Erwähnungen verweisen auf den programmatischen Charakter entsprechender Artikulationen; zudem sollte das Zeitalter-Konzept seit 534/35 zur Ausformung des *restauratio*-Gedankens führen, der eine machtvoll handlungsleitende Wirkung entfaltete und noch heute als zentrale Signatur des 6. Jahrhunderts gilt. Es ist offenkundig: „Justinian is conscious of living in the age of Justinian".[71]

In den Rechtstexten, die der Kaiser ausgiebig zur Präsentation seiner Projekte und Konzepte nutzte, erscheint vor allem die Wendung *nostra tempora* als Bezeichnung der neuen Ära,[72] so etwa in der Konstitution zur Reorganisation der afrikanischen Provinzen nach der Niederringung der Vandalen (534), in der die besondere Gunst Gottes sowie eine demonstrativ optimistische Sicht auf die Zukunft als Proprium des ‚Zeitalters Justinians' hervorleuchten und der zunächst unauffälligen Phrase *nostra tempora* eine besondere Wucht verleihen: *Quod deo adnu-*

---

[70] Lediglich das von Augustus ausgerufene Friedenszeitalter wäre dem „Zeitalter Justinians" noch an die Seite zu stellen.

[71] HONORÉ 1978, 16; vgl. ähnlich PAZDERNIK 2005, 191.

[72] Vgl. etwa *Cod. Iust.* 2,3,30,4 [a. 531] (*secta temporum meorum*); 4,18,2,1 [a. 531] (*tam nostris temporibus quam iustis legibus contrarium*); 4,35,23,3 [a. 531–532] (*in tanta temporum nostrorum benivolentia*); 7,40,1,1a [a. 530] (*in nostris temporibus*); 9,19,6 [a. 526] (*iniustum et nostris alienum temporibus*); *C. Tanta* pr. [a. 533] (*nostri imperii tempora*); 19 (*vestris temporibus*); *Nov. Iust.* 14 pr. [a. 535] (*sub nostris temporibus*); 39,2 pr. [a. 536] (*quod in nostris provenire temporibus nolebamus*); 89,12,1 [a. 539] (*in nostris temporibus*); *Edikt* 7,8,1 [a. 542] (οἷα τούτου […] τῇ τῶν ἡμετέρων χρόνων ἀγαθότητι […] πρέποντος); *Append.* 7,2 [a. 554] (*nostra […] tempora*); 7,5 (*quae nostris temporibus rescindi exposcit iustitia*); 7,14 (*nostri temporis […] felicitatem sentire*).

ente, cuius auxilio nobis restitutae sunt [sc. provinciae], speramus cito nostris provenire temporibus [...] („wovon wir hoffen, dass es mit Zustimmung Gottes, durch dessen Hilfe wir sie wiedererlangt haben [sc. die Provinzen], unserem Zeitalter rasch gelingen wird").[73] Eine weitere (nicht datierte) Konstitution aus dem *Codex Iustinianus* apostrophiert emphatisch *nostra felicia [...] tempora*,[74] und an anderer Stelle wird festgehalten, dass selbst das, was in *antiquis legibus* noch gestattet worden sei, *indignum nostris temporibus* erscheinen könne (eine mehrfach wiederkehrende Wendung) – mit dem Herrschaftsantritt Justinians wurde also ein neues Kapitel der römischen (Rechts-)Geschichte aufgeschlagen.[75] Auch die Segnungen des Friedens im neuen Zeitalter klingen an, wenn etwa an vergangene Zeiten der *bella civilia* erinnert und diesen die *pacifica nostri imperii tempora* entgegengestellt werden – wohl eine gezielte Augustus-Reminiszenz.[76] Ein zwischen 531 und 534 entstandenes Gesetz wird eingeleitet mit den Worten „Da wir es in unserem Zeitalter, in dem wir zahlreiche Mühen für die Freiheit der Untertanen auf uns genommen haben, für hinreichend gottlos hielten [...]" (*Cum in nostris temporibus, in quibus multos labores pro libertate subiectorum sustinuimus, satis esse impium credi-*

---

[73] *Cod. Iust.* 1,27,2,4b.
[74] *Cod. Iust.* 1,29,5.
[75] *Cod. Iust.* 6,21,18 [a. 532] (Unmündige dürfen keine Testamente mehr verfassen); vgl. 6,57,5,1 [a. 529] (*nostris temporibus indignum*); *Nov. Iust.* 2,3 [a. 535]; 81,1 pr. [a. 539] (*nostrarum indignum [...] legum simul et temporum*); 105 pr. [a. 536/37] (*nostrorum temporum indignum*); *Edikt* 7,3 [a. 542] (τῆς τῶν ἡμετέρων χρόνων δικαιοσύνης ἀλλότριον).
[76] *Cod. Iust.* 6,51,1 pr. [a. 534]. Vgl. auch *C. Tanta* 6b.

dimus [...]).[77] Im Proömium der *2. Novelle* (535) wird auf die *clementia nostrorum temporum* (τῶν φιλανθρώπων ἡμῶν [...] χρόνων) verwiesen.[78] Verwendung findet daneben auch der durch die altrömischen Säkularfeiern traditionsbefrachtete Terminus *saeculum*, so etwa in der Konstitution *Tanta* (533), wo *nostra tempora* als *laeta saecula* gekennzeichnet werden.[79] Und schließlich präsentierte Justinian seine Herrschaft gar als besonderes *aevum*,[80] dessen Segnungen sich in eine ewige Zukunft erstreckten: *non tantum nostro, sed etiam omni aevo* werde seine Gesetzeskodifikation wirksam bleiben.[81] Agapetos, in frühjustinianischer Zeit Verfasser eines Fürstenspiegels, der sich eng an die kaiserliche Repräsentation anlehnt, resümiert: „Zu unseren Lebzeiten erst wurde die Epoche des wirklich guten Lebens offenbar, die einer von den Alten für den Zeitpunkt vorhergesagt hat, wenn entweder die Philosophen Könige oder die Könige Philosophen würden".[82]

All dies geht weit über all jene Repräsentationszeugnisse hinaus, die wir von früheren Kaisern kennen,[83] so etwa der punktuellen Apostrophierung von *laetissima saecula*

---

[77] *Cod. Iust.* 7,24,1 pr.; vgl. im Folgenden auch *religio temporum meorum*.

[78] *Nov. Iust.* 2 pr. 1.

[79] *C. Tanta* 6b. Vgl. auch *Append.* 3 [a. 542] (*nostrum [...] saeculum*).

[80] *C. Tanta* 11 (*in praesenti aevo*).

[81] *C. Tanta* 12.

[82] Agapet. *Ekth.* 17: Ἐφ' ἡμῖν ἀνεδείχθη τῆς εὐζωίας ὁ χρόνος, ὃν προεῖπέ τις τῶν παλαιῶν ἔσεσθαι, ὅταν ἢ φιλόσοφοι βασιλεύσωσιν, ἢ βασιλεῖς φιλοσοφήσωσι (Übers.: W. Blum). Dazu s. Bell 2009, 105 f., Anm. 28.

[83] Zur näheren Begründung, die insbesondere auch die Kontexte und den Widerhall der Zeugnisse justinianischer Repräsentation in

in Priskians eher konventionell aufgebautem Panegyricus auf Anastasios.[84] Die Verkündigung eines neuen Zeitalters, kennzeichnend für das Material aus den Jahren 527–542, besitzt programmatischen Charakter. Ein zentrales Element dieser Programmatik stellt der optimistische Blick auf eine langwährende, stets mit dem Namen Justinians und seinem Nachruhm zu verbindende, offene Zukunft dar. In der Konstitution *Deo auctore*, in welcher der Kaiser am 15. Dezember 530 die Erarbeitung der *Digesten* in Auftrag gab, kommt dies bereits deutlich zum Ausdruck. Das projektierte Großunternehmen solle vollendet werden „zum größten und ewigen Gedenken des Vorhabens, zum Beweis der Voraussicht des allmächtigen Gottes und zum Ruhme unserer Herrschaft und eures Dienstes" (*in maximam et aeternam rei memoriam deique omnipotentis providentiae argumentum nostrique imperii vestrique ministeri gloriam*).[85] Das Motiv eines auf die Ewigkeit hin ausgerichteten Nachruhmes findet sich an zahlreichen weiteren Stellen.[86] Eine Novelle aus dem Jahr

---

zeitgenössischen Texten berücksichtigt, s. auch meine Ausführungen in MEIER ²2004.

[84] Priscian. *pan.* 149: *nunc hominum generi laetissima saecula currunt*. Dazu s. NICKS 2000, 190–192. Noch traditioneller verfährt Prokop von Gaza in seinem Panegyricus auf Anastasios, wenn er diesen gegenüber historischen Figuren wie Philipp II., Alexander d. Gr., Lysandros, Aristeides, Peisistratos, Themistokles, Pausanias, Kyros und Agesilaos abhebt, vgl. Prok. Gaz. *Anast.* 10; 12; 14; 21; 22; 25–27, mit NICKS 2000, 192–194.

[85] *C. Deo auct.* 14.

[86] Vgl. etwa *C. Tanta* 12 (*[...] et non tantum nostro, sed etiam omni aevum tam instanti quam posteriori leges optimas ponere*); *C. Summa* 3 [a. 529]; *C. Omnem* [a. 533] 11 (*in omne saeculum*); *C. Cordi* 6 [a. 534] (*per omne tempus*); *Nov. Iust.* 9,3 [a. 535] (*nostri imperii providentiam per hoc in aeternum reminiscentes*); 32=34 pr. [a. 535]; 47,1,1 [a. 537]; 62 epil. [a. 537] (*in omne aevum*); Prok. *aed.* 4,1,26.

539 etwa schreibt die dauerhafte Beachtung der getroffenen Regelungen vor, „von jetzt an und für die gesamte Ewigkeit, damit der Nutzen dieser unserer Gesetzgebung für das Gemeinwesen unsterblich sei".[87] In der 6. *Novelle* (535) wird Justinians Kaisertum über formelhafte Wendungen wie *nostra aeternitas* hinausgehend als „ewig" bezeichnet (ἡ ἀεὶ βασιλεία / *imperium quod semper est*),[88] und die *Digesten* verabschiedet der Monarch mit den Worten: „Unsere Gesetze aber, die wir in diesen Büchern, den *Institutionen* bzw. *Grundlegungen* und *Digesten* bzw. *Pandekten*, niedergelegt haben, sollen unserem Befehl zufolge nach unserem dritten, überglücklichen Konsulat in Kraft treten, in der gegenwärtigen 12. Indiktion, am 3. Tag vor den Kalenden des Januar (30. Dezember 533), *gültig in alle Ewigkeit*, zusammen mit unseren Konstitutionen kraftvoll wirkend [...]".[89] Den Ewigkeitsanspruch der

---

Dazu s. HONORÉ 1978, 17. – Auch die traditionelle Panegyrik arbeitete mit dem Ewigkeitskonzept, allerdings weitaus weniger offensiv und im Rahmen einer feststehenden Gattungsspezifik, vgl. Priscian. *pan*. 152.

[87] *Nov. Iust*. 88,2,1: ἀπὸ τὸ νῦν καὶ εἰς τὸν ἑξῆς ἅπαντα χρόνον, ὥστε ἀθάνατον εἶναι ταύτης ἡμῶν τῆς νομοθεσίας τὴν ὠφέλειαν τῷ πολιτεύματι. Vgl. ähnlich *Nov. Iust*. 25 epil. [a. 535]; 95 epil [a. 539].

[88] *Nov. Iust*. 6 epil.

[89] *C. Tanta*/Δέδωκεν 23: *Leges autem nostras, quae in his codicibus, id est institutionum seu elementorum et digestorum vel pandectarum posuimus, suum optinere robur ex tertio nostro felicissimo sancimus consulatu, praesentis duodecimae indictionis tertio calendas Ianuarias, in omne aevum valituras et una cum nostris constitionibus pollentes [...]* / Ταῦτα δὲ δὴ βιβλία, τά τε τῶν Instituton τά τε τῶν Digeston φαμέν, ἐκ τοῦ πέρατος τῆς τρίτης εὐτυχοῦς ἡμῶν ὑπατείας κρατεῖν θεσπίζομεν, τοῦτ' ἔστιν ἀπὸ τῆς πρὸ τριῶν καλανδῶν Ἰανουαρίων τῆς παρούσης δωδεκάτης ἐπινεμήσεως, εἰς τὸν λοιπὸν ἅπαντα κρατοῦντα χρόνον καὶ ταῖς βασιλικαῖς συμπολιτευόμενα διατάξεσιν καὶ χώραν ἔχοντα [...].

justinianischen Gesetze betont auch Prokop,[90] der im Übrigen eine ähnliche Intention für die ausgreifende kaiserliche Baupolitik ausmacht.[91] Über die Maßen deutlich wird zudem die großartige Zukunftsperspektive des neuen Zeitalters hervorgehoben,[92] eines „flowering [...] age of hope" (T. Honoré).[93] Das Schlüsselwort in diesem Kontext – *felix* – findet sich in unterschiedlichen Zusammenhängen und kennzeichnet Wendungen wie *sub felicissimo nostro imperio*,[94] *ex kalendis Septembribus instantis felicissimae tertiae decimae indictionis*,[95] *nostra felicia [...] tempora*,[96] *ex tertio nostro felicissimo [...] consulatu*,[97] *quarti nostri felicissimi consulatus*[98] oder *nostri temporis [...] felicitatem*.[99]

Und noch ein weiterer, auf die überaus günstigen Prognosen verweisender Terminus begegnet auffällig häufig: *spes* bzw. das Verbum *sperare* (griechisch ἐλπίς / ἐλπίζειν). Angesichts der ambivalenten Assoziationen, die durch die verbreiteten Naherwartungen ausgelöst wurden, musste gerade die von Justinian apostrophierte rein positiv konnotierte Hoffnung in Verbindung mit einer offenen, auf eine irdische Ewigkeit verweisenden Zukunftsperspektive einen markanten Kontrapunkt setzen. In der *Praefatio* der Konstitution *Deo auctore* äußert der Kaiser sein unerschütterliches Gottvertrauen, so dass er „jegliche Hoff-

---

[90] Prok. *aed.* 1,1,10.
[91] Prok. *aed.* 1,1,17–19.
[92] Vgl. *Nov. Iust.* 14,1 [a. 535].
[93] HONORÉ 1978, 17.
[94] *Cod. Iust.* 1,27,1,8 [a. 534].
[95] *Cod. Iust.* 1,27,2,18 [a. 534].
[96] *Cod. Iust.* 1,29,5.
[97] *C. Tanta* 23 [a. 533].
[98] *C. Cordi* 4 [a. 534].
[99] *Append.* 7,14 [a. 554].

nung allein auf die vorsorgende Umsicht der höchsten Dreifaltigkeit setzen" könne (*[...] omnem spem ad solam referamus summae providentiam trinitatis*).[100] Dabei werden das Glück des neuen Zeitalters sowie die glänzenden Aussichten strikt auf den Kaiser bezogen; allein die kurze *Praefatio* enthält viermal das Pronomen *noster*:[101]

Von Gott eingesetzt unser Reich (*nostrum imperium*) lenkend, das uns von der himmlischen Hoheit übergeben worden ist, bringen wir Kriege glücklich (*feliciter*) zu Ende, zieren den Frieden und erhalten den Bestand des Gemeinwesens: Und wir richten unsere Herzen (*nostros animos*) so auf den Beistand des allmächtigen Gottes, dass wir weder Waffen noch unseren Soldaten (*nostris militibus*) noch den Generälen noch unserer eigenen Begabung (*nostro ingenio*) vertrauen müssen, sondern jegliche Hoffnung allein auf die vorsorgende Umsicht der höchsten Dreifaltigkeit setzen: Von ihr her haben sich die Grundbestandteile der gesamten Welt entwickelt und ist ihre Anordnung zum Weltkreis geschaffen worden.

Einen ähnlichen Überschwang strahlt die Konstitution *Tanta*/Δέδωκεν (533) aus, in der die Evokation der neuen Ära gleichfalls auf eine glanzvolle Zukunft verweist und strikt mit dem Kaiser verbunden wird:[102]

---

[100] *C. Deo auct.* pr. Vgl. ferner *C. Deo auct.* 2; *Cod. Iust.* 1,27,2,4b [a. 534]; *Nov. Iust.* 8,10,2 [a. 535]; 14 epil. [a. 535]; 30,11,2 [a. 536]; 109 pr. [a. 541].

[101] *C. Deo auct.* pr.: *Deo auctore nostrum gubernantes imperium, quod nobis a caelesti maiestate traditum est, et bella feliciter peragimus et pacem decoramus et statum rei publicae sustentamus: et ita nostros animos ad dei omnipotentis erigimus adiutorium, ut neque armis confidamus neque nostris militibus neque bellorum ducibus vel nostro ingenio, sed omnem spem ad solam referamus summae providentiam trinitatis: unde et mundi totius elementa processerunt et eorum dispositio in orbem terrarum producta est.*

[102] *C. Tanta*/Δέδωκεν 12: Οὕτω τοίνυν τὴν Ῥωμαίων νομοθεσίαν τάξαντες καὶ ἐν τρισὶν τοῖς ὅλοις βιβλίοις τε καὶ ἐνιαυτοῖς πρᾶγμα

Der Kaiser und die Zeit 143

Indem wir so nun das Recht der Römer geordnet und in insgesamt nur drei Bänden und drei Jahren eine so große Aufgabe bewältigt haben und das, was zu Anfang außerhalb jeder Hoffnung (ὑπὲρ ἅπασαν ἐλπίδα) war – und noch zuletzt, nachdem wir gezeigt hatten, dass die Sache zu bewältigen war, nicht einmal als in einem vollen Jahrzehnt durchführbar schien –, in der Schnelligkeit von nur drei Jahren beendet und Gott dem Herrn durch dieses Werk geweiht haben, der es uns gewährt hat, in Frieden zu leben, Kriege glücklich zu beenden und Recht zu setzen der gesamten Zeit, die vor uns war, die mit uns ist und nach uns sein wird (παντὶ τῷ τε πρὸ ἡμῶν τῷ τε ἐφ' ἡμῶν τῷ τε μεθ' ἡμᾶς χρόνῳ), da erschien es uns gerecht, allen Menschen unsere ihnen erwiesene Sorgfalt und Fürsorge deutlich zu machen […].

Vergangenheit, Gegenwart und Zukunft finden im ‚Zeitalter Justinians' zusammen und werden strikt auf den Kaiser fokussiert: παντὶ τῷ τε πρὸ ἡμῶν τῷ τε ἐφ' ἡμῶν τῷ τε μεθ' ἡμᾶς χρόνῳ – das dreimalige „uns" innerhalb einer nur wenige Wörter umfassenden Phrase erhebt Justinian

---

τοσοῦτον ἐκπεπονηκότες, ὅπερ ἦν μὲν τὴν ἀρχὴν ὑπὲρ ἅπασαν ἐλπίδα, τὰ δὲ δὴ τελευταῖα, μεθ' ὅπερ ἡμεῖς βατὸν εἶναι τὸ πρᾶγμα ἐδείξαμεν. οὐδὲ εἰς δέκατον ἔτος ὅλον συντεθῆναι προσδοκηθέν, εἰς μόνων τριῶν ἐνιαυτῶν ἀποτελέσαντες τάχος, καὶ τῷ δεσπότῃ θεῷ καὶ τοῦτον ἀναθέντες τὸν ἆθλον τῷ καὶ εἰρήνην ἄγειν καὶ πολέμους κατορθοῦν καὶ νομοθετῆσαι παντὶ τῷ τε πρὸ ἡμῶν τῷ τε ἐφ' ἡμῶν τῷ τε μεθ' ἡμᾶς χρόνῳ δωρησαμένῳ, δίκαιον ᾠήθημεν ἅπασιν ἀνθρώποις ποιῆσαι φανερὰν τὴν ἡμετέραν ὑπὲρ αὐτῶν σπουδήν τε καὶ πρόνοιαν […] (Übers.: O. BEHRENDS). – *Omni igitur Romani iuris dispositione composita et in tribus voluminibus, id est institutionum et digestorum seu pandectarum nec non constitutionum, perfecta et in tribus annis consummata, quae ut primum separari coepit, neque in totum decennium compleri sperabatur: omnipotenti deo et hanc operam ad hominum sustentationem piis optulimus animis uberesque gratias maximae deitati reddidimus, quae nobis praestitit et bella feliciter agere et honesta pace perpotiri et non tantum nostro, sed etiam omnia evo tam instanti quam posteriori leges optimas ponere.* Vgl. auch C. *Tanta*/Δέδωκεν pr.

zum beherrschenden Zentrum jeglicher zeitlichen Entwicklung. Das ‚Zeitalter Justinians' wird gleichermaßen in die Vergangenheit gespiegelt (πρὸ ἡμῶν), wie es die Zukunft beeinflussen wird (μεθ' ἡμᾶς). Der Kaiser ist in allen Zeitstufen präsent und diese wiederum verschmelzen in seiner Gestalt zu einem übergreifenden Zeitalter, das unterschiedliche Zeiten integriert. Die Herrschaft Justinians weist einen pluritemporalen Charakter auf.[103] Einen vergleichbaren Anspruch der Präsenz jenseits der Gegenwart hatte Anastasios (noch) nicht erhoben, doch schlug auch er immerhin den Bogen weit zurück in die Vergangenheit, indem er sich als Nachkomme des Pompeius (der als letzter Vorkämpfer für eine republikanische Ordnung galt) inszenierte.[104]

Hatte bereits die Diskussion der *47. Novelle* gezeigt, dass Justinians Postulat, Vergangenheit, Gegenwart und Zukunft, d.h. jegliche vorstellbare Zeit, zu beherrschen, mit einer im Kreuzglobus symbolisierten räumlichen Perspektive kongruiert, so findet auch seine Pluritemporalität eine direkte Entsprechung in seiner Plurilokalität. Kein römischer Herrscher, vielleicht mit Ausnahme des Augustus und Traians, hatte bis dahin in ähnlichem Ausmaß Städte mit seinem Namen geziert und damit gleichsam eine ubiquitär-gleichzeitige Präsenz im Imperium erzwungen. Nicht nur die Neugründung Iustiniana Prima (Caričin Grad, Serbien) in der Nähe des Geburtsorts Justinians wurde zum Erzbistum erhoben und erhielt den Namen des Herrschers,[105] sondern mindestens 26 weitere

---

[103] Zum Konzept der Pluritemporalität s. LANDWEHR 2020, 43–46; 63f.; 258–261.
[104] *Anth. Graec.* 2,398–406 (Christodoros); Priscian. *pan.* 10–18; 82–86; dazu MEIER ²2010, 83f.; KRUSE 2019, 74–76.
[105] *Nov. Iust.* 11 [a. 535]; Prok. *aed.* 4,1,17–27. Im Jahr 545 wurde

Orte wurden ebenfalls nach ihm benannt (darunter Karthago), einige auch nach seiner Frau Theodora.[106] Neu etablierte provinziale Gouverneursämter wurden in historischen Exkursen auf uralte Institutionen zurückgeführt und trugen den Namen Justinians (z. B. *praetor Iustinianus*), wodurch Raum- und Zeitdimension in der Person des Kaisers zusammengeführt wurden (s. u.). „Wenn er etwas im Augenblick doch nicht ändern konnte", so giftet Prokop in der *Geheimgeschichte*, „dann versah er es wenigstens mit seinem Namen".[107] Diese Kritik bezog sich nicht nur auf die Umbenennung von Städten, sondern auf das Bemühen des Kaisers, in nahezu sämtlichen Bereichen des Alltags Präsenz zu zeigen, sei es in der Benennung des neu erstellten *Codex Iustinianus*,[108] der Bezeichnung der Rechtsstudenten des ersten Studienjahres (*Iustiniani novi*),[109] sei es in Ämtern (*praetor Iustinianus, moderator Iustinianus, proconsul Iustinianus, comes Iustinianus, quaestor Iustinianus*)[110] oder den als „Justinianische Van-

---

der Sitz der päpstlichen Autorität unterstellt (vgl. *Nov. Iust.* 131,3), nach dem Slaweneinfall 614/15 wurde die Stadt wohl aufgegeben. Zu Iustiniana Prima s. SNIVELY 2001; SARANTIS 2016, 149–161, jeweils mit weiterer Literatur.

[106] STEIN 2023b, 277. Vgl. auch HONORÉ 1978, 16f. Karthago: Prok. *aed.* 6,5,8. Weitere Beispiele: Prok. *aed.* 3,5,15; 4,1,36; 6,6,7.

[107] Prok. *HA* 11,2: ἦν δέ τι καὶ μεταβαλεῖν ἐν τῷ παραυτίκα ἥκιστα ἴσχυσεν, ἀλλὰ τούτῳ γε τὴν ἐπωνυμίαν τὴν αὑτοῦ ἔθετο (Übers.: O. VEH).

[108] *C. Haec* pr.; 3 (vgl. *C. Summa* 1; *C. Deo auct.* 2; *C. Tanta/Δέδωκεν* 1). Dies fügte sich freilich noch in die Tradition des *Codex Theodosianus*.

[109] *C. Omnem* 2.

[110] *Praetor Iustinianus*: *Nov. Iust.* 24,4 [a. 535] (Pisidia); 25,1 [a. 535] (Lycaonia); 26,1,1 [a. 535] (Thracia); 29,2 [a. 535] (Paphlagonia). – *Moderator Iustinianus*: *Nov. Iust.* 28,3 [a. 535] (Helenopontus). – *Proconsul Iustinianus*: *Nov. Iust.* 30,5 [a. 536] (Cappadocia). –

dalen" an entlegenen Kriegsschauplätzen eingesetzten Gefangenen des Rückeroberungskriegs in Afrika.[111] Diese ungeheure Allgegenwart in der zeitgenössischen Lebens- und Erfahrungswelt, befördert durch unerwartete, spektakuläre Erfolge wie die Erarbeitung der Rechtskodifikation, den ‚ewigen' Frieden mit den Sāsāniden (531), die überraschend leichte Niederringung der Vandalen (533/34) sowie weitere Zeichen, die Justinian ebenso wie die Mitlebenden als Signale besonderer göttlicher Begünstigung interpretieren mussten und die zur Übertragung der eschatologisch konnotierten Beschleunigungserfahrung auf zukunftsorientierte, profane Errungenschaften der kaiserlichen Regierung geradezu einluden – diese Allgegenwart verdichtete sich zum Gedanken einer umfassenden *restauratio*, der in den Quellen ab 535 als programmatisches Vorhaben Konturen gewinnt.[112]

Unabhängig von der Debatte über den vermeintlichen Klassizismus bzw. Archaismus Justinians, die letztlich fruchtlos geblieben ist,[113] wird man festhalten können, dass der Kaiser und/oder sein engeres Umfeld sich intensiver mit der Vergangenheit auseinandergesetzt haben müssen. Aus einer Bemerkung in der *13. Novelle* (535) spricht ein entsprechender Stolz, den man ernstnehmen muss: „Da wir alles genau erforscht haben, was früher ge-

---

Comes Iustinianus: *Nov. Iust.* 31,1,2 [a. 536] (Armenia). – *Quaestor Iustinianus*: *Nov. Iust.* 50 [a. 537].

[111] Prok. *BV* 2,14,17.

[112] Dazu s. NOETHLICHS 2011; MEIER ²2004, 165–180.

[113] Vgl. die berechtigte Skepsis von HONORÉ 1978, 251–253. Zum ‚Klassizismus'/‚Archaismus' Justinians s. RICCOBONO 1931; PRINGSHEIM 1961; SCHINDLER 1966; ARCHI 1970, 151–179; WIEACKER 1970; MAAS 1992, 44f.

schehen ist [...]".¹¹⁴ Johannes Lydos wiederum bezeugt, dass Justinian aus der Lektüre von Büchern Kenntnisse über die Vergangenheit gewonnen habe.¹¹⁵ Diese Kenntnisse versetzten den Kaiser in die Lage, die römische Geschichte in einer Weise zu periodisieren, wie wir es in der *47. Novelle* gesehen haben. Das übergreifende Grundschema, mit dem er operierte, dürfte indes zunächst einmal kaum überraschen: Selbstverständlich setzte er sein glorreiches neues Zeitalter von einer dumpfen, als defizitär gezeichneten Vergangenheit ab und folgte damit zahllosen Vorgängern auf dem römischen Thron.¹¹⁶ Zentraler Umschlagpunkt dieses binären Modells war der eigene Herrschaftsantritt, doch auch seine Konsulate in den Jahren 521, 528, 533 und 534 wurden als historische Epochenjahre präsentiert und mit je spezifischen Erfolgen verbunden.¹¹⁷

Davor lag eine langgestreckte Vergangenheit, die keineswegs allein negativ, sondern vielfach auch als vorbildlich gezeichnet wurde – nicht zuletzt, um Reformen als

---

¹¹⁴ *Nov. Iust.* 13,2: Ἐπειδὴ τοίνυν ἡμεῖς πάντα διερευνώμενοι τὰ γενόμενα πρόσθεν [...]. – *Quia igitur nos omnia persrcutantes, quae facta sunt pridem [...]*. Dazu s. FRANCIOSI 1998.

¹¹⁵ Joh. Lyd. *mag.* 2,28; vgl. 3,30 (φιλόλογος). Vgl. dazu MAAS 1992, 93 f., bes. 94: „Lydus gives us an alert and historically knowledgeable Justinian".

¹¹⁶ Z.B. *C. Tanta*/Δέδωκεν 19.

¹¹⁷ Zur Bedeutung des Konsulats im 6. Jh. – auch und zumal mit Blick auf die Konsulate Justinians – s. MEIER ²2004, 160 f., Anm. 294, sowie jetzt BRUCKLACHER 2023, 426–504. S. etwa die euphorischen Ausführungen zu Justinians drittem Konsulat (533) *C. Tanta/*Δέδωκεν 23. Zu Justinians Konsulaten und den darin vollbrachten Errungenschaften s. exemplarisch Marc. Com. *ad ann.* 521 p. 101–102 (*consul omnium Orientalium consulum*); 528 p. 102; 533 p. 103; 534 p. 103–104 MOMMSEN.

Wiederherstellung eines ehemaligen Idealzustandes präsentieren zu können.[118] „So groß aber ist unsere Hochachtung gegenüber der alten Zeit", lässt der Kaiser in der Konstitution *Tanta*/Δέδωκεν (533) verkünden (*Tanta autem nobis antiquitati habita est reverentia* / Τοσαύτη δε ἡμῖν αἰδὼς τῆς ἀρχαιότητος γέγονεν).[119] An anderer Stelle wird von der *veneranda vetustatis auctoritas* gesprochen,[120] und schließlich heißt es markant: „Wir aber sind die Behüter und beschützenden Vollstrecker der Vergangenheit" (*Nos tutores tantum sumus vetustatis et vindices*).[121] Positive und negative Vergangenheitsimaginationen konnten dabei durchaus eng miteinander verwoben werden, so etwa 534 im Triumph über die Vandalen, dessen Inszenierung die Republik affirmativ vom Prinzipat abgrenzte,[122] gleichzeitig jedoch mit den Flaviern ein Vorbild aus der Prinzipatszeit aufrief.[123] Insgesamt erscheint die fernere Vorzeit in den justinianischen Vergangenheitsrekursen aber als diffuse *antiquitas* bzw. *vetustas* und

---

[118] Z.B. *Cod. Iust.* 4,1,12,6; 6,30,22,13a; *Nov. Iust.* 17 pr. [a, 535]; 24,1 [a. 535]; 78,5 [a. 535]; 80,10 pr. [a. 539]; 95,1 [a. 539] (ἀνανεούμεθα γὰρ τὸ παλαιόν). Justinian musste gegen den Vorwurf der Neuerungssucht ankämpfen, vgl. Prok. *HA* 6,21; 7,6–7; 9,50; 11,1; 14,1; 18,12; *BP* 2,2,6; *aed.* 1,1,8; *Nov. Iust.* 91,1 [a. 539]. PAZDERNIK 2005, 186; PIEPENBRINK 2019.

[119] *C. Tanta*/Δέδωκεν 10. Zu ähnlich positiven Kennzeichnungen der Vergangenheit s. auch *Cod. Iust.* 6,58,14,4 [a. 531]; *Iust. inst.* 2,10,1; *Nov. Iust.* 17, lat. Einleitung [a. 535]; 25,2 pr. [a. 535]; 30,2 [a. 536]. Distanz zur Vergangenheit: *C. Tanta*/Δέδωκεν 19; *C. Deo auct.* 7. Zu weiteren Belegen und zur Einordnung in den Kontext spätantiker Rechtstexte s. DONATUTI 1953, bes. 230–235; PRINGSHEIM 1961, bes. 14 f.; SCHINDLER 1966; NOETHLICHS 2011.

[120] *Nov. Iust.* 23,3 [a. 536].

[121] *Append.* 3 [a. 542].

[122] Prok. *BV* 2,9,1–2.

[123] Prok. *BV* 2,9,5.

παλαιότης ohne schärfere Konturen – so auch in der *13. Novelle*, in der Republik und Prinzipat schlicht unter dem Adverb *antiquitus* / τὸ παλαιόν ('in alter Zeit') zusammengefasst werden,[124] oder ganz explizit in der *21. Novelle* (536): "Denn auch die ältere Zeit zu durchforschen und zu den noch entlegeneren Zeiten hinzusteigen hat mehr von Verwirrung als Gesetzgebung" (*nam etiam antiquiora perscrutari et ad superiora tempora ascendere confusionis magis quam legislationis est*).[125] Anders als im Geschichtswerk Prokops wird dadurch jedoch nicht die zeitliche Tiefe aufgegeben, sondern ein Möglichkeitsraum geschaffen, der die Ausformung variabler Geschichtsentwürfe erlaubt und damit zeitliche Tiefe erzeugt – wenngleich in eigentümlicher Weise. Gerade die Unschärfe im oberflächlichen Rückblick ermöglichte es dem Kaiser bzw. den von ihm beauftragten Amtsträgern nämlich, immer wieder neue Vergangenheitsbilder und Geschichtsabrisse zu konstruieren, die kein kohärentes System ergaben und durchaus widersprüchlich bleiben konnten, dafür aber situativ, je nach Bedarf, einsetzbar waren.[126] Justinian formte die Vergangenheit zu einem Instrument, um die Hoheit über die Geschichte, über die Zeit und damit auch über Gegenwart und Zukunft zu gewinnen.[127]

---

[124] *Nov. Iust.* 13,1,1–2.

[125] *Nov. Iust.* 21,2 [a. 536].

[126] Vgl. NOETHLICHS 2011, 45: "Justinians Begeisterung für die Vergangenheit ist immer eklektisch". Beispiele für unterschiedliche Rückgriffe in die Vergangenheit in den justinianischen Rechtstexten bietet NOETHLICHS 1999, 707. Die Vielfalt der im 6. Jahrhundert konstruierten Vergangenheitsentwürfe betont auch MAAS 1992, 39ff.

[127] PAZDERNIK 2005, 200, spricht zu Recht von Justinians "supremacy over history".

Johannes Lydos behauptet, der Kaiser habe in Traian (aufgrund seiner militärischen Erfolge), Augustus (aufgrund seiner Frömmigkeit und seines maßvollen Auftretens), Titus (wegen seiner *kalokagathia*) und Marc Aurel (wegen seiner Weisheit) Vorbilder gesehen.[128] Das mag zutreffen. Weitaus wichtiger ist jedoch das weitgehende Fehlen affirmativer Bezugnahmen auf den ersten christlichen Kaiser Konstantin[129] und seine Nachfolger sowie die überaus scharfe Verurteilung der Monarchen des 5. Jahrhunderts, deren Herrschaft mehrfach als Negativfolie für das ‚Zeitalter Justinians' aufgerufen wird. So heißt es 534 in einer Konstitution zur Organisation der neuen afrikanischen Prätoriumspräfektur:[130]

Diesen Gunsterweis Gottes [d.h. die Rückeroberung Afrikas, M.M.] haben unsere Vorgänger nicht verdient (*antecessores nostri non meruerunt*), denen nicht nur nicht vergönnt war, Afrika zu befreien, sondern die auch die Einnahme Roms selbst durch eben diese Vandalen und die Überführung aller Herrscherinsignien von dort nach Afrika mit angesehen haben. Jetzt aber (*nunc vero*) hat Gott uns durch seine Barmherzigkeit nicht nur Afrika mit all seinen Provinzen überlassen, sondern uns auch die Herrscherinsignien, die nach der Einnahme Roms fortgeschleppt worden waren, zurückerstattet.

---

[128] Joh. Lyd. *mag.* 2,28.

[129] Eine der seltenen Bezugnahmen findet sich *Nov. Iust.* 7 pr. [a. 535]. In Prokops panegyrischen *Bauten* wird Konstantin sogar explizit kritisiert und von Justinian abgesetzt, vgl. Prok. *aed.* 5,2,1–3.

[130] Cod. Iust. 1,27,1,6–7: *(6) Quod beneficium dei antecessores nostri non meruerunt, quibus non solum Africam liberare non licuit, sed et ipsam Romam viderunt ab eisdem Vvandalis captam et omnia imperialia ornamenta in Africam exinde translata. (7) Nunc vero deus per suam misericordiam non solum Africam et omnes eius provincias nobis tradidit, sed et ipsa imperialia ornamenta, quae capta Roma fuerant ablata, nobis restituit.*

Mit der markanten Formulierung *nunc vero* (,jetzt aber') wird die Zäsur zwischen der kritisierten Herrschaft der Kaiser des 5. Jahrhunderts und dem eigenen, gottbegünstigten Zeitalter denkbar scharf gezogen. Die Parallelführung der *non solum, sed et*-Struktur in beiden Sätzen verstärkt darüber hinaus die Differenz zwischen dem missbilligten Vorher und der glorreichen Gegenwart. Eine ganz ähnliche Form der Kontrastierung begegnet in der *8. Novelle* aus dem Jahr 535, in der festgehalten wird: „Deshalb nehmen wir jede Mühe auf uns, ohne Wert darauf zu legen, die Kaiser vor uns nachzuahmen, die [...]. Wir hingegen (ἡμεῖς δὲ / *nos autem*) [...]".[131] Direkt im Proömium der *1. Novelle* (535) werden sodann programmatisch Errungenschaften gefeiert, die in jüngeren Jahren (καὶ νῦν) erst unter Justinian möglich gewesen seien (die Unterwerfung der Tzanen).[132] Auch damit hebt sich der Kaiser von den direkt vorausgehenden Herrschern ab. Die

---

[131] *Nov. Iust.* 8,11: οὗπερ ἕνεκα πάντα αἱρούμεθα πόνον, οὐκ ἀξιοῦντες μιμεῖσθαι τοὺς πρὸ ἡμῶν βεβασιλευκότας, οἵπερ [...]. ἡμεῖς δὲ [...]. – *Quorum causa omnem perferimus laborem, dedignantes imitari eos qui ante nos imperaverunt, qui [...]. Nos autem [...]*.

[132] *Nov. Iust.* 1 pr.: τοῦτο ὅπερ οὔπω καὶ νῦν πλὴν ἐπὶ τῆς ἡμετέρας βασιλείας δέδωκε Ῥωμαίοις ὁ θεός. Vgl. ferner *C. Tanta* pr.: *quod nemo ante nostrum imperium umquam speravit [...]*; *C. Δέδωκεν* pr.: [ὅπερ οὐδεὶς] τῶν πρὸ ἡμῶν βεβασιλευκότων [αὐτοκρατόρων] ἔτι οὐδὲ εἰς νοῦν βάλλεσθαι ἤλπισεν ἂν οὔτε δυνατὸν ὅλως [τῇ ἀνθρωπίνῃ φύσει] αὐτὸ ἂν ἐνομίσθη; *Cod. Iust.* 4,35,23,3 [a. 531–532] (Abgrenzung der *nostra tempora* von den *Anastasiana tempora*); *Nov. Iust.* 28,4,2 [a. 535]: ταύτην ᾠήθημεν ἡμεῖς τὴν χάριν προσήκειν ἀναθεῖναι θεῷ τῷ τὸν ἐπὶ τῇ βασιλείᾳ στέφανον ἡμῖν ἐπιθέντι, τῷ τὴν ἁλουργίδα ψήφῳ κοινῇ παρὰ τοῦ πατρὸς ἡμῖν δωρησαμένῳ, τῷ φιλοτιμησαμένῳ τοιοῦτά τε ὁμοῦ καὶ τοσαῦτα ὁποῖα τῶν ἔμπροσθεν δέδωκεν οὐδενί; 40 epil. Eine explizite Abgrenzung gegenüber Anastasios findet sich *Nov. Iust.* 7 pr. [a. 535]. S. ferner auch Joh. Lyd. *mag.* 2,11; Prok. *aed.* 1,1,6.

„Leichtfertigkeit" (ῥαθυμία), mit der seine unmittelbaren Vorgänger agiert hätten, stellt ein wiederkehrendes Motiv der justinianischen Repräsentation dar.[133] Auch Autoren wie Johannes Lydos, Kyrill von Skythopolis und Prokop haben im Übrigen Justinians Abgrenzung von den Kaisern des 5. Jahrhunderts in panegyrischen Zusammenhängen aufgegriffen,[134] und in der *Weltchronik* des Johannes Malalas erscheint das ‚Zeitalter Justinians' als wichtiges (Zwischen-)Ziel im Verlauf der Geschichte.[135]

Damit gewinnt das ‚Zeitalter Justinians' für uns allmählich klarere Konturen: Es zelebrierte die gewaltigen, unverhofften Leistungen und Erfolge, die in den ersten Herrschaftsjahren Justinians auf die Römer niederregneten, war in eindringlichster Weise auf den Kaiser fokussiert, verband die Perspektive einer offenen (und damit überhaupt erst möglichen, nicht durch die 6000-Jahres-Schwelle terminierten), glanzvoll-glorreichen Zukunft mit wiederholten Rekursen auf die Vergangenheit, die den Interessen des Kaisers vielfach nutzbar gemacht

---

[133] *Nov. Iust.* 30,11,2 [a. 536]: […] καὶ ἐλπίδας ἔχειν ἀγαθὰς ὅτι καὶ τῶν λοιπῶν ἡμῖν τὴν ἐπικράτειαν νεύσειεν ὁ θεὸς ὧνπερ οἱ πάλαι Ῥωμαῖοι μέχρι τῶν πρὸς ἑκάτερον ὠκεανὸν ὁρίων κρατήσαντες ταῖς ἐφεξῆς ἀπέβαλον ῥαθυμίας; 80,10 pr. [a. 539]: καὶ οὐ καινὸν οὐδὲ ἄηθες τοῦτο τοῖς πράγμασίν ἐστι τὸ σπούδασμ, ἀλλὰ καλὸν μὲν καὶ ἀρχαῖον, ἀμεληθὲν δὲ ἐν μέσῳ παρὰ τῆς ἅπαντα καταβλαψάσης ῥαθυμίας κατὰ μικρὸν ἐκινδύνευε διαφθαρῆναί τε καὶ ἀνῃρῆσθαι, ἕως ἡμεῖς χρήσιμον αὐτὸ καὶ λυσιτελέστατον ὂν εὑρόντες πάλιν εἰς τὴν πολιτείαν εἰσηγάγομεν, mit FRANCIOSI 1998; KRUSE 2019, 150-157; s. auch Joh. Lyd. *mag.* 2,15 (ῥᾳστώνη); 3,55.

[134] Joh. Lyd. *mag.* 2,11; 2,15; 3,55; Kyrill. Skythop. *Vita Sabae* 72 p. 175 SCHWARTZ (καὶ πιστεύω ὅτι […] προστίθησιν ὁ θεὸς τῇ ἡμετέρᾳ βασιλείᾳ Ἀφρικήν τε καὶ Ῥώμην καὶ τὴν λοιπὴν πᾶσαν Ὀνωρίου βασιλείαν, ἥνπερ ἀπώλεσαν οἱ προβεβασιλευκότες τῆς ὑμετέρας πανευσεβοῦς γαληνότητος […]); Prok. *aed.* 5,5,6; 6,4,1-2.

[135] *Vgl.* GENGLR 2019, 255.

Der Kaiser und die Zeit 153

wurde und deren einzige Konstante im mehrfach artikulierten, schroffen Negativbild der christlichen Herrscher seit Konstantin beruhte; in der Person Justinians verknüpfte es Vergangenheit, Gegenwart und Zukunft aufs engste miteinander, indem dieser in alle Zeitebenen gespiegelt wurde, und es projizierte diese Pluritemporalität des Kaisers auch auf den Raum, indem der Monarch sich eine geradezu ubiquitäre Präsenz schuf.[136]

Die Intensität, mit der das ‚Zeitalter Justinians' propagiert wurde, sowie die allseits sichtbaren Erfolge des Kaisers in den Jahren 527–542, die den hohen Anspruch des Herrschers zu bestätigen schienen, müssen Eindruck hinterlassen haben. Selbst ein Skeptiker wie Prokop sah sich – freilich auch mit Blick auf die Leistungen Belisars – genötigt, anerkennend zu konzedieren:[137]

Viele andere Dinge sind im Verlauf der Zeit schon zu einem besseren Ausgang als erwartet gelangt und werden dies auch immer tun, solange die Geschicke der Menschen dieselben sind. Denn was in Gedanken unmöglich scheint, geht in Wirklichkeit in Erfüllung, und was bis dahin oft unmöglich aussah, dann aber

---

[136] Zur Verknüpfung von Vergangenheit, Gegenwart und Zukunft unter Justinian s. auch PIEPENBRINK, 2019, allerdings unter anderer Fragestellung und ohne Bezug auf das ‚Zeitalter Justinians'.

[137] Prok. *BV* 2,7,18–21: Πολλὰ μὲν οὖν καὶ ἄλλα ἐν τῷ παντὶ αἰῶνι ἤδη τε κρείσσω ἐλπίδος ἐς πεῖραν ἦλθε καὶ ἀεὶ ἥξει, ἕως ἂν αἱ αὐταὶ τύχαι ἀνθρώπων ὦσι. τά τε γὰρ λόγῳ ἀδύνατα δοκοῦντα εἶναι ἔργῳ ἐπιτελῆ γίγνεται καὶ τὰ τέως ἀδύνατα φανέντα πολλάκις, εἶτα ἀποβάντα θαύματος ἄξια ἔδοξεν εἶναι. Εἰ μέντοι τοιαῦτα ἔργα πώποτε γεγενῆσθαι τετύχηκεν οὐκ ἔχω εἰπεῖν, τὸν Γιζερίχου τέταρτον ἀπόγονον καὶ τὴν βασιλείαν τὴν αὐτοῦ πλούτῳ τε καὶ στρατιωτῶν δυνάμει ἀκμάζουσαν πρὸς πεντακισχιλίων ἀνδρῶν ἐπηλύδων τε καὶ οὐκ ἐχόντων ὅποι ὁρμίζοιντο ἐν χρόνῳ οὕτω βραχεῖ καταλελύσθαι. τοσοῦτον γὰρ ἦν τὸ τῶν ἱππέων πλῆθος τῶν Βελισαρίῳ ἐπισπομένων, οἳ καὶ τὸν πόλεμον πάντα πρὸς Βανδίλους διήνεγκαν. τοῦτο γὰρ εἴτε τύχῃ εἴτε τινὶ ἀρετῇ γέγονε, δικαίως ἄν τις αὐτὸ ἀγασθείη.

doch eintrat, schien ein Wunder zu sein. Ob jedenfalls derartige Leistungen jemals vollbracht werden konnten, vermag ich nicht zu sagen; dass aber der vierte Nachkomme Geiserichs und sein Reich, während es noch vor Reichtum und militärischer Schlagkraft blühte, von nur 5000 Fremdlingen, die nicht einmal wussten, wo sie vor Anker gehen sollten, in so kurzer Zeit vernichtet wurden (denn so gering war die Anzahl der Reiter im Gefolge Belisars, die auch den gesamten Krieg gegen die Vandalen zu Ende brachten) – dies mag ja dem Schicksal oder irgendeiner Leistung zu verdanken sein, mit gutem Recht darf man es wohl bewundern.

Eine erste Gelegenheit, dieses neue Zeitalter zu zelebrieren, bot die Triumphfeier nach der Niederringung der Vandalen im Jahr 534, die bezeichnenderweise exakt in jenes Jahr fiel (bzw. gelegt wurde – Anlässe für Triumphzeremonien hätten sich auch in den vorausgehenden Jahren schon geboten),[138] in dem turnusmäßig eine Säkularfeier hätte abgehalten werden müssen – was freilich seit dem Jahr 204 nicht mehr geschehen war, gebildeten Zeitgenossen aber, wie das Beispiel Zosimos zeigt,[139] noch präsent gewesen sein dürfte.[140] Diese Inszenierung ist von der Forschung der letzten Jahre mehrfach untersucht worden, so dass ich es an dieser Stelle mit einem kurzen Hinweis darauf belassen kann, dass Justinian den Anlass offen-

---

[138] Etwa 530 nach Belisars Sieg über die Perser bei Dara und Mundos Erfolg gegen Hunnen bzw. Bulgaren im Donaugebiet. Damals erhielt Johannes Lydos den Auftrag, ein panegyrisches Geschichtswerk zu verfassen (Joh. Lyd. mag. 3,28), und im Hippodrom wurde eine Reiterstatue Justinians errichtet, vgl. MEIER ²2004, 151 f.

[139] Zos. 2,1-7.

[140] Der von Augustus festgelegte Abstand zwischen den Säkularfeiern betrug 110 Jahre; nach den Feierlichkeiten im Jahr 204 hätten somit in den Jahren 314, 424 und 534 weitere Zelebrationen stattfinden müssen, vgl. MEIER ²2004, 163.

kundig dafür nutzte, um die von seinen unmittelbaren Vorgängern repräsentierte Phase des Niedergangs für beendet zu erklären und nunmehr an ruhmreiche Epochen der römischen Geschichte (die Prokop an der Person des Titus festmacht) anknüpfen zu können. Gleichzeitig musste die Zentrierung der Feierlichkeiten allein auf den Kaiser (die Prokop scharf kritisiert) noch einmal unmissverständlich verdeutlichen, wer der Urheber und Herr des neuen Zeitalters war. Der Triumph des Jahres 534 stellte gleichsam den nachgeholten zeremoniellen Inaugurationsakt des ‚Zeitalters Justinians' dar.[141]

Auf welche Art der Kaiser sich die Vergangenheit dienstbar machte, dabei mehrere eigentümliche, parallellaufende Geschichten der Römer und ihrer Provinzen (also des Imperiums) kreierte und seine eigene Präsenz über Zeiten und Räume wölbte, lässt sich anschaulich an den Provinzialgesetzen der Jahre 535–538 studieren, „the best example of direct and programmatic reference to antiquity found in documents directly linked to court policy during the reign of Justinian".[142] Die Texte, die – vom *quaestor sacri palatii* Tribonian verfasst, aber sicherlich vom

---

[141] Zur Triumphfeier des Jahres 534 (Prok. *BV* 2,9) s. etwa MCCORMICK 1990, 65f.; 125-129; MEIER ²2004, 150-165; 2019; LEPPIN 2011a, 156; BÖRM 2013; SARRIS 2023, 204f.

[142] MAAS 1986, 18. Es handelt sich um *Nov. Iust.* 24 [a. 535] (Pisidia); 25 [a. 535] (Lycaonia); 26 [a. 535] (Thracia); 27 [a. 535] (Isauria); 28 [a. 535] (Helenopontus); 29 [a. 535] (Paphlagonia); 30 [a. 535] (Cappadocia); 31 [a. 536] (Armenia); 41 [a. 536] (Caria, Zypern, Kykladen, Moesia, Scythia); 102 [a. 536] (Arabia); 103 [a. 536] (Palaestina); *Edikt* 4 [a. 536] (Phoenicia); *Edikt* 13 [a. 538/39] (Ägypten). Für eine tabellarische Aufstellung s. GENGLER 2019, 243. – Die justinianische Gesetzgebung enthält auch über diese Textgruppe hinaus vielfältige Hinweise auf die (vermeintliche) Frühgeschichte, vgl. etwa *Nov. Iust.* 13 [a. 535]; 62 [a. 537]; 75=104 [a. 537]; 103 [a. 536];

Kaiser konzipiert[143] – wohl als einheitliches Corpus verstanden werden sollten,[144] sind erstmals 1986 von Michael Maas systematisch untersucht und seitdem mehrfach in der Forschung diskutiert worden.[145] In ihnen werden Provinzzuschnitte neu geregelt und administrative Maßnahmen festgelegt; vor allem aber wird jeweils ein neues, militärische und zivile Kompetenzen integrierendes Statthalteramt geschaffen, das zwar auf die je aktuellen Belange der einzelnen Regionen zugeschnitten ist, jedoch ‚historisch' auf vermeintliche Strukturen einer imaginierten Frühzeit zurückgeführt wird, die im Verlauf der Jahre verlorengegangen seien und nunmehr wiederhergestellt würden. Uralte Verbindungen zwischen den betreffenden Provinzen und Rom werden konstruiert, wobei jede Provinz als eigenes Ethnos mit individueller ‚Geschichte' behandelt wird.[146] All dies erfolgt in (ps.-)historischen Einleitungen, die tief in die römische Frühzeit, in den Mythos, ausgreifen und den Bogen bis in die Gegenwart schlagen.[147] Die entsprechenden Ämter wiederum erhalten den

---

105 [a. 537]. Vgl. HUNGER 1964, 173–177; HONORÉ 1978, 251–254; PIEPENBRINK 2017.

[143] Zu dieser Problematik s.o. Anm. 402.

[144] Vgl. *Nov. Iust.* 24,1. MAAS 1986, 17; GENGLER 2019, 241 f.

[145] MAAS 1986; 1992, 45–48; ROUECHÉ 1998; KRUSE 2015. Zuletzt s. dazu GENGLER 2019.

[146] MAAS 1986, 19; 25 („In substance the reforms were not archaizing. They responded to practical and immediate needs"); 26 („rhetoric of restoration", vgl. auch MAAS 1992, 42). Schon MAAS hat deutlich darauf hingewiesen, dass die historischen Digressionen keine Rücksicht auf ‚tatsächliche' Geschichte bzw. das, was auch im 6. Jh. noch davon bekannt war, nehmen. Vgl. in diesem Sinne auch NOETHLICHS 1999, 707: „Die historischen Bezüge sind meist fraglich oder eindeutig falsch".

[147] Vgl. GENGLER 2019, 244: „[…] verbindet die kaiserliche Rheto-

Namen des Kaisers und werden somit strikt auf diesen bezogen. Dadurch wird zugleich eine Präsenz Justinians sogar in der (vermeintlichen) römischen Frühzeit suggeriert, denn die Grundbehauptung besteht ja darin, dass nunmehr lediglich die alten Verhältnisse wiederhergestellt würden. Justinian überbrückt gleichsam die Jahrhunderte und erscheint so als Telos einer langgestreckten Entwicklung.

Die Funktionsweise dieses ‚historischen' Arguments lässt sich sinnfällig anhand des Proömiums der 25. *Novelle* (535) zur Provinz Lykaonien illustrieren:[148]

---

rik den Hinweis auf die Vergangenheit und auf die Ferne mit dem *hic et nunc* der römischen Identität und der Gegenwart".

[148] *Nov. Iust.* 25 pr.: Τὸ Λυκαόνων ἔθνος μείζονι τῆς νῦν οὔσης ἀρχῆς κατακοσμῆσαι δίκαιον ᾠήθημεν, ἀποβλέποντες εἰς τὰς πρώτας ἀρχὰς ὅθεν αὐτὸ συστῆναι παρέδοσαν ἡμῖν οἱ τὰ παλαιὰ συγγράφοντές τε καὶ διηγούμενοι, καὶ ὅτι συγγενέστατόν ἐστι Ῥωμαίοις καὶ σχεδὸν ἐκ τῶν αὐτῶν συνῳκισμένων προφάσεων. Λυκάονι γὰρ τῷ πρώην Ἀρκαδίας τῆς ἐν Ἑλλάδι βεβασιλευκότι καὶ τὴν Ῥωμαίων οἰκῆσαι γέγονε γῆν, καὶ τοὺς πρώην Οἰνώτρους προσλαβόντι τῇ Ῥωμαίων ἀρχῇ δοῦναι προοίμιον (φαμὲν δὲ ταῦτα δὴ τὰ παλαιὰ τὰ πολλῷ τῶν Αἰνείου τε καὶ Ῥωμύλου χρόνων πρεσβύτερα), καὶ ἀποικίαν ἐπὶ τὰ τῇδε στείλαντι μέρη μοῖράν τινα τῆς Πισιδίας ἀφελέσθαι, ταύτῃ τε δοῦναι τὴν αὐτοῦ προσηγορίαν Λυκαονίαν τε ἐξ αὐτοῦ καλέσαι τὴν χώραν. δίκαιον τοίνυν ἂν εἴη καὶ αὐτὴν ἀρχῇ κατακοσμῆσαι τὰ παλαιὰ τῆς Ῥωμαϊκῆς τάξεως ἐπιγραφομένῃ σύμβολα, καὶ τοὺς νῦν αὐτῆς ἡγουμένους, τόν τε ἄρχοντα φαμὲν τὴν πολιτικὴν ἀρχὴν τόν τε ἐφεστῶτα τοῖς ὅπλοις, εἰς ἕν τι συναγαγεῖν καὶ τῇ τοῦ πραίτωρος κοσμῆσαι προσηγορίᾳ. ὄνομα γὰρ τοῦτο πάτριον τῇ Ῥωμαίων ἀρχῇ καὶ πρό γε αὐτῶν τῶν ὑπάτων κατὰ τὴν μεγάλην τῶν Ῥωμαίων πολιτευσάμενον πόλιν. Ῥωμαῖοι γὰρ οἱ πάλαι τοὺς σφῶν αὐτῶν στρατηγοὺς πραίτωρας ὠνόμαζον, τῶν στρατευμάτων τε ἡγεῖσθαι παρεῖχον καὶ τοῖς ὑπ' αὐτῶν γραφομένοις ἐπείθοντο νόμοις· καὶ ἦν ἀρχή τις ἐξ ἀμφοῖν κεκραμένη καὶ ἐν ἑαυτῇ περιφέρουσά τε καὶ δεικνῦσα τήν τε ἔω ταῖς παρατάξεσιν ἰσχὺν τήν τε ἐν τοῖς νόμοις εὐκοσμίαν.

4. Von der Pluritemporalität zur Nontemporalität

Wir haben es für recht befunden, das Volk der Lykaonier (τὸ Λυκαόνων ἔθνος) mit einem höheren Statthalter zu zieren, als es im Augenblick der Fall ist, wobei wir Rücksicht genommen haben auf die ersten Anfänge, aus denen uns die Geschichtsschreiber und Schriftsteller über die alte Zeit (τὰ παλαιά) seinen Ursprung herleiten, weil es ferner besonders mit den Römern verwandt ist und beinahe aus denselben Gründen entstanden ist. Lykaon nämlich, der einst Arkadien in Griechenland als König beherrscht hat, bewohnte auch das Land der Römer, und als er die einstigen Oinotrier an sich gezogen hatte, machte er den Anfang der römischen Herrschaft (wir können nämlich behaupten, dass diese längst vergangenen Geschehnisse viel älter sind als die Zeiten des Aeneas und des Romulus), und indem er eine Kolonie in die Gegenden dort entsandte, nahm er einen Teil von Pisidien, gab diesem seinen Namen und nannte das Gebiet nach sich selbst Lykaonien. Es dürfte somit recht sein, dieses mit einer Magistratur zu zieren, die gekennzeichnet ist durch die alten Zeichen römischer Ordnung, und seine jetzigen Vorsteher, d.h. den Zivilstatthalter und den Militärgouverneur, zu einem Amt zusammenzuführen und mit der Bezeichnung ‚Prätor' zu schmücken. Dieser Name nämlich gehört der römischen Herrschaft seit alters her an und diente sogar schon vor den Konsuln selbst zur Verwaltung der großen römischen Republik. Denn die alten Römer nannten ihre Heerführer Prätoren, übergaben ihnen das Kommando über die Truppen und gehorchten den von ihnen gegebenen Gesetzen; das war somit eine Magistratur, die gewissermaßen aus beidem gemischt war und in sich die Stärke in Schlachten und die gute Ordnung in den Gesetzen beinhaltete und demonstrierte.

Ein kompliziertes (und vollkommen unhistorisches)[149] Konstrukt verbindet hier den Arkaderkönig Lykaon, der über die Oinotrier auch in Rom geherrscht habe, und das Gebiet Lykaonien miteinander. Diese Aitiologie, die zeitlich denkbar tief, noch vor Aeneas und Romulus, angesie-

---

[149] Zur Geschichte Lykaoniens s. BELKE 1984, 50–57.

delt wird, dient als Begründung für die Einführung eines zivile und militärische Gewalten zusammenführenden Amtsträgers, der mit Blick auf die angeblich bereits vorkonsulare Prätur als *praetor* bezeichnet werden soll. Die gelehrte Digression überbrückt nicht nur einen gewaltigen Zeitraum, sondern umspannt zugleich große Teile des Mittelmeerraums (Arkadien, Italien, Lykaonien). Erst im weiteren Verlauf des Textes wird deutlich, dass dieser räumliche und zeitliche Brückenschlag aufs engste mit dem Kaiser verbunden ist, denn die ‚wiederhergestellte' Prätur trägt dessen Namen[150] und ist ihm strikt untergeordnet.[151] Damit wird die Existenz eines *praetor Iustinianus* bereits in der frühesten römischen Geschichte suggeriert. Der Kaiser zeigt Präsenz in verschiedenen Zeitebenen – nicht zuletzt auch in der Zukunft, denn im Epilog wird das ewige Gedenken seiner Wohltat apostrophiert.

In der *24. Novelle* (535) wird, ausgehend von Gedanken zum Aufstieg Roms, eine abweichende ‚Geschichte' der frühen Prätur vorgetragen (die implizit eine Parallele zwischen den frühen Eroberungskriegen Roms und den gegenwärtigen militärischen Erfolgen knüpft),[152] um dann das eigentliche Anliegen offen vorzutragen: „Indem wir dies erwägen, führen wir die alte Zeit in größerer Blüte unserem Gemeinwesen wieder zu und ehren den Namen der Römer […]".[153] Auch hier wird die Zeit über die Be-

---

[150] *Nov. Iust.* 25,1: καὶ γὰρ δὴ καὶ τοῦτον πραίτωρα Ἰουστινιανὸν Λυκαονίας προσαγορεύεσθαι βουλόμεθα.
[151] *Nov. Iust.* 25,2,2.
[152] KRUSE 2015, 235; 2019, 83–87; 104–106.
[153] *Nov. Iust.* 24,1: Ταῦτα ἐννοοῦντες ἡμεῖς, καὶ τὴν παλαιότητα πάλιν μετὰ μείζονος ἄνθους εἰς τὴν πολιτείαν ἐπαναγαγόντες καὶ τὸ Ῥωμαίων σεμνύναντες ὄνομα […].

zeichnung *praetor Iustinianus (in Pisidia)*[154] konsequent überbrückt und der Name des Kaisers dringt machtvoll in die Vergangenheit ein.[155] Ähnliche Argumentationsstrukturen finden sich (mit wenigen Ausnahmen) auch in den übrigen Provinzgesetzen jener Jahre. Justinian präsentiert sich in diesen Texten nicht nur als Neuordner des Raumes – wohl nicht zufällig findet sich der erste Beleg für den Begriff *oikoumene* innerhalb der Novellen im ersten der Provinzialreformgesetze –,[156] sondern auch der Zeit.

Die Überhöhung der Prätur, die mit der Einsetzung des *praetor Iustinianus* einherging, musste die Bedeutung des Konsulats, in der Republik die Krone der Ämterlaufbahn, relativieren.[157] Diese Tendenz wird in der *105. Novelle* (537) explizit gemacht, die Begrenzungen für Goldspenden anlässlich der Feiern von Konsulaten definiert.[158] Der Kaiser nutzt die historisierende Einleitung in diesem Fall, um zu behaupten, dass den Konsuln ursprünglich ausschließlich die Kriegführung oblegen habe;[159] als dann später die Hoheit über Krieg und Frieden auf die Monarchen übergegangen sei, habe sich die Funktion der Konsuln auf ehrenvolle Freigebigkeit beschränkt.[160] Im Hin-

---

[154] *Nov. Iust.* 24,4.

[155] Eine wiederum andere ‚Frühgeschichte' der Prätur findet sich – außerhalb der Provinzialgesetzgebung – *Nov. Iust.* 13,1.

[156] KRUSE 2015, 235; 2019, 85.

[157] So explizit in *Nov. Iust.* 25 pr.: ὄνομα γὰρ τοῦτο πάτριον τῇ Ῥωμαίων ἀρχῇ καὶ πρό γε αὐτῶν τῶν ὑπάτων κατὰ τὴν μεγάλην τῶν Ῥωμαίων πολιτευσάμενον πόλιν. Vgl. BRUCKLACHER 2023, 431–456.

[158] Vgl. dazu KRUSE 2018; 2019, 110f.

[159] *Nov. Iust.* 105 pr.: Τὸ τῆς ὑπατείας ὄνομά τε καὶ πρᾶγμα τοῖς μὲν πάλαι Ῥωμαίοις πρὸς τὴν τῶν πολέμων ἐπενοήθη χρείαν / *Consulatus nomen et causa priscis quidem Romanis adversus hostium adinventum est utilitatem.*

[160] *Nov. Iust.* 105 pr.: ὕστερον δὲ ὃ χρόνος εἰς τὴν τῶν εὐσεβεστάτων

tergrund dieses Konstrukts stehen die militärischen Erfolge, die Justinian in der ersten Hälfte der 530er Jahre gegen Perser, Vandalen und Goten errungen hatte, gleichsam eine zeithistorische Bestätigung der kaiserlichen Autorität über das Konsulat; um das in dieser Weise abgewertete Amt überhaupt noch bewahren zu können, bedürfe es, so das im Folgenden entfaltete Argument, der im Gesetz formulierten Reform.[161] Die Neufassung des Konsulats (die faktisch einen weiteren Schritt hin zur Bedeutungslosigkeit und Abschaffung bedeutete) erscheint damit als Wiederherstellung der alten Größe;[162] doch mündete deren Tradition im kaiserlichen Geschichtskonstrukt in die Autorität der Kaiser und damit schließlich Justinians, der seine eigenen Ruhmesansprüche so nicht

αὐτοκρατόρων μεταστήσας τὸ πολεμεῖν τε καὶ εἰρήνην ἄγειν ἐξουσίαν εἰς φιλοτιμίαν μόνην τὸ πρᾶγμα τοῖς ὑπάτοις μετέστησε / *sequens vero tempus in imperatorum piissimorum transponens bellandi et pacificandi potestatem ad largitatem solam causam consulibus mutavit.*

[161] *Nov. Iust.* 105 pr.: ἐπειδὴ τοίνυν ὁρῶμεν κινδυνεῦειν διαπεσεῖν τὸ τῶν ὑπάτων ὄνομα, ὅπερ ἐκ χρόνων οὕτω μακρῶν καὶ εἰς χιλιοστὸν σύνεγγυς ἔτος ἐλθὸν τῇ τῶν Ῥωμαίων συνήκμασε πολιτείᾳ, διὰ τοῦτο ᾠήθημεν χρῆναι τὸ πρᾶγμα περιστεῖλαι, καὶ τὴν ἀμετρίαν τούτου περικόψαντες εἰς εὐσύνοπτον <μέτρον> τὴν ὑπατικὴν συστεῖλαι δαπάνην, ὅπως ἂν διηνεκὴς μείνῃ Ῥωμαίοις, ἅπασι δὲ τοῖς ἀγαθοῖς ἀνδράσιν ὑπάρχῃ βατὴ οὓς τῆς τοιαύτης ἡμεῖς ἀξίους εἶναι τιμῆς ἐγκρίναιμεν / *quia igitur videmus periclitari consulum nomen, quod ex temporibus ita prolixis et ad millesimum prope annum veniens cum Romanorum republica pullulavit, propterea credidimus oportere causam comprehendere, et immensitatem eius recidentes ad beneplacitas consulares statuere expensas, quatenus continua sit Romanis, omnibus autem bonis viris existat accessibilis quoscumque huiusmodi nos dignos esse honore decreverimus.*

[162] Vgl. KRUSE 2018, 189: „The rhetoric of *Novel* 105 relies upon a narrative of consular decline and atrophy to give Justinian's reforms the appearance of a life-saving intervention rather than demotion or restriction".

nur aus aktuellen Erfolgen zu begründen vermochte, sondern einmal mehr auch aus der Vergangenheit. Prokop dürfte rückblickend auf diese Attitüde reagiert haben, als er jene ebenso großartigen wie aufwendigen Feiern beschrieb, die das Konsulat Belisars, damals der ruhmreichste Feldherr des Reiches, im Jahr 535 begleiteten.[163]

An dieser Stelle sei kurz auf ein Argument eingegangen, das in den justinianischen Konstitutionen immer wieder als Begründung für die zahlreichen Regelungen, Gesetze und Reformen hervorscheint: die Unberechenbarkeit der Natur (φύσις / *natura*), die permanent etablierte Strukturen und Konstellationen verändere, worauf der Gesetzgeber kontinuierlich zu reagieren habe: „Es gibt nichts [sc. in den menschlichen Lebensbedingungen], das ewig zu bestehen vermag" (*[…] nihil est in ea [sc. humani iuris condicio], quod stare perpetuo possit*), heißt es bereits in einer Bestimmung aus dem *Codex Iustianus*.[164] Der Kaiser begründet mit dieser Suggestion nicht nur seine beständigen Eingriffe in nahezu sämtliche Bereiche des Alltags der Zeitgenossen, sondern verteidigt sich so auch gegen den allfälligen Vorwurf der Neuerungssucht; es gehe ihm nicht um Innovationen, sondern um die Anpassung an Verhältnisse, die sich stetig im Fluss befänden. Intensiv wurde über die philosophischen und ideenge-

---

[163] Prok. *BV* 2,9,15–16; *BG* 5,5,17–19; vgl. *HA* 26,12–15. Dazu im Einzelnen Kruse 2018, bes. 189: „The *Wars* seeks to undermine the narrative of consular decline, while the *Secret History* transforms Justinian's reverent rescue of the office into miserly avarice"; ferner Meier 2011 [2002], 260–262.

[164] *Cod. Iust.* 1,17,2,18 [a. 533]; vgl. auch *C. Tanta* 18; *Nov. Iust.* 7,2 pr. [a. 535]; 22 pr. [a. 535]; 39 pr. [a. 536]; 49 pr. [a. 537]; 60 pr. [a. 537]; 69,4,1 [a. 538]; 73 pr.,1 [a. 538]; 74 pr. [a. 538]; 84 pr. [a. 539]. Vgl. dazu Lanata 1984; Maas 1986, 29–31.

schichtlichen Traditionen des zugrundeliegenden *natura*-Konzepts nachgedacht,[165] doch zunächst einmal geht es hier schlicht um historischen Wandel: Justinian zeigt sich in der Rolle desjenigen, der zuvörderst auf historischen Wandel, gewissermaßen die Eskapaden der sich vollziehenden Zeit, zu reagieren hat. Gleichzeitig aber impliziert dieses Argument, dass auch er als selbsternannter Herr über die Zeit und ihren Verlauf dem historischen Wandel unterworfen ist. Denn er vermag ihn nicht zu verhindern oder ihm eine Richtung zu geben, sondern reagiert lediglich auf seine Folgen, er eilt ihm also beständig hinterher. Dies jedoch sollte sich bald ändern.

Denn nach dem Jahr 542 ist der Kaiser aus der Zeit und ihrem Verlauf ausgestiegen;[166] historischer Wandel spielt in der Gesetzgebung fortan keine Rolle mehr. An anderen Stellen habe ich die scharfe Zäsur herauszuarbeiten versucht, die in den Jahren 540–542 tief in die Herrschaftszeit Justinians einschnitt und das Erscheinungsbild der kaiserlichen Regierung grundlegend und nachhaltig veränderte.[167] Die Serie schwerer Katastrophen, die um die Wende zum 6. Jahrhundert eingesetzt hatte, fand in jener Phase ihren Kulminationspunkt: Mit Antiocheia wurde 540 die Metropole des Ostens von den Persern geplündert; die Goten in Italien, 540 bereits von Belisar geschlagen, formierten sich zu neuem Widerstand und zwangen Ostrom in einen furchtbaren Zermürbungskrieg, der die

---

[165] Vgl. etwa Lanata 1984, 165–187; Bjornlie 2013, 254–267.
[166] Dass ein Aussteigen aus der Zeit im 6. Jh. durchaus denkbar war, bezeugt explizit Joh. Lyd. *mens.* 4,72: οἱ δὲ Φοίνικες βασιλέα φασὶν αὐτὸν γενέσθαι δικαιότατον, ὥστε τὴν περὶ αὐτοῦ δόξαν κρείττονα γενέσθαι τοῦ χρόνου· ταύτῃ Κρόνον ἐκβαλεῖν τῆς βασιλείας λέγεται, οἱονεὶ τὸν χρόνον καὶ τὴν ἐξ αὐτοῦ λήθην ὑπερβαλεῖν.
[167] Vgl. Meier ²2004, 234–341.

Ressourcen etliche Jahre strapazieren sollte und die Apenninhalbinsel verwüstet und verarmt zurückließ; immer wieder bebte die Erde, düstere Prophezeiungen beunruhigten die Bevölkerung, bevor der Ausbruch der Pest schließlich den Höhepunkt der Unheilsgeschichte des 6. Jahrhundert markierte. An diesem Punkt endet das justinianische ‚Zeitalter Justinians' (dasjenige, welches die Forschung weithin imaginiert, sollte sich hingegen noch bis zum Tod des Kaisers ziehen)[168] – man kann auch drastischer formulieren: Es musste ihm vor die Füße fallen. Denn in demselben Maße, wie in den 520er und 530er Jahren all die spektakulären Erfolge als Bestätigungen einer exzeptionellen göttlichen Gunst gedeutet wurden, mussten die zunehmenden Misserfolge nunmehr als Strafe erscheinen. Karen Piepenbrink konstatiert folgerichtig in den späten Novellen ein „wachsende[s] Interesse am Phänomen der Sünde. Diese wird nun nicht mehr nur bevorzugt im Zusammenhang mit Fehlleistungen von Klerikern zur Sprache gebracht, sondern mit Blick auf die gesamte Reichsbevölkerung, die Person des Kaisers eingeschlossen".[169] Bewegte man sich am Ende nicht vielleicht doch unmittelbar auf den Jüngsten Tag zu? Eine mittelalterliche Legende, deren Historizität man mit guten Gründen bezweifeln darf, führt in signifikanter Weise die umgehenden Endzeiterwartungen direkt mit Kaiserkritik zusammen und mag insofern zumindest als ferne Reminiszenz an die Atmosphäre jener Jahre akzeptiert werden: Als Justinian den Boden der Hagia Sophia habe mit Silber auslegen wollen, sollen drei athenische Philosophen ihm abgeraten haben, indem sie darauf hinwiesen, dass die Ar-

---

[168] Vgl. etwa RUBIN 1960; HUNGER 1975; EVANS 1996.
[169] PIEPENBRINK 2017, 379.

men das wertvolle Material in der anstehenden Endzeit herausbrechen würden.[170]

Tatsächlich hören wir nichts mehr von glänzenden Zukunftsperspektiven, und auch die Rekurse auf die Vergangenheit versiegen. In der *145. Novelle* etwa, mit der im Jahr 553 erneut in die Provinzverwaltung eingegriffen wurde, findet sich keine historisierende Einleitung mehr. Generell geht die gesetzgeberische Aktivität Justinians seit den frühen 540er Jahren rapide zurück, Kommentare zu Zeit, Zeitregimen und Geschichte sind kaum mehr greifbar; als Herr der Zeiten verstummte Justinian. Stattdessen widmete er sich mit zunehmender Intensität seinem theologischen Schrifttum, in dem sich aber nur wenige aussagekräftige konkrete Stellungnahmen zum Thema ‚Zeit' finden[171] (was im Übrigen, soweit ich sehe, für einen großen Teil der theologischen Literatur des 6. Jahrhunderts gilt, mit wenigen Ausnahmen wie z. B. Johannes Philoponos). Immerhin lässt sich ein Passus im *Traktat gegen Origenes* (542/43) in dem Sinne interpretieren, dass das auf Ewigkeit hin ausgerichtete ‚Zeitalter Justinians' nunmehr einer Unterscheidung zwischen der „gegenwärtigen Ordnung" (ἐν τῷ παρόντι κόσμῳ / *in praesenti saeculo*) und dem „zukünftigen Zeitalter" (ἐν τῷ μέλλοντι αἰῶνι / *saeculo futuro*) weichen muss.[172]

---

[170] *Script. Orig. Const.* 97,4–10 PREGER, mit EFTHYMIADIS 2015.

[171] Immerhin wird ein Bewusstsein, in besonderen Zeiten zu leben, bereits in Justinians frühen Briefen an Papst Hormisdas im Kontext der Verhandlungen um die Beilegung des Akakianischen Schismas deutlich, vgl. *Coll. Avell.* 147 [a. 518] (*desiderabile tempus*); 196 [a. 520]. In diesem Kontext begegnet auch schon die offene, auf die Ewigkeit ausgerichtete Zukunftsperspektive, vgl. *Coll. Avell.* 196 [a. 520]; 200 [a. 520].

[172] Iust. *contr. Orig.* p. 68–69 AMELOTTI/MIGLIARDI ZINGALE. Auch die These einer Existenz früherer und zukünftiger Welten

Dennoch lassen sich Indizien dafür beibringen, dass sich der Umgang des Kaisers mit der Zeit in dieser zweiten Phase seiner Herrschaft grundlegend verändert hat. Denn die Zäsur der Jahre 540–542 wirkte sich in durchaus vielfältiger Weise aus: Getrieben von einem sich verdichtenden Prozess der Liturgisierung, aber auch, um sich angesichts der unheilvollen Entwicklungen vor Anwürfen und Kritik zu schützen, verstärkte Justinian noch einmal die sakrale Aura, die seine Person umschloss, indem er sich zunächst als Asket inszenierte, bald auch als Holy Man mit der Fähigkeit, Wunder zu wirken,[173] und schließlich mit Christus assoziierte und in enger Verbundenheit, ja sogar parallel zum Erlöser präsentierte.[174] Es handelt sich um ein Phänomen *sui generis*, das ich als ‚Hypersakralisierung' bezeichnet habe, weil es den Kaiser in einer Weise der irdischen Realitäten enthob, dass es Mitlebenden nicht mehr plausibel und einlösbar erscheinen konnte – auch Justinian erkrankte immerhin an der Pest und auch er konnte die zahllosen Katastrophen, die über sein Reich hinwegfegten, nicht verhindern –, so dass sich in nachjustinianischer Zeit die Notwendigkeit einer grundsätzlichen Neujustierung des Kaisertums ergab.[175]

Für unser Thema ist die Hypersakralisierung indes aus einem anderen Grund von Bedeutung: Sie ging, wie angedeutet, einher mit einem Ausstieg Justinians aus der Zeit.

---

wird zurückgewiesen, vgl. Iust. *contr. Orig.* p. 70–71 AMELOTTI/MIGLIARDI ZINGALE. Zu diesem Text s. GRILLMEIER 1989, 408–421; UTHEMANN 2011, 163 f.

[173] Prok. *aed.* 1,7,7–16; *HA* 13,28–30; vgl. 12,24–27, mit MEIER ²2004, 620–638; 2016, 84–86; LEPPIN 2011a, 286–288.

[174] Vgl. MEIER ²2004, 614–638; 2016; 2017; s. auch LEPPIN 2011a, 284–288.

[175] Zum Phänomen der Hypersakralisierung s. MEIER 2016.

Der Kaiser und die Zeit

Auf den ersten Blick erscheinen die Veränderungen, die sich seit den frühen 540er Jahren vollzogen, wie eine Abkehr von jenem Zeitalter-Ansatz, der Vergangenheit, Gegenwart und Zukunft so glückverheißend integriert hatte, hin zu einer rein präsentistisch-pragmatischen Politik. Doch die kaiserliche Repräsentation deutet in eine andere Richtung.

Im Jahr 540 findet sich der erste eindeutige Hinweis auf die Parallelisierung von Kaiser und Christus. Auf einem Konsuldiptychon, also einer Elfenbeintafel, wie sie die Konsuln alljährlich zu ihrem Amtsantritt in alle Regionen des Reiches versenden ließen, sind im Konsulatsjahr des Justinus im oberen Teil drei Bildnisschilde (*clipei*) angebracht. Christus in der Mitte wird auf derselben Ebene flankiert von Justinian und Theodora. Auf zeitgenössische Betrachter muss dieses Ensemble, das den irdischen und den himmlischen Herrscher auf gleicher Stufe präsentierte, in höchstem Maße verstörend gewirkt haben.[176] Doch verschiedene weitere Zeugnisse illustrieren, dass es sich hier keineswegs um ein Versehen oder eine einmalige Anmaßung handelte. Möglicherweise hat Justinian als erster Kaiser vor Konstantin IV. (668–685) den Titel

---

[176] VOLBACH ³1976, 41, Nr. 33, Taf. 17; BELTING ²1991, 125–129 („Sofort ergibt sich eine unausweichliche Analogie, besser: ein wechselseitiger Verweis zwischen dem Bildnis der göttlichen und dem Bildnis der kaiserlichen Person. Das Auge der Zeitgenossen war für ein solches Bildmanifest sensibel. Man muß sich folgendes vor Augen halten: Die beiden Kaiserbilder waren hochverehrte Kultobjekte, die in vielen Exemplaren kursierten und Gegenstand zahlreicher Riten waren. Das Christusbild wird jetzt mit ihnen auf eine Stufe gestellt"). Demgegenüber findet sich auf dem stilistisch eng verwandten Clementinus-Diptychon (513) in der Mitte zwischen den *clipei* mit dem Kaiserpaar (Anastasios und Ariadne) lediglich ein Kreuz (VOLBACH ³1976, 35, Nr. 15, Taf. 7).

φιλόχριστος geführt.[177] In der *Ekphrasis* der Hagia Sophia, die der Dichter Paulos Silentiarios um die Jahreswende 562/63 anlässlich der Wiedereinweihung des Gotteshauses vortrug[178] – die Kuppel war infolge des Erdbebens im Jahr 557 eingestürzt –, erscheint Justinian als göttlich-transzendentes, den Mitlebenden entrücktes Wesen. Nicht nur, dass die bereits 548 verstorbene Kaisergattin Theodora im Text als Mittlerin zwischen dem Kaiser und Gott an der Seite des Herrn erscheint;[179] auch der Herrscher selbst wirkt dem Lauf alles Irdischen nunmehr enthoben und agiert als Fürsprecher der Menschen vor Gott.[180] Wie im Justinus-Diptychon werden Kaiser und Christus parallelgeführt: Bereits zu Beginn des Gedichts wird jener Tag gepriesen, „an dem Gott und Kaiser verehrt werden (σεμνύνεται)",[181] und kurz darauf wird Chris-

---

[177] Die Beleglage ist nicht ganz eindeutig. In der literarischen Überlieferung erscheint φιλόχριστος in Justinians Edikt über den rechten Glauben (551). Die Hs. des *Chronicon Paschale*, das den Text des Edikts überliefert, bietet das Epitheton allerdings nur *in margine*, jedoch möglicherweise von derselben Hand. Dindorf hat es lediglich in den Apparat aufgenommen (vgl. *Chron. Pasch.* p. II 636, App.), Schwartz ²1973, 130, setzt es in den Haupttext. Zum Problem s. auch Rösch 1978, 65; 103; Kresten 1979, *passim*, bes. 105 („als ‚christusliebender Kaiser' hat er sich in seinem Urkundentitel nie bezeichnet"). Epigraphisch ist φιλόχριστος immerhin sicher bezeugt, vgl. Grégoire 1968, Nr. 219 = IMilet I 206 = *Corpus Inscriptionum Graecarum* IV 8640 (538 n. Chr.). Allerdings war Justinian nicht die einzige Person, die sich als φιλόχριστος ansprechen ließ, vgl. SEG 8,40 (566/567 n. Chr.); 45,1980 (6. Jh. n. Chr.); Theod. *epist.* 47, p. 122,24 Azema.
[178] Dazu s. Bell 2009.
[179] Paul. Silent. *Ekphr.* 61.
[180] Paul. Silent. *Ekphr.* 52–53: ἐξ ὧν δὲ δρῶμεν οὐχ ὁσίων τολμημάτων / ἔχεις ἀφορμὰς τῆς ἄνω παρρησίας.
[181] Paul. Silent. *Ekphr.* 1–2: Ἆρ' ἔστιν εὑρεῖν μείζονα τῆς νῦν ἡμέρας, / ἐν ἧι θεός τε καὶ βασιλεὺς σεμνύνεται.

tus gar als „Mithelfer" bzw. „Kollege" (συνεργός) des Monarchen bezeichnet – und nicht etwa umgekehrt.[182] Justinian erscheint nunmehr als transzendentes Wesen, das hoffnungslos unheilbare Krankheiten überwindet (ὅθεν νόσους μὲν διαδιδράσκεις εὐκόλως, / οὐκ ἐλπίσαντος οὐδενός) – gemeint sein dürfte die Pesterkrankung –,[183] das jegliche menschliche Natur überwunden hat (νικῶν πᾶσαν ἀνθρώπου φύσιν)[184] und schlicht „wie Gott" ist (ὥσπερ τὸ θεῖον),[185] von Gottes eigener Hand beschirmt (αὐτῇ δὲ χειρὶ τοῦ θεοῦ φρουρούμενος).[186] Er leidet ob der Sünden des Lebens,[187] zentrale Eigenschaften Gottes wie Erbarmen (οἶκτος), Mitleid (ἔλεος) und Mitleiden (συμπαθῶν) kennzeichnen jetzt auch ihn.[188] Wer Justinian die Herrschaft missgönnt (ὁ τὸν βασιλέα τοῦτον οὐ θέλων κρατεῖν), so fährt der Dichter in Anspielung auf ein un-

---

[182] Paul. Silent. *Ekphr.* 6. Rainer THIEL hat in der Diskussion zu Recht angemerkt, dass die Vorstellung von Gott als συνεργός des Menschen keineswegs singulär sei, und dabei insbesondere auf Röm 8,28 (Οἴδαμεν δὲ ὅτι τοῖς ἀγαπῶσιν τὸν θεὸν πάντα συνεργεῖ εἰς ἀγαθόν, τοῖς κατὰ πρόθεσιν κλητοῖς οὖσιν) verwiesen. Auch die spätantike Literatur bietet vereinzelte Belege. Im Fall Justinians ergibt sich die Besonderheit indes aus dem Kontext, der den Kaiser bereits als transzendent-metaphysisches, gottgleiches Wesen definiert und in diesem Zusammenhang Christus zum συνεργός erklärt. Noch Agapet, der die kaiserliche Repräsentation der frühjustinianischen Zeit reflektiert, hatte den Herrscher zu den σύνδουλοι Gottes gerechnet (Agapet. *Ekth.* 8, Hinweis Simon ELSÄSSER).
[183] Paul. Silent. *Ekphr.* 17–18.
[184] Paul. Silent. *Ekphr.* 39.
[185] Paul. Silent. *Ekphr.* 47.
[186] Paul. Silent. *Ekphr.* 21.
[187] Paul. Silent. *Ekphr.* 40: ταῖς τοῦ βίου γὰρ συμπαθῶν ἁμαρτάσιν.
[188] Paul. Silent. *Ekphr.* 38; 40. Vgl. zu diesen Eigenschaften Gottes etwa Rom. Mel. 54,17 MAAS/TRYPANIS.

mittelbar zuvor gescheitertes Attentat fort, rüstet sich gegen Gott selbst (πρὸς αὐτὸν τὸν θεὸν ἐξοπλίζεται).[189]

Die gottgleiche Entrücktheit, in der Justinian in der *Ekphrasis* gezeichnet wird, enthebt ihn des menschlichen Alltags, auf den er nur noch mitleidvoll herabblickt.[190] Es ist eindeutig, dass der Dichter den Kaiser nicht mehr der menschlichen, sondern der göttlich-transzendenten Sphäre zuordnet, aus allem Zeitlichen herauslöst – und damit auch aus der Zeit. Damit dürfte er die Repräsentation des späten Justinian reflektieren, denn auch der letzte, höchst kontroverse religionspolitische Akt des Kaisers dokumentiert eine der Zeit enthobene Haltung. Ende 564/Anfang 565 soll Justinian ein Edikt publiziert haben, in dem er sich zum Aphthartodoketismus bekannt haben soll, einer dem miaphysitischen Spektrum zugerechneten theologischen Lehre, welche die Leidensunfähigkeit und Unverweslichkeit des menschlichen Leibes Christi vorsah.[191] Dieses ‚Edikt' (dessen Inhalt wir nur aus einer Zu-

---

[189] Paul. Silent. *Ekphr.* 54–55.
[190] Paul. Silent. *Ekphr.* 40–47.
[191] Vgl. Theoph. a.m. 6057 p. 240,31–241,2 DE BOOR (in der 13. Indiktion [1. September 564 – 31. August 565], aber noch vor dem 22. Januar 565 [Absetzung des Euytchios, s.u.]), vgl. STEIN 2023b, 686, mit Anm. 1; MANGO/SCOTT 1997, 354, Anm. 2. Zum Aphthartodoketismus s. etwa VAN ROMPAY 2005, 252–254; KOFSKY 2013; MOSS 2016. Die Lehre vom unverweslichen Leib Christi wurde im frühen 6. Jh. vor allem von Julian von Halikarnassos vertreten, der darüber in einen Konflikt mit Severos von Antiocheia, einer zentralen Identifikationsfigur der Miaphysiten, geriet; nicht nur daraus wird ersichtlich, dass der Aphthartodoketismus von den miaphysitischen Hauptströmungen abgelehnt wurde (vgl. MASPERO 1923; DRAGUET 1924; KOFSKY 2013, 255f.). Die folgende Interpretation der Vorgänge um das sog. aphthartodoketische Edikt habe ich an anderer Stelle ausführlicher entwickelt, vgl. MEIER (im Druck 1). Zum ‚Kerngedanken' des Aphthartodoketismus vgl. Eustrat. *Vita Eutych.* 942–

sammenfassung in der *Kirchengeschichte* des Euagrios kennen)[192] hat nicht nur unter Zeitgenossen erheblichen Widerstand ausgelöst – Justinian sah sich sogar gezwungen, Eutychios, den Patriarchen von Konstantinopel, abzusetzen (22. bzw. 31. Januar 565).[193] Es gilt auch in der Forschung weiterhin als rätselhaft und wird dementsprechend kontrovers diskutiert. Ich möchte all die Lösungs- und Erklärungsvorschläge, die inzwischen zusammengetragen worden sind, an dieser Stelle auf sich beruhen lassen.[194] Wichtig ist in meinem Kontext lediglich der Umstand, dass die aphthartodoketische Sichtweise, welche die Unverweslichkeit, ja Zeitlosigkeit des menschlichen Körpers Christi akzentuierte, für einen Herrscher, der sich dezidiert mit Christus parallelisierte, eine besondere Attraktivität besitzen musste. Folgt man dem Kirchenhistoriker Nikephoros Kallistos, der zwar erst im 14. Jahrhundert wirkte, sich aber erklärtermaßen auf zeithistorisches (heute verlorenes) Material stützte,[195] so habe eine

---

943 LAGA: ἄφθαρτον τὸ σῶμα τοῦ κυρίου ἡμῶν Ἰησοῦ Χριστοῦ ἐξ αὐτῆς ἑνώσεως γεγενῆσθαι („dass der Leib unseres Herrn Jesus Christus unverderblich geworden sei seit der *Henosis*"); s. auch Eustrat. *Vita Eutych*. 952–953; 1017 LAGA.

[192] Euagr. *HE* 4,39; weitere Andeutungen bei Eustrat. *Vita Eutych*. 942–943 LAGA.

[193] Eustrat. *Vita Eutych*. 1045–1055 LAGA (Verhaftung am 22. Januar); 1069–1146 LAGA (Absetzung am 31. Januar durch eine *synodos endemousa*); vgl. VAN DEN VEN 1965, 327 f.

[194] Für einen Überblick s. MEIER (im Druck 1), dort auch eine kurze Zusammenfassung der einschlägigen Zeugnisse. Zuletzt hat sich ROGGO 2019 zu der Problematik geäußert und eine politische Deutung (Kontext des Ringens um die Nachfolge Justinians) vorgeschlagen.

[195] Nikeph. Kall. *HE* 17,29 *PG* 147,296C: „Geschichtsschreiber über seine [d.h. Justinians] Zeit" (λέγεται [...] παρὰ τῶν τὰ ἐκείνου ἱστορηκότων). LOOFS 1921, 235 f., geht von einem „uns nicht erhalte-

außergewöhnliche Sehnsucht (ὁ πλεῖστος πόθος) nach Christus Justinian zu seinem kirchenpolitischen Schritt veranlasst.[196] In der Tat scheint der späte Justinian eine christusgleiche Unverletzlichkeit und Zeitlosigkeit seines Körpers postuliert zu haben – vielleicht infolge der überstandenen Pesterkrankung, auf die Paulos anspielt (s.o.) und die in seinem Gedicht wie ein göttliches Wunder erscheint. Euagrios attackiert diesen Anspruch, indem er im Kontext seiner Kritik an den aphthartischen Anwandlungen des Monarchen konstatiert, dieser habe „unsichtbar verwundet", also körperlich beeinträchtigt, sein eigenes irdisches Leben zerstört (ἀοράτως τρωθεὶς τὸν τῇδε κατέστρεψε βίον), und damit das Postulat des unverletzlichen Körpers konterkariert.[197] Coripp (Goripp) wiederum behauptet in seinem 565 entstandenen Panegyricus auf Justinians Nachfolger Justin II., der Leichnam des eben Verstorbenen habe keine Farbveränderungen aufgewiesen, sondern sei in gewohntem Glanz erstrahlt,[198] mehr einem Schlafenden als Toten gleich.[199] Als *sanctum et venerabile corpus* bzw. *corpus venerabile* bezeichnet der Dichter den reliquienhaften Leichnam Justinians.[200] Auch

---

nen ‚Geschichtsschreiber der Zeit Justinians'" aus (235). Auch eine zeitnahe nachjustinianische Quelle ist nicht auszuschließen.

[196] Nikeph. Kall. *HE* 17,29 *PG* 147,296C.

[197] Euagr. *HE* 4,41, mit MEIER 2016, 90–93.

[198] Coripp. *Laud. Iust.* 1,236–238: *sic suprema suae servans insignia vitae / Iustinianus <erat>, non mutans morte colorem, / sed solito candore nitens.*

[199] Coripp. *Laud. Iust.* 2,242–243: *[…] requiescere somno / credere quod posses, non duro funere, corpus.* Der Tote, der eher einem Schlafenden ähnelt, ist ein topisches Element der antiken Literatur, vgl. etwa Plin. *epist.* 6,16,20.

[200] Coripp. *Laud. Iust.* 3,4; 3,28.

im Tod blieb er der Zeit enthoben: Als die Kreuzfahrer im Jahr 1204 die Bosporusmetropole plünderten und in der Apostelkirche, der Grablege der byzantinischen Kaiser, die Sarkophage aufbrachen, machten sie eine schaurig-überraschende Entdeckung: Der Leichnam des vor mehr als 600 Jahren verstorbenen Herrschers zeigte sich noch völlig unversehrt.[201] Justinian war, so wie es Paulos Silentiarios, Coripp und die geheimnisvolle Hinwendung zum Aphthartodoketismus suggerieren, aus der Zeit ausgestiegen. Er hatte den Weg von der Pluritemporalität der frühen Jahre hin zu einer transzendenten Nontemporalität gefunden.

---

[201] Niket. Chon. *Hist.* p. 648,26–28 van Dieten. Vgl. Prinzing 1986, 80.

5. Retardation und Beschleunigung: Miaphysitische Milieus

Eine eigene Analyse erfordern jene Autoren, die sich selbst in miaphysitischen Kontexten verorten oder diesen zugerechnet werden können. Denn sie repräsentieren Milieus, in denen sich auf die allgemeine Katastrophenerfahrung zusätzlich noch das leidvolle Erleben von Repression, Gewalt und Verfolgung türmte, wie sie seit dem Herrschaftsantritt Justins I. (518–527) und der damit vollzogenen kirchenpolitischen Wende von Repräsentanten der kaiserlichen Regierung oder auch von ihnen begünstigten weltlichen und kirchlichen Amtsträgern praktiziert wurden.[1] Besonders für den syrischen Raum sind die Drangsale, denen Angehörige des antichalkedonisch-miaphysitischen Spektrums fortan ausgesetzt waren, gut dokumentiert.[2] Sie bilden nicht zuletzt auch den Hintergrund für eine Massenhysterie in Amida um das Jahr 560/61, auf die noch näher einzugehen sein wird.[3] Regionale und lokale Autoritäten gingen dabei zuweilen mit einer Brutalität vor, die selbst in Konstantinopel Beklemmung ausgelöst haben soll. Der Chalkedonier Paulos (519–521) etwa, der nach der Demission der miaphysiti-

---

[1] Vgl. etwa Ps.-Dionys. p. 21 WITAKOWSKI (= Joh. Eph.). LEBON 1909; DE HALLEUX 1963; FREND 1972, bes. 221ff.; VAN ROMPAY 2005; MENZE 2008, bes. 12–57; vgl. auch BITTON-ASHKELONY/KOFSKY 2006; WOOD 2010.

[2] Zu diesem Komplex ist grundlegend ASHBROOK HARVEY 1990.

[3] S.u. S. 194ff.

schen Ikone Severos im Jahr 518 den Patriarchenstuhl zu Antiocheia innehatte, soll auf kaiserlichen Befehl abberufen und durch den maßvoller agierenden Euphrasios (521–526) ersetzt worden sein;[4] doch selbst dessen Tod während des schweren Erdbebens 526 gilt Johannes von Ephesos noch als mahnendes Exempel für das traurige Schicksal eines Verfolgers.[5] Auf Euphrasios folgte Ephraem von Amida (527–545), der die antimiaphysitischen Repressionen wieder verschärfte;[6] Johannes bezeichnet ihn als Antichrist.[7]

---

[4] Zu Paulos s. Ps.-Dionys. p. 20–27; 30 WITAKOWSKI (= Joh. Eph.); Joh. Eph. *HE* 1,41; Joh. Nik. 90,9–10 p. 133–134 CHARLES; Mich. Syr. 9,14. Wegen seiner Grausamkeit wurde er in miaphysitischen Kreisen als „der Jude" bezeichnet. Zu seiner Herkunft s. Malal. p. 338,34–36 THURN (ὁ ἀπὸ ξενοδόχων Κωνσταντινουπόλεως τῶν Εὐβούλου); Theoph. a.m. 6011 p. 165,17–18 DE BOOR. Zu seiner Abberufung s. Ps.-Dionys. p. 24 WITAKOWSKI (= Joh. Eph.); Ps.-Zach. *HE* 8,1. Vgl. auch *Coll. Avell.* 241 [a. 521], wo Justin I. gegenüber Papst Hormisdas Paulos' Rücktritt mit dessen mangelnder Akzeptanz bei der Bevölkerung begründet; ferner das Schreiben des Patriarchen von Konstantinopel Epiphanios an Hormisdas (*Coll. Avell.* 242 [a. 521]). Euagr. *HE* 4,4 behauptet, Paulos habe sich freiwillig zurückgezogen. Zu Paulos' Amtszeit und ihrem Ende s. VASILIEV 1950, 206; 235 f.; FREND 1972, 241–243; MENZE 2008, 48–55; ALLEN 2011, 27 f.

[5] Ps.-Dionys. p. 46–47 WITAKOWSKI (= Joh. Eph.); zum Tod des Euphrasios s. auch Joh. Eph. *HE* 1,41; Ps.-Zach. *HE* 8,4; *Chron. Edess.* ad ann. 839 = Chron. Min. (Syr.) I p. 10 GUIDI; Joh. Nik. 90,32 p. 136 CHARLES; Malal. p. 352,67–68 THURN; Euagr. *HE* 4,5; Theoph. a.m. 6019 p. 172,30–31 DE BOOR; Marc. Com. *ad ann.* 526 p. 102 MOMMSEN. MEIER ²2004, 351 f., mit Anm. 54; MENZE 2008, 88 f.; ALLEN 2011, 28.

[6] PLRE II 394-396 (Ephraemius); LEBON 1914; DOWNEY 1938; ASHBROOK HARVEY 1990, 62 f.; ALLEN 2011, 29 f.

[7] Joh. Eph. *LHO*, *Vita 21*, *PO* 17,293–294. – Zur Rolle Antiocheias in der syrischen Überlieferung s. DEBIE 2004.

Unterdrückungen, Willkürmaßnahmen und Verfolgungen mussten also wie ein Resonanzverstärker den ohnehin laut tönenden Generalbass der Katastrophenwahrnehmung anschwellen lassen[8] und geradezu zwangsläufig zu einer Intensivierung eschatologischer Erwartungen führen[9] – dies möglicherweise einer der Gründe für das Insistieren des sich religiös indifferent[10] präsentierenden Antiocheners Johannes Malalas auf einer alternativen Zeitrechnung, welche die Angst vor einem unmittelbar bevorstehenden Ende nehmen sollte.

Wiederholte Rekurse auf das Jüngste Gericht finden sich im Werk des Severos von Antiocheia,[11] gleiches gilt für miaphysitische Zeitgenossen wie z. B. Johannes Rufus, der zu Beginn des 6. Jahrhunderts im Konzil von Chalkedon (451) einen Vorboten des Antichrist sah und nach dem Tod des temporären Patriarchen von Ägypten Timotheos II. Ailouros († 477) jederzeit mit dessen Auftreten rechnete,[12] oder auch für Ps.-Zacharias und Johannes von Ephe-

---

[8] Vgl. etwa Sev. Ant. *hymn.* 244–267 PO 7.5 p. 692–715 BROOKS.

[9] Vgl. in diesem Sinne auch ASHBROOK HARVEY 1988, 296, die diese Entwicklung sogar bis auf das Konzil von Chalkedon im Jahr 451 zurückführt.

[10] DRECOLL 2016.

[11] Vgl. DE VRIES 1957, bes. 367: „Nach der Auferstehung folgt das Letzte Gericht. Dieses steht bei Severus, wie überhaupt bei den Vätern der ersten Jahrhunderte, durchaus im Vordergrund"; vgl. auch ebd. 370.

[12] Joh. Ruf. *pleroph. 7, PO* 8.1,19–20; 12 *PO* 8.1,28; 13 *PO* 8.1,29; 17 *PO* 8.1,34; 26 *PO* 8.1,67; 88 *PO* 8.1,143–144; 89 *PO* 8.1,152–154; 93 *PO* 8.1,160 [Appendix] NAU; ASHBROOK HARVEY 1988, 301 f. Demgegenüber betrachtete der Chalkedonier Kyrill von Skythopolis Theodosios von Alexandreia († 566), eine Galionsfigur der Miaphysiten, als „Vorläufer des Antichrist" (τοῦ [...] ἀντιχρίστου πρόδρομος, Kyrill. Skythop. *Vita Euthym.* p. 41 SCHWARTZ). – Zu Johannes Rufus s. SCHWARTZ 1912; STEPPA 2004; ²2014.

sos. Aber wie blickten diese Autoren innerhalb ihrer jeweils eigenen Eschatologien auf Aspekte der Zeit? Dieser Frage soll im Folgenden anhand zweier herausragender Figuren aus dem miaphysitischen Spektrum nachgegangen werden, um aufzuzeigen, dass sehr unterschiedliche, ja geradezu gegenläufige Strategien angewendet wurden, um mit den drängenden Naherwartungen umzugehen: Retardation und Beschleunigung.

Severos,[13] der in den Jahren 512–518 den Bischofsstuhl zu Antiocheia innehatte, nicht nur in diesem Amt eine reiche literarische Produktion entfaltete (seine griechischen Texte sind fast ausschließlich in syrischen Übersetzungen erhalten) und auch überregional höchstes Ansehen genoss, vermeidet zumeist chronologische Festlegungen mit Blick auf das Weltende, lässt vielmehr ein eigentümliches Oszillieren erkennen, das auf Unsicherheiten und Zweifel hindeutet. Seinem kraftvollen Hinweis, dass das Ende, dessen er sich durchaus gewärtig zeigt,[14] unmittelbar zu erwarten sei,[15] stehen Äußerungen entgegen, in denen er ein Bemühen erkennen lässt, die Zeit bis zum Jüngsten Tag zu zerdehnen, und auf die Unkalkulierbarkeit des Termins verweist.[16] Mit Blick auf den für frühchristliche

---

[13] Zu Severos von Antiocheia vgl. etwa TORRANCE 1988; BRUNS ³2002b; ALLEN/HAYWARD 2004; VAN ROMPAY 2008.

[14] Vgl. z.B. Sev. Ant. *hom.* 13 *PO* 38.2 p. 397 BRIÈRE-GRAFFIN; *hom.* 58 *PO* 8.2 p. 229 BRIÈRE; *hom.* 78 *PO* 20.2 p. 288 BRIÈRE; *hom.* 82 *PO* 20.2 p. 393 BRIÈRE; *hom.* 86 *PO* 23.1 p. 66 BRIÈRE; *epist.* 1,60 p. 189 BROOKS [Select Letters]; *epist.* 107 *PO* 14.1 p. 261 BROOKS; *epist.* 52 *PO* 12.2 p. 329 BROOKS u.ö.

[15] Sev. Ant. *hom.* 53 *PO* 4.1 p. 35 DUVAL; *epist.* 5,13 p. 344 BROOKS [Select Letters].

[16] Vgl. DE VRIES 1957, 367: „Was den Zeitpunkt des Jüngsten Gerichtes angeht, so lehrt Severus seine völlige Ungewissheit". S. auch Sev. Ant. *Lib. contr. imp. Gramm.* II.1,6 p. 71 LEBON.

Naherwartungen zentralen Passus Mt 16,28[17] behauptet Severos, das „Kommen des Menschensohnes in seinem Reich" beziehe sich auf die Herrlichkeit der göttlichen Offenbarung.[18] Von der Menschwerdung Christi bis zum Weltende, so seine Vermutung, müssten 1000 Jahre vergehen;[19] wenn es heiße, Christus sei in den letzten Tagen gekommen, so habe man dies im Sinne der Zeitlosigkeit Gottes zu verstehen,[20] und wenn der Evangelist Johannes die Endzeit ausrufe,[21] so sei dies als spezifischer Zeitraum, einer Jahreszeit vergleichbar, zu interpretieren.[22] Der Exeget hält fest:[23]

Und um es anders auszudrücken: Da 5000 Jahre und mehr vergangen waren, seit die Welt ihren Anfang nahm, wie die Schriften des Moses uns überliefert haben, und da seit dem Kommen Christi noch nicht einmal 600 oder 700 oder 1000 Jahre vergangen sind – wir wollen das einmal annehmen –, wie kann es dann als unvernünftig erscheinen, den Ausdruck ‚letzte' auf die Tage

---

[17] Mt 16,28: *Es stehen einige hier, die werden den Tod nicht schmecken, bis sie den Menschensohn in seinem Reich kommen sehen.*
[18] Sev. Ant. *epist.* 81 *PO* 14.1 p. 128–131; 93 *PO* 14.1 p. 176–177 BROOKS, mit DE VRIES 1957, 367.
[19] Vgl. Sev. Ant. *epist.* 79 *PO* 14.1 p. 126 BROOKS.
[20] Dies unter Verweis auf 2 Petr 3,8–10: *Eins aber sollt ihr nicht vergessen, ihr Lieben, dass ein Tag vor dem Herrn wie tausend Jahre ist und tausend Jahre wie ein Tag. Der Herr zögert die Erfüllung seiner Verheißung nicht hinaus, wie es manche für eine Verzögerung halten; vielmehr hat er Geduld mit euch und will nicht, dass jemand verloren geht, sondern dass alle zur Buße finden. Der Tag des Herrn aber wird kommen wie ein Dieb.*
[21] 1 Joh 2,18: *Kinder, es ist Endzeit! Ihr habt ja gehört, dass der Antichrist kommt, und nun sind schon viele Antichristen gekommen; daran erkennen wir, dass Endzeit ist.*
[22] Sev. Ant. *epist.* 81 *PO* 14.1 p. 130 BROOKS.
[23] Sev. Ant. *epist.* 81 *PO* 14.1 p. 130–131 BROOKS (Übers.: W. DE VRIES).

der 600 oder meinetwegen 1000 Jahre anzuwenden, wenn diese mit den 5000 verglichen werden?

Severos rechnete offenbar mit einer 7000jährigen irdischen Weltzeit, von der 5000 Jahre bereits vor der Geburt Christi verstrichen seien.[24] Andererseits erscheinen selbst die 7000 Jahre bereits abgelaufen, wenn der Theologe in der Zeit der Menschwerdung Christi und der Parusie den 8. Tag erkennen möchte.[25] Mitunter wird der Jüngste Tag aber auch schlicht in die „Zukunft" datiert.[26]

All dies wirkt nicht wie ein konsistentes Gedankengebäude, sondern wie ein Reagieren auf unterschiedliche Situationen und pastorale Herausforderungen. Möglicherweise neigte Severos in seiner Rolle als Prediger (seine erhaltenen Homilien stammen aus der Bischofszeit 512–518) eher dazu, auf das bevorstehende Ende hinzuweisen, um ein größeres Publikum zu Umkehr und Buße aufrufen zu können, während er sich in seinen Briefen gegenüber theologisch versierteren Adressaten differenzierter präsentieren konnte;[27] doch der eher diffuse Textbefund (die erhaltenen Briefe gehen auf eine frühmittelalterliche Auswahlsammlung sowie verschiedene von Ernest W. Brooks zusammengetragene syrische Handschriften zurück)[28] gemahnt hier zur Vorsicht. Grundsätzlich jedenfalls ist eine Tendenz erkennbar, jenen Beschleunigungserfahrungen entgegenzutreten, welche Zeitgenossen durchleben

---

[24] Sev. Ant. *epist.* 79 *PO* 14.1 p. 125–126 BROOKS, mit DE VRIES 1957, 369. Vgl. Sev. Ant. *epist.* 80 *PO* 14.1 p. 127 BROOKS,

[25] Sev. Ant. *hom.* 53 *PO* 23.1 p. 18–19 BRIÈRE; *epist.* 80 *PO* 14.1 p. 127 BROOKS, mit DE VRIES 1957, 369.

[26] Sev. Ant. *hom.* 123 *PO* 29.1 p. 183 BRIÈRE.

[27] Zu den unterschiedlichen Rollen, in denen Severos gegenüber verschiedenen Adressaten agierte, s. ALLEN 2001.

[28] Vgl. ALLEN/HAYWARD 2004, 52; VAN ROMPAY 2008, 10.

mussten, die sorgenvoll auf ein unmittelbar drohendes Weltende blickten – exemplarisch sichtbar in den im zweiten Jahrzehnt des 6. Jahrhunderts entstandenen *Plerophoriai* des Johannes Rufus (s.u.). Dieses Bemühen um Retardation teilt der Miaphysit Severos mit Johannes Malalas und anderen.

Umso auffälliger ist, dass Justinian, der in den 530er Jahren geradezu aggressiv ein indefinites, auf die Ewigkeit ausgerichtetes Zukunftskonzept propagierte, ausgerechnet in jener Novelle, mit der er die auf dem Konzil zu Konstantinopel 536 beschlossene Anathematisierung des Severos (und anderer prominenter Miaphysiten) festschrieb,[29] eine flüchtige Andeutung erkennen lässt, wonach möglicherweise nicht mehr viel Zeit verbleibe. Seinen gegen Severos gerichteten Maßnahmenkatalog beschließt er jedenfalls mit den Worten: „Keinesfalls nämlich wollen wir, dass die von jenen ausgehende Gotteslästerei auch in die verbleibende Zeit (τῷ λειπομένῳ χρόνῳ / *reliquo <tempore>*) geschleppt wird"[30] – eine Formulierung, die vor dem Hintergrund der Frage nach Zeitkonzepten zumindest aufhorchen lässt; warum verwendete die kaiserliche Kanzlei nicht geläufigere Wendungen wie ἐν τῷ μέλλοντι / *in futuro tempore* etc.? Treffen wir hier auf eine strategische Ambiguität, die dazu gedient haben könnte, trotz der harschen Verurteilungen Gesprächskanäle zu Angehörigen des miaphysitischen Spektrums offenzuhalten, da diese nicht zuletzt aufgrund des wachsenden politischen Drucks das Heranrücken der Endzeit

---

[29] Zu diesem Konzil s. MILLAR 2008; LEPPIN 2011a, 181–191; 2011b; GRAZIANSKIJ 2021, 190–194.

[30] *Nov. Iust.* 42,1,2 [a. 536]: οὐδὲ γὰρ βουλόμεθα καὶ τῷ λειπομένῳ χρόνῳ τὴν ἐξ ἐκείνων ἐπισύρεσθαι βλασφημίαν / *Non enim volumus etiam reliquo <tempore ex illis protrahi blasphemiam>*.

besonders intensiv erlebten und reflektierten? In diesem Fall könnte die von Severos gegenüber seinen miaphysitischen Glaubensgenossen vertretene Retardationsthese das Bemühen spiegeln, einen mäßigenden Einfluss auszuüben, indem Zeit zum Argument im kirchenpolitischen Streit gemacht wurde. Doch einmal mehr wird man auch in diesem Punkt nicht über Spekulationen hinauskommen.

Zu jenen Personen, die phasenweise von Bedrückungen und Verfolgungen unmittelbar betroffen waren, wird man Johannes von Ephesos (* um 507, † nach 588/89) zählen dürfen, einen gemäßigten Anhänger der Einnaturenlehre, theologisch Severos von Antiocheia und Theodosios von Alexandreia nahestehend, dem es jedoch gelang, selbst in Momenten der schärfsten Konfrontation den Gesprächsfaden zum Kaiserhof intakt zu halten – nicht zuletzt, indem er seit den frühen 540er Jahren auf kaiserlichen Auftrag hin die Leitung einer großangelegten Missionskampagne in Kleinasien übernahm.[31] Als Angehöriger

---

[31] Zu Johannes s. VAN GINKEL 1995; ASHBROOK HARVEY 1998; DESTEPHEN 2008, 494–519 (Iôannès 43); WOOD 2010, 178–208; DEBIÉ 2015, 137–139; LEPPIN 2019; 2025, 95–97. Zur Missionskampagne s. Ps.-Dionys. p. 72 WITAKOWSKI (= Joh. Eph.); Joh. Eph. *LHO*, *Vita 43*, *PO* 18,660 (Gründung von 92 Kirchen und 10 Klöstern); *Vita 47*, *PO* 18,681 (80000 Bekehrungen, 98 Kirchen, 12 Klöster, 7 in Kirchen umgewandelte Synagogen); Mich. Syr. 9,24 (70000 Bekehrungen); 9,33 (7000 Bekehrungen [wohl eine Verschreibung], 96 Kirchen, 12 Klöster). Trotz seiner antichalkedonischen Haltung soll Johannes die Altgläubigen, um sie überhaupt gewinnen zu können, chalkedonisch getauft haben (vgl. Mich. Syr. 9,24). Vgl. ENGELHARDT 1974, 12–22a; TROMBLEY 1985, 329–333; 1994; WHITBY 1991; ASHBROOK HARVEY 1998, 562; MEIER ²2004, 588–590; FLUSIN 2010; LEPPIN 2011a, 300f. MELLON SAINT-LAURENT 2015, 72–79 weist auf die Selbstinszenierung des Johannes als Holy Man hin (75–79, bes. 76). LEPPIN 2017 zieht die Episode inzwischen mit erwägenswerten

einer Klostergemeinschaft in Amida erfuhr er selbst über Jahre hin Vertreibung und Verfolgung, begleitete Leidensgenossen auf ihren mühseligen Wanderungen (521/22–530) und durchmaß große Teile des römischen Ostens; er wurde Zeuge des Ausbruchs der Pest im Jahr 541 und legte sein Entsetzen in einem bewegenden Bericht nieder.[32] In Konstantinopel schloss der rastlose Mönch sich Theodosios, dem exilierten Patriarchen von Alexandreia, an und trat nach dessen Tod 566 selbst an die Spitze der in der Hauptstadt versammelten Chalkedongegner. Seit 558 hatte er das Amt des Bischofs von Ephesos inne, geweiht von Jakob Baradaios, einem der Väter der syrisch-orthodoxen (,Jakobitischen') Kirche. Johannes bemühte sich um Vermittlung zwischen Repräsentanten unterschiedlicher theologischer Positionen sowie zwischen verfolgten Chalkedongegnern und römischen Autoritäten. Nach dem Scheitern eines Einigungsversuchs im Jahr 571 wurde er kurzfristig inhaftiert und relegiert,[33] auch seine Teilnahme am erfolglosen Einigungskonzil im Jahr 580 zu Konstantinopel ist bezeugt. Sein bewegtes Leben endete angeblich im Gefängnis; und dennoch sollen sich anlässlich seiner Grablegung Anhänger und Gegner des *Chalcedonense* einträchtig zusammengefunden haben.[34]

Argumenten in Zweifel und verweist auf die (kirchen-)politischen und historiographischen Interessen des Johannes, vgl. ebd., 59: „Aber ein großangelegtes Missionsunternehmen in engem Zusammenspiel von Kaiser und miaphysitischem Missionar wird man kaum voraussetzen dürfen; hier schuf der fromme Autor Johannes ein Ideal des christlichen Herrschertums: die Verbindung eines glaubenseifrigen Kaisers mit einem rechtgläubigen Bischof".

[32] Ps.-Dionys. p. 74–98 WITAKOWSKI (= Joh. Eph.).
[33] Joh. Eph. *HE* 3,15.
[34] Mich. Syr. 10,15.

Johannes von Ephesos zählt zu den produktivsten Historiographen des 6. Jahrhunderts. Sein Artikulationsmedium war nicht das Griechische, die Sprache der politischen Autoritäten, sondern Syrisch.[35] Seine 58 Kapitel umfassende Sammlung von Kurzbiographien einzelner Asketen und Gemeinschaften (*Leben der Heiligen des Orients*, ca. 566/68), denen er selbst begegnete,[36] gewährt einen lebhaften Einblick in die Erfahrungswelt der Chalkedongegner im ländlichen Raum Syriens und Mesopotamiens, indem sie insbesondere auf die Herausforderungen und Widerfahrnisse verweist, mit denen die Akteure über Jahrzehnte hin konfrontiert wurden. Mit dem Werk dürfte Johannes nicht zuletzt auf eine Selbstbestätigung und innere Festigung der verfolgten Gruppen und Milieus gezielt haben.[37] In den Anfangsjahren der Herrschaft Justins II. entstanden die ersten beiden Teile der monumentalen *Kirchengeschichte*, in denen die Zeit von Caesar bis zum Tod Theodosios' II. (450) sowie die folgenden Dekaden bis zum Jahr 571 behandelt wurden. Während der erste Block des Geschichtswerks, abgesehen von wenigen Zitaten, nicht erhalten geblieben ist, haben die *Chronik von Zuqnīn* (2. Hälfte 8. Jh.) und andere mittelalterliche syrische Texte längere Passagen des zweiten Teils bewahrt.[38] Bis auf wenige Lücken vollständig überliefert ist der dritte Teil, der die Geschichte bis zum Jahr 588/89 heraufführt und, wie die anderen Abschnitte ebenfalls sechs Bücher umfassend, einen eigenständigen Erzählzusammenhang

---

[35] Vgl. LEPPIN 2019, 113; 131.
[36] VAN GINKEL 1995, 41.
[37] Vgl. VAN GINKEL 1995, 41; 93f.; LEPPIN 2019, 130.
[38] Vgl. WITAKOWSKI 1991; VAN GINKEL 1995, 46–68 und Appendix B. Zusammenfassend s. ASHBROOK HARVEY 1998, 555f.

konstituiert,[39] insofern nun die selbst erlebten Verfolgungen der nachjustinianischen Phase im Zentrum der Darstellung stehen.[40] Inkonsistenzen und Hinweise auf mangelnde Endredaktion lassen vermuten, dass dieser letzte Teil der *Kirchengeschichte* (insbesondere Buch 6) nicht mehr vollendet werden konnte.[41] Evident ist aber, dass er anders als die *Leben der Heiligen des Orients* auch auf ein chalkedonfreundliches Publikum ausgerichtet war,[42] was für den Autor einen Balanceakt bedeutete. Denn jene Zugeständnisse, die er in Tat und Schrift den Chalkenoniern gewährte, musste er vor seinen miaphysitischen Glaubensbrüdern rechtfertigen und begründen, nicht zuletzt durch die Hervorhebung des eigenen Leidens.[43]

In den hagiographischen *Leben der Heiligen des Orients* ist das unmittelbar bevorstehende Weltende allgegenwärtig. Als programmatisch lässt sich folgende Ansprache der viel beachteten Asketin Susanna deuten:[44]

And she took upon herself to speak to us about this world how it is in the grasp of error, and how men see their fellows rotting and decaying and putrefying within graves, and the loathsome worm creeping about in the midst of their putrefying remains, and they who see these things are led astray by the vanities of this false world, and how again the thought of the rapidly-approaching terrible hour of the dissolution of this world does not rise in men's hearts, and that they are about to stand before the terrible judgment-seat of God, saying, „It is a great absurdity that

---

[39] VAN GINKEL 1995, 46.
[40] Vgl. z. B. Joh. Eph. *HE* 2,18. Den Aspekt der Verfolgtenperspektive betont auch LEPPIN 2019, 113.
[41] VAN GINKEL 1995, 83–85; LEPPIN 2019, 117; 120.
[42] Vgl. LEPPIN 2019, 130.
[43] Auf diesen Aspekt hat mich Hartmut LEPPIN hingewiesen.
[44] Joh. Eph. *LHO*, *Vita 27*, *PO* 18,554–555 (Übers.: E. W. BROOKS). Zur Asketin Susanna s. ASHBROOK HARVEY 1990, 76–80.

we hear of the pit of fire, and the abysses of flame, and the darkness, and the rest of the torments, and we do not lay it to heart and ask mercy while we have the opportunity as a means of escaping from these things". This divine woman would repeat in our presence many things yet more terrible than these, and we were brought into a state of great wonder at her speech.

Auch an anderen Stellen wird wiederholt auf den Jüngsten Tag hingewiesen.[45] Heilige Männer, so der Autor, zogen durch die Lande und predigten das Weltende.[46] Dieses bildet eine sich langsam nähernde, unüberwindliche Mauer, an der jegliches irdisches Geschehen zerschellen muss, wodurch zugleich aber auch eine markante Beschleunigung der Zeit ausgelöst wird („the *rapidly*-approaching terrible hour of the dissolution of this world"). Menschliches Handeln vollzieht sich, das Telos in Sichtweite, in einem zunehmend rasenden Zeitmodus. Dementsprechend wird das auf wenige Jahre (571–588) zusammengedrängte Geschehen im dritten Teil der *Kirchengeschichte* als komprimierte Geschichte präsentiert, ganz so wie auch in den nahezu gleichzeitig entstandenen *Historien* des Agathias. Während dieser jedoch seinen Rezipienten mit einer präsentistisch-schwebenden Darstellung eine unsichere, indeterminierte Zukunft zumutet, predigt Johannes einen unmittelbar bevorstehenden Zielpunkt. Auch wenn der Erhaltungszustand der beiden ersten Teile seiner *Kirchengeschichte* keine konkreteren Schlussfolgerungen zulässt, kann doch immerhin mit Gewissheit davon ausgegangen werden, dass diese weitaus tiefer und strukturierter in der Vergangenheit (zumindest bis Caesar herab) verankert war als das Werk des Agathias – mit der

---

[45] So etwa Joh. Eph. *LHO*, *Vita 19*, *PO* 17,268; *Vita 41*, *PO* 18,653; *Vita 52*, *PO* 19,171.
[46] Joh. Eph. *LHO*, *Vita 8*, *PO* 17,125–126.

signifikanten Eigentümlichkeit, dass ausgerechnet beim Kirchenhistoriker die Vergangenheit nicht biblisch-christlich, sondern römisch(-christlich) eingebettet ist. Anders als Agathias, der auf ein stabiles historisches Fundament verzichtet und nur lose Chronoferenzen bietet, dafür aber eine (irdische) Zukunft kennt, versagt Johannes den Zeitgenossen eine solche, dies aber auf der Grundlage einer breit entfalteten Geschichte. Freilich ist zu bedenken, dass der hochgradig eschatologisch geprägte dritte Teil der *Kirchengeschichte*[47] offenbar nur noch lose mit den vorausgehenden Abschnitten verknüpft ist, insofern in die entlegene Vergangenheit ausgreifende Chronoferenzen fehlen und nunmehr die vom Autor selbst erfahrene Leidensgeschichte in den Mittelpunkt rückt. Dennoch ruht sie auf dem Fundament der zuvor verfassten rückblickenden Teile auf und entgeht damit dem rein präsentistischen Gepräge, das den *Historien* des Agathias eigen ist.

Die Beschleunigungserfahrung, die insbesondere im dritten Teil der *Kirchengeschichte* verarbeitet wird, spiegelt sich nicht zuletzt in der Metapher des Sturms, die bereits im Proömium bemüht und dort mit der Artikulation der Gewissheit verknüpft wird, dass das Ende nahe sei.[48] Trotz dieser limitierten Zukunftsperspektive will der Autor seine „Erinnerungen"[49] der Nachwelt anvertrauen,[50] ganz so wie sein Zeitgenosse, der Verfasser der unter dem

---

[47] Die hochgradige eschatologische Prägung des Textes hebt auch LEPPIN 2025, 95f.; 98, hervor.

[48] Joh. Eph. *HE* 1,3.

[49] Die wiederkehrende Bezeichnung des Werks als „Erinnerungen" (vgl. Joh. Eph. *HE* 1,3; 2,50; 5,14; 6,33) unterstreicht dessen persönlichen, von eigenen Leiderfahrungen gekennzeichneten Charakter.

[50] Joh. Eph. *HE* 1,3; 6,1.

Namen Ps.-Zacharias bekannten *Kirchengeschichte* (um 569), der mit der baldigen Parusie rechnete und sich inmitten der „letzten Generation" wähnte.[51] Geschichtsschreibung bleibt also auch dann auf die Zukunft ausgerichtet, wenn es eine solche nicht mehr gibt,[52] und man mag darüber spekulieren, ob dies allein dem Persistenzvermögen eines uralten historiographischen Topos zu verdanken ist oder der verhaltenen Hoffnung darauf, dass es schließlich doch noch anders kommen möge als befürchtet. Als Geschichtsschreiber zeigt sich Johannes jedenfalls vom bevorstehenden Weltuntergang überzeugt;[53] nicht zuletzt deshalb dürfte er entsprechende Festlegungen programmatisch in den Proömien des ersten und sechsten Buches platziert haben.[54]

Es hat uns nicht unpassend oder fremdartig geschienen, mit den kirchlichen Geschichten auch eine kleine Erinnerung von den Kriegen und Treffen, der Verwüstung und dem Blutvergießen, das in unseren Tagen stattfand, beizufügen zur Kunde der Nach-

---

[51] Ps.-Zach. *HE* 12,4–5, mit van Ginkel 2007, 210f., der 208 auf „a tendency within Syriac historiography to write from the perspective of an oppressed and embattled community, whose deliverance may well only come from the triumphal return of Christ", aufmerksam macht. Zu Ps.-Zacharias s. Greatrex 2006, bes. 43 f. (mit dem Hinweis, dass die Artikulation der Naherwartung keineswegs dem optimistischen Schluss des Werks widerspricht, da die Bekehrung aller Völker, die dort in Gestalt des persischen Großkönigs reflektiert wird, gleichfalls als Vorzeichen des nahenden Weltendes galt, vgl. 44); 2011.

[52] Vgl. allerdings auch Ps.-Dionys. p. 76 Witakowski (= Joh. Eph.), mit der Frage, für welche Nachwelt man angesichts der untergehenden Welt eigentlich noch schreiben solle.

[53] Vgl. van Ginkel 1995, 199; 2007, 207f.; Leppin 2019, 119; 2025, 95f.

[54] Vgl. Joh. Eph. *HE* 1,3; 6,1 (dort das Zitat, Übers.: J. M. Schönfelder); s. auch 2,25; 6,23 (mit van Ginkel 1995, 200, Anm. 98).

welt, wenn wohl die Welt noch besteht. Wir werden es, so gut wir es vermögen, aufzeichnen und bekannt machen, und wie wir es durch Hörensagen erhalten haben. – Wir erinnern uns dadurch an das Wort und die lebensvolle Lehre unseres Erlösers, die uns belehrt, ermahnt und die letzte Zeit des Weltendes bezeugt, sowie auch die Zeit seiner Wiederkunft, da es besagt: Wenn ihr das alles geschehen seht, so wisset, dass es zur Türe gekommen. – Siehe! All das sehen wir in unseren Tagen geschehen und in Erfüllung gehen. Und nun ziemt es sich auch, jederzeit die furchtbare Ankunft (Parusie) zu erwarten, die mit großer Macht und vieler Herrlichkeit stattfinden wird.

An anderer Stelle berichtet der Historiograph, Justin II. habe Asketen aus Ägypten nach Konstantinopel zitiert und über die Zukunft befragt; als diese keine Auskunft zu geben vermochten und stattdessen auf Gottes Gericht verwiesen, habe man sie sogleich wieder aus der Stadt getrieben.[55]

Wie andere Historiographen des 6. Jahrhunderts zeichnet Johannes die eigene Zeit als Phase der Katastrophen und der Angst,[56] doch führt er nunmehr die Deutungsmuster des Gotteszornes (das den zweiten Teil der *Kirchengeschichte* noch beherrscht hatte)[57] und des Weltendes, die kontemporäre Geschichtsschreiber (Josua Stylites, Johannes Malalas) noch als Alternativen behandeln und gegeneinander ausspielen konnten, zusammen.[58] Unmittelbar vor dem Jüngsten Tag, so seine Botschaft, demonstriert der Herr seinen bitteren Groll ob der Sünden der Menschen – exemplarisch vorgeführt am Schick-

---

[55] Joh. Eph. *HE* 1,35.
[56] S. etwa Joh. Eph. *HE* 1,4.
[57] VAN GINKEL 1995, 189. S.u. S. 198f.
[58] Vgl. bes. Joh. Eph. *HE* 2,25.

sal Kaiser Justins II. und des Konstantinopolitaner Patriarchen Johannes III. Scholastikos († 577).⁵⁹

Auch im zweiten Teil der *Kirchengeschichte* und in den dort festgehaltenen permanenten Manifestationen göttlichen Zornes war die eschatologische Naherwartung offenbar bereits präsent, wenngleich der Verfasser sich noch unsicher mit Blick auf den Zeitpunkt zeigte. In diesem Sinn lässt sich jedenfalls eine Passage aus dem Geschichtswerk Michaels des Syrers (12. Jh.) verstehen, in der auch das Problem des Ablaufs der 6000-Jahres-Frist thematisiert wird:⁶⁰

Im Jahr 2 seiner Herrschaft bzw. – anderen zufolge – im Jahr 14 endete das sechste Jahrtausend, also die 6000 Jahre seit der Erschaffung der Welt. Dieses Jahr war nach der Kalkulation der Griechen das Jahr 814. Dass sechstausend Jahre vergangen sind und dass diese Übergangswelt enden muss, wissen und bekennen wir; aber wann? Wir wissen es nicht. Wir warten auf Gott, der allein alle Dinge kennt, bevor sie existieren, und weiß, was geschehen muss.

Vor diesem Hintergrund erhält nicht zuletzt auch die in den zweiten Teil der *Kirchengeschichte* eingegangene Pestschilderung mit ihrer permanenten Evokation von Tun-Ergehens-Zusammenhängen, die an alttestamentliche Straftheologie gemahnen, eine eschatologische Färbung.⁶¹ Die Welt endet in Pandemien, Chaos, Verzweif-

---

⁵⁹ Joh. Eph. *HE* 2,25; ferner 2,26 (Johannes III.); 3,2–6 (Justin II.).

⁶⁰ Mich. Syr. 9,11. Zur Zuweisung des Abschnitts an Johannes Ephesos s. VAN GINKEL 1995, Appendix B; 2007, 210.

⁶¹ Explizit wird diese Ps.-Dionys. p. 76 WITAKOWSKI (= Joh. Eph.) gemacht. Auch andere Abschnitte des zweiten Abschnitts der Kirchengeschichte dürften eschatologisch konnotiert gewesen sein, wie VAN GINKEL 2007, 210, darlegt.

lung – und, wie der dritte Teil des Geschichtswerks verdeutlicht, in der Verfolgung Rechtgläubiger.

Aber sie endet als römische Welt, und dem Imperium gilt trotz aller Widerfahrnisse die ungebrochene Loyalität des Historiographen[62] – weshalb Johannes die *Kirchengeschichte* letztlich als Geschichte des weltlichen Imperiums von seiner Begründung unter Caesar bis zum Anbruch des Jüngsten Tages konzipiert hat. Trotz dieser grundsätzlichen Loyalität hat der Autor die von Justinian vorgegebenen Methoden der Markierung von Zeit jedoch nicht übernommen (vereinzelt wird nach Herrscherjahren gezählt), sondern nimmt durch die Kalkulation der Jahre nach der seleukidischen Ära ostentativ eine provinziale Position ein.[63] Auch das ‚Zeitalter Justinians' findet in seinem Werk nur partielle Berücksichtigung. Es ist zwar erkennbar, dass der Autor mit diesem Kaiser (und nicht mit dem ersten ‚Verfolgerkaiser' Justin I.) einen eigenen historischen Abschnitt beginnen lässt, doch dieser wird über Justinian hinausgeführt bis in die Gegenwart unter Maurikios (582–602).[64] Angesichts der markanten Naherwartung, die den dritten Teil der *Kirchengeschichte* prägt, mag man vermuten, dass Johannes damit das letzte ‚Zeitalter' des irdischen Weltlaufs umgrenzt haben dürfte. Für ihn führte das ‚Zeitalter Justinians' somit direkt in das Jüngste Gericht. In Johannes' *Kirchengeschichte* hat Justinian das Ringen um die Zeit verloren.

---

[62] In diesem Sinne auch LEPPIN 2019, 119; 130.

[63] Vgl. Joh. Eph. *HE* 2,24; 3,5; 3,6; 4,13; 4,19; 4,37; 4,39; 4,45; 4,53; 4,61; 5,13–14; 6,10–12; 6,14; 6,21; 6,25–26; 6,37 u.ö. VAN GINKEL 1995, 198.

[64] Joh. Eph. *HE* 5,13.

6. ‚Zeitkämpfe' im 6. Jahrhundert: Suchbewegungen und Lösungsansätze

Mit der Ausrufung eines neuen Zeitalters setzte Kaiser Justinian sich nicht nur in traditioneller Weise von seinen unmittelbaren Vorgängern ab, sondern vermochte, aus der Überzeugung heraus, allein von Gott beauftragt und eingesetzt worden zu sein, auch die unerwarteten und spektakulären Erfolge seiner frühen Regierungsjahre für sich selbst und die Mitlebenden zu kontextualisieren – man könnte auch sagen: zu framen. Vor dem Hintergrund des Ablaufs der 6000-Jahres-Frist musste dieses Framing jedoch eine zusätzliche Dimension gewinnen. Denn das ‚Zeitalter Justinians' ließ sich als wuchtiger, auf eine langwährende, glänzende Zukunft hin ausgerichteter Gegenentwurf zur angstgenerierenden Kurzfristigkeit zeitgenössischer Erwartungen interpretieren und instrumentalisieren. Dieser Aspekt musste umso größere Bedeutung gewinnen, als aufmerksame Köpfe das enorme subversive Potential erkannt haben dürften, das der Überzeugung, unmittelbar auf den Weltuntergang zuzuschreiten, innewohnte. Wer gewiss war, dass sich das irdische Dasein innerhalb weniger Jahre oder gar Tage vollenden werde, hatte nichts mehr zu verlieren und konnte den zeitlichen Autoritäten entsprechend selbstbewusst entgegentreten – anders gesagt: Der drohende Ablauf der 6000 Jahre beinhaltete eine unkalkulierbare politische Sprengkraft, und jederzeit konnte es zur Explosion kommen. Dem theologisch und politisch gleichermaßen versierten Kaiser und seinem Umfeld dürfte diese Bedrohung nicht verschlossen geblieben sein, und Roger Scott hat sicherlich zu Recht hervorgehoben, dass Justinian um die Endzeitängste, die sein Reich im Klammergriff hielten, gewusst haben muss.[1] Scott geht sogar noch weiter und spekuliert darüber, ob die Zurückweisung der 6000-Jahres-Frist in der *Chronik* des Johannes Malalas möglicherweise die Haltung des Kaisers reflektiert, da der Chronist auch sonst Elemente der herrscherlichen Repräsentation aufgreife.[2] Darüber mag man diskutieren. In jedem Fall aber darf man angesichts der Konstellationen, wie sie sich uns im 6. Jahrhundert darstellen, mutmaßen, dass die offensive, ja geradezu aggressive Form der Propagierung des ‚Zeitalters Justinians‘ auch von der Angst vor möglichen Auswirkungen der ubiquitären eschatologischen Erwartungen getrieben war. Diese Angst war nicht unberechtigt, wie ein Blick in das katastrophengeplagte Amida (das heutige Diyarbakır in der Südosttürkei) im Jahr 560/61 illustriert.[3]

Seit der Wende zum 6. Jahrhundert sah die Bevölkerung der Stadt ein Unheil nach dem anderen über sich hinwegjagen. Heuschreckenplagen brachten Hunger und Seuchen, Sonnenfinsternisse und Kometen kündeten vom nahenden Ende.[4] Im Herbst 502 erschienen die Perser vor

---

[1] SCOTT 2012, 6: „What can now surely be stated with confidence, given the prevalence of the topic, is that it is unimaginable that Justinian would not have been aware of the strength of this issue, though we cannot know how he interpreted the debate. As a Christian he would assuredly have accepted that the world was finite, though that does not necessarily mean that he felt the end was close".

[2] SCOTT 2012, 6; vgl. SCOTT 1985.

[3] Zum Folgenden s. ASHBROOK HARVEY 1980; 1990, 57–75; MEIER ²2004, 412–423; METZGER 2021, bes. 323–325; 2022.

[4] Vgl. ASHBROOK HARVEY 1990, 59; 168 f., Anm. 10, mit den Bele-

der Stadt, die nach dreimonatiger Belagerung fiel. Dem nachfolgenden Massaker sollen angeblich 80000 Menschen zum Opfer gefallen sein – eine sicherlich übertriebene Zahl, die in jedem Fall aber die Wahrnehmung der Katastrophe reflektiert.[5] Als die Römer daraufhin ihrerseits den Ort einschlossen, um die persischen Besatzer auszuhungern, soll es zu entsetzlichen Szenen gekommen sein, selbst von Kannibalismus wird berichtet. Erst im Jahr 505 wurde die Stadt – vielmehr: das, was von ihr übrig war – wieder in römische Hände gegeben.[6] Die Serie der Katastrophen riss indes nicht ab. Insbesondere die Pest scheint Amida schwer heimgesucht zu haben.[7] Hinzukamen Hunneneinfälle sowie Verfolgungen und Misshandlungen von Miaphysiten, die in jener Region die Bevölkerungsmehrheit stellten, durch staatliche Organe und

---

gen. Die lange Katastrophengeschichte Amidas im 6. Jh. hebt auch Toner 2013 hervor.

[5] Jos. Styl. cap. 50–53 p. 65–68 Luther; *Chron. Edess.* ad ann. 814 = Chron. Min. (Syr.) I p. 8 Guidi; Prok. *BP* 1,7,12–35; Ps.-Zach. *HE* 7,3–4; Ps.-Dionys. p. 5 Witakowski (= Joh. Eph.); Jak. Edess. = Chron. Min. (Syr.) III p. 237 Brooks; Mich. Syr. 9,7; *Chron. ad ann. 1234* LI p. 147–150 Chabot. Greatrex 1998, 83–94; Haarer 2006, 47–56; Meier ²2010, 194–201.

[6] Jos. Styl. cap. 66–81 p. 77–86 Luther (zum Kannibalismus s. cap. 76–77 p. 82–83 Luther); Prok. *BP* 1,9; Ps.-Zach. *HE* 7,4–5; Mich. Syr. 9,8. Greatrex 1998, 94–115; Haarer 2006, 56–65; Meier ²2010, 201–222. Welche Erleichterung der Abschluss des ‚Ewigen Friedens' für die Bevölkerung der Region bedeutet haben muss, illustriert eine Inschrift aus Hierapolis, vgl. Roussel 1939; Greatrex/Lieu 2002, 97; Greatrex 2006, 39.

[7] Joh. Eph. *LHO, Vita 18, PO* 17,261; Mich. Syr. 9,32 (30000 Pestopfer in Amida und Umgebung infolge eines Ausbruchs); vgl. auch Joh. Eph. *LHO, Vita 53, PO* 19,185. Ashbrook Harvey 1990, 63. Es folgten weitere Hungersnöte und Pestwellen, vgl. Ps.-Dionys. p. 102 Witakowski (= Joh. Eph.).

chalkedonische Kleriker.[8] Mit Blick auf temporäre Steuererleichterungen und weitere Vergünstigungen, die Anastasios den geplagten Amidenern nach Ende des römisch-persischen Krieges (502–506) gewährte, behauptet Prokop, diese hätten all das ihnen widerfahrene Unheil weitgehend vergessen.[9] Die nachfolgenden Ereignisse sprechen indes eine andere Sprache; der Historiograph dürfte Vergessen mit Habitualisierung verwechselt haben.

Im Jahr 560 löste das unzutreffende Gerücht, ein persischer Überfall stehe unmittelbar bevor, panische Angstreaktionen, Fluchtbewegungen in alle Richtungen und Chaos in der gesamten Region um die Stadt aus. Bald ging die Kunde um, Amida sei bereits gefallen – da verfiel die Bevölkerung in kollektiven „Wahnsinn" (so die Terminologie unseres Hauptzeugen Johannes von Ephesos).[10] Die Menschen imitierten die Laute von Hunden, Ziegen, Katzen, Krähen, Hähnen und anderen Tieren, sie ahmten Hörner und Trompeten nach, fluchten, gaben obszöne Äußerungen von sich, redeten wirr wie in Trance; einige erlitten hysterische Lachanfälle, bissen einander, Männer und Frauen (insbesondere jüngeren Alters) fielen in sexueller Gier übereinander her, man wälzte sich nackt herum, tobte und sprang, stieg Wände hinauf, manche hängten sich kopfüber auf. Horden von ‚Befallenen' streunten ziellos durch die Landschaft, man rottete sich auf Friedhöfen zusammen und sang rasende Lieder. Niemand mehr habe seine eigene Heimstätte noch erkannt. Nur wenige Amidener seien von der geheimnisvollen Besessenheit ver-

---

[8] Ashbrook Harvey 1990, 61–63.
[9] Prok. *BP* 1,7,35.
[10] Zu den Ereignissen s. Ps.-Dionys. p. 104–107 Witakowski (= Joh. Eph.); [Joh. Eph.] *LHO*, *Appendix PO* 19,259–262; Mich. Syr. 9,32; *Chron. ad ann. 1234* LII p. 157 Chabot.

schont geblieben und hätten sich bemüht, die Betroffenen zu versorgen, indem sie diese in die Kirchen verbrachten; auch dort aber sei zunächst keine Besserung eingetreten – im Gegenteil: Die Obszönität des Verhaltens habe derartige Ausmaße angenommen, dass die Helfer voller Scham aus den Gotteshäusern geflohen seien. Die ‚Befallenen' wiederum hätten behauptet, die ganze Stadt habe ausgerottet werden sollen, doch hätten die Apostel und ansässige Märtyrer dies verhindert. Dennoch hätten die Besessenen die Ankunft von Herrschern und Königen prophezeit und sich zu ihrem Empfang in wildem, gotteslästerlichem Gerede zusammengefunden, woraufhin man sie wieder eingefangen und zurück in die Kirchen geführt habe.

Ein ganzes Jahr lang soll die Massenhysterie Amida beherrscht haben; durch die Verabreichung ausgewählter trockener Nahrung hätten die Helfer zunächst das ungezügelte sexuelle Verlangen der Besessenen wieder eingehegt, Gebete, Askese, Bußmaßnahmen und sogar Pilgerfahrten nach Jerusalem hätten schließlich die Ordnung wiederhergestellt.[11] Ähnliche Szenen seien auch aus anderen Städten wie Konstantina/Tella (Viranşehir), Edessa (Şanlıurfa), Karrhai (Harran) und Martyropolis (Silvan) vermeldet worden – ein Flächenbrand;[12] nirgendwo jedoch habe die Hysterie derartige Ausmaße angenommen wie in Amida.

Mitlebende, die wie Johannes von Ephesos von außen auf das Geschehen blickten, tendierten dazu, die Betroffenen zu pathologisieren; aus diesem Grund sah man in religiösen Maßnahmen wie Gebeten, Buße und Askese ziel-

---

[11] Ps.-Dionys. p. 106–107 WITAKOWSKI (= Joh. Eph.).
[12] [Joh. Eph.] *LHO*, *Appendix PO* 19,259. ASHBROOK HARVEY 1990, 64.

führende Mittel zur ‚Heilung'. Ein näherer Blick auf das Verhalten der vermeintlich Wahnsinnigen zeigt jedoch, dass die ‚Krankheit' sich in einem systematischen Unterlaufen staatlicher und kirchlicher Gesetze und Normen manifestierte. Insbesondere sexuelle Moralvorstellungen und Vorgaben wurden dabei gezielt ausgehebelt, aber auch grundsätzliche Mechanismen einer geordneten Kommunikation und des sozialen Miteinanders. Die Bedrohung für das politische Gefüge des *Imperium Romanum* zeigt sich in der unverhohlenen Erwartung neuer Herrscher, wodurch das gegenwärtige Regime Justinians und seiner Amtsträger offen infrage gestellt wurde. Gleichzeitig wohnte dieser Erwartung unverkennbar eine eschatologische Dimension inne. Sollten jene neuen Herren, zu deren Begrüßung man sich versammelte, noch von dieser Welt sein oder wurde hier bereits die Parusie vorbereitet? Kündeten die Hörner und Trompeten, die von den Betroffenen nachgeahmt wurden, etwa vom Anbruch des Jüngsten Tages?[13] Johannes von Ephesos, der das Geschehen als Höhepunkt einer 40 Jahre währenden Katastrophenserie zeichnet,[14] weicht der Diskussion dieser Frage erkennbar aus, doch sein Hinweis auf gotteslästerliches Gerede[15] lässt sich als zaghafte Andeutung in diese Richtung interpretieren. Indem er die Vorfälle als Manifestationen göttlichen Zornes interpretiert, evoziert er untergründig selbst eine eschatologische Deutung, denn im dritten Teil seiner *Kirchengeschichte* wird, wie gezeigt, explizit gemacht, dass er Gottes Strafen, die über seine Zeitgenossen

---

[13] Ähnlich auch METZGER 2022, 182.

[14] Ps.-Dionys. p. 102–103 WITAKOWSKI (= Joh. Eph.). Damit umfasst die Zeit der Plagen in der Perspektive des Historiographen ungefähr die Herrschaftszeit Justins I. und Justinians.

[15] Ps.-Dionys. p. 106 WITAKOWSKI (= Joh. Eph.).

hereinbrachen, als Präludium des nahenden Endgerichts betrachtete[16] – dort im Übrigen vorgeführt an der dämonischen Besessenheit Kaiser Justins II. (565–578), der ähnliche Verhaltensweisen gezeigt haben soll wie die geplagten Amidener und dem man sogar Kannibalismus vorwarf.[17] Auf die Tatsache, dass eschatologische Erwartungen in der Region verbreitet waren, verweist der Historiograph ohnehin selbst mehrfach, etwa dann, wenn er an anderer Stelle einräumt, dass bedrängte Miaphysiten in Ephraem, dem Patriarchen von Antiocheia (527–545),[18] gar den Antichrist sahen.[19] Doch akzentuierte er im zweiten Teil der *Kirchengeschichte* (aus dem die Beschreibung der Zustände zu Amida stammt) offenbar noch vor allem das Paradigma der göttlichen Strafe,[20] und wie in seiner Pestschilderung sieht er daher zuvörderst verderbenbringende Dämonen am Werk.[21] Freilich kann auch Johannes

---

[16] S.o. S. 187ff.
[17] Joh. Eph. *HE* 3,2.
[18] LEBON 1914; DOWNEY 1938.
[19] Joh. Eph. *LHO, Vita 21, PO* 17,293–294.
[20] VAN GINKEL 1995, 189.
[21] Ps.-Dionys. p. 104–106 WITAKOWSKI (= Joh. Eph.); vgl. [Joh. Eph.] *LHO, Appendix PO* 19,259; Mich. Syr. 9,32; *Chron. ad ann. 1234* LII p. 157 CHABOT. Zur Vorstellung von Besessenheit durch Dämonen in Spätantike und Byzanz s. HORDEN 1993. Dämonen in der Pestschilderung: Ps.-Dionys. p. 77 WITAKOWSKI (= Joh. Eph.). – METZGER 2022 argumentiert überzeugend gegen die psychologisierende Deutung der Ereignisse zu Amida als Manifestation einer kollektiven Posttraumatischen Belastungsstörung und schlägt stattdessen eine kulturhistorische Interpretation vor. In dieser fokussiert sie v. a. auf die Imitation von Hunden und verweist – unter Rekurs auf die vom zeitgenössischen Arzt Aetios von Amida beschriebene Kynanthropie (die aber wohl nicht unter dem Einfluss der Geschehnisse zu Amida entstanden ist, sondern auf ältere Quellen zurückgeht; Aet. *Lib. med.* 6,11 p. 151–152 OLIVIERI) – auf die kulturhisto-

die unbequeme Frage, aus welchem Grund derart furchtbares Leid ausgerechnet die Amidener treffen musste, nicht umgehen und deutet damit an, dass das Deutungsmuster des Gotteszornes allein auch ihn selbst nicht mehr

rische Bedeutung von Hunden, die von Zeitgenossen einerseits mit Dämonen in Verbindung gebracht worden seien, andererseits ausgerechnet bei den Erzfeinden der Römer, den zoroastrischen Persern, in hohem Ansehen gestanden hätten (183). Vor allem die Behauptung des Johannes von Ephesos, der ‚Wahnsinn' sei von Dämonen ausgelöst worden, sei vor diesem Hintergrund ernstzunehmen. In Amida wurden jedoch keineswegs nur Hunde imitiert, sondern auch vielfältige andere Tiere; die Vorgänge gestalteten sich also weitaus komplexer und lassen sich über die Hund-Dämonen-Verbindung nicht hinreichend entschlüsseln. Überdies erscheint es mir weiterhin plausibel und nicht widerlegt, die Ereignisse mit der vorangegangenen Erfahrung von Leid, Unheil und Katastrophen in Verbindung zu bringen (ohne dabei eine kollektive Posttraumatische Belastungsstörung retrospektiv zu diagnostizieren) – denn die Bedrängnisse der zurückliegenden Jahrzehnte sind in den Zeugnissen geradezu ubiquitär präsent. ROHMANN 2013, 323–329, kritisiert meine Deutung der Geschehnisse als Massenhysterie (vgl. 324: „Der Rekurs auf das angeblich wissenschaftliche Konzept ‚Massenhysterie' fungiert demgegenüber als diskursive Leerstelle, die ein Verständnis nicht befördert, sondern gerade blockiert"); diese sei psychologisierend und nehme die emische Perspektive (,Dämonenbesessenheit') nicht ernst. Es geht mir jedoch keineswegs darum, die Interpretation durch Zeitgenossen anzuzweifeln oder gar eine „Pathologisierung" vorzunehmen (vgl. so aber ebd., 326) – im Gegenteil: Wenn Johannes von Ephesos das Verhalten der Amidener auf die Einwirkung von Dämonen zurückführt, so ist dies selbstverständlich ernstzunehmen. Für eine Analyse aus der Perspektive des Historikers reicht diese Diagnose jedoch nicht hin; hier muss es um soziale, politische und kulturelle Kontexte gehen, die den Rahmen für die Vorgänge konstituieren und insbesondere dazu beitragen können, die auffälligen Grenz- und Normüberschreitungen einzuordnen. Mein Versuch, diese als gezielte Inversion geltender Normen zu interpretieren, sollte gerade dazu beitragen, Alternativen zu einer pathologisierenden Deutung zu entwickeln.

vollständig überzeugte – ein weiterer Hinweis auf eine eschatologische Überlagerung.[22] Tatsächlich scheinen die möglichen Gründe für die Massenhysterie kontrovers diskutiert worden zu sein. In der fälschlich Johannes von Ephesos zugeschriebenen *Vita* des Jakob Baradaios wird behauptet, der Asket habe den „Wahnsinn" als göttliche Strafe für all jene, die sich den Chalkedoniern unterworfen hätten, prophezeit und die betroffenen Städte später von der Plage befreit.[23]

Die Ereignisse zu Amida im Jahr 560/61 illustrieren jedenfalls anschaulich das subversive Potential, das dem 6000-Jahres-Schema innewohnte – sofern man meiner Deutung folgt und ihnen eine eschatologische Komponente beimisst. Auch im Kontext des Erdbebens, das 557 Teile Konstantinopels zerstörte und nachweislich die Furcht vor dem heraufziehenden Weltende einmal mehr aktualisierte,[24] kam es zu demonstrativen Attacken auf die geltende Ordnung, wie Agathias bezeugt:[25]

Zahlreiche Frauen, nicht nur aus den Unterschichten, sondern durchaus aus den ehrbaren Kreisen, trieben sich mit Männern herum und hatten Sex. Die gesamte Ordnung (τάξις […] ἅπασα), das Schamgefühl, der Stolz der Vorrechte und was ausgezeichnet

---

[22] Ps.-Dionys. p. 106 WITAKOWSKI (= Joh. Eph.).
[23] [Joh. Eph.] *LHO, Appendix PO* 19,259–262.
[24] Agath. 5,5,2–3.
[25] Agath. 5,3,7–8: γύναια δὲ πολλά, μὴ ὅτι τῶν ἠμελημένων, ἀλλ' ἤδη που καὶ τῶν ἐντιμοτάτων, ξυνηλᾶτο τοῖς ἀνδράσι καὶ ἀνεμίγνυτο· τάξις τε ἅπασα καὶ αἰδὼς καὶ ἡ τῶν γερῶν μεγαλαυχία καὶ ὅ τι ἐνθένδε ὑπερανέχον καὶ ἀποκεκριμένον, ἀνετετάρακτο ἐν τῷ τότε καὶ ἐπεπάτητο. οἵ τε καὶ δοῦλοι τοὺς κεκτημένους περιεφρόνουν καὶ τῶν ἐπιταγμάτων ἀνηκουστοῦντες ἐς τὰ ἱερὰ ξυνῄεσαν, ὑπὸ τοῦ μείζονος νικώμενοι δέους· οἵ τε ἐλάττονες πρὸς τοὺς ἐν τέλει ἐς ἰσοτιμίαν καθίσταντο, ὡς δὴ κοινοῦ ἐπιπεσόντος κινδύνου καὶ ἁπάντων οἰομένων οὐκ ἐς μακρὰν ἀπολεῖσθαι.

und besonders ist, wurden damals in Verwirrung gestürzt und mit Füßen getreten. Denn Sklaven verachteten ihre Besitzer, hörten nicht auf die Anweisungen und versammelten sich in den Kirchen, besiegt von noch größerer Furcht; niedrigstehende Menschen wurden auf dieselbe Stufe wie Amtsträger gestellt, da eine kollektive Bedrohung über sie hereinbrach und alle der Überzeugung waren, in Kürze unterzugehen.

Demgegenüber mutet eine Massenhysterie, die Konstantinopel während der ersten Pestwelle im Jahr 541/42 erfasste, geradezu harmlos an. Man solle, um vor der Krankheit verschont zu bleiben, Tongefäße aus dem Fenster werfen – so lautete eine Verkündigung, der zahlreiche Bewohner der Hauptstadt folgten, woraufhin mehrere Tage lang Tonwaren auf die Straßen geschleudert wurden.[26] Weitaus gefährlicher war da bereits der Umstand, dass die Konstantinopolitaner eine manifeste Klerikerfeindschaft entwickelten und immer dann, wenn sie einem Mönch oder Kirchenmann begegneten, laut aufheulten, Maria und die Heiligen anriefen.[27] Niemand konnte dem Kaiser garantieren, dass diese Verhaltensweise bald nicht auch seine Amtsträger treffen und in offene Gewaltakte umschlagen würde. Grundsätzlich jedoch soll die Bevölkerung der Kaiserstadt geradezu konträr zu den Amidenern auf das unbegreifliche Unheil reagiert haben: Während diese Normen und Gesetze gezielt hintergingen und in grotesk anmutendem Verhalten *ad absurdum* führten (vielleicht im Bewusstsein um das Ende jeglicher irdischer Herrschaft), hätten sich in Konstantinopel während der Pest selbst die übelsten Charaktere plötzlich eines gottesfürchtigen Lebenswandels befleißigt – um dann allerdings nach dem Ende der Epidemie wieder zu ihren früheren

---

[26] Ps.-Dionys. p. 97 WITAKOWSKI (= Joh. Eph.).
[27] Ps.-Dionys. p. 97–98 WITAKOWSKI (= Joh. Eph.).

Routinen zurückzukehren.[28] Gerade die verwerflichsten Charaktere seien ja von der Seuche verschont geblieben – und Prokops Wortwahl οἱ πονηρότατοι, die in den *Anekdota* für das Kaiserpaar steht, macht deutlich, dass an dieser Stelle vor allem Justinian (der selbst erkrankte, aber überlebte),[29] gemeint ist.[30]

Im Jahr 507 soll es auch in Alexandreia zu Vorkommnissen gekommen sein, die jenen Geschehnissen erstaunlich gleichen, die sich 560/61 in Amida vollzogen. Während der Kirchenhistoriker Theodoros Anagnostes die Hinderung einiger Alexandriner und Ägypter, das Fest der Kreuzerhöhung in Jerusalem (14. September) zu besuchen, als Grund für den Zorn Gottes anführt,[31] behauptet der zeitgenössische Chronist Victor von Tunnuna, die Abwendung von den Beschlüssen des Konzils von Chalkedon (451) habe diese Form göttlicher Bestrafung herbeigeführt:[32]

---

[28] Prok. *BP* 2,23,13–16 (zur Pestwelle 541/42); Agath. 5,5,4–6 (zur Pestwelle 558).

[29] Prok. *BP* 2,23,20; *HA* 4,1–3; *Meg. Chron.* p. 12 Nr. 9 Schreiner.

[30] Prok. *BP* 2,23,16 (οἱ πονηρότατοι); *HA* 18,37 (Justinian als πονηρὸς δαίμων).

[31] Theod. Anagn. *fr.* 516 p. 148–149 Hansen.

[32] Vict. Tunn. *ad ann.* 507 p. 194 Mommsen: *Venantio et Celere conss. populos Alexandrinos et totius Aegypti omnes simul pusillos et magnos, liberos ac servos, clericos atque monachos praeter peregrinos immundi spiritus occupant et humana locutione privati latrare cunctis diebus ac noctibus ut canes coeperunt, ita ut vinculis ferreis vincti ad ecclesias postea, ut sanitatem perciperent, traherentur. comedebant enim suas manus simulque et brachia pariter omnes. his evenientibus angelus in viri specie quibusdam ex populo apparuit dicens hoc eis pro eo, quod anathema synodo Calchedonensi dederint, evenisse, comminatus deinceps nihil eos tale aliquid praesumere* (Übers.:

Als Venantius und Celer Konsuln waren, besetzten unreine Geister (*immundi spiritus*) die alexandrinische Bevölkerung und zugleich alle von ganz Ägypten, die Kleinen und die Großen, die Freien und die Sklaven, die Kleriker und die Mönche, außer den Fremden, und sie fingen an, weil sie der menschlichen Sprache beraubt waren, Tag und Nacht wie Hunde zu bellen, so dass sie, gefesselt mit eisernen Ketten, danach zu den Kirchen gebracht wurden, um gesund zu werden. Sie aßen nämlich alle ihre Hände gleichwie und ebenso die Arme. Als dies geschah, erschien manchen aus dem Volk ein Engel in der Gestalt eines Mannes und sagte, dies sei ihnen dafür geschehen, weil sie die Synode von Chalkedon anathematisiert hätten, und er drohte hierauf, dass sie so etwas nicht wieder wagen sollten.

In der syrischen Überlieferung werden die Vorfälle im Jerusalem des Jahres 517 anlässlich der Kreuzerhöhung lokalisiert; von Dämonen besessene Menschen hätten es gewagt, wie Hunde das Kreuz anzukläffen – auch hier ein rigoroser Normenverstoß.[33] Die Parallelen zu den Geschehnissen in Amida sind augenfällig. Verhalten, Reaktionen und Deutungen erscheinen nahezu identisch, was ähnliche Hintergründe und Kontexte in beiden Fällen nahelegt – doch wissen wir letztlich zu wenig über die Ereignisse in Alexandreia und/oder Jerusalem, um weitere Schlüsse zu ziehen. So bleibt es vorerst bei dem Fazit, dass mehrere Situationen im 6. Jahrhundert auf das bedrohlich subversive Potential hindeuten, das Kollektive zu entfalten vermögen, deren Angehörige der Überzeugung sind, keine (irdische) Zeit mehr zu haben. Severos von Antiocheia († 538) jedenfalls deutet das tierhafte Verhalten der Menschen zu Alexandreia ausdrücklich als gottgesandte

---

A. KLEIN); vgl. Theoph. a.m. 6008 p. 162,9–12 DE BOOR. Zu den Ereignissen s. METZGER 2021; KLEIN 2023, 303 f.

[33] Ps.-Zach. *HE* 7,14; Ps.-Dionys. p. 16 WITAKOWSKI.

Züchtigung, um die Sünder angesichts des unmittelbar bevorstehenden Jüngsten Tages zur Umkehr zu bewegen.[34] Diesen Wahrnehmungen gegenwärtigen Geschehens, so meine These, setzte Justinian sein neues Zeitalter entgegen – bis auch er, erfasst vom „Zeitenstrom" (ῥεύσας ὁ χρόνος),[35] seine optimistisch-offene Zukunftsperspektive aufgab, ja aufgeben musste, und sich den Zeitläuften entzog. Als transzendentes Wesen, wie wir ihn bei Paulos Silentiarios und Coripp greifen können, musste er Bedrohungen, wie sie etwa von der Massenhysterie in Amida oder dem Verhalten der pestgeplagten Konstantinopolitaner ausgingen, nicht mehr fürchten. Paulos Silentiarios schildert eindringlich, wie das im Jahr 562 geplante Attentat auf den Kaiser scheitern musste, da dieser, der Welt und der Zeit enthoben, keiner irdischen Waffen und keines irdischen Schutzes mehr bedurfte.[36]

Es kristallisiert sich somit heraus, dass eine sich in zwei distinkten Phasen entfaltende Kaiserherrschaft – ich bezeichne sie als pluritemporal und nontemporal – eine Debatte um die Frage des Ablaufs der 6000 Jahre irdischer Weltgeschichte und die noch verbleibende Zeit überwölbte. Diese beiden Ebenen deuten sich im Kontext eines immer deutlicher fassbaren Ringens um die Zeit verschiedentlich an; auf einige weitere Zeugnisse möchte ich im Folgenden kurz eingehen.

Prokops Panegyricus auf Justinian, die *Bauten*, entstand, wie Federico Montinaro plausibel gemacht hat, vermutlich zunächst in einer kürzeren Version um 550/51 (als Anhang zu den *Bella*), der dann im Zeitraum 554–557 eine

---

[34] Sev. Ant. *hom.* 53 *PO* 4.1 p. 35 Duval.
[35] Prok. *HA* 1,4.
[36] Paul. Silent. *Ekphr.* 22–65.

(unvollständig gebliebene) Langfassung folgte.³⁷ Die Lobschrift präsentiert sich im Proömium als seriöses Geschichtswerk (ἱστορία), und dementsprechend erscheinen Gedanken, die auch in den Vorreden der *Bella* und *Anekdota* begegnen: der Nutzen für künftige Generationen, die Erinnerung an Vergangenes, der Kampf gegen das Vergessen – mit einer interessanten Charakterisierung der Zeit als eigenwilligem, selbstbestimmten Akteur, der früheres Geschehen gezielt unkenntlich zu machen strebe und daher bekämpft werden müsse (ἀνταγωνιζομένῃ τῷ χρόνῳ κρυφαῖα ποιεῖσθαι διατεινομένῳ τὰ πράγματα).³⁸ Der Hinweis darauf, dass zukünftige Generationen nach Tugend strebten,³⁹ verweist komplementär auf das Proömium der *Anekdota* und die dort artikulierte Hoffnung, die Darstellung der gegenwärtigen Schandtaten möge dereinst zu besseren Zeiten führen.⁴⁰ *Bella*, *Anekdota* und *Bauten* präsentieren sich somit als historiographische Einheit, eine Suggestion, die nicht zuletzt auch durch Rückverweise auf die *Bella* in den *Bauten* erzeugt wird.⁴¹ Anders als in der *Kriegsgeschichte* steht in den *Aedificia* jedoch der Kaiser im Mittelpunkt: Es gehe, so der Verfasser, darum, „dass die Taten der Vergangenheit ganz deutlich sichtbar werden und ebenso der Mann, wer immer unter allen Menschen sie zustande gebracht hat";⁴² dabei wird nicht zuletzt auf die scharfe Abgrenzung des ‚Zeital-

---

³⁷ MONTINARO 2012; GREATREX 2014, 102. Zu den *Bauten* s. zuletzt BRODKA 2022, 87–105; WHITBY 2022.
³⁸ Prok. *aed.* 1,1,1–5, bes. 1,1,2.
³⁹ Prok. *aed.* 1,1,5.
⁴⁰ Prok. *HA* 1,8–10.
⁴¹ Z.B. Prok. *aed.* 1,1,12; 1,1,20; 1,10,3.
⁴² Prok. *aed.* 1,1,3: […] ὅπως δὴ ἔνδηλα τὰ πεπραγμένα διαφανῶς ἔσται καὶ ὑφ' ὅτου ἐργασθείη τῶν πάντων ἀνθρώπων (Übers.: O. VEH).

ters Justinians' von den unmittelbaren Vorgängern aus der kaiserlichen Repräsentation rekurriert, wenn Prokop festhält, der Herrscher „übernahm den Staat in einem Zustand heilloser Verwirrung",[43] und die Leistungen des Kaisers in eine Ewigkeitsperspektive gerückt werden.[44] Das Proömium der *Bauten*, so lässt sich resümieren, demonstriert einmal mehr die Pluritemporalität Justinians, indem Vergangenheit, Gegenwart und Zukunft über die Allpräsenz des Kaisers miteinander verwoben bzw. ineinander verschoben werden. Freilich ist auch die Nontemporalität des späten Justinian im Text bereits gegenwärtig. Zwei *Ekphraseis* im ersten Buch der *Bauten* illustrieren, wie beide Aspekte der kaiserlichen Repräsentation aufgegriffen werden.

Die Beschreibung der *Chalke*, der monumentalen Vorhalle des Herrscherpalastes, mit ihren prachtvollen Mosaiken (entstanden zwischen 540 und 548) steht dabei für die erste, die pluritemporale Phase Justinians.[45] Die archäologisch nicht mehr erhaltenen Mosaikbilder im Deckengewölbe, die viel Aufmerksamkeit und mehrere Rekonstruktionsversuche erfahren haben,[46] zeigten Prokop zufolge Kriege und Kämpfe sowie die Eroberung zahlreicher Städte in Italien und Afrika; Belisar schreitet mit unversehrter Streitmacht zum Herrscher empor (ἐπάνεισι δὲ παρὰ τὸν βασιλέα, τὸ στράτευμα ἔχων ἀκραιφνὲς ὅλον ὁ στρατηγός), der von seinem Feldherrn die verschleppten Könige und Königinnen der Goten und Vandalen sowie

---

[43] Prok. *aed.* 1,1,6: ὁ βασιλεὺς [...], ὃς τὴν πολιτείαν πλημμελῶς κινουμένην παραλαβὼν (Übers.: O. Veh).
[44] Prok. *aed.* 1,1,10.
[45] Prok. *aed.* 1,10,10–20, bes. 1,10,16–20.
[46] Vgl. Mango 1959; Müller-Wiener 1977, 229–237; Bardill 1998.

reichhaltige Beute in Empfang nimmt. Nicht Belisar, sondern allein Justinian wird als Sieger inszeniert (καὶ νικᾷ μὲν βασιλεὺς Ἰουστινιανός); sein Bild prangt gemeinsam mit dem seiner Gattin Theodora im Zentrum des Ensembles (κατὰ δὲ τὸ μέσον), umringt von Senatoren, die ihm gottgleiche Ehren erweisen (ἰσοθέους τιμάς). Unverkennbar reproduzierte das Bild die großartige Triumphfeier über die Vandalen im Jahr 534, die ihrerseits schon durch zahlreiche Vergangenheitsreferenzen sowie das Aufrufen einer glanzvollen Zukunftsperspektive gekennzeichnet war. Im *Chalke*-Mosaik wurde diese Szenerie kombiniert mit dem Sieg über die Goten im Jahr 540; Ereignisse unterschiedlicher Zeithorizonte (534 und 540) wurden somit unter der Präsenz des Kaisers verschmolzen, für die Zukunft perspektiviert (worauf Prokop eigens aufmerksam macht)[47] und auf einen weiten räumlichen Horizont – Konstantinopel, Afrika, Italien – bezogen. Justinian präsentierte sich auch in der Ausstattung seines Palastes als allgegenwärtiger, Raum und Zeit durchschreitender und integrierender Herrscher.

Ganz anders die Reiterstatue auf dem *Augustaion* (dem zentralen Platz der Hauptstadt), die im Jahr 543/44, nachdem die Pest das Reich verwüstet hatte, nahe dem Kaiserpalast errichtet wurde.[48] Dieses Monument (wohl eine wiederverwendete Arkadios-Statue vom *Forum Tauri*)[49] kündet bereits von der zweiten, der nontemporalen Phase

---

[47] Prok. *aed.* 1,10,10.
[48] Prok. *aed.* 1,2,1–12. Zum Reiterstandbild Justinians vgl. Downey 1940; Stichel 1982, 105–112, Nr. 132; 1988; Mango 1993; Bauer 1996, 158–162; Meier ²2004, 599–607; Canepa 2009, 115f.; 133f.; Effenberger 2008; Boeck 2021.
[49] Malal. p. 408,22–25 Thurn. Meier ²2004, 602; Effenberger 2008, 273; 278.

Justinians. Prokop beschreibt zunächst den sich in mehreren Stufen verjüngenden Sockel, sodann die erzverkleidete, etwa 30 Meter hohe Säule, bevor er sich Ross und Reiter zuwendet. Ersteres wurde offenbar in voller Bewegung eingefangen, bereit, just im Moment kraftvoll gen Osten auszuschreiten. Darauf der Kaiser im σχῆμα des mythischen Helden Achilleus, in prachtvoller Kriegsrüstung, dem Siriusstern gleichend – dies eine boshafte Spitze Prokops, denn Sirius galt seit den homerischen Epen als unheilbefrachtet.[50] Die rechte Hand hält Justinian drohend nach Osten gegen die Perser gestreckt (ἐπὶ Πέρσας), in der Linken den kreuzbekrönten Globus als Symbol einer die Oikoumene umgreifenden, sieghaften Herrschaft unter christlichen Vorzeichen – ansonsten jedoch vollkommen waffenlos, allein auf Gott vertrauend. Dies ist nicht mehr der Herrscher, der seine Position machtvoll auf *arma et leges* stützte,[51] sondern jene transzendente Figur, die Paulos Silentiarios zufolge ihr Schicksal ganz in Gottes Hand legte und keiner irdischen Waffen mehr bedurfte, denn wer gegen den Kaiser vorgehe, rüste sich letztlich gegen Gott, wie Paulos und Prokop unisono betonen.[52] Allein die gegen die Sasaniden gerichtete Drohgebärde vermittelt noch eine Anmutung von Dynamik, lediglich das sprungbereite Pferd deutet noch auf Spannung und Bewegung hin – ansonsten herrscht starre Reglosigkeit vor. Darin unterscheidet sich das Monument fundamental von jener gleichfalls nur aus literarischen Darstellungen rekonstru-

---

[50] GANTAR 1962; MEIER ²2004, 604, Anm. 172.
[51] Vgl. *C. Summa* pr. [a. 529]; *C. Imperatoriam* pr. [a. 533]. DANNENBRING 1972. Das *arma et leges*-Konzept ist keine Erfindung Justinians, sondern schon früher greifbar und wird auch von zeitgenössischen Autoren aufgenommen, vgl. Iord. *Rom.* 6.
[52] Paul. Silent. *Ekphr.* 54–55; Prok. *aed.* 1,1,21.

ierbaren Reiterstatue, die Justinian 530 im Hippodrom errichten ließ und deren Beschreibungen ungebändigten Überschwang und flirrende Energie erkennen lassen. Sie stammte aus den frühen Jahren der großen Erfolge, zelebrierte militärische Triumphe über Perser und Bulgaren und visualisierte offenbar einen kraftvollen, tatendurstigen Herrscher.[53] Der Justinian des *Augustaion*-Standbildes hingegen gewinnt seine Autorität nicht mehr aus dynamischem Handeln, sondern aus immanenter Sieghaftigkeit; allein Gottes Gunst garantiert seine Weltherrschaft. Es ist somit gerade *nicht* die achilleische Unmittelbarkeit, sondern eine transzendente Distanz, die durch das Monument vermittelt wird – auch und zumal in Prokops Beschreibung.[54] Spätere Zeugnisse,[55] darunter eine renaissancezeitliche Nachzeichnung der Statue,[56] bestätigen die sphärisch-enthobene Wirkung des Objekts, dem zumindest in späterer Zeit entsprechende überirdische Schutzfunktionen zugeschrieben wurden[57] und das von

---

[53] STICHEL 1982, 104f., Nr. 129; CROKE 1980; MEIER ²2004, 151f.; 602f.; LEPPIN 2011a, 137f. Zwei Epigramme erlauben Rückschlüsse auf das Standbild: *Anth. Graec.* 16,62–63. Zur Lokalisierung im Hippodrom s. *Anth. Graec.* 16,62 Lemma und *Script. Orig. Const.* p. 60,11–13 PREGER.

[54] Vgl. MEIER ²2004, 605f.

[55] *Suda* – 446 s.v. Ἰουστινιανός (weitgehend auf Prokop basierend); Georg. Pachym. *Ekphr.* p. 1217–1220 SCHOPEN; Nikeph. Gregor. 7,12,4–5 p. 275–277 SCHOPEN. Weitere Zeugnisse bei STICHEL 1982, 105–108.

[56] Budapest, Universitätsbibliothek, Cod. Ital. III [ehemals 35], fol. 144ᵛ. Abgebildet bei EFFENBERGER 2008, 266 (Abb. 1). Eine moderne schematische Rekonstruktion findet sich EFFENBERGER 2008, 275 (Zeichnung: U. REUTER, Berlin).

[57] Vgl. STICHEL 1982, 109; 1988, 134; RABY 1987, 305.

Mehmed II. († 1481) schließlich entfernt wurde.[58] Es präsentierte den Kaiser bereits in entrücktem Zustand, aufgegangen in die Nontemporalität.

Der Ausstieg aus der Zeit in eine metaphysische, nicht mehr (an)greifbare Existenzform ermöglichte es Justinian, Kritik und Anwürfe abprallen zu lassen, die aus dem Ringen um die (noch verbliebene) Zeit resultierten und in Zuspitzungen mündeten, die den Kaiser mit dem Antichrist identifizierten, so wie es im Werk Prokops geschieht. Vor diesem Hintergrund gewinnen einige Beobachtungen des Byzantinisten Roger Scott an Relevanz, der am Beispiel des Hymnendichters Romanos Melodos aufgezeigt hat, in welcher Weise die allgegenwärtigen Endzeitdiskurse auf Justinian projiziert werden konnten und sich in seiner Figur gefährlich verdichteten.[59] Wie bereits angedeutet, ist Romanos für unsere Fragestellung von besonderer Bedeutung, weil die von ihm komponierten *Kontakien* im Gottesdienst gesungen wurden, dadurch nicht nur ein denkbar weites Publikum erreichten, sondern zugleich auch dessen Befindlichkeiten aufgriffen und reflektierten.[60] Scott geht zunächst von Romanos' *Kontakion Auf Erdbeben und Feuersbrünste* aus, das wohl kurz nach dem *Nika*-Aufstand (532) verfasst wurde[61] und

---

[58] Zur nachbyzantinischen Geschichte des Monuments s. RABY 1987; BOECK 2021.

[59] SCOTT 2012, 13–20.

[60] Zu Romanos und der Gattung des *Kontakion* s. einführend KODER 2005, I 9–60. Zur mutmaßlich großen Reichweite der *Kontakia* s. etwa KODER 1999; 2005, I 22 („[…] Propaganda, für welche das Kontakion, als modernstes Massenmedium des 6. Jahrhunderts, ein breites und regelmäßig erreichbares Publikum hatte. […] ein Träger der Massenbeeinflussung"); VARGHESE 2006, 394 f.

[61] Sicher ist der Entstehungszeitraum 532–537; ob der Text eher

menschliche Sündhaftigkeit und Schuld anspricht, zudem unter reichhaltiger Verwendung der Arzt-Metaphorik Möglichkeiten der „Heilung der Sünder" (ἴασις τῶν πταιόντων)[62] sowie Gottes Erbarmen (εὐσπλαγχνία – dasselbe Wort, mit dem Malalas die Pest bezeichnet)[63] thematisiert.[64] In Gestalt donnernder Erdbeben und schwerer Dürre habe Gott versucht, die Menschen von ihren Verfehlungen zu heilen,[65] ohne indes durchzudringen. Da habe der Schöpfer (ὁ κτίστης) schließlich zum dritten Schlag (πληγή) ausgeholt und Feuer gesandt, das mit der Hagia Sophia die gesamte Stadt versehrt habe.[66] In all der Hoffnungslosigkeit hätten sich allein die Gottesfürchtigen dem Gebet ergeben, darunter das fromme Kaiserpaar; schließlich habe Gott sie erhört und Erbarmen geschenkt.[67] Den Höhepunkt des Hymnos bildet ein Loblied auf Justinian und Theodora, die nicht nur die Hagia Sophia als Abbild des Himmels und des göttlichen Thrones in gewaltiger Pracht neu errichtet, sondern die gesamte Stadt wieder aufgebaut hätten.[68] Einen besonderen Reiz gewinnt das Gedicht zum einen dadurch, dass es geschickt

---

um 532 oder eher um 537 anzusetzen ist, bleibt umstritten. Zur Datierung s. MEIER ²2004, 82, Anm. 171; SCOTT 2012, 14, mit Anm. 38.

[62] Rom. Mel. 54,1 MAAS/TRYPANIS.

[63] Rom. Mel. 54 pr.; 54,3 MAAS/TRYPANIS; Malal. p. 407,18 THURN.

[64] Zu diesem *Kontakion* s. insbesondere CATAFYGIOTOU TOPPING 1978 (Deutung als Panegyricus auf Justinian); BARKHUIZEN 1995; MEIER ²2004, 82–84; 631–634, sowie die bei KODER 2005, I 413, genannte Literatur.

[65] Rom. Mel. 54,13 MAAS/TRYPANIS.

[66] Rom. Mel. 54,14–17 MAAS/TRYPANIS.

[67] Rom. Mel. 54,17–19 MAAS/TRYPANIS.

[68] Rom. Mel. 54,21–24 MAAS/TRYPANIS. Vgl. CATAFYGIOTU TOPPING 1978.

den Herrscher von der Verantwortung für den *Nika*-Aufstand freispricht,[69] zum anderen dadurch, dass der Verfasser Kaiser und Gott bzw. Christus mit denselben Eigenschaften und Epitheta zeichnet[70] – hier kündigt sich bereits die spätere Parallelführung bzw. enge Assoziierung des irdischen und des himmlischen Herrschers in der Repräsentation an.

Das unmittelbar bevorstehende Weltgericht thematisiert der Hymnos *Auf die zehn Jungfrauen II (I)*, der entweder um 503 oder in die 550er Jahre zu datieren ist[71] und die eschatologisch aufgeladene Erzählung von den klugen und törichten Jungfrauen (Mt 25,1–13), die der Beschreibung des Jüngsten Tages (Mt 25,31–46) vorausgeht, zum Ausgangspunkt für weitere Reflexionen nimmt. „Die letzte Stunde ist nah!" (ἡ ἐσχάτη ἐγγύς), dröhnt es bereits in der ersten Strophe,[72] um im Folgenden zu Reue und Umkehr angesichts der knappen verbleibenden Zeit aufzurufen. Die gegenwärtigen Erdbeben, Kriege und Flutwellen seien als Trompeten (σάλπιγγες), die das Ende signalisierten, zu verstehen, als Zeichen (σημεῖα) für die bevorstehende Parusie.[73] Nichts von dem, was Christus prophezeit habe, fehle noch, und ein weiteres Mal werden in Anspielung auf die synoptische Apokalypse Hungers-

---

[69] Vgl. bes. Rom. Mel. 54,19 MAAS/TRYPANIS.
[70] Z.B. φιλανθρωπία, vgl. etwa Rom. Mel. 54,3–5; 54,8; 54,10; 54,19 MAAS/TRYPANIS (zur *philanthropía* Gottes); Justinian: HUNGER 1964, 49ff. Ferner die Arzt-Metapher, vgl. MEIER ²2004, 632, mit Anm. 296.
[71] 502/03: GATIER 1983; MEIER ²2004, 81f. – 550er Jahre: MAGDALINO 1993, 6; SCOTT 2012, 14. Zur Diskussion um die Datierung s. KODER 2006, II 749. Zu diesem *Kontakion* s. etwa MEIER ²2004, 80–82; KODER 2006, II 749f.
[72] Rom. Mel. 48,1 MAAS/TRYPANIS.
[73] Rom. Mel. 48,3 MAAS/TRYPANIS.

nöte, Seuchen, andauernde Erdbeben und die Erhebung von Volk gegen Volk beschworen[74] – „dies ist der Tag des Gerichts" (ἡμέρα γὰρ ἐστὶν ἐκδικήσεως).[75] Doch angesichts der Unfähigkeit der Menschen, ihren Lebenswandel zu bessern, müsse man ihr Schicksal dem Erbarmen Gottes anheimstellen – so der resignative Ausklang.[76]

Auch der Hymnos *Auf die Wiederkunft Christi*, von Johannes Koder „um 542 oder früher" angesetzt,[77] steht ganz im Zeichen des nahe gewähnten Weltgerichts, und auch hier ruft der Dichter zur rechtzeitigen Reue auf.[78] Im Zentrum des *Kontakions* steht das furchterregende Wirken des Antichrist, der andauerndes Unheil heraufbeschwört und die Welt in Aufruhr versetzt.[79] „Erdbeben", so heißt es mit Blick auf die aktuelle Situation, „tödliche Seuchen und jegliche Art der Bedrückung werden herrschen über die Welt".[80] In der letzten Strophe fleht der Sänger angesichts des unmittelbar drohenden Weltendes und

---

[74] Rom. Mel. 48,4 MAAS/TRYPANIS: καὶ λιμοὶ καὶ λοιμοὶ καὶ σεισμοὶ συνεχεῖς, καὶ ἔθνος ἐπὶ ἔθνος ἐγήγερται. Vgl. Mt 24,7; Mk 13,8; Lk 21,10.

[75] Rom. Mel. 48,8 MAAS/TRYPANIS.

[76] Rom. Mel. 48,18 MAAS/TRYPANIS.

[77] KODER 2005, I 405; vgl. GROSDIDIER DE MATONS 1977, 243: vor 542.

[78] Zu diesem *Kontakion* s. die von KODER 2005, I 405, genannte Literatur. Skepsis wurde mitunter geäußert, ob das *Kontakion* tatsächlich konkrete Zeitbezüge erkennen lasse oder das Endzeitmotiv nicht vielmehr grundsätzlich thematisiere (WEHOFER 1907); dagegen s. aber die Argumente bei MEIER ²2004, 78–84.

[79] Rom. Mel. 34,6–19 MAAS/TRYPANIS.

[80] Rom. Mel. 34,13 MAAS/TRYPANIS: σεισμοὶ καὶ θνήσεις καὶ πᾶσα θλῖψις κρατήσει ἐν τῷ κόσμῳ. Ähnliche Formulierungen finden sich in der parallelen Zeitgeschichtsschreibung, vgl. Malal. p. 407,14 THURN (ἐπεκράτησεν γὰρ ἡ θνῆσις ἐπὶ χρόνον); 418,41 THURN (ἐγένετο θνῆσις ἀνθρώπων); auch der spätere sog. *Megas Chronogra-*

der absehbaren Zeitverknappung zu Gott, er möge ihm wenigstens noch Gelegenheit geben, seine Reue zu zeigen: δὸς καιρόν μοι μετανοίας ('Gib mir noch Gelegenheit zur Reue').[81] Paul Magdalino hat darauf hingewiesen, dass die zeitgenössischen Katastrophen im *Kontakion Auf die zehn Jungfrauen II (I)* in einen apokalyptischen Kontext gerückt werden.[82] Annamma Varghese wiederum konnte plausibel machen, dass das im Hymnos *Auf die Wiederkunft Christi* beschriebene Wirken des Antichrist wohl nicht zufällig die Aktivitäten Justinians, wie sie im panegyrischen *Kontakion Auf Erdbeben und Feuersbrünste* dargestellt werden, aufruft, so dass sich zwei Seiten derselben Medaille offenbaren.[83] Insbesondere die Prophezeiung, der Antichrist werde sich seinen eigenen Tempel erbauen, um Juden und andere zu täuschen,[84] musste Romanos' Lobpreis auf die Neuerrichtung der Hagia Sophia, die den salomonischen Tempel übertroffen habe, evozieren[85] – und damit konterkarieren. Die drei Hymnen, so fasst Scott den Befund zusammen, nehmen aufeinander Bezug und bilden eine Einheit: Justinian, den Romanos unmittelbar nach der Niederschlagung des *Nika*-Aufstandes im Jahr 532 noch mit Epitheta und Eigenschaften überhöhen konnte, welche die Grenzen zwischen Kaiser, Christus und Gott verschwimmen ließen, wird in den beiden anderen Gedichten im Gewand des

---

phos lässt Anklänge erkennen, vgl. *Meg. Chron.* p. 43 Nr. 11 SCHREINER (σεισμὸς μέγας εἰς ὅλον τὸν κόσμον).

[81] Rom. Mel. 34,24 MAAS/TRYPANIS.
[82] MAGDALINO 1993, 6f.; VARGHESE 2006, 399; SCOTT 2012, 14.
[83] VARGHESE 2006, bes. 397f.; SCOTT 2012, 14.
[84] Rom. Mel. 34,9 MAAS/TRYPANIS: Ναὸν δὲ τότε ποιήσεται περιούσιον τῶν Ἑβραίων τὸ σύστημα πλανῶν καὶ ἄλλους ὁ ἄνομος.
[85] Rom. Mel. 54,21 MAAS/TRYPANIS. Vgl. VARGHESE 2006, 400f.

Antichrist gespiegelt. Da die mit dem Auftreten des Widersachers einhergehenden apokalyptischen Katastrophen im *Kontakion Auf die zehn Jungfrauen II (I)* bereits als gegenwärtig erscheinen, müsse man – so Scott weiter – folgern, dass für den Dichter die Apokalypse bereits angebrochen sei.[86] Ein bemerkenswertes Ergebnis: Denn zum einen zerklüftet es das Werk des Romanos in kaum miteinander vereinbare Positionen der Panegyrik und Kaiserkritik, wie sie ähnlich mit Blick auf Prokops *Anekdota* und die *Bauten* diskutiert werden;[87] zum anderen aber fügt es sich zu meiner Interpretation des prokopianischen Werks. Offenbar, so wird man schließen können, stellte die Wahrnehmung der eigenen Zeit als kontinuierliche Apokalypse im 6. Jahrhundert kein singuläres, nur im Werk Prokop erkennbares Phänomen dar.

Dieser Befund lässt sich zunächst einmal als Indiz für eine tiefgreifende Verunsicherung mit Blick auf die Zukunft – konkret: die noch verbleibende Zeit – interpretieren. Die Fokussierung dieser Erfahrung des Geworfenseins, einer unausweichlichen Kontingenz, auf den Kaiser führte seit den 540er Jahren, wie beschrieben, zu dessen

---

[86] SCOTT 2012, 14–20. Vgl. auch VARGHESE 2006, 400.
[87] SCOTT 2012, 19, der das *Kontakion Auf Erdbeben und Feuersbrünste* deutlich früher datiert als die beiden anderen Texte, spekuliert darüber, dass der Dichter seine hohe Meinung über Justinian irgendwann geändert habe. Ob diese einfache Lösung der Komplexität des Problems gerecht wird, mag man diskutieren. Vgl. dazu auch VARGHESE 2006, 402: „These hymns reveal the potential for panegyric to be subverted to become kaiserkritik, and in turn for kaiserkritik to be inverted to become panegyric", sowie ebd. 403: „A shift from praise to blame would also fit that change from optimism to pessimism which Roger Scott has suggested was a feature of the reign, as well as perhaps fitting the normal attitude to most longlasting regimes".

Ausstieg aus der Zeit. Doch dieser Weg musste neue Unwägbarkeiten und Reaktionen erzeugen, zugespitzt in jenem Moment, in dem der zeitlose Herrscher den Weg alles Zeitlichen beschritt, am 14. November 565. M. E. lässt sich der Panegyricus, den der Dichter Coripp (Goripp) im Jahr 565/66 auf Justinians Nachfolger Justin II. (565–578) verfasste, vor diesem Hintergrund als Zeugnis des Ringens um die Zeit deuten.[88] In der Forschung wurde herausgearbeitet, wie sehr sich die dort beschriebenen Umstände des Kaiserwechsels von jenen früheren Inthronisationsakten unterscheiden, die uns durch andere Zeugnisse bekannt sind;[89] die tiefe religiöse Einfärbung des Textes und der darin eingefangenen Verhältnisse wird man als Folge der Liturgisierung, der allgemeinen Durchdringung und Überfrachtung der gesamten Lebens- und Alltagswelt durch religiöse Wahrnehmung, Kommunikation und Praktiken seit der Mitte des 6. Jahrhunderts, betrachten dürfen.[90] Sie spiegelt sich in der auffällig redundanten Betonung der *pietas* als zentraler Eigenschaft des Herrschers (und seiner Ehefrau),[91] in den religiös aufgeladenen zeremoniellen Akten rund um den Kaiserwechsel sowie in den Reden und Ansprachen, die in den Text eingeflochten sind. Vor diesem Hintergrund wird man auch die geradezu emphatische Hervorhebung der Sakralität des verstorbenen und des lebenden Herrschers bewerten müssen. Der Kaiser repräsentiert das irdische Abbild Christi: *ille*

---

[88] Zu Coripps Panegyricus ist weiterhin grundlegend der Kommentar von CAMERON 1976. Zu Coripp/Goripp s. RIEDLBERGER 2010.
[89] Vgl. MEIER ²2004, 614 ff.
[90] Zur Liturgisierung s.o. S. 57.
[91] Dazu s. CAMERON 1976, 125 (Belege); 130; 176 f.

est omnipotens, hic omnipotentis imago,[92] er steht unter besonderem Schutz des Gottessohnes,[93] sein Palast erscheint als zweiter Himmel (*aliud [...] caelum*).[94] Auf den ersten Blick also zeigt sich eine religiöse Erstarrung, deren Duktus dem Justinian-Lobpreis in Paulos' *Ekphrasis* zu gleichen und sich zur Zeitlosigkeit des späten Justinian zu fügen scheint – und doch treten bei näherer Betrachtung Spannungslinien hervor, die darauf hindeuten, dass zumindest der Dichter, wenn nicht auch der von ihm idealisierte Justin II. mit dem justinianischen Konzept der Nontemporalität fremdelten.

Zunächst jedoch lassen sich verschiedene Verse und Versgruppen als Affirmation einer Zeitlosigkeit Justinians deuten, indem seinem Tod indirekt der Zäsurcharakter abgesprochen wird. Sein Leichnam weise keine Farbveränderung auf, sondern wirke wie der lebende Körper, eher einem Schlafenden gleich.[95] Man könne meinen, der Verstorbene habe Engelsgestalt angenommen,[96] er lebe weiter in seinem Nachfolger,[97] sein heiliger Leib werde

---

[92] Coripp. *Laud. Iust.* 2,428.

[93] Coripp. *Laud. Iust.* 320–325: *[...] quod se humilem, stans ante deum, veramque fatetur / quam retinet pietate fidem. qui diliget ipse, / diligitur; quem Christus amat rex magnus, amatur: / ipse regit reges, ipse non subditur ulli. / Iustinus princeps hoc protectore quites / imperat, hunc ipsum solum spe certus adorat.*

[94] Coripp. *Laud. Iust.* 3,244: *et credunt aliud Romana palatia caelum.*

[95] Coripp. *Laud. Iust.* 1,237–238: *[...] non mutans morte colorem, / sed solito candore nitens*; 1,242–243: *[...] requiescere somno / credere quod posses, non duro funere, corpus.*

[96] Coripp. *Laud. Iust.* 1,364–365: *ipsum quin etiam <exanimum> gaudere putares / corpus, in angelicam mutatum morte figuram.*

[97] Coripp. *Laud. Iust.* 2,126–127: *signa triumphorum, pie Iustiniane, tuorum / sospite Iustino mundumque regent manebunt*; vgl. 1,355–356.

ewig bestehen (also der Zeit nicht unterworfen sein): *[...] tempus in aeternum sacrum servantia corpus.*[98] Wenn beklagt wird, dass die Welt einen *pater* verloren habe, nicht etwa einen *dominus*, sind die Anklänge an Gottvater unüberhörbar.[99] Die Heiligkeit Justinians (*sanctus [...] ille*)[100] scheint auf dessen Nachfolger übergegangen zu sein: Justin II., ebenso als *vir sanctus* bezeichnet,[101] überschreitet die Schwelle zum Kaiserpalast „heiligen Fußes" (*sacro pede*);[102] wie Justinian wird auch er durch „himmlische Waffen" (*armis [...] caelestibus*) beschirmt.[103] Beide Kaiser vollbringen *miracula*,[104] ihre Heiligkeit verwandelt schließlich gar das gesamte Imperium in einen sakralen Raum: *res Romana dei est, terrenis non eget armis.*[105] Immer wieder lässt der Dichter den neuen Herrscher seine enge Beziehung zum Verstorbenen betonen, an dessen Bahre er heiße Tränen vergießt.[106] Kein Monarch habe seinen Vorgänger derart geliebt (*sic decessorem regnantum nullus amavit*).[107] Diese emotionalen Bekenntnisse werden indes von markanten Abgrenzungsbemühungen unterlaufen. Der Dichter lässt den frisch gekrönten Herrscher in seiner ersten Ansprache vor den Senatoren[108] offen auf

---

[98] Coripp. *Laud. Iust.* 3,25; vgl. 3,28: *corpus venerabile.*
[99] Coripp. *Laud. Iust.* 1,167–168: *patrem res publica perdit et orbis, / non dominum*; vgl. 1,272; 3,32: *pater [...] sanctissime.*
[100] Coripp. *Laud. Iust.* 3,304.
[101] Coripp. *Laud. Iust.* 1,175.
[102] Coripp. *Laud. Iust.* 1,197.
[103] Coripp. *Laud. Iust.* 1,211.
[104] Coripp. *Laud. Iust.* 2,129: *narrabunt populi miracula vestra futuri.*
[105] Coripp. *Laud. Iust.* 3,333.
[106] Coripp. *Laud. Iust.* 1,250; 3,28–36.
[107] Coripp. *Laud. Iust.* 3,130; vgl. 1,268–269.
[108] Coripp. *Laud. Iust.* 2,178–274.

die Versäumnisse des greisen Vorgängers hinweisen, die nun, im „Zeitalter Justins" (*tempore Iustini*), korrigiert würden; denn der schon ganz erkaltete Justinian habe sich lediglich noch durch seine Sehnsucht nach dem jenseitigen Leben erwärmen können (*iam frigidus omnis / alterius vitae solo fervebat amore*). Gen Himmel sei sein all sein Sinnen gerichtet gewesen (*in caelum mens omnis erat*).[109] Dies erinnert bereits an eine Sottise, die Prokop dem *quaestor* Tribonian in den Mund legt, der erklärt habe, „er fürchte sehr, der Kaiser möge einmal ob seiner Frömmigkeit unversehens in den Himmel auffahren".[110]

Ein neues, nunmehr von Justin II. eingeleitetes Zeitalter scheint mehrfach prominent hervor; es wird als *aurea [...] aetas* beschrieben und von den vorausgehenden „eisernen Zeiten" (*ferrea [...] saecula*) abgegrenzt,[111] es erscheint als *tempus Iustini*[112] und soll gar die augusteische Epoche übertreffen (*Augusti priscum renovasti Caesaris aevum; clarius ast meliusque tuum*).[113] Freilich spielt der Zeitalter-Gedanke in den weiteren erhaltenen Zeugnissen der Repräsentation Justins II. eine weitaus geringere Rolle als unter Justinian. In Coripps Panegyricus indes trägt seine Akzentuierung zu einem Spannungsfeld bei, das Konturen gewinnt, wenn man die Thematisierung von Zeit nä-

---

[109] Coripp. *Laud. Iust.* 2,263–267. Eine Abgrenzung von den Vorgängern findet sich auch Coripp. *Laud. Iust.* 2,403–406.

[110] Prok. *HA* 13,12: [...] περιδεὴς ἀτεχνῶς εἶναι μή ποτε αὐτὸν ὑπὸ εὐσεβείας ἐς τὸν οὐρανὸν ἀναληφθεὶς λάθοι. Vgl. Hesych. Mil. *fr.* 7.64 FHG IV p. 176: Τριβωνιανὸς κολακεύων Ἰουστινιανὸν βασιλέα, ἔπειθεν αὐτόν, ὅτι οὐκ ἀποθανεῖται, ἀλλὰ μετὰ σαρκὸς εἰς οὐρανὸν ἁρπαγήσεται.

[111] Coripp. *Laud. Iust.* 1,185; 2,308–309; 3,78–79: *ferrea nunc abeunt atque aurea saecula surgunt / temporibus, Iustine, tuis [...]*.

[112] Coripp. *Laud. Iust.* 2,264.

[113] Coripp. *Laud. Iust.* 4,137–139.

her in den Blick nimmt. Denn im Text wird fein differenziert: In der Darstellung des Dichters (die sicherlich in Absprache mit dem Umfeld des Kaisers entstanden ist) übernimmt Justin von seinem Vorgänger zwar das Postulat der Heiligkeit, nicht aber das der Zeitlosigkeit – diese wird sogar Justinian selbst abgesprochen, wie aus der Beschreibung des Leichentuchs hervorgeht, das Justins Gattin Sophia für den Verstorbenen vorbereitet haben soll. Das wertvolle, aus Goldfäden und Purpurstoffen gewobene, edelsteinbesetzte Objekt soll „die gesamte *Reihe* der Leistungen Justinians" (*Iustinianorum series [...] tota laborum*) dargeboten haben, sodann „*Reihen* von Barbaren mit gebeugtem Nacken" (*barbaricas flexa cervice phalanges*), „*der Reihe nach* getötete Könige und unterworfene *gentes*" (*occisos reges subiectasque ordine gentes*); der Kaiser wurde in der Mitte der Hofgesellschaft als Sieger abgebildet, den Fuß in den Nacken Gelimers gestemmt (*ipsum autem in media victorem pinxerat aula / effera Vandalici calcantem colla tyranni*), daneben eine applaudierende Personifikation Afrikas sowie Roma, die Mutter von Imperium und Freiheit, mit entblößter Brust.[114] Die Übereinstimmungen mit dem Chalke-Mosaik in der Beschreibung Prokops sind augenfällig: Der Kaiser als Sieger im Zentrum des Geschehens, umgeben von der Hofgesellschaft; die Nachzeichnungen der triumphalen Eroberungen und besiegter Könige. Wie die Mosaikdarstellung zieht auch das Leichentuch zeitlich distante Ereignisse zusammen und präsentiert einen pluritemporalen Herrscher, wobei – und dies ist entscheidend – dem Dichter offenbar der Umstand angelegen ist, dass die in den Stoff eingewobenen Ereignisse jeweils in einer strikten Reihen-

---

[114] Coripp. *Laud. Iust.* 1,276–290.

folge (*series*, *phalanges*, *ordo*) – mithin in zeitlicher Abfolge – angeordnet wurden. Justinian, so lässt sich folgern, wird hier gleichsam in die Zeit zurückgezwungen, ins Glied des temporalen Verlaufs gerückt; man gesteht ihm die Pluritemporalität zu, nicht aber die entrückte Nontemporalität.

Im vierten Buch des Gedichts wird Justins Konsulatsantritt am 1. Januar 566 zelebriert, und der Dichter beschreibt bildreich-gewunden, wie das Rad der Zeit in unendlicher Dauer Tage, Monate und Jahre vorüberziehen lässt:[115]

Das achte Licht des in neuem Glanz geborenen Christus [1. Januar] hatte die Bahnen des rollenden Jahres zu sich selbst zurückgebogen; nach seiner gewohnten Art fortschreitend hatte der Rundlauf den ganzen Kreis vollendet, indem er vom Ende der Tage den Anfang eines neuen mitbrachte, und die neue Zahl drängte das geschmeidige Rad nach der Ordnung der Monate, [das Rad], durch das die gesamte Zeit gewälzt wird und der Tag ohne Ende zuende geht.

Mit seinem Konsulat, so ließe sich dieser Text interpretieren, ist der frisch gekrönte Kaiser von neuem in den Gang der Zeit eingestiegen, und dementsprechend hektisch gestaltet sich der Regierungsantritt, denn es gilt nicht weniger als „die Probleme der Welt zu lösen" (*causas disponere mundi*)[116] und glückliche Zeiten für eine erschöpfte Welt

---

[115] Coripp. *Laud. Iust.* 4,90–96: *lux octava novo nascentis lumine Christi / in se volventis vestigia flexerat anni; more suo currens totum compleverat orbem / circulus alterius referens de fine dierum / principium, teretemque rotam novus ordine mensum / urguebat numerus, totum qua volvitur aevum / et finit sine fine dies.*

[116] Coripp. *Laud. Iust.* 3,141.

zu gestalten (*tempora defesso renovans felicia mundo*).[117] Der Kaiser, so die Botschaft, ist wieder Teil der Zeit.

Als Justin II. die Rückkehr des Herrschers in die Zeit inszenierte, hatte Kosmas Indikopleustes (der Name ist nicht zuverlässig bezeugt) seine *Christliche Topographie* bereits vorgelegt.[118] Der ägyptische Kaufmann, der vermutlich eine antiochenisch-dyophysitische Theologie vertrat und damit zu jenen Personen gehörte, die sich im Kontext des von Justinian ausgelösten Drei-Kapitel-Streits in die Enge getrieben sehen mussten,[119] hatte große Teile der Oikoumene bereist, war dabei möglicherweise sogar bis nach Taprobane (Sri Lanka) gelangt. Sein um 550 vollendetes Werk,[120] das in einer überarbeiteten, teilweise ergänzten Fassung überliefert ist, beschreibt den Aufbau der Welt und des Kosmos mit dem Ziel, all jene zu widerlegen, die in ptolemaischer Tradition behaupteten, die Erde habe eine Kugelgestalt (so etwa Johannes Philoponos, der Kosmas' Werk vielleicht kannte).[121] Stattdessen präsentiert der Gelehrte ein dem mosaischen Bundeszelt nachgebildetes zweistöckiges Modell, in dem sich über einer rechteckigen, vom Ozean umgebenen Erde (in Form

---

[117] Coripp. *Laud. Iust.* 1,80.
[118] Zu Kosmas und seinem Werk s. WOLSKA 1962; HUBER 1980, 56–115; GRILLMEIER/HAINTHALER 1990, 150–165; MADATHIL 1992; UTHEMANN 2005; 2006; SCHNEIDER 2010; MARKSCHIES 2011; SCHLEICHER 2014, 241–261; GLEEDE 2021, 128–154. Zu den Illustrationen in den Kosmas-Handschriften s. BRUBAKER 1977.
[119] Zum Drei-Kapitel-Streit s. einführend HAUSCHILD/DRECOLL ⁵2016, 346–349; ferner GRILLMEIER 1989, 431–484; UTHEMANN 2011, 140–167.
[120] Zur Datierung s. UTHEMANN 2005, 526–531.
[121] Eine direkte literarische Auseinandersetzung zwischen Kosmas Indikopleustes und Johannes Philoponos ist philologisch freilich nicht nachweisbar, vgl. UTHEMANN 2005, 552–557; 2006, 611 f.

eines Berges) das sichtbare Firmament wie ein Baldachin wölbe sowie darüber ein unsichtbarer Himmel befinde, in den Christus eingegangen sei.[122] Mit diesem strikten Rückbezug der Kosmologie auf den Bibeltext in der Tradition der antiochenischen Schule[123] bemüht sich Kosmas zudem um den Nachweis, dass die Heilige Schrift als Vorankündigung bzw. Offenbarung gegenwärtiger und zukünftiger „Zustände" (καταστάσεις) zu verstehen sei.[124] Die Menschen des aktuellen Zustands, so seine Überzeugung, seien unterhalb des ersten Himmels angesiedelt und strebten nach dem ewigen Leben, nämlich dem Eintritt in den im Obergeschoss des Gefüges verorteten zweiten Zustand nach dem Jüngsten Tag. Damit erweitert der Kaufmann sein topographisches Modell um eine zeitliche Dimension, wie besonders aus einer zusammenfassenden Passage im siebten Buch hervorgeht:[125]

---

[122] So etwa Kosm. Ind. 2,2; 2,17; 2,24; 2,35–38; 3,51–53; 5,20–22. Vgl. Exod 25–26; Hebr 8,1–2; 8,5; 9,1–2; 9,11–12; 9,24; Wolska 1962, 113 ff.; Uthemann 2005.

[123] Vgl. Kosm. Ind. 2,2. Zur exegetischen Tradition s. Gleede 2021.

[124] Z.B. Kosm. Ind. 2,35; 4,17; 5,248.

[125] Kosm. Ind. 7,71: Ἠλίθιοι τοιγαροῦν εἶναί μοι δοκοῦσι καὶ τῶν θείων Γραφῶν παντελῶς ἀμύητοι οἱ τῶν καινῶν δογμάτων εὑρεταί, οἱ τοὺς οὐρανοὺς καταλύεσθαι οἰόμενοι. Ἄνωθεν γὰρ καὶ ἐξ ἀρχῆς εἰδὼς καὶ προειδὼς ὁ Θεός, καὶ ἀεὶ γινώσκων καὶ μηδέποτε πρόσληψιν γνώσεως ἐπιδεχόμενος, βουλόμενος καὶ ἑτέροις μεταδοῦναι τοῦ εἶναι καὶ τῆς ἰδίας αὐτοῦ ἀγαθότητος καὶ γνώσεως καὶ σοφίας ἐμπλῆσαι, πεποίηκε τὸν σύμπαντα κόσμον περιγράψας ἐν οὐρανῷ καὶ γῇ· θεὶς δὲ μέσον τὸ στερέωμα καὶ συνδήσας τῷ πρώτῳ οὐρανῷ καὶ ποιήσας τὸν ἕνα χῶρον δύο χώρους ἀπένειμε τῇ θνητῇ καὶ τρεπτῇ καταστάσει τὸν χῶρον τοῦτον, προετοιμάσας καὶ τῇ μελλούσῃ καταστάσει τὸν ἀνώτερον, καθὰ καὶ ἡ καταγραφὴ τοῦ σχήματος ἐπὶ τέλει δείκνυσι, καὶ ἡ τῆς σκηνῆς κατασκευή, ἐκμαγεῖον καὶ αὐτὴ γεγονυῖα παντὸς τοῦ κόσμου (Übers.: H. Schneider).

Die Erfinder der neuen Lehren scheinen mir somit töricht zu sein und überhaupt nicht in die heiligen Schriften eingeweiht, wenn sie meinen, dass die Himmel zerstört werden. Denn von oben her und von Anfang an hat der wissende und im Voraus wissende Gott, der immer erkennt und niemals eine Annahme von Erkenntnis zulässt, der auch anderen mitteilen will, dass sie existieren, und der sie erfüllen will mit seiner eigenen Güte, Erkenntnis und Weisheit, den gesamten Kosmos erschaffen, indem er ihn durch Himmel und Erde begrenzte. In die Mitte aber setzte er das Firmament, verband es mit dem ersten Himmel, machte den einen Raum zu zwei Räumen und teilte dem sterblichen und wandelbaren Zustand diesen Raum hier zu, nachdem er auch für den kommenden Zustand schon im Voraus den oberen Raum bereitet hatte, wie auch die Zeichnung der Form am Ende (dieses Buches) zeigt, und die Anfertigung des Zeltes, das auch selbst Abbild des ganzen Kosmos ist.

Kosmas geht also gegenüber Prokop den umgekehrten Weg, er verzeitlicht den Raum, indem er den Bereichen unterhalb und oberhalb des sichtbaren Himmels unterschiedliche Zeitebenen zuweist – nämlich Gegenwart und Zukunft –, um zu illustrieren, „dass Gott den gesamten Kosmos als zwei Zustände geschaffen hat" (δύο καταστάσεις διηγοῦνται τὸν Θεὸν πεποιηκέναι τὸν σύμπαντα κόσμον).[126] Damit gewinnt sein Werk eine eschatologische Komponente, was angesichts der Entstehungsumstände im 6. Jahrhundert nicht eben verwundern mag; sie manifestiert sich u. a. in der Beschreibung des Propheten Elias als Vorläufer der zweiten Parusie[127] und im Rekurs auf das Gleichnis von den zehn Jungfrauen, das, wie gesehen, auch Romanos Melodos als Anknüpfungspunkt für

---

[126] Kosm. Ind. 5,227 (Übers.: H. Schneider). Zum Zusammenhang von Raum und Zeit bei Kosmas s. auch kurz della Dora 2016, 66 f.
[127] Kosm. Ind. 7,71.

eschatologische Spekulationen wählte.[128] Weitaus erstaunlicher ist aber, dass der Autor die Debatte um den Ablauf der 6000 Jahre vollkommen ignoriert und die seine Zeitgenossen zutiefst bewegende Frage nach dem Zeitpunkt des Umzugs in das Obergeschoss – d. h. nach dem Jüngsten Tag – weder beantwortet noch überhaupt stellt. Stattdessen raunt er lediglich von einem späteren Zeitpunkt und dem künftigen Zustand:[129]

Das ist das Ziel der ganzen von Gott inspirierten Schrift, des Alten und des Neuen Testaments, und dass Gott entsprechend der Form des Zeltes, das in der Wüste von Mose angefertigt worden war, den ganzen Kosmos in zwei Räume aufgeteilt hat, ich meine diesen Kosmos hier, in dem er die Sterblichen und Wandelbaren wie in einem Trainingscamp auf die Probe stellte, um uns zuerst leben und Leidvolles wie Angenehmes erleben zu lassen. Denn ohne Erziehung kann unmöglich ein Lernprozess einsetzen: „Alle Erziehung", heißt es, „scheint für den Augenblick ohne Freude zu sein, aber für später" (*Hebr* 12,11). Für später (ὕστερον) nun hat er in vernünftiger Weise entschieden, dass er den Geprüften seine ewigen Güter zuteilwerden lasse in dem künftigen Zustand (ἐν τῇ μελλούσῃ καταστάσει) und dass er sein eigenes Ziel von oben und von Anfang her erfülle, da er als Gott

---

[128] Kosm. Ind. 5,185.
[129] Kosm. Ind. 5,64: Οὗτος ὁ σκοπὸς πάσης τῆς θεοπνεύστου Γραφῆς, Παλαιᾶς τε καὶ Καινῆς Διαθήκης, καὶ ὅτι κατὰ τὸν τύπον τῆς σκηνῆς, τῆς ἐν τῇ ἐρήμῳ ὑπὸ Μωυσέως κατασκευασθείσης, δύο χώρους πεποίηκεν ὁ Θεὸς τὸν σύμπαντα κόσμον, λέγω δὴ τοῦτον τὸν κόσμον, ἐν ᾧ θνητοὺς καὶ τρεπτοὺς ὡς ἐν παιδευτηρίῳ ἐδοκίμασε πρῶτον ἡμᾶς διάγειν καὶ πεπειρᾶσθαι λυπηρῶν τε καὶ ἡδέων· χωρὶς γὰρ παιδείας ἀμήχανον μάθησιν γενέσθαι „πᾶσα γὰρ παιδεία, φησί, πρὸς τὸ παρὸν οὐ δοκεῖ χαρᾶς εἶναι, ἀλλὰ ὕστερον." Ἐς ὕστερον οὖν πεπειραμένοις λογικῶς ἐδοκίμασε παρασχεῖν τὰ αἰώνια αὐτοῦ ἀγαθὰ ἐν τῇ μελλούσῃ καταστάσει καὶ πληρῶσαι τὸν ἑαυτοῦ ἄνωθεν καὶ ἐξ ἀρχῆς σκοπόν, οἰκονομήσας ὡς Θεὸς τὰ καθ' ἡμᾶς, ὡς αὐτῷ ἔπρεπε καὶ ἡμῖν συνέφερεν (Übers.: H. Schneider); vgl. 5,66; 5,177; 5,188–189.

die Dinge, die uns betreffen, heilsmäßig einrichtet, wie es ihm geziemt und uns nützt.

Auch Formulierungen wie „sobald der Herr erscheint" (ἡνίκα ὁ Κύριος παραγίνεται)[130] vermeiden konkrete zeitliche Fixierungen, und schließlich konstatiert Kosmas sogar: „In Bezug auf die Vollendung kennt niemand den Tag außer allein Gott".[131] Diese Feststellung trifft der Autor in einem ausführlichen Abschnitt über den Jüngsten Tag, mit dem das fünfte Buch schließt. Wir dürfen dieser Passage ein besonderes Gewicht und beträchtliche Bedeutung für das Gesamtwerk beimessen, denn ursprünglich endete dieses mit dem fünften Buch.[132] Kosmas hat also durchaus intensiv über das Weltgericht räsoniert und seine Darstellung auf dieses zulaufen lassen, eine Positionierung in der Diskussion um den Ablauf der 6000 Jahre – die auch ihm geläufig gewesen sein muss – aber offenbar gezielt vermieden, ein geradezu volltönendes Schweigen.[133] Über die Gründe für diese Diskursverweigerung können wir lediglich spekulieren. Die antiochenische Tradition der Schriftauslegung mag eine Rolle dabei gespielt haben, sich an den vagen Literalsinn der Bibelworte zu klammern, doch der *Apokalypse-Kommentar* des Oikoumenios zeigt, dass man auch über symbolische Exegese zu ähnlichen Resultaten gelangen konnte (s.u.). Möglicherweise fürchtete der fromme Gelehrte, der offenbar stets in Sorge war, kritisiert zu werden, darüber hinaus allzu

---

[130] Kosm. Ind. 5,229 (Übers.: H. Schneider); vgl. 5,241.
[131] Kosm. Ind. 5,255: Περὶ δὲ τῆς συντελείας τὴν ἡμέραν οὐδεὶς ἐπίσταται, εἰ μὴ μόνος ὁ Θεός (Übers.: H. Schneider).
[132] Vgl. Kosm. Ind. 5,257; 6,1; Schneider 2010, 10.
[133] Auch im Häretikerkatalog Kosm. Ind. 6,25–33, werden jene, die über einen Ablauf der 6000-Jahres-Frist spekulieren, nicht erwähnt.

scharfe Reaktionen für den Fall, dass er seine Meinung in dieser heiklen Debatte artikuliert hätte. Vielleicht aber betrachtete er den Übergang auch gar nicht als scharfe Zäsur. Denn an anderer Stelle – ich hatte darauf bereits hingewiesen – lässt er die Ansicht durchscheinen, dass das römische und das messianische Reich bereits parallel existierten, ja ineinandergriffen. Damit hätte sich die Frage nach dem konkreten Zeitpunkt des Weltendes dann tatsächlich erübrigt.[134]

Sie wurde indes trotz allem kontrovers diskutiert. Michael der Syrer († 1199) berichtet, wohl unter Rückgriff auf den Zeitgenossen Johannes von Ephesos, dass sich im 6. Jahrhundert von Ägypten aus die Agnoeten ausgebreitet hätten, eine auch aus anderen Quellen bekannte christliche Splittergruppe aus dem miaphysitischen Spektrum, die über das Wissen Jesu räsonierte.[135] Diese hätten, so Michael, insbesondere bestritten, dass der Gottessohn den Zeitpunkt des Weltendes hätte kennen können.[136] Wenn aber nicht einmal der Erlöser selbst hätte angeben können, wann die Parusie erfolgt, wie sollte diese Frage dann allein durch menschliche Erkenntnis beantwortet werden?

Auch andere Autoren, von denen Zeitgenossen Antworten auf die drängende Frage nach der noch verbleibenden Zeit hätten erwarten können, hielten sich in dieser Angelegenheit bedeckt. Dazu zählt Cassiodor, der in seinem *Psalmenkommentar* einer Stellungnahme zum Ablauf der 6000 Jahre ausweicht,[137] aber auch Oikoumenios,

---

[134] Kosm. Ind. 2,66-76, bes. 2,75. Dazu s.o. S. 56, mit Anm. 107.
[135] Zu den Agnoeten s. GRILLMEIER 1989, 395–399.
[136] Mich. Syr. 9,29, mit Bezug auf Mk 13,32.
[137] Cassiod. *Expos. Psalm.* 89,4 p. 823 ADRIAEN. Die erste Fassung des Kommentars entstand zwischen 548 und 553 in Konstantinopel

der Verfasser der frühesten erhaltenen Auslegung der Offenbarung in der griechischen Literatur. Wie bereits angedeutet, lässt sich für das 6. Jahrhundert ein verstärktes Interesse an der Offenbarung des Johannes beobachten,[138] die unter den griechischsprachigen Christen umstritten war und nicht zum biblischen Kanon gezählt wurde.[139] Der schriftkundige Junillus, in den Jahren 541/42–548/49 *quaestor sacri palatii* als Nachfolger Tribonians,[140] verweist explizit auf die Zweifel an der Apokalypse;[141] demgegenüber erscheint sie bei Ps.-Leontios (zwischen 581 und 607) als kanonisch,[142] und auch Jordanes konstatiert, Johannes habe auf Patmos die Apokalypse gesehen (*ubi apocalypsim vidit*).[143] Die nachdrückliche Betonung der Authentizität des letzten Buches der Bibel durch Eustratios von Konstantinopel (um 580) deutet Heinz Giesen als Indikator für die Intensität der damals geführten Diskussionen.[144] In diesem Kontext wird man auch den *Apoka-*

---

und wurde später in Vivarium überarbeitet, vgl. HEYDEMANN 2024, 59.

[138] Vgl. MAGDALINO 1993, 9: „It is surely no accident that two of the four surviving Byzantine commentaries on the Apocalypse of St John – the only two of any originality – were composed in this period". S. auch MONACI CASTAGNO 1981, 306f., mit Anm. 5.

[139] Zur Problematik s. GIESEN 1997, 45–48, bes. 46 („Die Offb hat es in der östlichen Kirche schwerer, anerkannt zu werden"); 47 („Außerhalb Ägyptens stößt die Offb in der Zeit von 300 bis 450 auf großen Widerstand"); BÖCHER 1998, 632f.

[140] PLRE IIIA 742 (Iunillus).

[141] Iunill. *inst.* 1,4 p. 475 KIHN (*Ceterum de Iohannis Apocalypsi apud orientales admodum dubitatur*); vgl. 1,4 p. 480 KIHN.

[142] Ps.-Leontios, *De sectis PG* 86.1,1204C (ἕκτον ἐστὶν ἡ Ἀποκάλυψις τοῦ ἁγίου Ἰοάννου. Ταῦτά ἐστι τὰ κανονιζόμενα βιβλία ἐν τῇ ἐκκλησίᾳ, καὶ παλαιά, καὶ νέα).

[143] Iord. *Rom.* 265.

[144] GIESEN 1997, 46.

lypse-Kommentar des Oikoumenios zu deuten haben. Der Text kann mit Gewissheit in das 6. Jahrhundert datiert werden. Unklar ist allerdings, ob der Verfasser eher in den letzten Dekaden (worauf textimmanente Indizien hindeuten) oder in der ersten Hälfte des Jahrhunderts wirkte; in letzterem Fall wäre er mit einem gleichnamigen Korrespondenzpartner des Severos, Bischof von Antiocheia (512–538, † 538), zu identifizieren.[145]

Ein wichtiges Anliegen des Autors besteht darin, die Authentizität der Offenbarung zu erweisen.[146] Zweifel am Text (die möglicherweise durch die zunehmend enttäuschten Naherwartungen genährt wurden) führt der Exeget auf Einfalt (ἁπλότης) sowie ein allzu großes Festhalten am Leben (φιλοζωία) und an irdischen Gütern zurück, deutet die Skepsis zudem als Manifestation der Angst vor dem jähen und unwiderlegbaren Charakter der Prophezeiungen (τὸ ἀπότομον καὶ ἀναντίρρητον τῶν ἀποφάσεων δεδιότων).[147] Indem Oikoumenios direkt zu Beginn seiner

---

[145] Zum Datierungsproblem s. Schmid 1938 (Widerlegung der These, es handele sich bei Oikoumenios um einen Bischof von Trikka/Trikkala [Thessalien]; vgl. Schmid 1931, bes. 236–239; 1956, 78 f., Anm. 3). De Groote 1996 hat starke Argumente dafür vorgebracht, die Abfassung des Kommentars in das ausgehende 6. Jh. zu datieren und von der Identifizierung des Autors mit dem Briefpartner des Severos (für die sich Schmid ausgesprochen hatte; ähnlich Spitaler/Schmid 1934; Podskalsky 1972, 84) abzusehen (vgl. ähnlich schon Monaci Castagno 1980), eine These, die von Lamoreaux 1998 und Suggit 2006, 4 f., inzwischen allerdings wieder vertreten wird; zu den einschlägigen Severos-Briefen s. De Groote 1996, 74–77; Lamoreaux 1998, 100–102, mit Anm. 56 (Quellen). – Allgemein zu Oikoumenios und seinem *Apokalypse-Kommentar* vgl. auch Durousseau 1984.

[146] Vgl. Oikoumen. p. 65,27–66,48; 290,407–291,452 De Groote. Monaci Castagno 1981, 314.

[147] Oikoumen. p. 290,411–414 De Groote.

Erläuterungen festhält, dass seit der Entstehung der Apokalypse unter Domitian mehr als 500 Jahre vergangen seien, verweist er bereits indirekt auf den Ablauf der 6000 Jahre.[148] Ganz explizit wird dieser im nachfolgenden Zitat des Psalmverses 90 (89),4 evoziert,[149] der Grundlage sämtlicher Kalkulationsmodelle für die irdische Weltzeit. Umso erstaunlicher ist, dass der Autor im Folgenden jeglicher zeitlichen Konkretisierung des anstehenden Weltgerichts ausweicht: Zwar werden die Prophezeiungen des Johannes als Antizipationen eines tatsächlich bevorstehenden Geschehens akzeptiert – der Autor spricht im Futur[150] und verweist wiederholt auf das Weltende[151] –, doch erfolgt keine kalkulatorische Bezugnahme auf das Modell der 6000 Jahre, und auch die Bedrückungen und Katastrophen, deren Zeuge Oikoumenios im 6. Jahrhundert unweigerlich gewesen sein muss, werden nirgendwo in einen endzeitlichen Kontext gerückt – im Gegenteil: Der Kommentator warnt sogar ausdrücklich vor entsprechenden Fehlinterpretationen und dürfte populäre Deutungsmuster damit gezielt unterlaufen haben.[152] Die letzten Tage, so seine im Einklang mit der neutestamentlichen Überlieferung formulierte These,[153] hätten bereits mit der Inkarna-

---

[148] Oikoumen. p. 67,91–68,95; 75,257–259 DE GROOTE. LAMOREUX 1998, 104f.
[149] Oikoumen. p. 68,96–98 DE GROOTE; vgl. p. 248,422–424 DE GROOTE.
[150] Z.B. Oikoumen. p. 73,221–222; 169,336–361; 218,158–159 DE GROOTE.
[151] Z.B. Oikoumen. p. 139,110–111; 139,120–140,121; 144,235–236; 221,221; 224,293–294; 241,251–252; 259,212–213 DE GROOTE.
[152] Oikoumen. p. 164,241–165,247 DE GROOTE. Vgl. aber auch Oikoumen. p. 207,409–411; 209,458–470; 211,503–506 DE GROOTE.
[153] Hebr 1,2.

tion Christi eingesetzt[154] – eine Position, die jener des Johannes Malalas nicht unähnlich ist. Die Ankündigung des Propheten, die von ihm verkündeten Geschehnisse würden sich „schon bald" (ἐν τάχει) vollziehen, relativiere sich im Lichte der Ewigkeit Gottes (ὅτι πάντες οἱ αἰῶνες ἐν ὀφθαλμοῖς τοῦ ἀτελευτήτου αἰωνίου Θεοῦ εἰς οὐδέν εἰσι λελογισμένοι).[155] Selbst die tausendjährige Herrschaft Christi, die gemäß der Apokalypse auf die irdische Weltzeit folgen soll[156] und seither immer wieder Konjunkturen chiliastischer Erwartungen ausgelöst hat,[157] wird nicht im Sinne einer festen Zeiteinheit, sondern als Phase des Aufenthalts Christi unter den Menschen interpretiert[158] – eine Phase, deren Dauer nicht bestimmbar sei, wie wiederum aus Ps 90 (89),4 hervorgehe.[159] Anders als Kosmas Indikopleustes, der seine Theorien aus einer wörtlichen Auslegung des Bibeltextes gewann, deutet Oikoumenios die Verse der Offenbarung symbolisch,[160] gelangt jedoch zu einem ähnlichen Ergebnis wie der Indienfahrer: Er vermag sich von der Erfordernis, über konkrete Zeitangaben zu spekulieren, zu lösen. „Tatsächlich nämlich", so hält

---

[154] Vgl. Oikoumen. p. 67,68–70; 162,178–181 DE GROOTE.
[155] Oikoumen. p. 67,91–68,96 DE GROOTE; vgl. Oikoumen. p. 284,268–274 DE GROOTE.
[156] Apk 20–22.
[157] Vgl. dazu etwa LANDES 1988; COHN 1998; WESSINGER 2011; PALMER 2014, 12–15; ferner LANDES 2000.
[158] Vgl. Oikoumen. p. 248,416–439; 249,446–451; 253,51–254,71; 255,114–256,124 DE GROOTE, mit PODSKALSKY 1972, 84 f. („Als erster griechischer Exeget möchte er die tausend Jahre der Herrschaft Christi als die Zeit seines Erdenwandels verstanden wissen" [85]).
[159] Oikoumen. p. 248,416–439 DE GROOTE.
[160] Vgl. Oikoumen. p. 67,91–68,103; 249,457–460; 249,462–464; 250,477–484; 260,235–237 DE GROOTE. Vgl. MONACI CASTAGNO 1981, 326–330; LAMOREAUX 1998, 104.

der Autor fest, „ist jede zeitliche Ausdehnung, auch wenn sie bei weitem die längste und größte ist, gering im Vergleich zur Unendlichkeit"[161] – womit jegliches Räsonieren über exakte Zeiträume und Zeitpunkte obsolet wird.

So scheint auch der erste Apokalypse-Kommentator ebenso wie Kosmas Indikopleustes letztlich einen Alternativentwurf zu jenen zielgerichteten Endzeiterwartungen zu präsentieren, die so viele seiner Zeitgenossen umtrieben: Oikoumenios bezweifelt an keiner Stelle, dass das Weltende in der von Johannes beschriebenen Weise eintreffen werde. Der konkrete Zeitpunkt jedoch, so sein Ergebnis, lasse sich nicht bestimmen. Es sei daher angeraten, möglichst rasch freiwillig seinen Lebenswandel zu überdenken, um nicht dem Strafgericht Gottes zu verfallen.[162]

Gerda Heydemann hat jüngst darauf hingewiesen, dass exegetische Texte sich nicht in der Auslegung der Schrift erschöpften, sondern stets auch eine soziale Funktion besaßen. Sie „bereiteten [...] die biblischen Erzählungen und Texte so auf, dass ihr Publikum das darin enthaltene Wissen über religiöse und soziale Normen, über Handlungs- und Interpretationsmuster, über Formen von politischer und religiöser Gemeinschaft, auf die eigene Gegenwart übertragen konnte", denn „auch spätantike Exegeten [trugen] ihre eigenen Fragen, Vorannahmen und Anliegen an den Bibeltext heran".[163] In diesem Sinne lässt sich auch der Text des Oikoumenios als Teil eines übergreifenden Diskurses über Zeit(konzepte) im Lichte des Ablaufs der 6000

---

[161] Oikoumen. p. 68,100–103 DE GROOTE: τῷ ὄντι γὰρ πᾶσα χρονικὴ παράστασις, κἂν ὅτι μάλιστα πλείστη τέ ἐστι καὶ μεγίστη, μικρά τίς ἐστι πρὸς τὸ ἀτελεύτητον συγκρινομένη; vgl. Oikoumen. p. 283,247–249 DE GROOTE.

[162] Oikoumen. p. 284,277–280; 288,364–368 DE GROOTE.

[163] HEYDEMANN 2024, 27.

Jahre interpretieren. Allerdings erschwert die weiterhin ungeklärte Datierungsfrage eine konkretere Einordnung. Sollte der Kommentar erst im ausgehenden 6. Jahrhundert entstanden sein, so wäre er eher mit Blick auf enttäuschte Endzeiterwartungen, das erneute Bewusstwerden der Parusieverzögerung, zu betrachten. Könnte man den Verfasser mit Gewissheit als Korrespondenzpartner des Severos identifizieren, so würde nicht nur seine Persönlichkeit Profil gewinnen (Herkunft aus Isaurien, rhetorisch-juristische Ausbildung, *comes*, verheiratet, Interesse an christologischen Fragen); der Text ließe sich dann zudem in jener Phase verorten, die durch die Koinzidenz von Erwartung und Erfahrung die wohl intensivsten Naherwartungen innerhalb des 6. Jahrhunderts hervorgebracht hat. Doch wird man in dieser Frage nach aktuellem Stand nicht über Spekulationen hinausgelangen.

Ein ‚historisches‘ Interesse ist im Kommentar des Oikoumenios nicht zu erkennen, und auch dasjenige des Indienfahrers galt allein der alttestamentlichen, namentlich der mosaischen Geschichte, wohingegen die unmittelbare Vergangenheit seiner Zeitgenossen oder auch der Römer insgesamt in seinem Werk – so wie es überliefert ist – keine Rolle spielt. Indes existierten auch im 6. Jahrhundert noch Milieus, die sich intensiv mit der römischen Geschichte auseinandersetzten und diese auf die eigene Gegenwart bezogen. Da insbesondere in den 530er Jahren ausgerechnet der allgegenwärtige Herrscher Angebote neuartiger historischer Konstruktionen propagierte, mussten sich diese Gelehrten geradezu genötigt sehen, in ihren eigenen Entwürfen darauf explizit oder implizit Bezug zu nehmen. Das Christentum spielte darin keine entscheidende Rolle. Dies bedeutet freilich nicht, dass die Autoren zwangsläufig altgläubige, kaiserkritische Zirkel repräsentieren, wie Anthony Kaldellis mutmaßt;[164] vielmehr müssen wir von unterschiedlichen Diskursräumen und spezifischen thematischen Fokussierungen ausgehen.

Die wichtigste (weil am besten greifbare) Figur in diesem Zusammenhang ist Johannes Lydos, ein Amtsträger aus dem Apparat der östlichen Prätoriumspräfektur, der sich in seinen Schriften ausführlich der Vergangenheit und Zukunft gewidmet und auf diesem Weg die Gegenwart für sich konstituiert und kommentiert hat.[165] Nicht ohne Grund knüpft seine Behandlung außergewöhnlicher Naturphänomene in ihrer Deutung als Vorzeichen (*De ostentis*) an zeitgenössische Katastrophenerfahrungen an (persische Eroberung Antiocheias 540).[166] Gegenüber der verbreiteten Wahrnehmung jener Ereignisse als Vorauskündigungen der anbrechenden Endzeit oder als göttliche Strafe sowie dem kritischen Blick auf Omina, wie ihn etwa Prokop mitunter erkennen lässt (s.o.), zeigt sich der Autor darum bemüht, ihre Auslegung in die lange Tradition wissenschaftlichen, empiriegesättigten

---

[164] Vgl. KALDELLIS 2003b, 301 („Lydos never makes a declaration of faith, never cites the New Testament, and never discusses Christian doctrine"); 303f. („The evidence about Lydos is perhaps not conclusive beyond a doubt, but tends to indicate very strongly that he was not a Christian"); 312; 1999; 2004a; 2004b; 2005a; 2005b, 13. Überzeugender bleiben jedoch weiterhin CAMERON 1985, 247; MAAS 1992, 25; daneben s. CAMERON 2016, 258–263.

[165] Zu Johannes Lydos ist noch immer grundlegend MAAS 1992; vgl. darüber hinaus CAIMI 1984; MAAS 1986; KELLY 2004; DUBUISSON/SCHAMP 2006a; 2006b; DMITRIEV 2010; zuletzt BEGASS 2025a. Zur Datierung BEGASS 2025b, 12, mit Anm. 23. – Mehrfach finden sich im Werk des Johannes Konfrontationen einer (guten,) alten Zeit mit der Gegenwart, vgl. etwa Joh. Lyd. *mens.* 1,8; 1,40; 2,1; 3,1; 3,5; 3,10; 3,22; *mag.* 3,9; 3,11.

[166] Joh. Lyd. *ost.* pr. 1; vgl. pr. 4. Zu diesem Werk s. MAAS 1992, 105–113.

Schrifttums zu stellen, und sucht damit einen alternativen Weg zu eröffnen – so wie es eine Generation später, mit Blick auf das verheerende Erdbeben zu Konstantinopel 557, auch Agathias, wenngleich ungleich skeptischer, diskutieren sollte.[167] Johannes Lydos bestreitet dabei keineswegs, dass außergewöhnliche Phänomene auf die Zukunft verwiesen – ganz im Gegenteil.[168] Allein der Deutungskontext unterscheidet sich von jenem der meisten Zeitgenossen; sein Rekurs auf Autoritäten der vergangenen Jahrhunderte, insbesondere Klaudios Ptolemaios (2. Jh.), musste unweigerlich, wenngleich implizit und damit eher behutsam, das Schema der 6000 Jahre infrage stellen. Andere hingegen suchten sich der Last gegenwärtiger himmlischer Zeichen dadurch zu entziehen, dass sie ihre Überlegungen zu Vorauskündigungen und Prophezeiungen (und im Übrigen auch zur Geschichte) ganz auf die Bibel fokussierten, wie etwa Junillus Africanus, der festhielt, *prophetia* sei nichts anderes als „die Kundmachung verborgener Dinge der Vergangenheit, Gegenwart oder Zukunft durch göttliche Inspiration" (*rerum latentium praeteritarum aut praesentium aut futurarum ex divina inspiratione manifestio*).[169]

Anders, wie gesagt, Johannes Lydos. In seinem zwischen 551 und 557 vollendeten antiquarisch-historischen Traktat *De magistratibus* (Περὶ ἀρχῶν) behandelt der Gelehrte die Entwicklung der römischen Ämter, insbesondere der Prätoriumspräfektur, von den Anfängen bis in die eigene Zeit und entwickelt dabei über weite Strecken ein Niedergangsnarrativ. Bereits die Vorrede dieses Werks

---

[167] Agath. 5,6–8.
[168] Vgl. Joh. Lyd. *ost*. pr. 4.
[169] Iunill. *inst*. 1,4 p. 473 KIHN (Geschichte: Iunill. *inst*. 1,3 p. 472–473 KIHN).

setzt unvermittelt mit einer historischen Digression ein,[170] deren Duktus an die Proömien der justinianischen Gesetze zur Provinzreform aus den Jahren 535–538 erinnert und in der sich Johannes ähnlich emphatisch zum Wert der Vergangenheit bekennt wie der Kaiser.[171] Auch der Haupttext holt zunächst weit aus, indem ein Überblick über die Epochen der römischen Geschichte von Aeneas bis zum Tod des Anastasios (518) gegeben wird:[172]

Es haben sich seit der Ankunft des Aeneas in Italien bis zur Gründung Roms nach dem älteren Cato und Varro, den Römern, 439 Jahre vollendet; nach Africanus, Kastor und dem Schüler des Pamphilos [i.d. Eusebios, M.M.] waren es 417 Jahre. Von der Stadtgründung bis zur Vertreibung der Könige sind 243 Jahre vergangen. Die Jahre der Konsuln bis zum ersten Caesar belaufen sich auf 465 bzw. 466 gemäß einigen anderen. Von Caesar bis Konstantin sind 375 Jahre vergangen; von ihm aus

---

[170] Dazu s. Dubuisson/Schamp 2006a, CXIX-CXXI.

[171] Joh. Lyd. *mag.* pr.: Μὴ οὖν ἡμᾶς ἀλλοίους πρὸς τὰ πάλαι δοθέντα κρίνοι τις.

[172] Joh. Lyd. *mag.* 1,2: Ἀνύονται τοιγαροῦν ἐκ τῆς Αἰνείου ἐπὶ τὴν Ἰταλίαν παρόδου ἕως τοῦ πολισμοῦ τῆς Ῥώμης ἐνιαυτοὶ ἐννέα καὶ τριάκοντα καὶ τετρακόσιοι κατὰ Κάτωνα τὸν πρῶτον καὶ Βάρρωνα, τοὺς Ῥωμαίους· κατὰ δὲ Ἀφρικανὸν καὶ Κάστορα <καὶ> τὸν Παμφίλου ἔτη ζ καὶ ι καὶ υ. ἀπὸ δὲ τοῦ πολισμοῦ μέχρι τῆς ἐκβολῆς τῶν ῥηγῶν διέδραμεν ἔτη τρία καὶ τεσσαράκοντα καὶ διακόσια. οἱ δὲ τῶν ὑπάτων ἄχρι Καίσαρος τοῦ πρώτου ἐνιαυτοὶ ε (ἢ κατ' ἐνίους ἕξ) καὶ ξ καὶ υ. ἀπὸ δὲ Καίσαρος ἕως Κωνσταντίνου διαγέγονεν ἔτη τριακόσια ἑβδομήκοντα πέντε· ἐξ αὐτοῦ δὲ ἄχρι τῆς Ἀναστασίου τοῦ βασιλέως τελευτῆς ἔτη σκδ πρὸς μησὶν ἑπτά, ἐξ ὧν ἄν τις ἐννέα ἐξέλοι ἐνιαυτούς, οὓς ἐπὶ τῆς ἱερᾶς Ῥώμης ἔτυχε βασιλεύσας Κωνσταντῖνος. συνάγεται δὴ ἀπὸ τοῦ πολισμοῦ τῆσδε τῆς εὐδαίμονος πόλεως πέντε καὶ δέκα καὶ διακόσια ἔτη πρὸς μησὶν ἑπτά. συνέλοι οὖν ἄν τις ἀπὸ Αἰνείου ἕως τῆς Ἀναστασίου τοῦ χρηστοῦ τελευτῆς τοὺς πάντας ἐνιαυτοὺς ἓξ καὶ τεσσαράκοντα πρὸς ἑπτακοσίοις καὶ χιλίοις πρὸς μησὶν ἑπτά, ὡς Ἕλληνες οἴονται κατὰ πάντας τοὺς ἑκατέρας φωνῆς συγγραφέας. Dazu s. Dubuisson/Schamp 2006a, CCXCV-CCCXII.

aber bis zum Tod des Kaisers Anastasios sind es 224 Jahre und 7 Monate, von denen man 9 Jahre abziehen mag, die Konstantin im heiligen Rom herrschte. Es beläuft sich die Zahl seit der Gründung dieser glücklichen Stadt auf 215 Jahre und 7 Monate. Man dürfte daher von Aeneas bis zum Ende des rechtschaffenen Anastasios insgesamt auf 1748 Jahre und 7 Monate kommen, wie die Griechen glauben, gemäß allen Autoren in beiden Sprachen.

Ähnlich wie Kosmas geht auch Johannes Lydos mit keinem Wort auf das Problem der 6000 Jahre ein, weder hier noch in anderen Teilen seines erhaltenen Werks. Seine Orientierung gilt allein der Vergangenheit Roms. „Roman legend", so hält Michael Maas zu Recht fest, „not the Bible, took priority in his historical imagination".[173] Gleichwohl positioniert sich auch der Antiquar mit dieser programmatischen Digression zu Epochen und Chronologie markant im Ringen um die Zeit. Denn seine Worte scheinen mir direkt auf das nicht minder programmatische Proömium der *47. Novelle* Justinians (537) zu reagieren.[174] Wie gezeigt, entwirft der Gesetzestext eine viergliedrige Periodisierung der römischen Geschichte, die mit Aeneas einsetzt, mit dem troianischen Prinzen sowie den Paaren Romulus/Numa und Caesar/Augustus drei „Anfänge" (ἀρχαί/*principia*) definiert und unausgesprochen, aber leicht erkennbar, auf das ‚Zeitalter Justinians' zuläuft. Johannes Lydos entwickelt hingegen ein alternatives Fünf-Phasen-Modell und widerspricht damit dem kaiserlichen Geschichtskonstrukt. Auch er geht von Aeneas aus und verweist gleichfalls auf Romulus (Stadtgründung); dann jedoch verändert er die Scharnierstellen; sie lauten im weiteren Verlauf ‚Vertreibung der Könige', ‚Caesar', ‚Konstantin', ‚Anastasios'; hinzukommt eine se-

---

[173] MAAS 1992, 84.
[174] Dies vermutet auch KRUSE 2019, 132–134.

parate Kalkulation, die von der Gründung Konstantinopels ausgeht. Die von Justinian evozierten Gründergestalten Numa und Augustus wiederum finden im Exkurs zur Chronologie keine Berücksichtigung, wiewohl sie im Fortgang von Johannes' Traktat durchaus behandelt werden (zu Augustus wird sogar explizit und sicherlich mit Blick auf Justinians Novelle festgehalten, er habe den Konsuln nur noch den Titel belassen, welcher aber allein der Zeitangabe dienlich gewesen sei).[175] Auffällig ist die außerordentliche Prominenz, die Johannes dem ersten christlichen Kaiser Konstantin verleiht (wenngleich er ihn im weiteren Verlauf des Werks scharf kritisiert),[176] obwohl dieser im kaiserlichen Periodisierungsansatz keinen Platz fand. Romulus dagegen, den Justinian zum „zweiten Ursprung" der römischen Geschichte erhoben hatte, erscheint bei Johannes als τύραννος.[177] Vor allem aber scheint die römische Geschichte für den Antiquar mit dem Tod des Anastasios zu enden; der Autor hat offenbar bewusst auf einen Satz nach dem Muster „vom Tod des Anastasios bis zum aktuellen Zeitpunkt haben sich XY Jahre vollendet", wie man ihn etwa bei Johannes Malalas finden würde, verzichtet.[178] Das ‚Zeitalter Justinians' findet keinen Widerhall, wirkt negiert, geradezu ausgelöscht. Stattdes-

---

[175] Numa: Joh. Lyd. *mag. pr.*; 1,21 (vgl. auch die prominente Rolle Numas in Johannes' Traktat *De mensibus*). – Augustus: Joh. Lyd. *mag.* 2,3 (ebenfalls sehr ambivalent bewertet, vgl. MEIER 2025, 54 f. – Joh. Lyd. *mag.* 2,6: ὑπάτοις μὲν μηδὲν παρὰ τὴν προσηγορίαν ἀπολιπών, εἰς μήνυμα τοῦ χρόνου δῆθεν.

[176] Vgl. Joh. Lyd. *mag.* 2,10; 3,31–36; 3,40.

[177] Joh. Lyd. *mag.* 1,5: Ὥστε τύραννος ἦν ὁ Ῥωμύλος.

[178] So etwa Malal. 357,64–358,95 THURN. Vgl. DUBUISSON/SCHAMP 2006a, CCXCVI: „Dans son comput, les règnes de Justin Ier et de Justinien Ier ne figurent nulle part: fait surprenant à première vue, car, comme on le verra, de nombreuses pages du traité roulent

sen endet der Durchgang durch die Chronologie ausgerechnet mit einem jener Vorgänger Justinians, denen der Herrscher „Leichtfertigkeit" (ῥαθυμία) und Versagen vorgeworfen hat.

Tabelle 2: Die Periodisierung der römischen Geschichte durch Justinian und Johannes Lydos.

Phasen	Justinian, Novelle 47, pr.	Johannes Lydos, De magistratibus 1,2
1. Phase	ab Aeneas	Aeneas → Gründung Roms (= Romulus)
2. Phase	ab Romulus und Numa	Gründung Roms (= Romulus) → Vertreibung der Könige
3. Phase	ab Caesar und Augustus	Beginn der Republik → Caesar
4. Phase	‚Zeitalter Justinians'	Caesar → Konstantin
5. Phase		Konstantin → Tod des Anastasios

Da Johannes als gelehrter Amtsträger in der Verwaltung der Prätoriumspräfektur die *47. Novelle* unzweifelhaft kannte, dürfte all dies nicht zufällig geschehen sein: Bereits im ersten Kapitel seines historisch-antiquarischen Werks verwirft der Autor also, so scheint es, die kaiserliche Periodisierung der römischen Geschichte und damit auch die Perspektive auf das ‚Zeitalter Justinians', ohne seine Kritik indes explizit zu machen. Dies wiederum fügt sich zum Grundduktus des Gesamtwerks, das insbesondere mit Blick auf die Bewertung der römischen Monarchie und einzelner Kaiser einen hochgradig ambivalenten

---

précisément sur Justinien. En fait, il est surtout question de Justinien au livre III, qui relève d'un autre projet littéraire".

Eindruck hinterlässt.[179] Bereits das Schema der drei möglichen Formen monarchischer Herrschaft, das Johannes, populärphilosophische Herrschaftsvorstellungen aufgreifend,[180] im Anschluss an seine Ausführungen zur Chronologie entfaltet, hält die römische Monarchie gleichsam in der Schwebe, da den Kaisern (Καίσαρες, αὐτοκράτορες) kein systematischer Ort zwischen *basileía* und *tyrannís* zugewiesen wird.[181] Denn eine Sache, so Johannes, sei die gesetzmäßige Monarchie (ἔννομος βασιλεία), eine weitere die Tyrannis, etwas anderes aber sei die Kaiserherrschaft: ἕτερον – ἕτερον – ἄλλο.[182] Dementsprechend vage bleibt im Folgenden die Einordnung des Kaisertums, während für *basileía* und *tyrannís* durchaus klare Kriterien benannt werden.[183] Mehrfach wird im Werk über die Ämter das Kaisertum mit der *tyrannís* assoziiert, so etwa in der Be-

---

[179] Dazu und zum Folgenden s. im Einzelnen MEIER 2025, mit Herausarbeitung der zahlreichen Ambivalenzen.

[180] Zur Einführung s. REBENICH 2012.

[181] Vgl. ähnlich KALDELLIS 2005b, 4: „But it does not explain *what kind* of rulers the Caesars were". KALDELLIS vertritt die These, dass Johannes Lydos die Kaiser grundsätzlich mit Tyrannenherrschaft assoziiert habe (vgl. KALDELLIS 2005b, 9: „Lydos was a republican in principle. [...] It also seems that he ranked the the free Republic higher than ‚lawful kingship'"; ebd., 1: „Ioannes Lydos argued in his treatise *On the Magistracies of the Roman State* that the Roman emperors were tyrants rather than legitimate rulers"). Diese Lösung halte ich für zu einfach, da sie das Spiel mit den Ambivalenzen nicht berücksichtigt. Zudem impliziert bereits die Formulierung ἕτερον – ἕτερον – ἄλλο einen anderen systematischen Ort für das Kaisertum als für *basileía* und *tyrannís*.

[182] Joh. Lyd. *mag.* 1,3: ἕτερον γὰρ τὸ τῆς ἐννόμου βασιλείας καὶ ἕτερον τὸ τυραννίδος καὶ ἄλλο τὸ τῆς αὐτοκρατορίας ἀξίωμα.

[183] *Basileía* und *tyrannís*: Joh. Lyd. *mag.* 1,3; Kaisertum: Joh. Lyd. *mag.* 1,4; 1,6, mit MEIER 2025, 46–50.

schreibung der Herrschaft Diokletians[184] oder auch in der Charakterisierung des Konflikts zwischen Caesar und Pompeius, die sich „wie Erben der Tyrannen" (ὡς εἰ κληρονόμοι τῶν τυράννων) geriert hätten – gleichsam ein Motto, unter das die nachfolgende Kaiserzeit gesetzt wird.[185] Dies wirft nicht zuletzt auch einen Schatten auf die zeitgenössischen Monarchen. Zwar spart Johannes nicht mit strahlendem Lob für Anastasios und Justinian. Anastasios sei verständig (συνετός), wohlgebildet (πεπαιδευμένος), anständig und tatkräftig (ἐπιεικής τε ἅμα καὶ δραστήριος), freigebig und jeglicher Zornesaufwallung enthoben (μεγαλόδωρός τε καὶ κρείττων ὀργῆς) gewesen, habe Gelehrsamkeit unter seinen Amtsträgern gefördert und durch die Anlage der Festung Dara das Reich gegen die Perser gesichert; insgesamt ein vortrefflicher Mensch (ἀγαθός), doch gerade aufgrund seines Menschseins (καὶ γὰρ ἄνθρωπος ἦν) eben auch nicht frei von Fehlern.[186] Justinian wiederum habe sein Handeln stets am Wohl des Gemeinwesens ausgerichtet und Sorge getragen, dieses wieder auf die Höhe der alten Zeit zu bringen (ὅλην τε τὴν ὀφρὺν τῆς ἀρχαίας ὄψεως ἀνακαλούμενος); Traian, Augustus, Titus und Marc Aurel habe er als Vorbilder betrachtet und teilweise gar übertroffen.[187] Durch seine Orientierung an der Vergangenheit habe Justinian die Wohlord-

---

[184] Joh. Lyd. *mag.* 1,4: ἐπὶ τὸ βασιλικὸν ἤ, τἀληθὲς εἰπεῖν, ἐπὶ τὸ τυραννικὸν ἔτρεψεν; vgl. auch Joh. Lyd. *mens.* 1,26

[185] Joh. Lyd. *mag.* 2,1. Vgl. KALDELLIS 2005b, 6; 9.

[186] Joh. Lyd. *mag.* 3,47. Weiteres Anastasios-Lob: Joh. Lyd. *mag.* 1,2 („rechtschaffen"); 2,27 („in jeder Hinsicht verständig"); 3,26 („der sanftmütigste aller Kaiser"); 3,50 (Förderung gelehrter Männer); 3,45 (Ordnung der Staatsfinanzen); 3,48 (private Freigebigkeit); 3,53 (geschickte Beendigung des Krieges gegen die Perser).

[187] Joh. Lyd. *mag.* 2,28.

nung wiederhergestellt, er habe Rückeroberungen vorgenommen, das Recht neu geordnet, seine Tugend lasse sich nicht in Worte fassen (καὶ κρείττων μὲν ἡ βασιλέως ἀρετὴ ἐπαίνου παντός).[188] Der „schlafloseste aller Kaiser" (ὁ πάντων βασιλέων ἀγρυπνότατος) – nicht das einzige Beispiel für einen Rekurs auf Elemente der justinianischen Repräsentation[189] – habe in schweren Zeiten Verantwortung für das Gemeinwesen übernommen und sich in unermüdlichem Einsatz aufgerieben; schließlich habe er „für Rom das wiederhergestellt, was Rom gehörte" (τῇ δὲ Ῥώμῃ τὰ Ῥώμης ἀπέσωσεν) – und damit den Bogen zwischen Vergangenheit und Gegenwart geschlagen.[190]

Doch so wie Anastasios dem „Mistkerl" (πονηρός)[191] Marinos von Apameia[192] (*praefectus praetorio Orientis* 512–515 und 519) den Aufstieg ermöglicht und die Bevöl-

---

[188] Joh. Lyd. *mag.* 3,1.
[189] Zur „Schlaflosigkeit" Justinians s. Joh. Lyd. *mag.* 2,15; 3,39; 3,55. „Schlaflosigkeit" bzw. „fürsorgliche Wachsamkeit" (ἀγρυπνία) gehörte zu den zentralen Eigenschaften, die Justinian für sich beanspruchte, vgl. etwa *C. Imperatoriam* 1 [a. 533]; *Cod. Iust.* 7,31,1 pr. [a. 531]; *Inst.* 2,20,2; *Nov. Iust.* 7,2 pr. [a. 535]; 8 pr. [a. 535]; 13,6,1 [a. 535]; 15 epil. [a. 535]; 30,11,2 [a. 536]; 37 pr. [a. 535]; 46 pr.; 114 pr. [a. 541]; Agapet. *Ekth.* 2; Prok. *aed.* 1,7,8–9; *HA* 12,27; 13,28–30; 15,11; *BG* 3,32,9; ferner die Inschrift der Sergios-Bakchos-Kirche in Konstantinopel: J. EBERSOLT/A. THIERS, Les Églises de Constantinople, Paris 1913, 24. Vgl. LETSIOS 1989, 138–145; MEIER ²2004, 620–622.
[190] Joh. Lyd. *mag.* 3,55. Weiteres Justinian-Lob: Joh. Lyd. *mag.* 2,5 (enorme, heilsame Tugendhaftigkeit); 2,15 (der sanftmütigste Kaiser aufgrund seiner Untertanenliebe); 3,35 (der beste Kaiser); 3,28 (Justinian lässt Johannes einen Panegyricus in Anwesenheit hoher Würdenträger halten und beauftragt ihn, ein Geschichtswerk über den Perserkrieg zu verfassen); 3,38 („gut und freigebig"); 3,39 („gut in jeder Hinsicht").
[191] Joh. Lyd. *mag.* 3,49.
[192] PLRE II 726–728 (Marinus 7); MEIER 2007b.

kerung dadurch in Armut gestürzt habe,[193] so habe unter Justinian „der Mistkerl aus Kappadokien" (ὁ πονηρὸς Καππαδόκης)[194] Johannes[195] zunehmend an verderblichem Einfluss gewonnen.[196] Indem der Autor die chaotischen Zustände unter sich, in die er Herrschaft des Tzykismos hinterließ,[197] formuliert er auch eine implizite Mahnung an Justinian, dessen Lob bezeichnenderweise in eine Beschreibung der furchtbaren Katastrophen unter seiner Herrschaft eingebettet wird,[198] so dass deutlich wird, welche Zukunft für den gegenwärtigen Monarchen imaginiert wird. Die Parallelführung der Karrieren des Marinos und des Kappadokers jedenfalls konterkariert das vordergründig übersprudelnde Herrscherlob und hinterlässt schließlich ein bestenfalls ambivalentes Bild. Averil Cameron hat daher schon im Jahr 1985 festhalten können: „There are two Justinians in John's work".[199] Johannes Lydos, so lässt sich der Befund zusammenfassen, präsentiert sich in einem Spannungsverhältnis gegenüber dem Kaiser, der zwar die ruhmreiche Vergangenheit zurückgebracht habe, sich dafür jedoch auf eine fatale Zukunft zubewege – und dies, obwohl der Autor Justinian durchaus eindrucksvolle Wohltaten zu verdanken hatte, so etwa die

---

[193] Vgl. Joh. Lyd. *mag.* 3,46; 3,49; 3,51.
[194] Joh. Lyd. *mag.* 3,57.
[195] PLRE IIIA 627–635 (Fl. Ioannes 11).
[196] Joh. Lyd. *mag.* 3,57–70.
[197] Joh. Lyd. *mag.* 3,51: καὶ πέρας ἦν λοιπὸν Ἀναστασίου τοῦ βίου τοῖς ἀπὸ τῶν δογμάτων καὶ Βιταλιανοῦ θορύβοις ταραττόμενον.
[198] Joh. Lyd. *mag.* 3,55.
[199] Vgl. CAMERON 1985, 244. Vgl. MAAS 1992, 24 („Justinian's presence in *de Magistratibus* is so obtrusive – and ambiguous"); 74; 79–82; 98 („Of course, Lydus produced such a distorted and ambiguous evaluation of Justinian in *de Magistratibus* ").

Ehre, einen öffentlichen Panegyricus halten zu dürfen, und den Auftrag, ein Geschichtswerk über die Perserkriege zu komponieren.[200] Dieses Spannungsverhältnis zeigt sich implizit nicht zuletzt auch darin, dass der Historiograph und Antiquar dem herrscherlichen Anspruch auf die Hoheit über die Zeit entgegentrat, indem er ein eigenes Modell vorlegte. Und er war nicht der einzige.

Hesychios von Milet, dem wir bereits im Kontext der Diskussion um die Indiktionenzählung begegnet waren,[201] publizierte zu einem unbestimmten Zeitpunkt nach 518 in Konstantinopel ein Geschichtswerk, das gleichfalls bis zum Tod des Anastasios reichte. Der Zusammenfassung des Photios († 893)[202] lässt sich entnehmen, dass diese (nicht mehr erhaltene) Darstellung in sechs Abschnitte (τμήματα) untergliedert war: Der erste behandelte die Geschichte vom Assyrerkönig Belos bis zum Troianischen Krieg (τὰ πρὸ τῶν Τρωικῶν), der zweite die Phase vom Fall Troias bis zur Gründung Roms (τὰ ἀπὸ Ἰλίου ἁλώσεως ἕως τῆς κτίσεως Ῥώμης), der dritte die Geschichte der Stadt bis zur Vertreibung der Könige (τὰ ἀπὸ τῆς κτίσεως Ῥώμης μέχρις ὅτου Ῥωμαίοις ἡ τῶν ὑπάτων εἰσήχθη ἡγεμονία καταλύσασι τοὺς βασιλέας), der vierte die Zeit bis Caesar, der fünfte die Kaiserzeit bis zur Gründung Konstantinopels (τὰ ἀπὸ τῆς Ἰουλίου Καίσαρος μοναρχίας μέχρις ὅτου Βυζάντιον ἐπὶ μέγα δόξης ἰσχύος ἤρθη)[203] und der sechste die Jahre von Konstantins Herr-

---

[200] Vgl. Joh. Lyd. *mag.* 3,28.
[201] S.o. S. 125.
[202] Phot. *epit.* 69. Vgl. KALDELLIS 2005a, 382–384; 390–395.
[203] Vor diesem Hintergrund wüsste man gerne mehr darüber, in welcher Weise Hesychios seinen langen Exkurs zur Geschichte Byzantions bzw. Konstantinopels von der mythischen Zeit und der

schaft zu Konstantinopel bis zum Tod des Anastasios (ἐξ οὗ βασιλέα Κωνσταντινούπολις εὐτύχησε Κωνσταντῖνον μέχρι τῆς Ἀναστασίου τελευτῆς), den der Autor aus für Photios nicht nachvollziehbaren Gründen in besonderer Weise überhöht habe. Hesychios habe zudem, so Photios weiter, ein Geschichtswerk über die Herrschaft Justins I. und die frühen Jahre Justinians verfasst, dieses dann aber abgebrochen, weil nach dem Tod seines Sohnes sein schriftstellerischer Ehrgeiz versiegt sei.

Der Eintrag zu Hesychios in der *Suda* bestätigt im Wesentlichen die Angaben des Photios: Das Werk habe aus sechs Teilen bzw. – wörtlich – „Intervallen" (διαστήματα) bestanden, in denen es der Reihe nach um die Taten der römischen Kaiser, um Herrscherdynastien der Völker

---

Gründung bis zur Neufundierung durch Konstantin (Hesych. Mil. *fr.* 4 FHG IV p. 146–154; dazu s. KALDELLIS 2005a, 395–398) innerhalb seiner historischen Gesamtdarstellung verortet und mit anderen Aspekten verwoben hat – zumal der Autor andeutet, dass Byzantion in seiner vorkonstantinischen Geschichte sowohl Tyrannis und Königsherrschaft als auch aristokratische und demokratische Ordnungen gesehen habe, bis es zur aktuellen (d. h. nachkonstantinischen) Größe emporgeführt worden sei, vgl. Hesych. Mil. *fr.* 2.1 FHG IV p. 147: Ἤδη μὲν γὰρ καὶ τυράννοις καὶ βασιλεῦσι χρησαμένην πολλάκις, ἀριστοκρατίας τε καὶ δημοκρατίας πολιτευσαμένην τρόπῳ, τέλος ἐπὶ τὸ προκείμενον ἐξενηνοχέναι μέγεθος. KRUSE 2019, 23–55, vermutet in diesem Zusammenhang, Hesychios habe in seinem Konzept Konstantinopels das Angebot einer „reinvention" des alten Rom formuliert (vgl. ebd., 55: „the modeling of Byzantion's history on that of Rome"), und konfrontiert dieses mit der Darstellung des Zosimos, in der die *translatio imperii* nach Konstantinopel ein Sinnbild des Niedergangs darstellt (vgl. ebd., 42: „Constantine's founding of Constantinople is in effect the unfounding of Rome"). „Zosimos creates a Constantinople that is a cancerous imitation of the true Rome, while Hesychios makes New Rome a junior (but not inferior) Hellenized version of the same" (55).

und die Angelegenheiten in Byzanz bis zur Herrschaft des Anastasios gegangen sei.[204]

Abgesehen davon, dass Hesychios vor dem Fall Troias (d. h. der Flucht des Aeneas) noch eine vorangehende Phase thematisiert (die für Johannes und seinen Fokus auf die römische Geschichte irrelevant war) und für die beiden letzten Abschnitte die Gründung Konstantinopels zum Fixpunkt erhoben hat (der Johannes Lydos nur nachgeordnete Bedeutung beimisst), präsentieren beide Autoren eine identische Periodisierung – weshalb Michel Dubuisson und Jacques Schamp die These aufgestellt haben, Johannes habe das Werk des Hesychios verwendet;[205] möglich wäre allerdings auch eine gemeinsame Quelle oder ein Konsens über historische Periodisierungen in gewissen intellektuellen Zirkeln. In unserem Zusammenhang ist vor allem wichtig, dass beide Autoren in justinianischer Zeit ein Epochenmodell vertraten, das dem vom Kaiser propagierten Ansatz markant widersprach – insbesondere in der Ausblendung des ‚Zeitalters Justinians'.

In einem signifikanten Punkt weicht Johannes indes von Hesychios ab: Er kalkuliert die Zeit nicht nach Olympiaden, sondern nach Jahren. Über die Gründe lässt sich nur spekulieren. Möglicherweise ließ sich eine Berechnung, die von Jahreszählungen ausging und im Ergebnis

---

[204] *Suda* H 611 s.v. Ἡσύχιος Μιλήσιος· καὶ Χρονικὴν ἱστορίαν, ἥντινα διεῖλεν εἰς ϛ' διαστήματα· οὕτω γὰρ καλεῖ ἕκαστον βιβλίον· ἐν οἷς ἐμφέρονται αἱ κατὰ καιροὺς πράξεις τῶν Ῥωμαίων βασιλέων καὶ αἱ δυναστεῖαι τῶν κατὰ ἔθνος κρατησάντων τυράννων καὶ τὰ κατὰ τὸ Βυζάντιον πραχθέντα ἕως τῆς βασιλείας Ἀναστασίου τοῦ ἐπονομαζομένου Δικόρου.

[205] DUBUISSON/SCHAMP 2006a, CCXCVI; CCXCIX, unter Hinweis auf die Erwähnung einer καθ' ὅλου ἱστορία Joh. Lyd. *mag.* 2,27; vgl. 1,29. Ähnlich KALDELLIS 2005a, 394.

Tabelle 3: Die Periodisierung der römischen Geschichte durch Hesychios und Johannes Lydos.

Phasen	Hesychios von Milet	Johannes Lydos, *De magistratibus* 1,2
Vorgeschichte	Geschichte vor dem Troianischen Krieg	
1. Phase	Fall Troias (= Aeneas) → Gründung Roms (= Romulus)	Aeneas → Gründung Roms (= Romulus)
2. Phase	Gründung Roms (= Romulus) → Vertreibung der Könige	Gründung Roms (= Romulus) → Vertreibung der Könige
3. Phase	Beginn der Republik → Caesar	Beginn der Republik → Caesar
4. Phase	Caesar → Gründung Konstantinopels (= Konstantin)	Caesar → Konstantin
5. Phase	Konstantin → Tod des Anastasios	Konstantin → Tod des Anastasios

eine entsprechende Addition zu präsentieren vermochte („Man dürfte daher von Aeneas bis zum Ende des rechtschaffenen Anastasios insgesamt auf 1746 Jahre und 7 Monate kommen") indirekt gegen das Schema der 6000 Jahre in Stellung bringen. Die Tatsache, dass Johannes Lydos sich auch mit christlichen Kalkulationen auseinandersetzte, geht immerhin aus seinem Rückbezug auf Iulius Africanus und Eusebios hervor – doch all dies kann nur Vermutung bleiben.

7. Aufstieg und Niedergang: Traditionelle Konzeptionen des Zeitverlaufs im 6. Jahrhundert

Zu den wirkmächtigsten Zeitkonzeptionen zählt das Aufstieg-Niedergang-Schema, das auch heute noch, bewusst oder unbewusst, vielfach in unterschiedlichen Zusammenhängen Verwendung findet (z.B. in der Imperienforschung)[1] und insbesondere die römische Sicht auf den Zeitverlauf, auf Vergangenheit, Gegenwart und Zukunft, tiefgreifend geprägt hat.[2] Aszendenz- bzw. Fortschritts- und insbesondere Deszendenz- bzw. Niedergangsmodelle sind zumal in der römischen Historiographie präsent und prägen nicht zuletzt die Geschichtstheologie eines Sallust, Tacitus oder auch Orosius. Aufgrund ihrer Nähe zu biologischen Lebenszyklen (Werden und Vergehen) wurden sie mitunter in biologistische Metaphern gefasst; die Einteilung der römischen Geschichte analog zu den Lebensphasen eines Menschen, wie sie von Seneca vorgenommen wurde, hat in diesem Zusammenhang besondere Prominenz gewonnen.[3] Augustin hat sie später auf die Menschheitsgeschichte innerhalb der irdischen Weltzeit übertragen.[4]

---

[1] Zur Einordnung s. etwa GEHLER/ROLLINGER/STROBL 2022.

[2] Zum Konzept des ‚Niedergangs' s. KOSELLECK/WIDMER 1980. Zum ‚Fortschritt' vgl. zuletzt HÖLSCHER 2020, 234–243.

[3] Vgl. Seneca bei Lact. *inst.* 7,15,14–19.

[4] Augustin. *civ.* 22,30. Vgl. dazu ZAGER 2023.

7. Aufstieg und Niedergang

Im 6. Jahrhundert gelangte das tief im römischen Geschichtsdenken verankerte Niedergangsparadigma noch einmal deutlich sichtbar zur Geltung, und dies nicht allein bei christlichen Autoren, die durch den Ablauf der irdischen Weltzeit eine besondere Sensibilität für vermeintliche Hinweise auf teleologisch determinierte Deszendenzerscheinungen entwickeln mussten, sondern durchaus auch bei Altgläubigen, die offenbar aus unmittelbaren Erfahrungen heraus pessimistisch-resignative Gegenwartsdiagnosen und Zukunftsprognosen ableiteten. Dies lässt sich etwa an dem Philosophen Damaskios († nach 538) beobachten, der eine jahrhundertealte Tradition der Bildung und Gelehrsamkeit sowie entsprechende Austauschmöglichkeiten vor seinen Augen zusammenbrechen sieht,[5] sowie insbesondere in der (vielleicht) um 500 entstandenen *Historia Nova* (Νέα Ἱστορία) des Zosimos.[6]

---

[5] Vgl. VON HAEHLING 1980; ATHANASSIADI 1993; NOETHLICHS 1998; MEIER ²2004, 62–64; HARTMANN 2018, I-III, Index s.v. Damaskios von Damaskos.

[6] Die Datierung des Geschichtswerks des Zosimos (klassisch: CAMERON 1969 [zwischen 498 und 502]) ist in jüngerer Zeit wieder in die Diskussion geraten (vgl. zusammenfassend BRUCKLACHER 2023, 160f., mit Anm. 64). SCHMIDT-HOFNER 2020, 217, Anm. 1, verweist darauf, dass die bisher für eine Ansetzung um 500 vorgetragenen Argumente keineswegs zwingend sind, so dass grundsätzlich die Jahre zwischen 425 (Endpunkt des Geschichtswerks des Olympiodoros, einer Hauptquelle des Zosimos) und dem Ende des 6. Jh. (frühestes Rezeptionszeugnis in der *Kirchengeschichte* des Euagrios) möglich seien. SCHMIDT-HOFNER spricht sich jedoch (wie zuvor etwa schon DAMSHOLT 1977) für eine Datierung in das 5. Jh. aus, „as Zosimus's ‚decline and fall' narrative would then have been a much 'hotter' issue than in later generations". Allerdings arbeitet er im Folgenden signifikante Berührungspunkte zwischen Zosimos und insbesondere Autoren des 6. Jh. heraus (Johannes Lydos, Prokop sowie der Verfasser des Dialogs Περὶ πολιτικῆς ἐπιστήμης), die

Das unvollendete Geschichtswerk, das im sechsten Buch kurz vor der Eroberung Roms 410 abbricht, soll den Untergang des Römischen Reiches darstellen – ganz so, wie einst Polybios seinen Aufstieg zur Weltmacht in knapp 53 Jahren beschrieben hatte.[7]

Denn wie Polybios den raschen Erwerb des Weltreiches durch die Römer beschrieb, so gehe ich nunmehr daran, von seinem Untergang zu berichten, der sich in kurzer Zeit vollzog und an dem ihre Freveltaten schuld sind.

Zu diesem Zweck wird die römische Kaisergeschichte seit Augustus niedergelegt, doch entfaltet sich die Darstellung erst ab der Zeit Konstantins in voller Breite. Dies geschieht nicht zufällig. Denn die Herrschaft des ersten christlichen Kaisers betrachtet der Autor als Ausgangspunkt eines Niedergangsprozesses, der die römische Geschichte bis in seine eigene Zeit begleitet und zur Zerstörung des *Imperium Romanum* geführt habe – darin liegt das Proprium der Νέα Ἱστορία: In der Darstellung des Zosimos *ist* das Reich bereits untergegangen (διέφθειραν),[8] der Autor verortet

---

m.E. eine Verortung im 6. Jh. durchaus sinnvoll erscheinen lassen; auch SCHMIDT-HOFNER bezeichnet Zosimos an anderer Stelle als „a Constantinopolitan author around AD 500" (238). Selbst wenn das Werk tatsächlich noch in das (späte) 5. Jh. gehören sollte, wird dadurch die hier vorgeschlagene Einordnung nicht grundsätzlich ausgeschlossen. Zu Zosimos s. etwa GOFFART 1971; RIDLEY 1972 (einführend); PASCHOUD 1972; 1975; MEIER ²2004, 55–62; KRUSE 2019, 23–43; SCHMIDT-HOFNER 2020; BRUCKLACHER 2023, 160–287, sowie demnächst den RAC-Artikel von S. SCHMIDT-HOFNER.

[7] Zos. 1,1; 1,57,1: Πολυβίου γὰρ ὅπως ἐκτήσαντο Ῥωμαῖοι τὴν ἀρχὴν ἐν ὀλίγῳ χρόνῳ διεξελθόντος, ὅπως ἐν οὐ πολλῷ χρόνῳ σφῆσιν ἀτασθαλίῃσιν αὐτὴν διέφθειραν ἔρχομαι λέξων (Übers.: O. VEH). Vgl. PASCHOUD 1975, 184–206.

[8] Zos. 1,57,1. Vgl. auch Zos. 2,7,2; 4,21; GOFFART 1971, bes. 429–441. Anders KRUSE 2019, 34: „Zosimos presents Rome's decline as a

sich selbst in einer postimperialen Gegenwart.⁹ Da diese Sichtweise nicht allein auf den Westen in der Phase nach der Absetzung des Romulus im Jahr 476 bezogen bleibt, sondern für das Gesamtreich gelte, wird man in Zosimos, wie Walter Goffart es treffend formuliert hat, „the first historian of Rome's fall" sehen dürfen.¹⁰

Als zentralen Niedergangsfaktor identifiziert der Historiograph die Etablierung und Durchsetzung des Christentums.¹¹ Bereits Konstantin selbst, der in düstersten

---

reversible process [...] For most scholars, Zosimos is unambiguously the first historian of Rome's decline and fall. The problem with this view is that while Zosimos talks at length about Roman decline, he does not posit a definitive or irreversible Roman fall. This is a modern idea that has been read into his text".

⁹ Vgl. GOFFART 1971, 413: „Though he lived in a state that called itself the Roman Empire, Zosimus in his own mind already stood where Poggio, Gibbon, and we ourselves stand: in the age following the fall of the world empire of Rome".

¹⁰ Vgl. GOFFART 1971. Ungeachtet der Frage, wie eng Zosimos seinen Hauptquellen Eunapios und Olympiodoros folgte und die Darstellung der Ereignisgeschichte von ihnen übernahm (vgl. dazu zuletzt STICKLER 2021, 95–97, der gute Gründe dafür anführt, in Zosimos nicht lediglich einen reinen Exzerptor seiner Quellen zu sehen), wird man in dieser Deutung ein eigenständiges Element sehen dürfen, dass seinem Geschichtswerk ein spezifisches Profil verleiht. Vgl. ähnlich auch BRUCKLACHER 2023, 164: „[...] da die Originalität der *historia nea* für die Leserschaft um das Jahr 500 nicht im informativen Gehalt ihrer Aussagen bestand [...], sondern in der eigenständigen Organisation von bereits verfügbarem historischem Wissen zu einem komplexen Niedergangsnarrativ, durch das sie sich von allen anderen bekannten Geschichtsdarstellungen jener Zeit unterschied".

¹¹ Vgl. MEIER ²2004, 56; 59. Zuletzt hat SCHMIDT-HOFNER 2020 betont, dass ein wesentliches Anliegen des Zosimos darin bestanden habe, mit seinem Werk einen Beitrag zu einem seit dem 4. Jh. fassbaren Diskurs über Monarchie und Monarchen in ihrem Verhältnis zu den hohen Amtsträgern in der Administration sowie über deren

Traditionelle Konzeptionen des Zeitverlaufs im 6. Jh.

Farben gezeichnet wird, habe sich vor allem deshalb dieser Religion zugewandt, weil „der Christenglaube [...] von jeder Sünde [reinige] und [...] die Verheißung in sich [trage], dass die Gottlosen, sofern sie ihn annahmen, auf der Stelle von jeder Schuld befreit würden", um so den Mord an seiner Ehefrau Fausta und seinem Sohn Crispus sühnen zu können.[12] Da er Anfeindungen auszuweichen suchte, habe der Kaiser Konstantinopel, das Sinnbild des Niedergangs, gegründet,[13] er habe das Ämterwesen (ἀρχαί) in Verwirrung gestürzt[14] und durch den Abzug von Grenztruppen zur Verödung zahlreicher Städte beigetragen, ja er „streute den Samen für den Untergang des Staatswesens (τῶν πραγμάτων ἀπώλεια), worunter wir heute noch zu leiden haben".[15] Auch die episodische Herrschaft Julians[16] habe das Reich nicht mehr bewahren können, da auf ihn Kaiser wie Theodosius I. gefolgt seien. Dessen antipagane Maßnahmen sowie die Aufforderung

---

Ethos zu leisten. Freilich lässt sich die Νέα Ἱστορία aus dieser Perspektive nicht linear als Niedergangserzählung lesen, so dass dieser Aspekt im Folgenden ausgeklammert bleibt. Vor einer Überbetonung der antichristlichen Tendenz des Werks warnt auch BRUCKLA CHFR 2023, 165–172, und weist stattdessen auf die grundsätzliche Kritik an der Monarchie hin. Damit würde die Spannweite des von Zosimos präsentierten Niedergangsnarrativs gegenüber einer vornehmlich auf die Phase der christlichen Kaiser beschränkten Eingrenzung noch einmal beträchtlich ausgeweitet.

[12] Zos. 2,29,3: [...] πάσης ἁμαρτάδος ἀναιρετικὴν εἶναι τὴν τῶν Χριστιανῶν διεβεβαιώσατο δόξαν καὶ τοῦτο ἔχειν ἐπάγγελμα, τὸ τοὺς ἀσεβεῖς μεταλαμβάνοντας αὐτῆς πάσης ἁμαρτίας ἔξω παραχρῆμα καθίστασθαι (Übers.: O. VEH).

[13] Zos. 2,30.

[14] Zos. 2,32,1.

[15] Zos. 2,34,2: [...] τῆς ἄχρι τοῦδε τῶν πραγμάτων ἀπωλείας αὐτὸς τὴν ἀρχὴν καὶ τὰ σπέρματα δέδωκε (Übers.: O. VEH).

[16] Vgl. Zos. 3,1–36.

an altgläubige Senatoren Roms, zum Christentum zu konvertieren, hätten den Niedergang noch weiter beschleunigt.[17] Entsprechend pessimistisch klingt das vierte Buch aus:[18]

Aus diesem Grunde fand der Opferritus damals sein Ende und all die von den Vorfahren überkommenen Kulte verfielen der Missachtung. Die Folge aber war: Das Römerreich wurde Stück für Stück kleiner und zu einem Wohnsitz der Barbaren, es verlor schließlich seine Einwohner und geriet in einen Zustand, dass man nicht einmal die Plätze mehr feststellen konnte, wo ehedem die Städte gestanden hatten.

Zwar hätten einzelne Ereignisse wiederholt die Macht und das Wohlwollen der alten Götter demonstriert[19] – so hätten sie etwa Athen vor den Folgen eines Erdbebens bewahrt, ebenso wie Athena Promachos und Achilleus die Stadt im Jahr 396 vor dem Zugriff Alarichs beschirmt hätten[20] –, doch die christlichen Kaiser und ihre Entscheidungsträger hätten diese Signale nicht wahrgenommen. Selbst als Bischof Innozenz I. von Rom († 417) angesichts der Bedrohung durch Alarich der Durchführung paganer Riten zugestimmt habe, habe man sich nicht getraut, diese öffentlich zu vollziehen.[21] Und so muss der Historiograph mit der Einschmelzung der *virtus*-Statue (zur Finanzie-

---

[17] Vgl. Zos. 4,33,4; 4,59,1–2.
[18] Zos. 4,59,3: διὰ τοῦτο τότε τοῦ θυηπολικοῦ θεσμοῦ λήξαντος καὶ τῶν ἄλλων ὅσα τῆς πατρίου παραδόσεως ἦν ἐν ἀμελείᾳ κειμένων, ἡ Ῥωμαίων ἐπικράτεια κατὰ μέρος ἐλαττωθεῖσα βαρβάρων οἰκητήριον γέγονεν, ἢ καὶ τέλειον ἐκπεσοῦσα τῶν οἰκητόρων εἰς τοῦτο κατέστη σχήματος ὥστε μηδὲ τοὺς τόπους ἐν οἷς γεγόνασιν αἱ πόλεις ἐπιγινώσκειν (Übers.: O. Veh).
[19] Vgl. Zos. 5,24,7–8; 5,38; 5,41,1–3.
[20] Zos. 4,18 (mit dem Hinweis des Autors, er habe diese Episode erwähnt, weil sie zum Ziel seines Werkes passe); 5,6,1–3.
[21] Zos. 5,41,3.

rung der an Alarich zu entrichtenden Tribute) einen Akt höchster symbolischer Bedeutung vermelden:[22]

> Mit ihrer Vernichtung erlosch alles, was bei den Römern an Tapferkeit und männlichem Denken noch vorhanden war. Wer sich mit göttlichen Dingen und altererbten frommen Bräuchen beschäftigt hatte, sagte dies seit jener Zeit voraus.

Im Werk des Zosimos werden nicht nur traditionelle Deszendenztheorien, wie sie seit Hesiods Weltaltermythos[23] immer wieder aufgerufen wurden, von neuem aktualisiert. Indem der Autor eine postimperiale Position einnimmt und nach dem Untergang Roms auf das Reich zu blicken imaginiert, hat er das von Christen erwartete Ende der Welt gleichsam paganisiert und auf den Kosmos der Altgläubigen bezogen: das Ende der *römischen* Welt. Dieses Ende wurde nicht zuletzt durch die Abwendung von der traditionellen Periodisierung der Zeit in *saecula* und ihre symbolische Bestätigung herbeigeführt. In einem ausgreifenden Exkurs erläutert der Historiograph Ablauf und Bedeutung der Säkularfeiern, durch deren Zelebration Seuchen, Verderben und Krankheiten geheilt würden.[24] Augustus habe das uralte Fest im Jahr 17 v. Chr. erneuert, danach sei es bis zur Herrschaft des Septimius Severus (193–211) im korrekten Abstand von jeweils 110 Jahren gefeiert worden.[25] Konstantin indes habe auf die im Jahr 314 anstehenden Säkularfeiern verzichtet und damit die stolze Tradition beendet. „Man achtete jedoch nicht

---

[22] Zos. 5,41,7: οὗπερ διαφθαρέντος, ὅσα τῆς ἀνδρείας ἦν καὶ ἀρετῆς παρὰ Ῥωμαίοις ἀπέσβη, τοῦτο τῶν περὶ τὰ θεῖα καὶ τὰς πατρίους ἁγιστείας ἐσχολακότων ἐξ ἐκείνου τοῦ χρόνου προφητευσάντων (Übers.: O. Veh).

[23] Vgl. Hes. *erg.* 106–201.

[24] Zos. 2,1–7.

[25] Zos. 2,4. Zum Abstand der 110 Jahre: Zos. 2,4,3; 2,6,1; 2,7,2.

darauf und so kam es durch diese Unterlassung notwendigerweise dazu, dass der Staat (τὰ πράγματα) in den unseligen Zustand geriet, der uns heute noch fesselt".[26] Die erneut anstehenden Säkularfeiern, so lässt sich ergänzen, hätten im Jahr 531 stattfinden müssen; Justinian zelebrierte an ihrer Stelle den Triumph über die Vandalen und überführte damit den traditionellen Gedanken der Säkularfeier in sein neues ‚Zeitalter'.

Kehren wir zurück in den christlichen Kontext. Der Historiograph Jordanes ist insbesondere aufgrund seiner *Getica* bekannt, die als grundlegende Quelle zur Geschichte der Goten gilt.[27] Weitaus weniger Beachtung haben demgegenüber seine *Romana* erfahren, da sie für die Zeit vor dem 5. Jahrhundert keinen eigenständigen Wert besitzen und als Zeugnis für die Geschichte des 5./6. Jahrhunderts zumeist im Schatten prominenterer Texte stehen. Gleichwohl stellt dieser knappe Abriss der römischen Geschichte ein wichtiges Zeugnis zeitgenössischer Selbstverortung und Geschichtskonstruktion dar und besitzt für unsere Fragestellung daher durchaus Relevanz. Der Autor präsentiert sich selbst als (den Römern gegenüber loyaler) Gote.[28] Er diente dem Amaler und römischen *magister militum* Gunthigis[29] als Sekretär (*notarius*), so wie

---

[26] Zos. 2,7,2: τούτου δὲ μὴ φυλαχθέντος ἔδει γ' ἄρ' εἰς τὴν νῦν συνέχουσαν ἡμᾶς ἐλθεῖν τὰ πράγματα δυσκληρίαν (Übers.: O. Veh).

[27] Zu Jordanes s. etwa O'Donell 1982; Goffart 1988, 20–111; Wolfram ³1990; Heather 1991, 3–67; Croke 2005b; Kulikowski 2009; Liebeschuetz 2011; Van Hoof/Van Nuffelen 2017; Van Nuffelen/Van Hoof 2020 (hervorragende Zusammenfassung des aktuellen Forschungsstands). Mit Bezügen zu unserer Thematik s. auch Kruse 2019, 87–92.

[28] Iord. *Get.* 316. Zur Biographie s. Croke 2005b, 474; Van Nuffelen/Van Hoof 2020, 2–9.

[29] PLRE II 526 (Gunthigis qui et Baza).

bereits sein Großvater Paria[30] für Gunthigis' Onkel, den Alanenführer Candac,[31] tätig gewesen war (nach 453).[32] Nach einer *conversio* zog Jordanes sich zurück, um fortan ein geistliches Leben zu führen.[33] Weiterhin aber dürfte er sich in Konstantinopel mit intellektuellen Größen seiner Zeit ausgetauscht haben, darunter auch Cassiodorus, zu dem er offenbar ein vorsichtig-distanziertes Verhältnis pflegte.[34] Es ist jedenfalls das geistige Klima der oströmischen Hauptstadt, in dem wir seine Werke zu verorten haben.[35] Diese entstanden im Jahr 551, zunächst ein erster Teil der *Romana* (bis *Rom.* 281), dann die *Getica* sowie zuletzt die weiteren Abschnitte der *Romana*.[36] Es war dies eine Phase, in der sich unter Mitlebenden Ernüchterung ob der versiegenden Initiativen des Kaisers, der mangelnden Erfolge und der zunehmend lastenden Schatten seines ‚Zeitalters' einstellte.[37] Die Pest hatte gewaltige Lücken gerissen, weitere Naturkatastrophen wüteten unvermindert fort. Der Angriff der Perser im Jahr 540 hatte einen langwierigen Krieg nach sich gezogen, der lediglich durch kostspielige Waffenstillstandsvereinbarungen (545/46 und 551) temporär unterbrochen werden konnte, in Italien

---

[30] PLRE II 832 (Paria).

[31] PLRE II 256 f. (Candac 1).

[32] Iord. *Get.* 266.

[33] Iord. *Get.* 266. Vgl. Van Hoof/Van Nuffelen 2017, 280 („probably meaning his abandonment of a secular career").

[34] So Van Hoof/Van Nuffelen 2017, 276; 283–292; Van Nuffelen/Van Hoof 2020, 7–9.

[35] Van Hoof/Van Nuffelen 2017, 276 („Rather, in Jordanes we hear one particular voice in the Constantinopolitan debates about Justinian"); Van Nuffelen/Van Hoof 2020, 9.

[36] Zum Datierungsproblem s. Croke 2005b; Van Nuffelen/Van Hoof 2020, 9–13.

[37] Vgl. Van Hoof/Van Nuffelen 2017, 277–279.

wurde weiterhin erbittert gekämpft, der Balkan litt unter permanenten Einfällen auswärtiger Plünderscharen. Gleichzeitig hatten die religionspolitischen Initiativen des Kaisers den Dreikapitelstreit entfacht, der erregte Kontroversen ausgelöst hatte. In jenen Jahren entstanden verschiedene historiographische Texte, in denen die Herrschaft Justinians durchaus kritisch reflektiert wurde, nicht zuletzt die ersten sieben Bücher der *Bella* Prokops und die *Anekdota*.[38] Das Klima war angespannt, und auch Jordanes ging in den *Romana* mit dem Kaiser ins Gericht.[39] Die Propagierung des Theopaschitismus behagte ihm ebenso wenig wie die Verurteilung der Drei Kapitel,[40] vor allem aber beklagte er, dass das Reich zunehmend in die Defensive gedrängt wurde, namentlich auf dem italischen Kriegsschauplatz, auf dem sich die Lage nach der Abberufung Belisars erheblich verschlechtert habe.[41] Seine *Romana* dienen nicht zuletzt dem Zweck vorzuführen, wie Rom gegründet wurde, durch kontinuierliche Eroberungen an Ruhm und Größe gewann, dann aber in einen Niedergangsstrudel geriet, an dessen Ende der beklagenswerte Zustand des Imperiums unter der Herrschaft Justinians stand.[42] Der Autor hebt insbesondere die verheeren-

---

[38] Vgl. Van Hoof/Van Nuffelen 2017, 278 f.; Van Nuffelen/Van Hoof 2020, 13–19.

[39] Dazu s. im Einzelnen Van Hoof/Van Nuffelen 2017.

[40] Ablehnung des Theopaschitismus: Iord. *Rom.* 258, mit Van Hoof/Van Nuffelen 2017, 279 f.; Van Nuffelen/Van Hoof 2020, 5 f.; 26 f. (dort jeweils auch zum Problem der Verurteilung der Drei Kapitel).

[41] Iord. *Rom.* 378; s. auch 375; 377; Van Hoof/Van Nuffelen 2017, 281; Van Nuffelen/Van Hoof 2020, 28.

[42] Iord. *Rom.* 2 (*[…] quomodo Romana res publica coepit et tenuit totumque pene mundum subegit et hactenus vel imaginariae teneat*); 388 (*scietque unde orta, quomodo aucta, qualiterve sibi cunc-

de Situation (*clades*) in Italien hervor,⁴³ und auch die Lage in Nordafrika und auf dem Balkan beunruhigt ihn.⁴⁴

In der Forschung wurde immer wieder auf den eigentümlichen Aufbau der *Romana* hingewiesen, die nicht nur gattungstypologisch zwischen Chronik und Breviarium oszillieren (vom Autor selbst jedoch eher letzterem Genre zugerechnet werden),⁴⁵ sondern zwei recht unterschiedliche Erzählungen präsentieren: Während der erste Teil, mit Adam einsetzend, im Wesentlichen eine kommentierte Abfolge von Herrschern präsentiert, verortet in einem biblisch-heilsgeschichtlichen Rahmen,⁴⁶ der sich abschließend insbesondere in der Christus-Augustus-Koinzidenz manifestiert,⁴⁷ erzählt der zweite Teil die Geschichte vom Aufstieg und Niedergang Roms,⁴⁸ beginnend mit der Gründung der Stadt, so dass von der Geburt Christi unter der Herrschaft des Augustus noch ein zweites Mal berichtet wird,⁴⁹ womit die heilsgeschichtliche

---

tas terras subdiderit et quomodo iterum eas ab ignaris rectoribus amiserit). Vgl. bereits GOFFART 1988, 53–57; VAN NUFFELEN/VAN HOOF 2020, 24 f.; 27 f. SUERBAUM ³1977, 270, vermutet im Hintergrund dieses Satzes die für die christlich-römische Eschatologie zentrale Passage 2 Thess 2,3–7; zur Rezeption s. etwa Tert. *apol.* 32,1; vgl. *Scap.* 2,6; *resurr.* 24,17–18; Hippolyt. *Dan.* 4,21; Lact. *inst.* 7,25,7–8; Hieron. *In Ier.* 5,25,26 p. 245–246 REITER. Vgl. SCHWARTE 1966, 136–140; SUERBAUM ³1977, 111–115; STROBEL 1993, 89–95.

⁴³ Iord. *Rom.* 378–383.
⁴⁴ Iord. *Rom.* 384–385 (Afrika); 386–387 (Balkan).
⁴⁵ Vgl. VAN NUFFELEN/VAN HOOF 2020, 19–22, mit dem Fazit, dass „the *Romana* situates itself within the breviary tradition but is aware of its proximity to chronicles and is thus a witness to how generic boundaries could be negotiated by a particular author".
⁴⁶ Iord. *Rom.* 8–86.
⁴⁷ Iord. *Rom.* 85.
⁴⁸ Iord. *Rom.* 87–388.
⁴⁹ Iord. *Rom.* 255–257.

Imprägnierung des Gesamtwerks zusätzlich an Gewicht gewinnt. Der unterschiedliche Charakter beider Hauptteile der *Romana* – zum einen religiös-chronikartig, zum anderen säkular-narrativ[50] – hat mitunter sogar dazu geführt, dass man diese als Ineinanderblendung zweier unterschiedlicher Texte interpretierte, eine These, die heute kaum mehr zu überzeugen vermag.[51] Vielmehr erweckt die kleine Monographie den Eindruck, als habe der Autor die Listen alttestamentlicher Figuren und orientalischer Herrscher als Rahmen für eine Einbettung der römischen Geschichte konzipiert, so wie diese wiederum in den *Getica* die Möglichkeit schafft, die *origo* der Goten und die nachfolgenden Begebenheiten mit der römischen Welt zu verknüpfen. In dieser Weise dürfte der vollständige Titel des Werks zu verstehen sein: *Über die Summe der Zeiten (bzw. Geschichte) oder: Vom Ursprung und den Taten des römischen Volkes (De summa temporum vel origine actibusque gentis Romanorum)*.

Die Herrscherlisten des ersten Teils weben ein chronologisches Gerüst, über das sich die Entwicklung des *Imperium Romanum* durch Synchronismen (besonders die Koinzidenz Christus-Augustus) innerhalb eines christlich-heilsgewissen Geschichtsverständnisses erschließen lässt – eine ähnliche Vorgehensweise, wie sie auch von Johannes Malalas praktiziert wurde.[52] Dieses Gerüst geht im Wesentlichen auf die *Chronik* des Hieronymus zu-

---

[50] Vgl. VAN NUFFELEN/VAN HOOF 2020, 23: „Jordanes' exclusive focus on sacred history in the first part of the *Romana* is enhanced by the scarcity of ecclesiastical events in the second part, which focuses almost entirely on secular events".

[51] So GOFFART 1988, 47–58; dagegen s. VAN NUFFELEN/VAN HOOF 2020, 22, Anm. 109; 24–26.

[52] Vgl. MEIER (im Druck 4).

rück,⁵³ wiewohl mit signifikanten Veränderungen, die auf individuellen Gestaltungswillen und damit ein spezifisches Anliegen des Autors hindeuten: Denn indem Jordanes die Chronologie des Hieronymus durch Elemente aus den Berechnungen des Iulius Africanus und des Alexandriners Annianos ersetzt bzw. erweitert,⁵⁴ gelingt es ihm, von dessen Modell in einem entscheidenden Punkt abzuweichen: Jordanes situiert die Geburt Christi nicht entsprechend der von Eusebios/Hieronymus vertretenen Kalkulation im Weltjahr 5200,⁵⁵ sondern mit Iulius Africanus im Jahr 5500.⁵⁶ Dadurch jedoch wurde für jeden zeitgenössischen Leser unweigerlich das omnipräsente Schema der 6000 Jahre aktiviert, die römische Geschichte darin verortet und zum Teil eines heilsgeschichtlich-zielgerichteten Prozesses erhoben. Dass sich die nachaugusteische Zeit nunmehr innerhalb der letzten 500 Jahre der verbliebenen irdischen Zeit vollzog und mit fortschreitender Dauer eine zunehmende eschatologische Spannung entstand, musste insofern gewiss erscheinen; der Autor brauchte nicht eigens darauf hinzuweisen. Stattdessen erinnert Jordanes an die Abfolge der vier Weltreiche aus der Daniel-Prophezeiung und bekräftigt die geläufige Deu-

---

⁵³ Van Nuffelen/Van Hoof 2020, 22; 77f.

⁵⁴ Van Nuffelen/Van Hoof 2020, 81f.; 111, Anm. 31; 119, Anm. 97; 121, Anm. 113; 125, Anm. 139.

⁵⁵ Vgl. Hieron. *Chron.* p. 15 Helm2 (3184 Jahre von Adam bis Abraham); p. 169 Helm2 (weitere 2015 Jahre von Abraham bis zur Geburt Christi). Zur Chronologie des Eusebios/Hieronymus s. Landes 1988, 149ff.; Magdalino 2008, 120.

⁵⁶ Iord. *Rom.* 85. Vgl. Iul. Afric. T 92; T 93b-d Wallraff; Mosshammer 2006. Croke 1990, 34, hält es für möglich, dass Jordanes „used a version of Eusebios' chronicle which began with Adam an which included an incarnation date of 5500, as well as other material from the Alexandrian tradition".

tung, wonach das *Imperium Romanum* das letzte irdische Reich konstituiere – woraus folgt, dass nach dem Ende Roms mit dem Jüngsten Gericht zu rechnen sei: „Ihr Reich [sc. das der Kleopatra und des Antonius] gelangte unter die Herrschaft der Römer, wo bis heute und bis zum Ende der Welt (*usque in finem mundi*) die Abfolge der Herrschaft gemäß der Prophezeiung Daniels verlaufen muss"[57] – ein fundamental bedeutsamer Satz, den Jordanes in die ansonsten aus Hieronymus übernommene Ereignisabfolge einfügt.[58] Innerhalb des so geschaffenen Rahmens wird die Geschichte vom Aufstieg und Niedergang des Römischen Reiches als „Verlauf der Zeiten" (*cursus temporum*) niedergelegt,[59] ab dem Beginn des Prinzipats (d. h. mit Anbruch der letzten 500 Jahre irdischer Weltzeit)[60] dezidiert als Geschichte eines kontinuierlichen Verfalls. Dessen Tiefpunkt, der *casus Romanae rei publicae*,[61] ist in der Gegenwart unter Justinian erreicht, und dementsprechend kann der Historiograph konstatieren, dass „das Gemeinwesen unserer Zeit einer Tragödie würdig" sei (*di-*

---

[57] Iord. *Rom.* 84: *regnumque eorum in Romanorum imperio devenit, ubi et usque actenus, et usque in finem mundi secundum Danielis prophetia regni debetur successio*. Ein Denken in den Kategorien der traditionellen Weltreichsabfolge zeigt sich bereits im Proömium (Iord. *Rom.* 3), hier allerdings noch ohne Bezug zur Daniel-Prophezeiung (Dan 2,31–45; vgl. auch Dan 7). Vgl. SUERBAUM ³1977, 269f.; VAN NUFFELEN/VAN HOOF 2020, 108, Anm. 10.

[58] Vgl. SUERBAUM ³1977, 270: „Dort fügt Jordanis nämlich in die sonst aus Hieronymus entlehnte Reihe der Ereignisse nach der Schlacht bei Aktium den Satz ein […]. Hier wird eindeutig ausgesprochen, daß dem römischen Reich die Nachfolge in der Herrschaft bis zum Weltende gebührt. Weltende und Ende des römischen Reiches werden also in einen inneren Zusammenhang gebracht".

[59] Iord. *Rom.* 6.

[60] Konkret: ab Iord. *Rom.* 250.

[61] Iord. *Rom.* 388.

gnam nostri temporis rem publicam tragydiae).[62] Die Wendung „unsere Zeit" dürfte an dieser Stelle mehr darstellen als lediglich eine Wortverbindung. Vor dem Hintergrund der kaiserlichen Repräsentation, in der *nostra tempora* offensiv als Chiffre für ein neues ‚Zeitalter Justinians' propagiert wurden,[63] lässt sich Jordanes' Rekurs auf diese Formulierung als konkreter Negativreflex verstehen, denn vor allem der Kaiser dürfte zu jenen „unfähigen Herrschern" (*ignari rectores*) zu rechnen sein, von denen direkt im Anschluss gesprochen wird – eine weitere Antwort auf ein Element justinianischer Repräsentation: die vollmundige Abgrenzung von den vermeintlichen Versagerkaisern des 5. Jahrhunderts.[64] Mit *nostrum tempus* wird zudem auch noch einmal dezidiert auf einen spezifischen Moment im providentiellen Zeitverlauf (*cursus temporum*, s.o.) verwiesen, nämlich die eigene Gegenwart.[65] Diese wiederum gewinnt innerhalb der von Jordanes evozierten chronologischen Rahmung (6000-Jahres-Schema) und mit Blick auf sein im Proömium und finalen Kapitel entfaltetes Deszendenzmodell (das den Tiefpunkt unter Justinian erreicht)[66] eine spezifische Qualität: Das Römische Reich ist im wörtlichen Sinne am Ende[67] – und mit

---

[62] Iord. *Rom.* 388, mit Kruse 2019, 90f.

[63] S.o. S. 136f.

[64] S.o. S. 150f. Vgl. Kruse 2019, 87: „Jordanes' approach to Roman history is a neat inversion of Justinian's".

[65] Vgl. auch Iord. *Rom.* 2, wo von den „Drangsalen der gegenwärtigen Welt" (*praesentis mundi erumnas*) gesprochen wird. Vgl. auch Iord. *Rom.* 4.

[66] Iord. *Rom.* 2; 388.

[67] In diesem Sinne s. auch Liebeschuetz 2011, 299, der auch den angeblichen Optimismus der *Getica* vor diesem Hintergrund zu Recht relativiert und einordnet (dazu auch Van Hoof/Van Nuffelen 2017, 282).

ihm also auch die Welt. Darin dürfte der Grund dafür liegen, dass der Verfasser in der Einleitung seinem Adressaten Vigilius (nicht identisch mit dem gleichnamigen Bischof von Rom)[68] anrät, sich von allem Irdischen abzuwenden und sich in Gottes Hand zu begeben, bekräftigt durch ein eschatologisch eingefärbtes Zitat aus dem ersten *Johannesbrief*:[69]

Wenn du also beide Büchlein liest, so wisse, dass dem, der die Welt liebt, stets das Unausweichliche (*necessitas*) unmittelbar droht. Du aber höre auf den Apostel Johannes, der sagt: „Ihr Liebsten! Habt nicht lieb die Welt und was in der Welt ist. Denn die Welt vergeht und damit auch ihr Begehren. Wer aber den Willen Gottes erfüllt, der bleibt in Ewigkeit". Und so liebe mit ganzem Herzen Gott und deinen Nächsten, auf dass du das Gesetz erfüllst, und bete für mich, hochedler und erhabenster Bruder!

Innerhalb des chronologischen, auf das Weltende hin ausgerichteten Rahmens der *Romana* dürften diese Worte mehr darstellen als fromme Weltflucht-Topik, wie sie in der Spätantike geläufig war. Jordanes kontert vielmehr das kaiserliche Postulat eines glücklichen, zukunftsoffenen und perspektivenreichen ‚Zeitalters Justinians', indem er dieses als Endzeit ausweist und direkt in den Jüngsten Tag einmünden lässt. Der Kaiser, so seine Diagnose, hat den

---

[68] Van Hoof/Van Nuffelen 2017, 290f.; Van Nuffelen/Van Hoof 2020, 8f.

[69] Iord. *Rom.* 5: *legens ergo utrosque libellos, scito quod diligenti mundo semper necessitas imminet. tu vero ausculta Iohannem apostolum, qui ait: „carissimi, nolite dilegere mundum neque ea que in mundo sunt. quia mundus transit et concupiscentia eius: qui autem fecerit voluntatem dei, manet in aeternum". estoque toto corde diligens deum et proximum, ut adimpleas legem et ores pro me, novilissime et magnifice frater.* Vgl. 1 Joh 2,15–17, mit Klauck 1991, 142. Ein ähnlicher Gebetsaufruf findet sich auch Iord. *Get.* 3.

Traditionelle Konzeptionen des Zeitverlaufs im 6. Jh. 265

Römern keineswegs eine neue, indefinite Zukunft eröffnet; er steht vielmehr sinnbildlich für die Vollendung der göttlichen Heilsgeschichte in irdischer Zukunftslosigkeit. Das ‚Zeitalter Justinians' gerinnt zum Ende der Zeit.

Vor diesem Hintergrund dürfte kaum verwundern, dass der Historiograph auch die von Justinian 537 in der 47. *Novelle* propagierte Periodisierung der römischen Geschichte nicht widerspruchslos akzeptiert. Stattdessen schlägt er eine alternative Gliederung vor, die, beginnend mit den Anfängen unter Romulus, einen Aufstieg bis Augustus sowie den darauffolgenden Niedergang bis Justinian beschreibt.[70] Innerhalb dieses Schemas bildet die mit Festus[71] auf insgesamt 243 Jahre kalkulierte Königszeit einen eigenen Abschnitt (*prima aetas populi Romani et quasi infantia*),[72] gefolgt von der sich über 458 Jahre hinziehenden Zeit der Konsuln, die mit Augustus in die Kaiserzeit, die letzte, bis in die Gegenwart reichende Phase, überging.[73] Der Autor behandelt sie, indem er nunmehr nach Kaisern vorgeht und ein zunehmend trübes Bild zeichnet.[74] Anders als für Justinian spielt die Figur des Aeneas in Jordanes' Periodisierung der römischen Geschich-

---

[70] Iord. *Rom.* 2: *addes praeterea, ut tibi, quomodo Romana res publica coepit et tenuit totumque pene mundum subegit et hactenus vel imaginariae teneat, ex dictis maiorum floscula carpens breviter referam: vel etiam quomodo regum series a Romulo et deinceps ab Augusto Octaviano in Augustum venerit Iustinianum, quamvis simpliciter, meo tamen tibi eloquio pandam*; vgl. 86.

[71] Fest. 2,1.

[72] Iord. *Rom.* 87; 108.

[73] Iord. *Rom.* 112, wiederum nach Festus kalkuliert (Fest. 2,3), allerdings unter Abzug von neun Jahren ohne Konsuln, vgl. VAN NUFFELEN/VAN HOOF 2020, 133, Anm. 183.

[74] Iord. *Rom.* 85; 255–257. VAN NUFFELEN/VAN HOOF 2020, 24.

te keine Rolle.⁷⁵ Dafür rückt ein neuer Akteur in den Vordergrund: Mit der Absetzung des Romulus Augustulus im Jahr 476 wird eine wichtige Stufe im kontinuierlichen Niedergangsprozess markiert, denn an diesem Punkt endete, so Jordanes, das Kaisertum im Westen.⁷⁶

Und so ging das Westreich und die Herrschaft über das römische Volk, die Octavian Augustus als erster der *Augusti* im 709. Jahr seit Gründung der Stadt innezuhaben begonnen hatte, mit diesem Augustulus im 522. Jahr der Herrschaft der verstorbenen Kaiser über das Reich zugrunde; danach herrschten Könige der Goten über Rom.

Jordanes, der dieses Ereignis als Einschnitt innerhalb einer längeren, auf Justinian zulaufenden Entwicklung deutet, stützt sich (nicht nur) an dieser Stelle auf die *Chronik* des Marcellinus Comes,⁷⁷ in der die Absetzung des Romulus erstmals mit dem Untergang des Weströmischen Reichs in Verbindung gebracht wird. Werfen wir daher als nächstes einen Blick auf dieses Geschichtswerk, das in den 520er Jahren im Umfeld des Kaiserhofs zu Konstantinopel entstand,⁷⁸ eine geradezu emphatisch regimefreundli-

---

⁷⁵ Zu Aeneas vgl. Iord. *Rom.* 38–39; 88; 90.

⁷⁶ Iord. *Rom.* 345: *sic quoque Hesperium regnum Romanique populi principatum, quod septingentesimo nono urbis conditae anno primus Augustorum Octavianus Augustus tenere coepit, cum hoc Augustulo periit anno decessorum regni imperatorum quingentesimo vicesimo secundo: Gothorum dehinc regibus Romam tenentibus.* Vgl. Iord. *Get.* 243.

⁷⁷ Zur Verwendung des Marcellinus durch Jordanes und zur (weniger wahrscheinlichen) Möglichkeit einer gemeinsamen Quelle sind noch immer grundlegend die Überlegungen von CROKE 1983; vgl. ferner JAKOBI 2011.

⁷⁸ CROKE 2001, sowie insbesondere GOLTZ 2007, 50–55; 2008, 104–116 (erste Fassung Mitte der 520er Jahre).

che Perspektive einnimmt[79] und in Anknüpfung an Hieronymus die Geschehnisse der Jahre 379–518 behandelt; Marcellinus selbst erweiterte die *Chronik* später noch bis zum Jahr 534, ein anonymer Fortsetzer führte sie schließlich bis 548 fort.[80]

Der Eintrag des Marcellinus zum Jahr 476 hat eine intensive Forschungsdebatte auf sich gezogen,[81] die um verschiedene Fragen kreist(e): Hat der Chronist sich an dieser Stelle auf westlich-senatorische Quellen oder eine östliche Wahrnehmung gestützt? (Die besseren Argumente sprechen für letzteres).[82] Kann sie als Beleg für ein verbreitetes Bewusstsein vom Ende des *Hesperium Imperium* in An-

---

[79] Vgl. CROKE 1995, XXI („a strongly pro-Justinianic viewpoint"); 2001, 31 („Marcellinus displayed his ‚fulsome appreciation' (Cassiodorus) for the regime of Justinian"); 34; 136 („a chronicle designed to praise Justinian"); GOLTZ 2007, 47 („Wenn Marcellinus Comes also bereits zur Abfassungszeit der Chronik zum Umfeld des Kaiserneffen gehörte, dann ist es – auch wenn eine Deutung des Werkes als Propagandainstrument Justinians sicherlich verfehlt wäre und sie vermutlich nicht einmal eine Auftragsarbeit darstellte – durchaus wahrscheinlich, daß er zentrale Vorstellungen Justinians bzw. des kaiserlichen Hofes in seine Schrift einfließen ließ. […] Marcellinus war also durchaus geneigt und fähig, Geschichte im Sinne Justinians zu schreiben"); 2008, 88f.; 94; 95–116. Zur Illustration der justinianfreundlichen Perspektive sei lediglich auf die Darstellung des *Nika*-Aufstands (532) als Usurpationsversuch der Anastasios-Neffen Hypatios, Pompeios und Probos verwiesen, vgl. Marc. Com. *ad ann.* 532 p. 103 MOMMSEN.

[80] Zu Marcellinus Comes s. CROKE 2001; GOLTZ 2008, 86–90.

[81] Aus der umfangreichen Literatur zum Jahr 476 sei hier lediglich angeführt: WES 1967; CROKE 1983; KRAUTSCHIK 1986; MARTIN ²1990, 48; 168; NÄF 1990; DEMANDT ²2007, 213–217; GOLTZ 2007; 2008, 95–104; HALSALL 2007, 352ff.; WATTS 2011; MEIER ⁸2021, 501–504; STEIN 2023a, 589f.

[82] Vgl. CROKE 1983; KRAUTSCHIK 1986; GOLTZ 2007; 2008, 89f., jeweils mit der Widerlegung der These, Marcellinus habe sich auf die

spruch genommen werden? (Dies bleibt weiterhin umstritten).[83] Lässt sich die Aussage in irgendeiner Weise auf das Regime Justinians beziehen? (Dazu s.u.).

Für unseren Zusammenhang ist zunächst einmal bemerkenswert, dass der Autor im Lemma zur Absetzung des Romulus zwei zusätzliche Formen der Zeitkalkulation und Periodisierung einführt, die er an keiner anderen Stelle seiner *Chronik* verwendet: die Zählung der Jahre *ab urbe condita* sowie die Zeitspanne seit Beginn der Kaiserzeit:[84]

Das Westreich des römischen Volkes, das Octavian Augustus als erster der *Augusti* im 709. Jahr seit Gründung der Stadt innezuhaben begonnen hatte, ging mit diesem Augustulus im 522. Jahr der Herrschaft der verstorbenen Kaiser über das Reich zugrunde; danach herrschten Könige der Goten über Rom.

Wenn man den Rückgriff auf diese Berechnungsmodelle nicht schlicht auf die Verwendung einer spezifischen Sonderquelle ausschließlich für jenes eine Lemma zurückführen möchte (wofür ich keine Indizien erkennen kann),[85] so muss man sie wohl als Hinweis darauf deuten, dass Mar-

---

(nicht erhaltene) *Historia Romana* des Q. Aurelius Memmius Symmachus gestützt (so etwa WES 1967, 52–88).

[83] Ausführlich zu dieser Frage s. MEIER 2014.

[84] Marc. Com. *ad ann.* 476 p. 91 MOMMSEN: *Hesperium Romanae gentis imperium, quod septingentesimo nono urbis conditae anno primus Augustorum Octavianus Augustus tenere coepit, cum hoc Augustulo periit, anno decessorum regni imperatorum quingentesimo vigesimo secundo, Gothorum dehinc regibus Romam tenentibus.*

[85] CROKE 1995, 124, erwägt für zwei Einträge in der Marcellinus-*Chronik*, in denen die Jahre seit Gründung Konstantinopels gerechnet werden, eine lokale Sonderquelle („M.'s dating by years ‚from the foundation of the city' suggests a local CP source for these events, although he may well have taken some part in them himself. [...] Again [...], the calculation of years ‚from the foundation of the

cellinus dem Ende des *Hesperium Imperium* ein besonderes Gewicht innerhalb seiner Darstellung zuweisen wollte. Dafür spricht der Umstand, dass er nicht nur eine einzelne neue Kalkulation in seinen Text einbringt (*ab urbe condita*), sondern mit der Zählung der Jahre der Kaiserzeit (*annus decessorum regni imperatorum*) noch eine weitere, durchaus ungewöhnliche Jahresberechnung verwendet. Diese gleichsam doppelte chronologische Markierung hebt das Lemma zudem gegenüber dem Eintrag zum Jahr 454 hervor, in dem Marcellinus bereits konstatiert hatte, dass das *Hesperium regnum* mit der Ermordung des Aetius gefallen sei.[86] Der Chronist setzt also offenbar gezielt eine historische Zäsur, ohne diese jedoch, wie später Jordanes, in ein übergreifendes Niedergangsnarrativ einzubinden. Vielmehr scheint er die Ansicht zu vertreten, dass die legitime Fortführung des Kaisertums seither bei den Herrschern in Konstantinopel lag. Dafür sprechen zum einen sein (historisch nicht ganz zutreffender) Zusatz „danach herrschten Könige der Goten über Rom" (*Gothorum dehinc regibus Romam tenentibus*), zum anderen die signifikant feindselige Sichtweise auf die Goten,[87] die bereits für die Zeit Zenons als Feinde des *Imperium Romanum* vorgestellt werden und damit bar jeglicher Legitimität bleiben; dementsprechend wird die (wie auch immer formalisierte) Übereinkunft zwischen Kaiser und Gotenführer, welche diesen 488 nach Italien dirigierte und den Goten ein Legitimationsargument verschaff-

---

city' implies a local source"); vgl. Marc. Com. *ad ann.* 527 p. 102; 528 p. 102 MOMMSEN.

[86] Marc. Com. *ad ann.* 454,2 p. 86 MOMMSEN.
[87] Vgl. in diesem Sinne auch GOLTZ 2007, 48 f.; 2008, 91 f.

te,[88] wohlweislich verschwiegen.[89] Marcellinus und Jordanes bieten somit zwar einen nahezu identischen Text, weisen ihm jedoch jeweils unterschiedliche Funktionen innerhalb ihrer Gesamtargumentation zu.

Während Jordanes – wie gezeigt – seine Darstellung von Beginn an unter dem dunklen Schatten der ablaufenden 6000-Jahres-Frist verortet und dadurch das traditionelle Niedergangsparadigma eschatologisch auflädt und mit Blick auf das Weltende zusätzlich deperspektiviert, weist Marcellinus gleich eingangs darauf hin, dass im Jahr 378/79, mit dem Hieronymus seine Fortsetzung der Eusebios-*Chronik* beschloss – dem Startpunkt seines eigenen Werks –, die Welt ein Alter von 5579 Jahren erreicht habe,[90] was in der Tat exakt dem von Eusebios/Hieronymus propagierten Kalkulationsmodell entspricht (s.o.). Der Chronist sieht also keineswegs einen durch den Ablauf der irdischen Zeit bedingten baldigen Weltuntergang heraufziehen, sondern versucht eine alternative Kalkulation zu vermitteln, wie sie im Westen ohnehin größere Verbreitung fand.[91] Möglicherweise hängt dies mit dem illyrischen Hintergrund[92] des lateinischsprachigen Historiographen zusammen, den er mit Justin I. und Justinian teilte. Hinzukommt die grundsätzlich justinianfreundliche Tendenz seines Geschichtswerks (s.o.): Wollte Marcel-

---

[88] Vgl. etwa Prok. *BG* 2,6,14–22.

[89] Vgl. etwa Marc. Com. *ad ann.* 487 p. 93; 488,2 p. 93; 489 p. 93 MOMMSEN. Zum Hintergrund s. WIEMER 2018, 142–145; MEIER ⁸2021, 495.

[90] Marc. Com. *pr.* p. 60 MOMMSEN: *igitur uterque huius operis auctor quinque milium et quingentorum septuaginta novem annorum hunc mundum tunc fore miro computavit ingenio.*

[91] LANDES 1988, 151.

[92] Vgl. CROKE 2001, 17–77, zum Hintergrund des Autors.

linus das Regime Justins I. und die in absehbarer Frist bevorstehende Herrschaft Justinians unterstützen, so konnte er den Kaisern nicht zuletzt dadurch dienen, dass er die umlaufenden Endzeiterwartungen und den damit einhergehenden Zukunftspessimismus für obsolet erklärte – so wie es auch Justinian später mit der Ausrufung ‚seines' Zeitalters praktizieren sollte. Die Propagierung der Zeitkalkulation des Eusebios/Hieronymus dürfte also durchaus programmatischen Charakter besessen und sich nicht lediglich aus dem Anschluss an die Hieronymus-*Chronik* ergeben haben. Denn dass man an diese anknüpfen und dennoch ein alternatives Berechnungsmodell zugrunde legen konnte, sollte wenige Jahrzehnte später Jordanes beweisen (s.o.), der damit im Übrigen auch von Marcellinus – ebenfalls eine seiner Hauptquellen (s.o.) – in einem zentralen Punkt abwich.

Das Jüngste Gericht ist für Marcellinus jedenfalls kein Thema; vielmehr führt er seine *Chronik*, in der die einzelnen Jahre mit Indiktion und Konsuln markiert werden, gleichförmig durch den Verlauf der Zeit. Wie etwa auch in einigen Chroniken des 5. Jahrhunderts (z.B. Hydatius, Prosper) erhält jedes Jahr mindestens einen Eintrag, auch wenn nichts Erwähnenswertes zu vermelden ist (wie zum Jahr 522, für das lediglich Indiktionszahl und Konsuln genannt werden)[93] oder das Lemma lediglich mit unspektakulärem Beiwerk gefüllt werden kann (wie im Fall der Jahre 464, 477, 485 und 490).[94] Vor dem Hintergrund der

---

[93] Vgl. Marc. Com. *ad ann.* 522 p. 102 MOMMSEN.

[94] Vgl. Marc. Com. *ad ann.* 464 p. 88 MOMMSEN (*Beorgor rex Halanorum a Ricimere rege occiditur*); 477 p. 91 MOMMSEN (*Bracilam comitem Odoacer rex apud Ravennam occidit*); 485 p. 93 MOMMSEN (*Longinus Zenonis frater Augusti post decennalem custodiam, quam eidem Illus apud Isauriam inflixerat, ad germanum*

Zeitkämpfe und divergierenden Temporalitäten im 6. Jahrhundert betrachtet, erweckt die *Chronik* des Marcellinus den Eindruck, als solle sie Zeugnis ablegen über das unaufhaltsame, aber eben auch verlässliche und insbesondere zukünftig unveränderte Fortschreiten der irdischen Zeit (*hoc saeculum*)[95], deren Dauer Eusebios und Hieronymus „mit bewundernswerter Genialität" (*miro ingenio*) berechnet hätten.[96] Unabhängig von ihren Inhalten präsentiert sich die Marcellinus-*Chronik* damit als chronographische Insel der Ruhe in stürmisch bewegten Zeiten.

Noch bevor Marcellinus sich an seine *Chronik* begab, haben vielleicht auch andere das Ende des *Imperium Romanum* im Westen registriert. Euagrios jedenfalls merkt in seiner um 594 entstandenen *Kirchengeschichte* an:[97]

Nepos wurde von Orestes vertrieben, und nach ihm wurde dessen Sohn Romulus mit Beinamen Augustulus Kaiser, der der letzte Kaiser von Rom war, 1303 Jahre nach der Herrschaft des Romulus. Nach diesem lenkte Odoaker den Staat der Römer, der sich selbst die Anrede ‚Kaiser' versagte und sich ‚*rex*' nannte.

---

suum Constantinopolim advenit); 490 p. 93 MOMMSEN (*Zenon imperator Pelagii gulam in insula quae Panormum dicitur laqueo frangi praecepit*).

[95] Marc. Com. *pr.* p. 60 MOMMSEN: *Post mirandum opus, quod a mundi fabrica usque in Constantinum principem Eusebius Caesariensis, huius saeculi originem tempora annos regna virtutesque mortalium et variarum artium repertores omniumque paene provinciarum monumenta commemorans, Graeco edidit stilo […]*.

[96] Marc. Com. *pr.* p. 60 MOMMSEN.

[97] Euagr. *HE* 2,16: ἐκβάλλεταί τε ὑπὸ Ὀρέστου, καὶ μετ' ἐκεῖνον ὁ τούτου παῖς Ῥωμύλλος ὁ ἐπίκλην Αὐγουστοῦλος, ὃς ἔσχατος τῆς Ῥώμης αὐτοκράτωρ κατέστη, μετὰ τρεῖς καὶ τριακοσίους καὶ χιλίους ἐνιαυτοὺς τῆς Ῥωμύλου βασιλείας. Μεθ' ὃν Ὀδόακρος τὰ Ῥωμαίων μεταχειρίζεται πράγματα, τῆς μὲν βασιλέως προσηγορίας ἑαυτὸν ἀφελών, ῥῆγα δὲ προσειπών (Übers.: A. HÜBNER).

Die Forschung hat diese Passage lange auf das um 503 entstandene Geschichtswerk des Eustathios von Epiphaneia zurückgeführt.[98] Eustathios, der in seiner *Chroniké epitomé* wohl auch über den Ablauf der 6000 Jahre reflektiert haben dürfte,[99] hätte demzufolge ebenfalls mit den Ereignissen um die Absetzung des Romulus eine historische Zäsur markiert, dabei jedoch seiner Berechnung der Dauer der römischen Geschichte ein anderes Modell zugrunde gelegt als Marcellinus und Jordanes. Freilich widerspricht die von Euagrios rezipierte Zahl der 1303 Jahre nach der Herrschaft des Romulus einer weiteren, unzweifelhaft auf Eustathios zurückgehenden Jahresberechnung, die er an anderer Stelle vorlegt.[100] Diese Inkonsistenz nahm Dariusz Brodka zum Anlass, die Rückführung der Anmerkungen des Kirchenhistorikers auf Eustathios in Zweifel zu ziehen und stattdessen „eine andere griechische Quelle" zu postulieren, die allerdings unbestimmt bleiben muss.[101] Gewissheit ist in dieser Frage vorerst wohl nicht zu erlangen, doch zeigt sich, dass in den Jahren um 500 offenbar eine (Neu-)Periodisierung der römischen Geschichte zur Debatte stand. Auch daran könnte Justinian in seiner *47. Novelle* angeknüpft haben.

Wie bereits angedeutet, sahen sich antichalkedonischmiaphysitische Akteure im 6. Jahrhundert in weitaus höherem Maße als Marcellinus Comes oder auch Jordanes gezwungen, mit dem imperialen Rahmen zu ringen. Und tatsächlich scheint auch in ihren Milieus die These, das

---

[98] Vgl. CROKE 1983, 117. Zu Eustathios s. BRODKA 2017; BLECKMANN 2021, 20–22.
[99] S.o. S. 38f. Vgl. MEIER ²2004, 460; BRODKA 2006, 60f.; 63.
[100] Euagr. *HE* 3,29.
[101] BRODKA 2006, bes. 64–67 (das Zitat 77). Dieselbe Quelle muss auch Theoph. a.m. 5965 p. 119,16–26 DE BOOR zugrunde liegen.

Römische Reich (im Westen) sei bereits untergegangen, diskutiert worden zu sein. Johannes Rufus jedenfalls befasst sich am Ende seiner *Plerophoriai* ausdrücklich mit diesem Problem. Ein greiser Asket, so sein Bericht, der vor dem halb verlassenen Palast zu Antiocheia sein Dasein fristete, habe gepredigt, das Konzil von Chalkedon (451) habe „ungerechterweise den Zorn Gottes auf die gesamte Erde gerufen",[102] und nicht nur dies: Die vergangenen Geschehnisse hätten gezeigt, dass in der Folge das *Imperium Romanum* zu seinem Ende gekommen sei, denn der Teufel habe die Niederschrift des *Tomus Leonis* erwirkt. Die Stadt Rom, Herrin über die Oikoumene, sei dadurch in die Hände der Barbaren geraten.[103]

Edward Watts hat zeigen können, dass der Autor mit dieser Aussage, die ein klares Bewusstsein vom Ende Roms im Westen reflektiert, auf die Machtübernahme Odoakers in Italien im Jahr 476 anspielt.[104] Spätestens in der zweiten Dekade des 6. Jahrhunderts, der Entstehungszeit der *Plerophoriai*, wurde das Jahr 476 also in miaphysitischen Zirkeln als historische Zäsur verhandelt.[105] Freilich lässt sich eine entsprechende Debatte bis in die erste Generation antichalkedonischer Kampagnen, d. h. bis in die 470er Jahre, zurückverfolgen.[106] Denn Johannes Rufus

---

[102] Joh. Ruf. *pleroph*. 89 *PO* 8.1,150 Nau.

[103] Joh. Ruf. *pleroph*. 89 *PO* 8.1,150 Nau: „And indeed, this is clearly revealed by the course of events. For since then, the empire of the Romans has ceased and come to an end, because of the Evil one and the fact that he made appear the abomination that one calls the *Tome* of Leo. The city that was the mistress and queen of all the inhabitable world has become captive and placed under the authority of barbarians" (Übers.: E. Watts).

[104] Watts 2011, 101.

[105] Vgl. so auch Watts 2011, 101.

[106] Vgl. Watts 2011, 105: „In any event, the writings of John and

beruft sich explizit auf Timotheos II. Ailouros († 477),[107] und Watts kann plausibel aufzeigen, dass bereits dieser in einer (nicht erhaltenen) Streitschrift den *Tomus Leonis* mit dem Ende Roms in Verbindung gebracht haben muss.[108] Zwar scheint er noch nicht die Herrschaft Odoakers thematisiert zu haben – dieser Konnex ist Proprium des Johannes Rufus –, doch betrachtete wohl auch der Alexandriner die Barbaren als Werkzeuge Gottes im Kampf gegen die chalkedonische Häresie und den *Tomus* und könnte dies an der Plünderung Roms durch die Vandalen im Jahr 455 festgemacht haben.[109] Zusätzliche Brisanz erhielt die Debatte zudem dadurch, dass Johannes das Paradigma vom Fall Roms universalisierte und eschatologisch auflud, indem er ausdrücklich die Ankunft des Antichrist als Folge des Konzils von Chalkedon in Aussicht stellte.[110] So musste die Durchsetzung des *Chalcedonense* letztlich nicht nur das Ende des *Imperium Romanum*, sondern auch das Ende der Zeit bedingen.

Das Paradigma des Niedergangs und finalen Falls des Römischen Reiches bot, wie erkennbar geworden ist, zumindest in der Theorie eine Verständigungsbasis, auf der – im (nicht belegbaren) Idealfall – Altgläubige (Zosimos), chalkedontreue Christen (Marcellinus Comes, Jordanes), Antichalkedonier (Johannes Rufus) sowie traditionsbewusste gebildete Amtsträger (Johannes Lydos)[111]

Timothy show that an anti-Chalcedonian discourse speaking about the 'end of the Roman empire' existed as early as the 470s".

[107] Joh. Ruf. *pleroph*. 89 *PO* 8.1,152 Nau.
[108] Watts 2011, 103. Vgl. Stickler 2022b, 123.
[109] So Watts 2011, 104.
[110] Joh. Ruf. *pleroph*. 89 *PO* 8.1,152; 154 Nau.
[111] Zu den Berührungsflächen zwischen Zosimos und Johannes Lydos s. Maas 1992, 48–52; Schmidt-Hofner 2020.

und Gelehrte (der Verfasser des – aus Raumgründen hier nicht behandelten – Dialogs Περὶ πολιτικῆς ἐπιστήμης)[112] hätten zusammenfinden können. Sie alle bemühten das traditionelle Deszendenzmodell zur Beschreibung ihres Erfahrungs- und Erwartungshorizonts – freilich aus gänzlich unterschiedlichen Motivlagen, deren Diversität letztlich ausgeschlossen haben dürfte, dass diese Niedergangsdebatten sich zu einem übergreifenden Diskurshorizont verbanden.[113]

---

[112] Vgl. BELL 2009.
[113] Für den Fall des Johannes Rufus verweist WATTS 2011, 105f., auf die vermutlich geringe Reichweite der innermiaphysitischen Debatten über das Ende Roms.

8. Ein Ringen um die Zeit: Vorläufiges Fazit

Welche Überlegungen, Strategien oder gar Praktiken sind erkennbar, mit denen Zeitgenossen des 6. Jahrhunderts dem Problem des drohenden Ablaufs der irdischen Zeit begegnet sind? Welche Auswirkungen hatte die sich abzeichnende Parusie für die Konzeption von Zeit sowie ihrer Ableitungen und Dimensionen?

Zunächst einmal sollte deutlich geworden sein, dass die Erwartung eines unmittelbar bevorstehenden Weltendes, wie sie im 6. Jahrhundert große Verbreitung unter der oströmischen Bevölkerung fand – dies die Prämisse all meiner Überlegungen –, tatsächlich ein verstärktes Nachdenken über Zeit und ihren Verlauf, über Vergangenheit, Gegenwart und Zukunft und ihre wechselseitigen Bezüge sowie über die grundsätzlichen Möglichkeiten des Umgangs mit Zeit bzw. eine Neuverzeitung der Gesellschaft ausgelöst hat. Dieses Nachdenken gerann in unterschiedlichen Kontexten zu durchaus differierenden Formen und Resultaten, aus deren Summe sich wiederum in Ansätzen ein übergreifender Diskurs, ein Ringen um die Zeit, rekonstruieren lässt. Die untersuchten Beispiele legen nahe, dass die Problematik vielfach als drängend und lastend empfunden worden sein muss.

Dies spiegelt sich nicht zuletzt in der Historiographie. Während die *Chronik* des Johannes Malalas als großangelegter Versuch erscheint, die Gegenwart zu enteschatologisieren und damit den Naherwartungen sowie den mit ihnen verbundenen Ängsten entgegenzutreten, indem ein Alternativentwurf zur geläufigen Chronologie präsentiert wurde, reflektieren die Geschichtswerke Prokops und des Agathias indirekt eine allgemeine Verunsicherung, sie lassen eine Aufgabe bzw. einen Verlust der Vergangenheit und damit der entlegeneren Geschichte zugunsten einer Konzentration auf die Gegenwart erkennen, zeichnen die eigene Zeit gewissermaßen in einem ankerlosen Schwebezustand, der sowohl in Richtung Vergangenheit als auch Zukunft offen bleibt – die Offenheit der Zukunft ist also keineswegs, wie häufig behauptet, eine exklusive Signatur der Moderne[1] –, der bei Prokop zudem in die Form einer aus eigenem Erleben modellierten kontinuierlichen Gegenwartsapokalypse gekleidet wird. Diese fehlende Tiefendimension, das Vermeiden von Chronoferenzen in alle Richtungen, wird zumindest partiell kompensiert durch ein bemerkenswert weites Ausgreifen in den geographischen Raum. Zudem zeigen sich namentlich im Werk des Agathias Tendenzen einer zeitlichen Kompression bzw. Verdichtung – eine historiographische Praxis, die epochenübergreifend bei Autoren zu beobachten ist, die ihrerseits schwerste Bedrohungssituationen durchlitten haben, wie ich an anderer Stelle zu zeigen versucht habe.[2] Unsicherheiten aufgrund eigener Erfahrungen und Beobachtungen offenbart auch die *Kirchengeschichte* des Euagrios, die ein Ringen mit dem christlichen Fortschrittskonzept bezeugt, das ein klares Telos der Geschichte, und sei es auch in Gestalt des 6000-Jahres-Schemas, zunehmend im Ungewissen verdämmern lässt.

---

[1] So aber z. B. noch ASSMANN et al. 2004, 1250 (H. LÜBBE).
[2] Vgl. MEIER 2015.

Vorläufiges Fazit

Auf diese verbreitete Verunsicherung suchte Justinian offenbar zu reagieren, indem er ein eigenes, positiv konnotiertes und auf die Ewigkeit hin angelegtes ‚Zeitalter' verkündete, dem durch zahlreiche Chronoferenzen sowohl Vergangenheit als auch Gegenwart und Zukunft dienstbar gemacht wurden. In immer neuen Anläufen präsentierte der Kaiser diverse Geschichtskonstrukte, die eine neue Gegenwart konstituieren und verzeiten, seine eigene Position darin festigen, Entscheidungen rechtfertigen und seine Allgegenwart in Zeit (und Raum) sichern sollten. Justinian trat als pluritemporaler Herrscher auf, der nichts weniger als die Hoheit über die Zeit, ihren Verlauf und die Zeitebenen beanspruchte. Auch er konnte jedoch die Bevölkerung nicht vor all jenen Katastrophen bewahren, die seit der Wende zum 6. Jahrhundert über das *Imperium Romanum* hereingebrochen waren, die ohnehin bereits vorhandenen Endzeiterwartungen bestätigten, ja massiv verstärkten und in den frühen 540er Jahren, insbesondere mit dem Ausbruch der Pest, ihren Höhepunkt fanden. Um sich gegen zunehmende Kritik zu immunisieren und seine eigene Position angesichts der verheerenden Lage neu zu fassen, gab er das ‚Zeitalter Justinians' faktisch auf und stieg aus der Zeit aus, indem er sich als metaphysisch überhöhter, transzendenter und damit nontemporaler Herrscher präsentierte – ein Anspruch, den Justin II. nach seiner Thronbesteigung (565) rasch wieder zurücknahm.

Welche Konsequenzen die Überzeugung bewirken konnte, unmittelbar mit dem Weltende konfrontiert zu sein, im Wortsinn also keine Zeit mehr zu haben und damit einem existenziellen temporalen Beschleunigungsprozess ausgesetzt zu sein, geht nicht zuletzt aus Massenhysterien hervor, wie sie mehrfach für das 6. Jahrhundert bezeugt sind, insbesondere in Alexandreia (und/oder Jerusalem), Konstantinopel und Amida. Diese Ereignisse verweisen zugleich auf die enorme politische Sprengkraft, die in den Endzeiterwartungen lag: Wem keine Zeit mehr auf Erden verblieb, der hatte auch nichts mehr zu verlieren und konnte gegenüber den irdischen Autoritäten entsprechend selbstbewusst auftreten. Das nahende Weltende barg in sich den drohenden Umsturz. Dadurch musste der Kaiser in eine zunehmend gefährliche Lage geraten, und die *Kontakien* des Romanos dokumentieren eindrucksvoll, in welcher Weise und in welch gewaltigem Resonanzraum entsprechende Fragen aufgegriffen werden konnten. Freilich brachten die allgemeine Verunsicherung über die (verbleibende) Zeit und davon ausgehende Debatten auch ein beachtliches produktives Potential zur Entfaltung, wie nicht zuletzt das Experiment des Dionysius Exiguus mit einer neuen Zeitrechnung ab Christi Geburt dokumentiert.

Dennoch blieb die Frage nach Zeit und Temporalitäten im 6. Jahrhundert umstritten, ebenso, wie der Zeit selbst ein ambiguer Charakter attestiert wurde. So präsentierten Hesychios und Jordanes sowie insbesondere Johannes Lydos Geschichtsentwürfe, die sich als unmittelbarer Widerspruch gegen die kaiserlichen Einlassungen interpretieren lassen; Jordanes formte das ‚Zeitalter Justinians' um zum Ende der Zeit, und vielleicht intendierte überdies Johannes Lydos die Evokation eines Alternativmodells zum Schema der 6000 Jahre. Zosimos, Johannes Rufus, Jordanes und wiederum Johannes Lydos experimentierten unabhängig von ihren religiösen Bekenntnissen mit Deszendenzmodellen, und zumindest die beiden letztgenannten konfrontierten diese indirekt mit dem ‚Zeitalter Justinians'. Miaphysitische Autoren wie Severos von An-

Vorläufiges Fazit 281

tiocheia und Johannes von Ephesos nahmen die durch Repressions- und Verfolgungserfahrungen zusätzlich intensivierte Naherwartung in ihren Milieus wahr und räsonierten über die Retardation und Beschleunigung von Zeit, gefangen in einem linear-teleologischen Denken.

Das Ringen um die Zeit – und mit der Zeit – spiegelt sich jedenfalls in markanter Weise in den kontemporären Zeugnissen. Nicht ohne Grund leitete Johannes Lydos seinen Traktat *De mensibus* mit der Feststellung ein, dass es sich mit der Zeit ähnlich verhalte wie mit dem mythischen Kronos: Sie sei gleichermaßen Erzeugerin und Verderberin ihrer Abkömmlinge;[3] in derselben Schrift wird die Zeit gar als Wächterin und Zerstörerin gekennzeichnet.[4] Johannes' Beschäftigung mit der Organisation von Zeit im Jahreszyklus dokumentiert einmal mehr eine vielfach geradezu obsessive Befassung mit der Zeit im 6. Jahrhundert – angesichts der ungewissen Zukunftsperspektiven nicht zuletzt auch in der Dimension der Vergangenheit. Diese Rückbesinnung kommt etwa in Justinians pseudohistorischen Digressionen, aber auch der nochmaligen Entfaltung der (von Historiographie nicht scharf abgrenzbaren) antiquarischen Literatur zum Ausdruck, für die neben Johannes Lydos auch Namen wie Hesychios von Milet, Petros Patrikios, Stephanos von Byzanz, letztlich

---

[3] Joh. Lyd. *mens*. 1,1: Ὀρθῶς ἄρα οἱ τὰ μυθικὰ <συγγράψαντες> τὸν Κρόνον τοὺς ἑαυτοῦ παῖδας ἀφανίζοντα ποιοῦσιν, αἰνιττόμενοι δήπου τὸν χρόνον πατέρα τε ἅμα καὶ ὄλεθρον τῶν ὑπ' αὐτοῦ φυομένων γίνεσθαι. Vgl. auch Joh. Lyd. *mens*. 1,8: φιλεῖ γὰρ ὁ χρόνος ἐναμείβειν τὰ πράγματα; *mag*. pr.: πάντως δὲ καὶ αὐτὰ τοῦ χρόνου τεκόντος ἅμα καὶ κρύψαντος; *mag*. 3,39: ὅτι ὁ χρόνος, λυμαντικὸς ὢν κατὰ φύσιν. Vergegenwärtigt man sich den Kontext dieser Aussagen, so wie er hier rekonstruiert wurde, so scheinen mir diese mehr darzustellen als lediglich „clichés" (so MAAS 1992, 53).

[4] Joh. Lyd. *mens*. 4,67: ὅτι φρουρητικὸς καὶ λυμαντικὸς ὁ χρόνος.

auch der anonyme Dialog Περὶ πολιτικῆς ἐπιστήμης stehen.[5] Sie mündete in unterschiedliche, miteinander kommunizierende und konkurrierende Zeit-, Geschichts- und Zukunftsentwürfe, deren Ziel zwar einmal mehr die Konstituierung von Sinn in einer zunehmend sinnentleerten Welt blieb, die jedoch widersprüchliche Modelle produzierten, welche nicht nur die Frage der Legitimität des Kaisers, seiner Amtsträger und des von ihm repräsentierten Gemeinwesens tangierten, sondern in letzter Konsequenz auch vormals akzeptierte Zeitkonstruktionen zur Disposition stellten und dabei verdeutlichten, dass Zeit eine Dimension gesellschaftlichen Konsenses darstellt, der fragil und keineswegs unantastbar ist, zumal in Phasen der Bewusstwerdung der Kontingenzen eines beschleunigten historischen Wandels, der Erfahrungsraum und Erwartungshorizont jäh auseinanderreißt und damit Richtung und Ziel zu verlieren scheint.

Dieser historische Wandel verdichtete sich im 6. Jahrhundert mehrfach in Ereignisclustern bzw. Phasen und Momenten konzentrierter Unheilserfahrung, an die sich der Zeitdiskurs, insbesondere in seiner eschatologischen Imprägnierung, unweigerlich anlagern musste und die konkrete lebensweltliche Bezugspunkte für die hier vorgestellten Texte und Debatten geboten haben könnte. Dazu dürften neben dem römisch-persischen Krieg 502–506 die schweren Erdbeben und Brandkatastrophen der ersten beiden Dekaden des 6. Jahrhunderts zählen, in de-

---

[5] Zur Interpretation antiker Konjunkturen antiquarischen Schrifttums in der Antike als Gradmesser für verbreitetes Krisenbewusstsein vgl. FUHRMANN 1987 (mit Blick auf die späte römische Republik). Zum antiquarischen Schrifttum im 6. Jh. s. etwa MAAS 1992; DRIJVERS/FOCANTI/PRAET/VAN NUFFELEN 2018; PRAET 2018a; 2018b.

nen Zeitgenossen eine geradezu mustergültige Bestätigung für die verbreiteten, auf die Jahre um 500 zielenden Naherwartungen sehen mussten, denen Justinian wiederum seit 527 sein Konzept eines neuen, glücklichen Zeitalters wuchtig entgegensetzte; auch die massiven Rückschläge und Heimsuchungen der Jahre 540–542, gipfelnd im Ausbruch der Pest, können nicht folgenlos geblieben sein – vielleicht ist in dieser Phase der Kipppunkt von der Überzeugung, strikt auf das unmittelbar nahende Ende zuzuschreiten, hin zu aufkommenden Zweifeln und zunehmender Orientierungslosigkeit anzusetzen, woraus sich neue Fragen zu Aspekten von Zeit und Temporalitäten ergaben; folgenschwer dürften auch die bleiernen letzten Jahre der Herrschaft Justinians gewirkt haben, und miaphysitische Zeitgenossen mussten zudem die zunehmenden Repressionen in der nachjustinianischen Phase bewältigen, die nicht zuletzt den erhaltenen letzten Teil der *Kirchengeschichte* des Johannes von Ephesos tief geprägt haben. Aus diesen Fixpunkten ergibt sich kaum mehr als ein grobes Raster, doch dieses mag als Netz an Anknüpfungspunkten für die nachgezeichneten Diskussionen dienen und dazu beitragen, deren ‚Sitz im Leben‘ konkreter zu fassen.

Die entscheidende Frage aber muss in diesem Zusammenhang darauf zielen, ob und inwieweit der Zeit-Diskurs und die sich darin spiegelnden unterschiedlichen Temporalitäten der Akteure auf breiter Ebene handlungsleitend wurden – doch an diesem Punkt stößt der Historiker aufgrund der Beschränktheit seines Materials an seine Grenzen. Wir können punktuelle Einzelzeugnisse interpretieren und Vermutungen darüber anstellen, dass intertextuelle Verbindungen zwischen literarischen Produkten des 6. Jahrhunderts Kommunikation und Verflechtungen abbilden. Verschlossen jedoch bleiben uns der Einblick in weitere Formen dieser Kommunikation, die Kenntnis näherer Intentionen sowie insbesondere der Kreis der Beteiligten und die generelle Reichweite entsprechender Zeugnisse. So sind Versuche, aus kaiserkritisch interpretierbaren literarischen Aussagen ein Milieu traditionsbewusster, vielleicht sogar altgläubiger Intellektueller, die dem Regime Justinians grundsätzlich reserviert begegnet seien,[6] in den letzten Jahren mit guten Gründen kritisiert worden. Wir können zwar erkennen, dass Endzeiterwartungen im 6. Jahrhundert ausgesprochen weit verbreitet, tief im Bewusstsein der Mitlebenden verankert und – wie gezeigt – vielfach abrufbar gewesen sind. Doch die Konsequenzen für das Alltagshandeln bleiben weitgehend unsichtbar. Diese Unsichtbarkeit bedeutet jedoch keineswegs Inexistenz. So zeigen die Ereignisse zu Amida im Jahr 560/61, dass die Gegenwart einer fehlenden Zukunft punktuell weitreichende Reaktionen auslösen konnte, und auch die Überführung eines spezifischen Zeitregimes sowie konkreter Periodisierungsvorgaben in ein Kaisergesetz kann nicht konsequenzenlos geblieben sein, denn sie wirkte sich direkt auf alltägliche Vollzüge (u. a. im Gerichtswesen) aus. Die Frage jedoch, ob der Endzeitdiskurs, dessen Existenz wir den zeitgenössischen Zeugnissen sicher entnehmen können, sich jenseits der literarischen Ebene so weit habitualisierte, dass er handlungsleitend wurde, gar den Alltag entscheidend prägte, lässt sich nicht mit Gewissheit beantworten.

---

[6] Hierfür stehen insbesondere die Arbeiten von A. KALDELLIS.

Quellen

Aetios von Amida:
  A. OLIVIERI (Ed.), Aetii Amideni Libri medicinales V-VIII (Corpus Medicorum Graecorum VIII 2), Berlin 1950
Agapetos:
  J.-P. MIGNE (Ed.), Expositio Capitum Admonitoriorum, per Partitiones Adornata ab Agapeto (*PG* 86.1), Paris 1860, 1163–1186
Agathias:
  R. KEYDELL (Ed.), Agathiae Myrinaei Historiarum libri quinque, Berlin 1967
Ammianus Marcellinus:
  W. SEYFARTH (Ed./Übers.), Ammianus Marcellinus. Römische Geschichte. Lateinisch und Deutsch und mit einem Kommentar versehen. Vierter Teil: Buch 26–31, Darmstadt ³1986
Ananias von Schirak:
  F. C. CONYBEARE (Übers.), Ananias of Shirak (A.D. 600–650 c.), in: ByzZ 6 (1897), 572–584
Anonymi in Hagiam Sophiam Hymnus:
  C. A. TRYPANIS (Ed.), Fourteen Early Byzantine Cantica, Wien 1968, 141–147
Anthologia Graeca:
  H. BECKBY (Ed./Übers.), Anthologia Graeca. Buch XII-XVI, München 1958
  U. HANSEN et al. (Übers.), Anthologia Graeca, Band V: Bücher 15 und 16, Stuttgart 2021
Aristoteles:
  K. OEHLER (Übers.), Aristoteles. Kategorien, Berlin ⁴2006 (= Aristoteles. Werke in deutscher Übersetzung I.1)

Augustinus:
  P. Knöll (Ed.), S. Aureli Augustini Confessionum Libri XIII, Leipzig ²1926
  B. Dombart (Ed.), Sancti Aurelii Augustini Episcopi De Civitate Dei Libri XXII, Vol. II: Lib. XIV-XXII, Leipzig 1918
Baalbek-Orakel:
  P. J. Alexander (Ed./Übers.), The Oracle of Baalbek. The Tiburtine Sibyl in Greek Dress, Washington 1967
Cassiodor:
  M. Adriaen (Ed.), Magni Aurelii Cassiodori Expositio Psalmorum LXXI-CL, Turnhout 1958
  W. Bürsgens (Ed./Übers.), Cassiodor. Institutiones divinarum et saecularium litterarum – Einführung in die geistlichen und weltlichen Wissenschaften. Erster Teilband. Übersetzt und eingeleitet, Freiburg u. a. 2003
Chronicon ad annum 1234 pertinens:
  I.-B. Chabot (Übers.), Chronicon Anonymum ad Annum Christi 1234 Pertinens, I, Louvain 1937
Chronicon ad annum 846:
  I.-B. Chabot (Übers.), Chronica Minora II (Corpus Scriptorum Christianorum Orientalium IV. Scriptores Syri 4), Louvain 1955, 121–180
Chronicon Edessenum:
  I. Guidi (Übers.), Chronica Minora I (Corpus Scriptorum Christianorum Orientalium II. Scriptores Syri 2), Louvain 1955
Chronicon Melciticum:
  A. de Halleux (Ed./Übers.), La chronique melkite abrégée du ms. Sinaï syr. 10, in: Le Muséon 91 (1978), 5–44
Chronicon Paschale (Osterchronik):
  L. Dindorf (Ed.), Chronicon Paschale, Vol. I, Bonn 1832
Codex Iustinianus: s. *Corpus Iuris Civilis*
Codex Theodosianus:
  P. Krüger/Th. Mommsen (Edd.), Codex Theodosianus. Vol. I: Theodosiani Libri XVI cum Constitutionibus Sirmonidis. Pars posterior, Berlin 1905, ND Hildesheim 1990

Collectio Avellana:
> O. GUENTHER (Ed.), Epistulae Imperatorum Pontificum Aliorum inde ab a. CCCLXVII usque ad a. DLIII datae, Avellana quae dicitur collectio, Pars I-II, Prag/Wien/Leipzig 1895/98

Corippus:
> Av. CAMERON (Ed./Übers.), Flavius Cresconius Corippus, In laudem Iustini Augusti minoris Libri IV. Edited with Translation and Commentary, London 1976

Corpus Iuris Civilis:
> P. KRUEGER/TH. MOMMSEN (Edd.), Corpus Iuris Civilis, Vol. I: Institutiones – Digesta, Berlin ¹²1911
>
> P. KRUEGER (Ed.), Corpus Iuris Civilis, Vol. II: Codex Iustinianus, Berlin ⁶1895
>
> R. SCHOELL/W. KROLL (Edd.), Corpus Iuris Civilis, Vol. III: Novellae, Berlin ²1899

Daniel Stylites:
> H. DELEHAYE (Ed./Übers.), Les Saints Stylites, Brüssel/Paris 1923

De insidiis:
> C. DE BOOR (Ed.), Excerpta de Insidiis, Berlin 1905

Euagrios:
> J. BIDEZ/L. PARMENTIER (Edd.), The Ecclesiastical History of Evagrius with the Scholia, London 1898, ND Amsterdam 1964

Eusebios von Kaisareia:
> E. SCHWARTZ (Ed.), Eusebius. Kirchengeschichte. Kleine Ausgabe, Leipzig 1908
>
> J.-P. MIGNE (Ed.), Eusebii Pamphili, Caesareae Palaestinae Episcopi, Opera quae Exstant, Tom. VI (*PG* 24), Paris 1857

Eustratios:
> C. LAGA (Ed.), Eustratii Presbyteri Vita Eutychii Patriarchae Constantinopolitani, Turnhout/Leuven 1992

Evangelium Ioannis Apocryphum:
> I. GALBIATI (Ed./Übers.), Iohannis Evangelium apocryphum Arabice in lucem edidit Latine convertit praefatione et commentario instruxit, Bd. 2, Mailand 1957

Excerpta de insidiis: s. *De insidiis*
Festus:
   M.-P. Arnaud-Lindet (Ed.), Festus. Abrégé des hauts faits du peuple romain. Texte établi et traduit, Paris 1994
Georgios Monachos:
   C. De Boor (Ed.), Georgii Monachi Chronicon, ed. corr. cur. P. Wirth, Vol. II, Stuttgart 1978
Georgios Pachymeres:
   L. Schopen (Ed.), Nicephori Gregorae Byzantina Historia, Vol. II, Bonn 1830, 1217–1220
Georgios Synkellos:
   A. A. Mosshammer (Ed.), Georgii Syncelli Ecloga Chronographica, Leipzig 1984
Gregor von Tours:
   B. Krusch/W. Levison (Edd.), Gregorii Turonensis Libri Historiarum X (MGH Script. Rer. Merov. I.1), Hannover ²1951
   R. Buchner (Ed./Übers.), Gregor von Tours. Zehn Bücher Geschichten, 2 Bde., Darmstadt ⁵1977 (Bd. 1)/ ⁶1974 (Bd. 2)
Herodot:
   C. Hude (Ed.), Herodoti Historiae, Tom. I-II, Oxford ³1927
Hesiod:
   F. Solmsen (Ed.), Hesiodi Theogonia – Opera et Dies – Scutum, Oxford 1970
Hesychios von Milet:
   C. Müller (Ed.), Fragmenta Historicorum Graecorum, Vol. IV, Paris 1868, p. 143–177
Hieronymus:
   S. Reiter (Ed.), S. Hieronymi Presbyteri Opera, Pars I: Opera Exegetica 3: In Hieremiam Libri VI, Turnhout 1960
   F. Glorie (Ed.), S. Hieronymi Presbyteri Commentariorum in Danielem Libri III <IV>, Turnhout 1964
   D. Hurst/M. Adriaen (Edd.), S. Hieronymi Presbyteri Opera I 7: Commentariorum in Matheum Libri IV, Turnhout 1969
   R. Helm (Ed.), Eusebius Werke, Siebenter Band: Die Chronik des Hieronymus – Hieronymi Chronicon, Berlin ²1956

Hippolytos:
G. N. BONWETSCH (Ed.), Hippolyt. Werke, Bd. I 1: Kommentar zu Daniel, 2. vollständig veränderte Auflage von M. RICHARD, Berlin 2000

A. BAUER/R. HELM (Edd.), Hippolytus. Werke, Bd. 4: Die Chronik, Berlin 1955

Iordanes:
TH. MOMMSEN (Ed.), Iordanis Romana et Getica (MGH AA V.1), Berlin 1882

Isidor von Sevilla:
W. M. LINDSAY (Ed.), Isidori Hispalensis Episcopi Etymologiarum sive Originum Libri XX, Tom. I: Libros I-X continens, Oxford 1911

Iulius Africanus:
M. WALLRAFF (Ed.), Iulius Africanus. Chronographiae. The Extant Fragments, Berlin/New York 2007

Iunillus: s. *Junillus Africanus*

Jakob von Edessa:
E. W. BROOKS (Übers.), Chronica Minora III (Corpus Scriptorum Christianorum Orientalium VI. Scriptores Syri 6), Louvain 1907, ND 1960

Johannes Antiochenus:
U. ROBERTO (Ed./Übers.), Ioannis Antiocheni Fragmenta ex Historia chronica. Introduzione, edizione critica e traduzione, Berlin/New York 2005

Johannes von Ephesos:
W. WITAKOWSKI (Übers.), Pseudo-Dionysius of Tel-Mahre. Chronicle, Part III. Translated with Notes and Introduction, Liverpool 1996

E. W. BROOKS (Übers.), Iohannis Ephesini Historiae Ecclesiasticae Pars Tertia, Louvain 1936

E. W. BROOKS (Ed./Übers.), John of Ephesus. Lives of the Eastern Saints. Syriac Text Edited and Translated, Turnhout 1974 (*PO* 17,1–307; *PO* 18,513–698; *PO* 19,153–285)

Johannes von Epiphaneia:
C. MÜLLER (Ed.), Fragmenta Historicorum Graecorum, Vol. IV, Paris 1868, p. 273–276

Johannes Lydos:
>M. Dubuisson/J. Schamp (Edd.), Jean le Lydien. Des Magistratures de l'État Romain. Tome I, 1ère partie: Introduction générale. Texte établi, traduit et commenté, Paris 2006
>
>M. Dubuisson/J. Schamp (Edd./Übers.), Jean Le Lydien. Des Magistratures de l'état Romain, Tome I. 2e partie: Introduction générale – Livre 1. Texte établi, traduit et commenté, Paris 2006
>
>M. Dubuisson/J. Schamp (Edd./Übers.), Jean le Lydien. Des Magistratures de l'État Romain. Tome II: Livres II et III. Texte établi, traduit et commenté, Paris 2006
>
>R. Wuensch (Ed.), Ioannes Lydus. De mensibus, Stuttgart 1967
>
>C. Wachsmuth (Ed.), Ioannis Laurentii Lydi Liber de Ostentis et Calendaria Graeca Omnia, Leipzig 1897

Johannes Malalas:
>I. Thurn (Ed.), Ioannis Malalae Chronographia, Berlin/New York 2000

Johannes Moschos:
>J.-P. Migne (Ed.), Traditio Catholica. Saecula VI-VII, Anni 520–640 (*PG* 87.3), Turnhout 1865

Johannes von Nikiu:
>R. H. Charles (Übers.), The Chronicle of John (c. 600 A.D.) Coptic Bishop of Nikiu. Translated from Hermann Zotenberg's Edition of the Ethiopic Version, London 1916

Johannes Rufus:
>F. Nau (Ed./Übers.), Jean Rufus, évêque de Maïouma. Plérophories (*PO* 8.1), Paris 1911

Jordanes: s. *Iordanes*

Josua Stylites:
>A. Luther (Übers.), Die syrische Chronik des Josua Stylites, Berlin/New York 1997

Junillus Africanus:
>H. Kihn (Ed.), Theodor von Mopsuestia und Junilius Africanus als Exegeten. Nebst einer kritischen Textausgabe von des letzteren *Instituta regularia divinae legis*, Freiburg i. Br. 1880

Justinian, Institutiones: s. *Corpus Iuris Civilis*
Justinian, Theologische Schriften:
 M. AMELOTTI/L. MIGLIARDI ZINGALE (Edd.), Scritti teologici ed ecclesiastici di Giustiniano, Mailand 1977
Kedrenos:
 I. BEKKER (Ed.), Georgius Cedrenus, Tom. I, Bonn 1838
Konstantinos VII. Porphyrogennetos:
 A. PERTUSI (Ed.), Costantino Porfirogenito. De Thematibus. Introduzione – Testo critico – Commento, Città del Vaticano 1952
Kosmas Indikopleustes:
 W. WOLSKA-CONUS (Ed./Übers.) Cosmas Indicopleustès. Topographie Chrétienne, Tome I (Livres I-IV). Introduction, texte critique, illustration, traduction et notes, Paris 1968
 W. WOLSKA-CONUS (Ed./Übers.) Cosmas Indicopleustès. Topographie Chrétienne, Tome III (Livres VI-XII, Index). Introduction, texte critique, illustration, traduction et notes, Paris 1973
Kyrillos von Skythopolis:
 E. SCHWARTZ (Ed.), Kyrillos von Skythopolis, Leipzig 1939
Lactantius:
 S. BRANDT (Ed.), L. Caeli Firmiani Lactanti Opera Omnia, Pars I: Divinae Institutiones et Epitome Divinarum Institutionum, Prag/Wien/Leipzig 1890
Marcellinus Comes:
 TH. MOMMSEN (Ed.), Chronica Minora Saec. IV. V. VI. VII., Vol. II (MGH AA XI), Berlin 1894, ND München 1981, p. 37–109
Megas Chronographos:
 PETER SCHREINER (Ed.), Die byzantinischen Kleinchroniken. 1. Teil, Wien 1975, 40–45
Michael Syrus:
 J.-B. CHABOT (Übers.), Chronique de Michel le Syrien, Patriarche Jacobite d'Antioche (1166–1199), Tome II, Paris 1901, ND Brüssel 1963
Moses von Chorene:
 R.W. THOMSON (Übers.), Moses Khorenats'i. History of the

Armenians. Translation and Commentary on the Literary Sources, London 1978

Nikephoros Gregoras:
L. Schopen (Ed.), Nicephori Gregorae Byzantina Historia, Vol. I, Bonn 1829

Nikephoros Kallistos:
J.-P. Migne (Ed.), Nicephori Callisti Xanthopuli Ecclesiasticae Historiae Libri XVIII Opera Omnia (*PG* 147), Turnhout 1865

Niketas Choniates:
I. A. van Dieten (Ed.), Niketae Choniatae Historia, Berlin/New York 1975

Novellen Justinians: s. *Corpus Iuris Civilis*

Oikoumenios:
M. de Groote (Ed.), Oecumenii Commentarius in Apocalypsin, Louvain 1999

Paulos Silentiarios:
P. Friedländer (Ed.), Johannes von Gaza, Paulus Silentiarius und Prokopios von Gaza. Kunstbeschreibungen justinianischer Zeit. Herausgegeben und erklärt, Hildesheim/New York 1969

Photios:
R. Henry (Ed./Übers.), Photius. Bibliothèque, Tome I („Codices" 1–84), Paris 1959

Polybios:
Th. Buettner-Wobst (Ed.), Polybii Historiae Vol. I: Libri I-III, Stuttgart 1962

Priskian:
A. Chauvot (Ed./Übers.), Procope de Gaza, Priscien de Césarée. Panégyriques de l'empereur Anastase Ier. Textes traduits et commentés, Bonn 1986

Prokopios von Gaza:
K. Metzler (Ed.), Prokop von Gaza, Eclogarum in libros historicos Veteris Testamenti epitome, Teil 1: Der Genesiskommentar, Berlin/München/Boston 2015

A. Chauvot (Ed./Übers.), Procope de Gaza, Priscien de

Césarée. Panégyriques de l'empereur Anastase Ier. Textes traduits et commentés, Bonn 1986

Prokopios von Kaisareia:
J. Haury (Ed.), Procopii Caesariensis Opera Omnia, ed. corr. cur. G. Wirth, Vol. I-IV, Leipzig 1963 (Vol. I-III)/1964 (Vol. IV)

Ps.-Dionysios:
J.-B. Chabot (Übers.), Incerti Auctoris Chronicon Pseudo-Dionysianum Vulgo Dictum, Vol. 1 (Corpus Scriptorum Christianorum Orientalium 121. Scriptores Syri, ser. III, tom. 1 Versio), Louvain 1949

W. Witakowski (Übers.), Pseudo-Dionysius of Tel-Mahre. Chronicle, Part III, Liverpool 1996

Ps.-Leontios:
J.-P. Migne (Ed.), Traditio Catholica. Saeculum VII, Anni 600–610 (*PG* 86.1), Paris 1865

Ps.-Zacharias:
G. Greatrex (Übers.), The Chronicle of Pseudo-Zachariah Rhetor. Church and War in Late Antiquity. Translated from Syriac and Arabic Sources by R. R. Phenix/C. B. Horn. With Introductory Material by S. Brock and W. Witakowski, Liverpool 2011

K. Ahrens/G. Krüger (Übers.), Die sogenannte Kirchengeschichte des Zacharias Rhetor, Leipzig 1899

Romanos Melodos:
P. Maas/C. A. Trypanis (Edd.), Sancti Romani Melodi Cantica. Cantica Genuina, Oxford 1963, ND 1997

Scriptores Originum Constantinopolitanarum:
Th. Preger (Ed.), Scriptores Originum Constantinopolitanarum, Fasc. I, Leipzig 1901

Severos von Antiocheia:
E. W. Brooks (Übers.), The Sixth Book of the Select Letters of Severus Patriarch of Antioch in the Syriac Version of Athanasius of Nisibis, II.1, London/Oxford 1903

E. W. Brooks (Ed./Übers.), A Collection of Letters of Severus of Antioch from Numerous Syriac Manuscripts, II (*PO* 12.2), Turnhout 1985

E. W. Brooks (Ed./Übers.), A Collection of Letters of Severus of Antioch from Numerous Syriac Manuscripts, II (*PO* 14.1), Paris 1920

R. Duval (Ed./Übers.), Les homiliae cathedrales de Sévère d'Antioche. Traduction syriaque inédite de Jacques d'Édesse. I.: Homélies LII a LVII (*PO* 4.1), Paris 1908

M. Brière/F. Graffin (Edd./Übers.), Les homiliae cathedrales de Sévère d'Antioche. Traduction syriaque de Jacques d'Édesse. Homélies I a XVII (*PO* 38.2), Turnhout 1976

M. Brière (Ed./Übers.), Les homiliae cathedrales de Sévère d'Antioche. Traduction syriaque de Jacques d'Édesse. Homélies LVIII a LXIX (*PO* 8.2), Paris 1911

M. Brière (Ed./Übers.), Les homiliae cathedrales de Sévère d'Antioche. Traduction syriaque de Jacques d'Édesse. Homélies LXXVIII a LXXXIII (*PO* 20.2), Paris 1929

M. Brière (Ed./Übers.), Les homiliae cathedrales de Sévère d'Antioche. Traduction syriaque de Jacques d'Édesse. Homélies LXXXIV a XC (*PO* 23.1), Paris 1932

M. Brière (Ed./Übers.), Les homiliae cathedrales de Sévère d'Antioche. Traduction syriaque de Jacques d'Édesse. Homélies CXX a CXXV (*PO* 29.1), Paris 1960

E. W. Brooks (Ed./Übers.), James of Edessa, The Hymns of Severus of Antioch and Others (II). Syriac Version Edited and Translated (*PO* 7.5), Paris 1911

J. Lebon (Übers.), Severi Antiocheni Liber contra impium Grammaticum. Orationis tertiae pars prior (CSCO, Script. Syr. IV.5), Louvain 1929

Suda:

A. Adler (Hg.), Suidae Lexicon, Pars II: Δ-Θ, Stuttgart 1967

A. Adler (Hg.), Suidae Lexicon, Pars III: Κ-Ο.Ω, Stuttgart 1967

A. Adler (Hg.), Suidae Lexicon, Pars IV: Π-Ψ, Stuttgart 1971

Symeon Logothetes:

S. Wahlgren (Ed.), Symeonis Magistri et Logothetae Chronicon, Berlin/New York 2006

Symeon Stylites d.J.:
  P. van den Ven (Ed.), La vie ancienne de S. Syméon Stylite le Jeune (521–592), Bd. 1, Brüssel 1962
Synaxarium Ecclesiae Constantinopolitanae:
  H. Delehaye (Ed.), Synaxarium Ecclesiae Constantinopolitanae, Brüssel 1902
Tertullian:
  A. Gerlo (Ed.), Tertulliani Opera, Pars II: Opera Montanistica, Turnhout 1954

  A. Quacquarelli (Ed.), Q.S.F. Tertulliani Ad Scapulam. Prolegomeni, testo critico e commento, Rom 1957

  T.R. Glover (Ed./Übers.), Tertullian. Apology – De Spectaculis. With an English Translation, London/Cambridge (Mass.), 1953

  P. Siniscalco/P. Podolak/M. Moreau (Edd.), Tertullien. La resurrection de la chair, Paris 2023
Testamentum Domini Nostri Jesu Christi:
  I.E. II Rahmani (Ed.), Testamentum Domini Nostri Jesu Christi, Mainz 1899, ND Hildesheim 1968
Theodoret von Kyrrhos:
  Y. Azéma (Ed./Übers.), Théodoret de Cyr. Correspondance II (Epist. Sirm. 1–95). Texte critique, traduction et notes, Paris 1964
Theodoros Anagnostes:
  G. Chr. Hansen (Ed.), Theodoros Anagnostes. Kirchengeschichte, Berlin 1971
Theophanes:
  C. de Boor (Ed.), Theophanis Chronographia, Vol. I, Leipzig 1883, ND Hildesheim 1963
Theophylaktos Simokates:
  C. de Boor (Ed.), Theophylacti Simocattae Historiae, Leipzig 1887
Thukydides:
  H.S. Jones (Ed.), Thucydidis Historiae, Tom. I, Oxford [13]1991

Tübinger Theosophie:
>H. Erbse (Ed.), Theosophorum Graecorum Fragmenta, Stuttgart/Leipzig ²1995
>
>L. Carrara/I. Männlein-Robert (Übers.), Die Tübinger Theosophie. Eingeleitet, übersetzt und kommentiert, Stuttgart 2018

Velleius Paterculus:
>M. Giebel (Ed./Übers.), Velleius Paterculus. Historia Romana – Römische Geschichte. Übersetzt und herausgegeben, Stuttgart 1992

Victor von Tunnuna:
>Th. Mommsen (Ed.), Chronica Minora Saec. IV. V. VI. VII., Vol. II (MGH AA XI), Berlin 1894, ND München 1981, p. 178–206
>
>A. Klein (Übers.), Die Chronik des Victor von Tunnuna (ca. 565). Eine Chronik und ihre Geschichte(n), Stuttgart 2023

Zonaras:
>M. Pinder (Ed.), Ioannis Zonarae Annales, Tom. II, Bonn 1844
>
>Th. Büttner-Wobst (Ed.), Ioannis Zonarae Epitomae Historiarum Libri XIII-XVIII, Bonn 1897

Zosimos:
>F. Paschoud (Ed./Übers.), Zosime. Histoire Nouvelle. Tome I: livres I et II, Paris 1971
>
>F. Paschoud (Ed./Übers.), Zosime. Histoire Nouvelle. Tome II, 1re partie: livre III, Paris 1979
>
>F. Paschoud (Ed./Übers.), Zosime. Histoire Nouvelle. Tome II, 2^e partie: livre IV, Paris 2003
>
>F. Paschoud (Ed./Übers.), Zosime. Histoire Nouvelle. Tome III, 1re partie: livre V, Paris 2003

Literaturverzeichnis

Adam 2005: B. Adam, Das Diktat der Uhr. Zeitformen, Zeitkonflikte, Zeitperspektiven, Frankfurt a. M. 2005

Adler 1989: W. Adler, Time Immemorial. Archaic History and Its Sources in Christian Chronography from Julius Africanus to George Syncellus, Washington 1989

Adler/Tuffin 2002: W. Adler/P. Tuffin, The Chronography of George Synkellos. A Byzantine Chronicle of Universal History from the Creation. Translated with Introduction and Notes, Oxford/New York 2002

Agusta-Boularot et al. 2006: S. Agusta-Boularot et al. (Hgg.), Recherches sur la Chronique de Jean Malalas, II, Paris 2006

Alexander 1967: P. J. Alexander, The Oracle of Baalbek. The Tiburtine Sibyl in Greek Dress, Washington 1967

Allen 1981: P. Allen, Evagrius Scholasticus the Church Historian, Leuven 1981

Allen 1988: P. Allen, An Early Epitomator of Josephus: Eustathius of Epiphaneia, in: ByzZ 81 (1988), 1–11

Allen 2001: P. Allen, Severus of Antioch as Pastoral Carer, in: StudPatr 35 (2001), 353–368

Allen 2011: P. Allen, Episcopal Succession in Antioch in the Sixth Century, in: J. Leemans/P. Van Nuffelen/Sh. W. J. Keough/C. Nicolaye (Hgg.), Episcopal Elections in Late Antiquity, Berlin/Boston 2011, 23–38

Allen/Hayward 2004: P. Allen/C. T. R. Hayward, Severus of Antioch, London/New York 2004

Anderson 1932: A. R. Anderson, Alexander's Gate, Gog and Magog, and the Inclosed Nations, Cambridge (Mass.) 1932

Archi 1970: G. G. Archi, Giustiniano legislatore, Bologna 1970

ASHBROOK HARVEY 1980: S. ASHBROOK HARVEY, Asceticism in Adversity: An Early Byzantine Experience, in: BMGS 6 (1980), 1–11

ASHBROOK HARVEY 1988: S. ASHBROOK HARVEY, Remembering Pain: Syriac Historiography and the Separation of the Churches, in: Byzantion 58 (1988), 295–308

ASHBROOK HARVEY 1990: S. ASHBROOK HARVEY, Asceticism and Society in Crisis. John of Ephesus and the Lives of the Eastern Saints, Berkeley/Los Angeles 1990

ASHBROOK HARVEY 1998: S. ASHBROOK HARVEY, Johannes von Ephesus, in: RAC 18 (1998) 553–564

ASSMANN 2013: A. ASSMANN, Ist die Zeit aus den Fugen? Aufstieg und Fall des Zeitregimes der Moderne, München 2013

ASSMANN ²1997: J. ASSMANN, Das kulturelle Gedächtnis. Schrift, Erinnerung und politische Identität in frühen Hochkulturen, München ²1997

ASSMANN et al. 2004: J. ASSMANN/M. THEUNISSEN/H. WESTERMANN/H.-Ch. SCHMITT/P. PORRO/Y. SCHWARTZ/G. BÖWERING/E. KESSLER/H. HÜHN/H.-J. WASCHKIES/R. BEUTHAN/M. SANDBOTHE/P. JANICH/H. LÜBBE/H. WEINRICH/R. ELBERFERLD, Zeit, in: Historisches Wörterbuch der Philosophie 12 (2004), 1186–1262

ATHANASSIADI 1993: P. ATHANASSIADI, Persecution and Response in Late Paganism: The Evidence of Damascius, in: JHS 113 (1993), 1–29

BAGNALL/WORP 1979: R. S. BAGNALL/K. A. WORP, Chronological Reckoning in Byzantine Egypt, in: GRBS 20 (1979), 279–295

BAGNALL/WORP ²2004: R. S. BAGNALL/K. A. WORP, Chronological Systems of Byzantine Egypt, Leiden/Boston ²2004

BANCHICH 2015: Th. M. BANCHICH, The Lost History of Peter the Patrician. An Account of Rome's Imperial Past from the Age of Justinian, London/New York 2015

BARDILL 1998: J. BARDILL, The Great Palace of the Byzantine Emperors and the Walker Trust Excavations, in: JRA 12 (1998), 216–230

BARDILL 2006: J. BARDILL, A New Temple for Byzantium: Anicia Juliana, King Solomon and the Gilded Ceiling in the Church of St Polyeuktos in Constantinople, in: W. BOWDEN/A. GUTTERIDGE/

C. Machado (Hgg.), Social and Political Life in Late Antiquity, Leiden 2006, 339–372

Barkhuizen 1995: J. H. Barkhuizen, Romanos Melodos: On Earthquakes and Fires, in: JÖByz 45 (1995), 1–18

Basso/Greatrex 2018: F. Basso/G. Greatrex, How to Interpret Procopius' Preface to the *Wars*?, in: Lillington-Martin/Turquois 2018, 59–72

Battistella 2019: F. Battistella, Zur Datierung von Prokops Geheimgeschichte, in: Byzantion 89 (2019), 37–57

Bauer 1996: F. A. Bauer, Stadt, Platz und Denkmal in der Spätantike. Untersuchungen zur Ausstattung des öffentlichen Raums in den spätantiken Städten Rom, Konstantinopel und Ephesos, Mainz 1996

Bauer/Strzygowski 1905: A. Bauer/J. Strzygowski, Eine alexandrinische Weltchronik, Text und Miniaturen eines griechischen Papyrus der Sammlung W. Goleniščev, Wien 1905

Beaucamp et al. 2004: J. Beaucamp et al. (Hgg.), Recherches sur la Chronique de Jean Malalas, I, Paris 2004

Begass 2025a: Chr. Begass, Johannes Lydos' „De magistratibus". Autor – Werk – Kontext, Stuttgart 2025

Begass 2025b: Chr. Begass, Johannes Lydos, *De magistratibus*. Altertumswissenschaftliche und wissenschaftsgeschichtliche Perspektiven, in: Begass 2025a, 9–24

Belke 1984: K. Belke, Galatien und Lykaonien, Wien 1984

Bell 2009: P. N. Bell, Three Political Voices from the Age of Justinian. Agapetus, *Advice to the Emperor – Dialogue on Political Science* – Paul the Silentiary, *Description of Hagia Sophia*. Translated with Notes and and Introduction, Liverpool 2009

Bellinger 1966: A. R. Bellinger, Catalogue of the Byzantine Coins in the Dumbarton Oaks Collection and in the Whittemore Collection, Vol. I: Anastasius I to Maurice 401–602, Washington 1966

Belting ²1991: H. Belting: Bild und Kult. Eine Geschichte des Bildes vor dem Zeitalter der Kunst, München ²1991

Bernstein 2023: F. Bernstein, Vergessen als politische Option. Zur Einhegung interner Konflikte in der Antike, Stuttgart 2023

BITTON-ASHKELONY/KOFSKY 2006: B. BITTON-ASHKELONY/A. KOFSKY, The Monastic School of Gaza, Leiden/Boston 2006

BJORNLIE 2013: M. Sh. BJORNLIE, Politics and Tradition between Rome, Ravenna and Constantinople. A Study of Cassiodorus and the *Variae*, 527–554, Cambridge 2013

BLECKMANN 2021: B. BLECKMANN, Die letzte Generation der griechischen Geschichtsschreiber. Studien zur Historiographie im ausgehenden 6. Jahrhundert, Stuttgart 2021

BÖCHER 1998: O. BÖCHER, Johannes-Apokalypse, in: RAC 18 (1998), 595–646

BOECK 2021: E. BOECK, The Bronze Horseman of Justinian in Constantinople: The Cross-Cultural Biography of a Mediterranean Monument, Cambridge/New York 2021

BOOTH 2018: Ph. BOOTH, „Liturgification" and Dissent in the Crisis of the East Roman Empire (6th – 8th Centuries), in: E. FRIE/Th. KOHL/M. MEIER (Hgg.), Dynamics of Social Change and Perceptions of Threat, Tübingen 2018, 139–153

BÖRM 2007: H. BÖRM, Prokop und die Perser. Untersuchungen zu den römisch-sasanidischen Kontakten in der ausgehenden Spätantike, Stuttgart 2007

BÖRM 2013: H. BÖRM, Justinians Triumph und Belisars Erniedrigung. Überlegungen zum Verhältnis zwischen Kaiser und Militär im späten Römischen Reich, in: Chiron 43 (2013), 63–91

BÖRM 2015: H. BÖRM, Procopius, His Predecessors, and the Genesis of the *Anecdota*. Antimonarchic Discourse in Late Antique Historiography, in: H. BÖRM (Hg.), Antimonarchic Discourse in Antiquity, Stuttgart 2015, 305–346

BORSCH/GENGLER/MEIER 2019: J. BORSCH/O. GENGLER/M. MEIER (Hgg.), Die Weltchronik des Johannes Malalas im Kontext spätantiker Memorialkultur, Stuttgart 2019

BOUSSET 1895: W. BOUSSET, Der Antichrist in der Überlieferung des Judentums, des neuen Testaments und der alten Kirche. Ein Beitrag zur Auslegung der Apocalypse, Göttingen 1895

BRACHT 2016: K. BRACHT, Hippolyt von Rom. Danielkommentar. Eingeleitet, übersetzt und kommentiert, Stuttgart 2016

BRANDES 1997: W. BRANDES, Anastasios ὁ δίκορος. Endzeiterwartung und Kaiserkritik in Byzanz um 500 n. Chr., in: ByzZ 90 (1997), 24–63

BRANDES/SCHMIEDER 2008: W. BRANDES/F. SCHMIEDER (Hgg.), Endzeiten. Eschatologie in den monotheistischen Weltreligionen, Berlin/New York 2008

VAN DEN BRINCKEN 1957: A.-D. VAN DEN BRINCKEN, Studien zur lateinischen Weltchronistik bis in das Zeitalter Ottos von Freising, Düsseldorf 1957

BRIQUEL 2018: D. BRIQUEL, Romulus vu de Constantinople. La réécriture de la légende dans le monde byzantin: Jean Malalas et ses successeurs, Paris 2018

BRODKA 2004: D. BRODKA, Die Geschichtsphilosophie in der spätantiken Historiographie. Studien zu Prokopios von Kaisareia, Agathias von Myrina und Theophylaktos Simokattes, Frankfurt a. M. u. a. 2004

BRODKA 2006: D. BRODKA, Eustathios von Epiphaneia und das Ende des Weströmischen Reiches, in: JÖByz 56 (2006), 59–78

BRODKA 2013a: D. BRODKA, Prokopios von Kaisareia und die Abgarlegende, in: Eos 100 (2013), 349–360

BRODKA 2013b: D. BRODKA, Johannes von Epiphaneia – Klassizismus und literarische Tradition in der spätantiken Geschichtsschreibung, in: Classica Cracoviensia 14 (2013), 19–28

BRODKA 2017: D. BRODKA, Eustathios von Epiphaneia und Johannes Malalas, in: CARRARA/MEIER/RADTKI-JANSEN 2017, 155–183

BRODKA 2022: D. BRODKA, Prokop von Caesarea, Hildesheim/Zürich/New York 2022

BRUBAKER 1977: L. BRUBAKER, The Relationship of Text and Image in the Byzantine Mss. of Cosmas Indicopleustes, in: ByzZ 70 (1977), 42–57

BRUCKLACHER 2023: B. M. BRUCKLACHER, Res publica continuata. Politischer Mythos und historische Semantik einer spätantiken Ordnungsmetapher, Paderborn 2023

BRUNS 2002a: P. BRUNS, Ananias von Schirak, in: LACL (³2002), 30 f.

BRUNS 2002b: P. BRUNS, Severus von Antiochien, in: LACL (³2002), 636 f.

BURGESS/KULIKOWSKI 2013: R. W. BURGESS/M. KULIKOWSKI, Mosaics of Time. The Latin Chronicle Traditions from the First Century BC to the Sixth Century AD, Vol. I: A Historical Introduction to the Chronicle Genre from its Origins to the High Middle Ages, Turnhout 2013

BURGESS/KULIKOWSKI 2016: R. W. BURGESS/M. KULIKOWSKI, The Historiographical Position of John Malalas. Genre in Late Antiquity and the Byzantine Middle Ages, in: MEIER/RADTKI/SCHULZ 2016, 93–117

BURKERT 1995: W. BURKERT, Lydia between East and West Or How to Date the Trojan War: A Study in Herodotus, in: J. B. CARTER/S. P. MORRIS (Hgg.), The Ages of Homer. A Tribute to Emily Townsend Vermeule, Austin 1995, 139–148

BUTZER/GÜNTER 2004: G. BUTZER/M. GÜNTER (Hgg.), Kulturelles Vergessen: Medien – Rituale – Orte, Göttingen 2004

CAIMI 1984: J. CAIMI, Burocrazia e diritto nel *De Magistratibus* di Giovanni Lido, Mailand 1984

CAMERON 1969: Al. CAMERON, The Date of Zosimus' New History, in: Philologus 113 (1969), 106–110

CAMERON 2001: Al. CAMERON, Oracles and Earthquakes. A Note on the Theodosian Sibyl, in: C. SODE/S. TAKÁCS (Hgg.), Novum Millennium: Studies on Byzantine History and Culture Dedicated to Paul Speck, Aldershot u. a. 2001, 45–52

CAMERON 2016: Al. CAMERON, Paganism in Sixth-Century Byzantium, in: DERS., Wandering Poets and Other Essays on Late Greek Literature and Philosophy, New York 2016, 255–286

CAMERON 1964: Av. CAMERON, Zonaras, Syncellus, and Agathias – A Note, in: CQ 14.1 (1964), 82–84

CAMERON 1966: Av. CAMERON, The „Scepticism" of Procopius, in: Historia 15 (1966), 466–482

CAMERON 1968: Av. CAMERON, Agathias on the Early Merovingians, in: Annali della Scuola Normale Superiore di Pisa. Lettere, Storia e Filosofia, Serie II, Vol. 37.1/2 (1968), 95–140

CAMERON 1969/70: Av. CAMERON, Agathias on the Sassanians, in: DOP 23/24 (1969/70), 67–183

CAMERON 1970: Av. CAMERON, Agathias, Oxford 1970

CAMERON 1976: Av. CAMERON, Flavius Cresconius Corippus, In laudem Iustini Augusti minoris Libri IV. Edited with Translation and Commentary, London 1976

CAMERON 1978: Av. CAMERON, The Theotokos in Sixth-Century Constantinople. A City Finds its Symbol, in: JThS 29 (1978), 79–108

CAMERON 1979: Av. CAMERON, Images of Authority: Elites and Icons in Late Sixth-Century Byzantium, in: P&P 84 (1979), 3–35

CAMERON 1985: Av. CAMERON, Procopius and the Sixth Century, London 1985

CAMPLANI 2009: A. CAMPLANI, Traditions of Christian Foundation in Edessa Between Myth and History, in: Studi e materiali di storia delle religioni 75.1 (2009), 251–278

CANEPA 2009: M. P. CANEPA, The Two Eyes of the Earth. Art and Ritual of Kingship between Rome and Sasanian Iran, Berkeley u. a. 2009

CARRARA/MÄNNLEIN-ROBERT 2018: L. CARRARA/I. MÄNNLEIN-ROBERT, Die Tübinger Theosophie. Eingeleitet, übersetzt und kommentiert, Stuttgart 2018

CARRARA/MEIER/RADTKI-JANSEN 2017: L. CARRARA/M. MEIER/CHR. RADTKI-JANSEN (Hgg), Die Weltchronik des Johannes Malalas. Quellenfragen, Stuttgart 2017

CASEY 1989: M. CASEY, The Fourth Kingdom in Cosmas Indicopleustes and the Syrian Tradition, in: Rivista di storia e letteratura religiosa 25 (1989), 385–403

CATAFYGIOTU TOPPING 1978: E. CATAFYGIOTU TOPPING, On Earthquakes and Fires: Romanos' Encomium to Justinian, in: ByzZ 71 (1978), 22–35

CATAUDELLA 2003: M. R. CATAUDELLA, Historiography in the East, in: MARASCO 2003, 391–447

COHN 1998: N. COHN, Die Sehnsucht nach dem Millennium. Apokalyptiker, Chiliasten und Propheten im Mittelalter, Freiburg/Basel/Wien 1998

CROKE 1980: B. CROKE, Justinian's Bulgar Victory Celebration, in: ByzSlav 41 (1980), 188–195

CROKE 1983: B. CROKE, A.D. 476: The Manufacture of a Turning Point, in: Chiron 13 (1983), 81–119

Croke 1990: B. Croke, Byzantine Chronicle Writing. 1: The Early Developments of Byzantine Chronicles, in: Croke/Jeffreys/Scott 1990, 27–38

Croke 1995: B. Croke, The Chronicle of Marcellinus. A Translation and Commentary (with a Reproduction of Mommsen's Edition of the Text), Sydney 1995

Croke 2001: B. Croke, Count Marcellinus and His Chronicle, Oxford 2001

Croke 2005a: B. Croke, Procopius' *Secret History*: Rethinking the Date, in: GRBS 45 (2005), 405–431

Croke 2005b: B. Croke, Jordanes and the Immediate Past, in: Historia 54 (2005), 473–493

Croke/Jeffreys/Scott 1990: B. Croke/E. Jeffreys/R. Scott (Hgg.), Studies in John Malalas, Sydney 1990

Damsholt 1977: T. Damsholt, Das Zeitalter des Zosimos. Euagrios, Eustathios und die Aufhebung des chrysargyron, in: Analecta Romana Instituti Danici 8 (1977), 89–102

Daniélou 1948: J. Daniélou, La typologie millenariste de la semaine dans le christianisme primitif, in: VigChr 2 (1948), 1–16

Dannenbring 1972: R. Dannenbring, *Arma et leges*: Über die justinianische Gesetzgebung im Rahmen ihrer eigenen Zeit, in: AC 15 (1972), 113–137

Debié 2004: M. Debié, Place et image d'Antioche chez les historiens syro-occidentaux, in: Topoi. Orient-Occident, Suppl. 5 (2004), 155–170

Debié 2015: M. Debié, L'écriture de l'histoire en syriaque. Transmissions interculturelles et constructions identitaires entre hellénisme et islam, Leuven u. a. 2015

Declercq 2000: G. Declercq, Anno Domini. The Origins of the Christian Era, Turnout 2000

Delp 2023: D. Delp, Die Justinianische Pest. Das Wechselspiel von Ordnungen in Zeiten existenzieller Bedrohung, in: E. Frie/M. Meier et al. (Hgg.), Krisen anders denken. Wie Menschen mit Bedrohungen umgegangen sind und was wir daraus lernen können, Berlin 2023, 26–37

DEMANDT 1978: A. DEMANDT, Metaphern für Geschichte. Sprachbilder und Gleichnisse im historisch-politischen Denken, München 1978

DEMANDT ²2007: A. DEMANDT, Die Spätantike. Römische Geschichte von Diocletian bis Justinian 284–565 n. Chr., München ²2007

DEPUYDT 1987: L. DEPUYDT, AD 297 as the Beginning of the First Indiction Cycle, in: BASP 24 (1987), 137–139

DESTEPHEN 2008: S. DESTEPHEN, Prosopographie chrétienne du Bas-Empire 3: Prosopographie du Diocèse d'Asie (325–641), Paris 2008

DINKLER/DINKLER-VON SCHUBERT 1995: E. DINKLER/E. DINKLER-VON SCHUBERT, Kreuz I, in: RBK 5 (1995), 2–219

DITOMMASO 2014: L. DITOMMASO, The Armenian *Seventh Vision of Daniel* and the Historical Apocalyptica of Late Antiquity, in: K. B. BARDAKJIAN/S. LA PORTA (Hgg.), The Armenian Apocalyptic Tradition. A Comparative Perspective, Leiden/Boston 2014, 126–148

DMITRIEV 2010: S. DMITRIEV, John Lydus and His Contemporaries on Identities and Cultures of Sixth-Century Byzantium, in: DOP 64 (2010), 7–42

DONATUTI 1953: G. DONATUTI, Antiquitatis reverentia, in: Studi parmensi 3 (1953), 205–240

DELLA DORA 2016: V. DELLA DORA, Landscape, Nature, and the Sacred in Byzantium, Cambridge 2016

DOWNEY 1938: G. DOWNEY, Ephraemius, Patriarch of Antioch, in: Church History 7 (1938), 364–370

DOWNEY 1940: G. DOWNEY, Justinian as Achilles, in: TAPhA 71 (1940), 68–77

DRAGUET 1924: R. DRAGUET, Julien d'Halicarnasse et sa controverse avec Sévère d'Antioche sur l'incorruptibilité du corps du Christ, Louvain 1924

DRECOLL 2016: V. DRECOLL, Miaphysitische Tendenzen bei Malalas?, in: MEIER/RADTKI/SCHULZ 2016, 45–57

DRIJVERS/FOCANTI/PRAET/VAN NUFFELEN 2018: J. W. DRIJVERS/L. FOCANTI/R. PRAET/P. VAN NUFFELEN, Introduction, in: RBPhH 96.3 (2018), 913–923

DROSIHN/MEIER/PRIWITZER 2009: C. DROSIHN/M. MEIER/S. PRIWITZER, Einleitung, in: Johannes Malalas, Weltchronik. Übersetzt von J. THURN und M. MEIER (Bearb.). Mit einer Einleitung von C. DROSIHN, M. MEIER und S. PRIWITZER und Erläuterungen von C. DROSIHN, K. ENDERLE, M. MEIER und S. PRIWITZER, Stuttgart 2009, 1–37

DUBUISSON/SCHAMP 2006a: M. DUBUISSON/J. SCHAMP, Jean Le Lydien. Des Magistratures de l'état Romain, Tome I. 1ère partie: Introduction générale. Texte établi, traduit et commenté, Paris 2006

DUBUISSON/SCHAMP 2006b: M. DUBUISSON/J. SCHAMP, Jean Le Lydien. Des Magistratures de l'état Romain, Tome I. 2e partie: Introduction générale – Livre 1. Texte établi, traduit et commenté, Paris 2006

DULAURIER 1859: M. É. DULAURIER, Recherches sur la chronologie Arménienne. Technique et historique, Tome I, Paris 1859

DUROUSSEAU 1984: C. DUROUSSEAU, The Commentary of Oecumenius on the Apocalypse of John: A Lost Chapter in the History of Interpretation, in: Biblical Research 29 (1984), 21–34

DUX ³2017: G. DUX, Die Zeit in der Geschichte. Ihre Entwicklungslogik vom Mythos zur Weltzeit, Wiesbaden ³2017

EFFENBERGER 2008: A. EFFENBERGER, A., Zu den beiden Reiterstandbildern auf dem Tauros von Konstantinopel, in: Millennium 5 (2008), 261–297

EFTHYMIADIS 2015: S. EFTHYMIADIS, *Diegeseis* on Hagia Sophia from Late Antiquity to Tenth-Century Byzantium, in: ByzSlav 73 (2015), 7–22

EISENBERG/MORDECHAI: M. EISENBERG/L. MORDECHAI, The Justinianic Plague: An Interdisciplinary Review, in: BMGS 43 (2019) 156–180

ENDERLE 2013: K. ENDERLE, Die Vita des Daniel Stylites im Kontext der Endzeiterwartungen um 500 n. Chr., in: V. WIESER et al. (Hgg.), Abendländische Apokalyptik. Kompendium zur Genealogie der Endzeit, Berlin 2013, 549–562

Engelhardt 1974: I. Engelhardt, Mission und Politik in Byzanz. Ein Beitrag zur Strukturanalyse byzantinischer Mission zur Zeit Justins und Justinians, Diss. München 1974

Esposito 2002: E. Esposito, Soziales Vergessen. Formen und Medien des Gedächtnisses der Gesellschaft, Frankfurt a.M. 2002

Esposito 2006: E. Esposito, Zeitmodi, in: Soziale Systeme 12.2 (2006), 328–344

Esposito 2007: E. Esposito, Die Konstruktion der Zeit in der zeitlosen Gegenwart, in: Rechtsgeschichte 10 (2007), 27–36

Evans 1996: J.A.S. Evans, The Age of Justinian. The Circumstances of Imperial Power, London/New York 1996

Fatouros 1998: G. Fatouros, *Apaleípho dekatéssara*. Zu Johannes Malalas' Chronographie (p. 408 Dindorf, p. 334 f. Thurn), in: I. Vassis/G.S. Henrich/D.R. Reinsch (Hgg.), Lesarten. Festschrift für Athanasios Kambylis zum 70. Geburtstag, dargebracht von Schülern, Kollegen und Freunden, Berlin/New York 1998, 61–66

Feissel 2010: D. Feissel, Documents, droit, diplomatique de l'Empire romain tardif, Paris 2010

Fichtenau 1986: H. Fichtenau, „Politische" Datierungen des frühen Mittelalters, in: ders., Beiträge zur Mediävistik. Ausgewählte Aufsätze, Bd. 3, Stuttgart 1986, 186–285

Finkelstein 2024: A.B. Finkelstein, Antiochene Riots against Jews in Malalas's *Chronicle*, in: A.U. De Giorgi (Hg.), Antioch on the Orontes: History, Society, Ecology, and Visual Culture, Cambridge 2024, 312–329

Fitschen ³2002: K. Fitschen, Anianus, Chronist, in: LACL (³2002), 37

Flaig 1999: E. Flaig, Soziale Bedingungen des kulturellen Vergessens, in: W. Kemp et al. (Hgg.), Vorträge aus dem Warburg-Haus, Bd. 3, Berlin 1999, 31–100

Flaig 2004: E. Flaig, Der verlorene Gründungsmythos der athenischen Demokratie. Wie der Volksaufstand von 507 v. Chr. vergessen wurde, in: HZ 279 (2004), 35–61

Fleitmann et al. 2022: D. Fleitmann et al., Droughts and Societal Change: The Environmental Context for the Emergence of Islam in Late Antique Arabia, in: Science 376 (2022), 1317–1321

FLUSIN 2001: B. FLUSIN, Un hagiographe saisi par l'histoire: Cyrille de Scythopolis et la mesure du temps, in: J. PATRICH (Hg.), The Sabaite Heritage in the Orthodox Church from the Fifth Century to the Present, Leuven 2001, 119–126

FLUSIN 2010: B. FLUSIN, Christianiser, rechristianiser: Jean d'Éphèse et les missions, in: H. INGLEBERT/S. DESTEPHEN/B. DUMÉZIL (Hgg.), Le problème de la christianisation du monde antique, Paris 2010, 293–306

FONTANA 2018: A. FONTANA, *Translatio imperii* nella *Chronographia* di Giovanni Malala: libri I-IX, in: L.R. CRESCI/F. GAZZANO (Hgg.), *De Imperiis*. L'idea di impero universale e la successione degli imperi nell'antichità, Rom 2018, 263–289

FRANCIOSI 1998: E. FRANCIOSI, Riforme istituzionali e funzioni giurisdizionali nelle novelle di Giustiniano. Studi su Nov. 13 e Nov. 80, Mailand 1998

FRASER ³1993: J.T. FRASER, Die Zeit. Auf den Spuren eines vertrauten und doch fremden Phänomens, München ³1993

FREND 1972: W.H.C. FREND, The Rise of the Monophysite Movement. Chapters in the History of the Church in the Fifth and Sixth Centuries, Cambridge 1972

FUHRMANN 1987: M. FUHRMANN, Erneuerung als Wiederherstellung des Alten. Zur Funktion antiquarischer Forschung im Spätrepublikanischen Rom, in: R. HERZOG/R. KOSELLECK (Hgg.), Epochenschwelle und Epochenbewusstsein, München 1987, 131–151

GANTAR 1961: K. GANTAR, Kaiser Justinian als kopfloser Dämon, in: ByzZ 54 (1961), 1–3

GANTAR 1962: K. GANTAR, Kaiser Iustinian „jenem Herbststern gleich." Bemerkungen zu Prokops Aed. I 2,10, in: MH 19 (1962), 194–196

GARDTHAUSEN ²1913: V. GARDTHAUSEN, Griechische Paläographie, Bd. 2, Leipzig ²1913

GATIER 1983: P.-L. GATIER, Un seisme, élément de datation de l'œuvre de Romanos le mélode, in: Journal des savants 1983, 229–238

Gehler/Rollinger/Strobl 2022: M. Gehler/R. Rollinger/Ph. Strobl, Decline, Erosion, Implosion and Fall, or Just Transformation? Diverging Ends of Empires Through Time and Space, in: M. Gehler/R. Rollinger/Ph. Strobl (Hgg.), The End of Empires, Wiesbaden 2022, 1–45

Gehrke 1994: H.-J. Gehrke, Mythos, Geschichte, Politik – antik und modern, in: Saeculum 45 (1994), 239–264

Gelzer 1880–1885/98: H. Gelzer, Sextus Julius Africanus und die byzantinische Chronographie, 2 Bde., Leipzig 1880–1885/98

Gengler 2019: O. Gengler, *Memoria* und Gesetzgebung: Vergangenheit und Gegenwart in den Justinianischen Novellen, in: Borsch/Gengler/Meier 2019, 241–257

Gengler/Meier 2022: J.O. Gengler/M. Meier (Hgg.), Johannes Malalas: Der Chronist als Zeithistoriker, Stuttgart 2022

Gernet 1937: L. Gernet, De l'origine des Maures, in: Mélanges de Géographie et d'Orientalisme offerts à E.-F. Gautier, Tours 1937, 234–244

Giesen 1997: H. Giesen, Die Offenbarung des Johannes. Übersetzt und erklärt, Regensburg 1997

van Ginkel 1995: J.J. van Ginkel, John of Ephesus. A Monophysite Historian in Sixth-Century Byzantium, Diss. Groningen 1995

van Ginkel 2007: J.J. van Ginkel, The End Is Near! Some Remarks on the Relationship between Historiography, Eschatology, and Apocalyptic Literature in the West-Syrian Tradition, in: W.J. van Bekkum/J.W. Drijvers/A.C. Klugkist (Hgg.), Syriac Polemics. Studies in Honour of Gerrit Jan Reinink, Leuven/Paris/Dudley (Mass.) 2007, 205–217

Ginzel 1958: F.K. Ginzel, Handbuch der mathematischen und technischen Chronologie. Das Zeitrechnungswesen der Völker, Bd. 3, Leipzig 1914, ND Zwickau 1958

Gleede 2021: B. Gleede, Antiochenische Kosmographie? Zur Begründung und Verbreitung nichtsphärischer Weltkonzeptionen in der antiken Christenheit, Berlin/Boston 2021

Gloy 2008: K. Gloy, Philosophiegeschichte der Zeit, München 2008

GLOY al. 2006: K. GLOY/J. MOHN/H.-P. MATHYS/K. ERLEMANN/E. HERMS/H.-M. GUTMANN, Zeit, in: TRE 36 (2006), 504–554

GOETZ 1980: H.-W. GOETZ, Die Geschichtstheologie des Orosius, Darmstadt 1980

GOFFART 1971: W. GOFFART, Zosimus, The First Historian of Rome's Fall, in: AHR 76 (1971), 412–441

GOFFART 1988: W. GOFFART, The Narrators of Barbarian History (A.D. 550–800): Jordanes, Gregory of Tours, Bede, and Paul the Deacon, Princeton 1988

GOLDHILL 2022: S. GOLDHILL, The Christian Invention of Time. Temporality and the Literature of Late Antiquity, Cambridge/New York 2022

GOLTZ 2007: A. GOLTZ, Marcellinus Comes und das ‚Ende' des Weströmischen Reiches im Jahr 476, in: D. BRODKA/M. STACHURA (Hgg.), Continuity and Change. Studies in Late Antique Historiography (= Electrum 13 [2007]), Krakau 2007, 39–59

GOLTZ 2008: A. GOLTZ, Barbar – König – Tyrann. Das Bild Theoderichs des Großen in der Überlieferung des 5. bis 9. Jahrhunderts, Berlin/New York 2008

GOLTZ 2009: A. GOLTZ, Das ‚Ende' des Weströmischen Reiches in der frühbyzantinischen syrischen Historiographie, in: GOLTZ/LEPPIN/SCHLANGE-SCHÖNINGEN 2009, 169–198

GOLTZ/LEPPIN/SCHLANGE-SCHÖNINGEN 2009: A. GOLTZ/H. LEPPIN/H. SCHLANGE-SCHÖNINGEN (Hgg.), Jenseits der Grenzen. Beiträge zur spätantiken und frühmittelalterlichen Geschichtsschreibung, Berlin/New York 2009

GRAF ²1987: F. GRAF, Griechische Mythologie. Eine Einführung, München/Zürich ²1987

GRAZIANSKIJ 2021: M. GRAZIANSKIJ, Kaiser Justinian und das Erbe des Konzils von Chalkedon, Stuttgart 2021

GREATREX 1994: G. GREATREX, The Dates of Procopius' Works, in: BMGS 18 (1994), 101–114

GREATREX 1998: G. GREATREX, Rome and Persia at War, 502–532, Leeds 1998

GREATREX 2000: G. GREATREX, Procopius the Outsider?, in: D. C. SMYTHE (Hg.), Strangers to Themselves. The Byzantine Outsider, Aldershot u. a. 2000, 215–228

GREATREX 2003: G. GREATREX, Recent Work on Procopius and the Composition of *Wars* VIII, in: BMGS 27 (2003), 45–67

GREATREX 2006: G. GREATREX, Pseudo-Zachariah of Mytilene: The Context and Nature of His Work, in: JCSSS 6 (2006), 39–52

GREATREX 2011: G. GREATREX, The Chronicle of Pseudo-Zachariah Rhetor. Church and War in Late Antiquity. Translated from Syriac and Arabic Sources by R. R. PHENIX/C. B. HORN. With Introductory Material by S. BROCK and W. WITAKOWSKI, Liverpool 2011

GREATREX 2014: G. GREATREX, Perceptions of Procopius in Recent Scholarship, in: Histos 8 (2014), 76–121

GREATREX 2018: G. GREATREX, Procopius and the Past in Sixth-Century Constantinople, in: RBPhH 96 (2018), 969–993

GREATREX 2019: G. GREATREX (Hg.), Work on Procopius outside the English-Speaking World: A Survey, Histos Suppl. 9, 2019: https://histos.org/SV09Procopius.html

GREATREX 2022: G. GREATREX, Procopius of Caesarea. The Persian Wars. A Historical Commentary, Cambridge 2022

GREATREX/JANNIARD 2018: G. GREATREX/S. JANNIARD (Hgg.), Le monde de Procope – The World of Procopius, Paris 2018

GREATREX/LIEU 2002: G. GREATREX/S. N. C. LIEU, The Roman Eastern Frontier and the Persian Wars. Part II: AD 363–630. A Narrative Sourcebook, London/New York 2002

GREENWOOD 2011: T. GREENWOOD, A Reassessment of the Life and Mathematical Problems of Anania Širakacʻi, in: Revue des Études Arméniennes 33 (2011), 131–186

GRÉGOIRE 1968: H. GRÉGOIRE, Recueil des inscriptions grecques-chrétiennes d'Asie mineure, Paris 1922, ND Amsterdam 1968

GRILLMEIER 1989: A. GRILLMEIER, Jesus der Christus im Glauben der Kirche, Bd. 2.2: Die Kirche von Konstantinopel im 6. Jahrhundert, Freiburg/Basel/Wien 1989

GRILLMEIER/HAINTHALER 1990: A. GRILLMEIER, Jesus der Christus im Glauben der Kirche, Bd. 2.4: Die Kirche von Alexandrien mit Nubien und Äthiopien nach 451. Unter Mitarbeit von Th. HAINTHALER, Freiburg/Basel/Wien 1990

DE GROOTE 1996: M. DE GROOTE, Die *Quaestio Oecumeniana*, in: Sacris Eruditi 36 (1996), 67–105

GROSDIDIER DE MATONS 1977: J. GROSDIDIER DE MATONS, Romanos le Mélode et les origines de la poésie religieuse à Byzance, Paris 1977

GRUMEL 1958: V. GRUMEL, La chronologie (= Traité d'études byzantines I), Paris 1958

GUSCIN 2009: M. GUSCIN, The Image of Edessa, Leiden/Boston 2009

HAARER 2006: F. K. HAARER, Anastasius I. Politics and Empire in the Late Roman World, Cambridge 2006

HAARER 2022: F. HAARER, Justinian. Empire and Society in the Sixth Century, Edinburgh 2022

VON HAEHLING 1980: R. VON HAEHLING, Damascius und die heidnische Opposition im 5. Jahrhundert nach Christus, in: JbAC 23 (1980), 82–95

HAHN 1973: W. HAHN, Moneta Imperii Byzantini, Teil 1: Von Anastasius I. bis Justinianus I. (491–565) einschließlich der ostgotischen und vandalischen Prägungen, Wien 1973

HALDON et al. 2014: J. HALDON et al., The Climate and Environment of Byzantine Anatolia: Integrating Science, History, and Archaeology, in: Journal of Interdisciplinary History 45.2 (2014), 113–161

DE HALLEUX 1963: A. DE HALLEUX, Philoxène de Mabbog. Sa vie, ses écrits, sa théologie, Louvain 1963

HALSALL 2007: G. HALSALL, Barbarian Migrations and the Roman West, 376–568, Cambridge 2007

HARPER 2017: K. HARPER, The Fate of Rome. Climate, Disease, and the End of an Empire, Princeton/Oxford 2017

HARRISON 1983: R. M. HARRISON, The Church of St. Polyeuktos in Istanbul and the Temple of Solomon, in: C. MANGO/O. PRITSAK (Hgg.), Okeanos. Essays Presented to Ihor Ševcenko on His Sixtieth Birthday by His Colleagues and Students, Cambridge (Mass.) 1983, 276–279

HARRISON 1990: R. M. HARRISON, Ein Tempel für Byzanz. Die Entdeckung und Ausgrabung von Anicia Julianas Palastkirche in Istanbul, Stuttgart/Zürich 1990

HARTMANN 2002: U. HARTMANN, Geist im Exil. Römische Philosophen am Hof der Sasaniden, in: M. SCHUOL/U. HARTMANN/A. LUTHER (Hgg.), Grenzüberschreitungen. Formen des Kontakts zwischen Orient und Okzident im Altertum, Stuttgart 2002, 123–160

HARTMANN 2018: U. HARTMANN, Der spätantike Philosoph. Die Lebenswelten der paganen Gelehrten und ihre hagiographische Ausgestaltung in den Philosophenviten von Porphyrios und Damaskios, Bd. 1-3, Bonn 2018

HARTOG 2015: F. HARTOG, Regimes of Historicity. Presentism and Experiences of Time, New York 2015

HAUSCHILD/DRECOLL ⁵2016: W.-D. HAUSCHILD/V. H. DRECOLL, Lehrbuch der Kirchen- und Dogmengeschichte, Bd. 1: Alte Kirche und Mittelalter, Gütersloh ⁵2016

HEATHER 1991: P. HEATHER, Goths and Romans 332–489, Oxford 1991

HERZOG 2002: R. HERZOG, Orosius oder die Formulierung eines Fortschrittskonzepts aus der Erfahrung des Niedergangs, in: P. HABERMEHL (Hg.), Reinhart Herzog. Spätantike. Studien zur römischen und lateinisch-christlichen Literatur, Göttingen 2002, 293–320

HEYDEMANN 2024: G. HEYDEMANN, Cassiodors Psalmenkommentar. Exegese, Politik und die christliche Neuordnung der römischen Welt, Stuttgart 2024

HOFFMANN 2023: S.-L. HOFFMANN, Der Riss in der Zeit. Kosellecks ungeschriebene Historik, Berlin 2023

HÖLSCHER 1989: L. HÖLSCHER, Geschichte und Vergessen, in: HZ 249 (1989), 1–17

HÖLSCHER 2020: L. HÖLSCHER, Zeitgärten. Zeitfiguren in der Geschichte der Neuzeit, Göttingen 2020

HONORÉ 1978: T. HONORÉ, Tribonian, London 1978

HORDEN 1993: P. HORDEN, Responses to Possession and Insanity in the Earlier Byzantine World, in: Social History of Medicine 6 (1993), 177–194

Huber 1980: P. Huber, Heilige Berge. Sinai, Athos, Golgotha – Ikonen, Fresken, Miniaturen, Zürich u. a. 1980

Hübner 2007: A. Hübner, Evagrius Scholasticus. Historia Ecclesiastica – Kirchengeschichte. Übersetzt und eingeleitet. 2 Bde., Turnhout 2007

Hülsen 1895: Chr. Hülsen, Appia via, in: RE II.1 (1895), 238–242

Hunger 1964: H. Hunger, Prooimion. Elemente der byzantinischen Kaiseridee in den Arengen der Urkunden, Wien 1964

Hunger 1975: H. Hunger, Kaiser Justinian I. (527–565), in: ders. (Hg.), Das byzantinische Herrscherbild, Darmstadt 1975, 333–352

Izdebski/Mulryan 2019: A. Izdebski/M. Mulryan (Hgg.), Environment and Society in the Long Late Antiquity, Leiden/Boston 2019

Jakobi 2011: R. Jakobi, Marcellinus Comes über das Ende des Kaisertums im Westen des Römischen Reiches. Eine quellenkritische Petitesse, in: Philologus 155 (2011), 394–396

Janin ²1969: R. Janin, La geographie ecclesiastique de l'empire byzantin 1.3, Paris ²1969

Janiszewski 2006: P. Janiszewski, The Missing Link. Greek Pagan Historiography in the Second Half of the Third Century and in the Fourth Century AD, Warschau 2006

Jeffreys 1990a: E. Jeffreys, Chronological Structures in the Chronicle, in: Croke/Jeffreys/Scott 1990, 111–166

Jeffreys 1990b: E. Jeffreys, Malalas' Use of the Past, in: G. Clarke et al. (Hgg.), Reading the Past in Late Antiquity, Canberra 1990, 121–146

Jeffreys 2003: E. Jeffreys, The Beginning of Byzantine Chronography: John Malalas, in: Marasco 2003, 497–527

Jeffreys 2016: E. Jeffreys, The Manuscript Transmission of Malalas' Chronicle Reconsidered, in: Meier/Radtki/Schulz 2016, 139–152

Jeffreys/Jeffreys/Scott 1986: E. Jeffreys/M. Jeffreys/R. Scott, The Chronicle of John Malalas. A Translation, Melbourne 1986

Jones 1943: Ch. W. Jones, Bedae Opera de Temporibus, Cambridge (Mass.) 1943

JORDHEIM 2005: H. JORDHEIM, Die „Gleichzeitigkeit des Ungleichzeitigen" als Konvergenzpunkt von Zeitlichkeit und Sprachlichkeit. Zu einem Topos aus dem Werk Reinhart Kosellecks, in: Divinatio 22 (2005), 77–89

JORDHEIM 2012: H. JORDHEIM, Against Periodization: Koselleck's Theory of Multiple Temporalities, in: H&Th 51 (2012), 151–171

JORDHEIM 2014: H. JORDHEIM, Introduction: Multiple Times and the Work of Synchronization, in: H&Th 53 (2014), 498–518

JORDHEIM 2017a: H. JORDHEIM, Europe at Different Speeds: Asynchronicities and Multiple Times in European Conceptual History, in: W. STEINMETZ/M. FREEDEN/J. FERNÁNDEZ-SEBASTIÁN (Hgg.), Conceptual History in the European Space, New York/Oxford 2017, 47–62

JORDHEIM 2017b: H. JORDHEIM, Synchronizing the World: Synchronism as Historiographical Practice, Then and Now, in: History of the Present 7.1 (2017), 59–95

JORDHEIM 2019: H. JORDHEIM, Making Universal Time. Tools of Synchronization, in: H. BJØRNSTAD/H. JORDHEIM/A. RÉGENT-SUSINI (Hgg.), Universal History and the Making of the Global, New York/London 2019, 133–151

JORDHEIM 2020: H. JORDHEIM, Die Moderne als Synchronisierung der Geschichte. Begriffs- und gattungsgeschichtliche Perspektiven, in: H. HÜHN/S. SCHNEIDER (Hgg.), Eigenzeiten der Moderne, Hannover 2020, 65–93

JORDHEIM 2022: H. JORDHEIM, Natural Histories for the Anthropocene: Koselleck's Theories and the Possibility of a History of Lifetimes, in: H&Th 61.3 (2022), 391–425

KALDELLIS 1997: A. KALDELLIS, Agathias on History and Poetry, in: GRBS 38 (1997), 295–305

KALDELLIS 1999: A. KALDELLIS, The Historical and Religious Views of Agathias: A Reinterpretation, in: Byzantion 69 (1999), 206–252

KALDELLIS 2003a: A. KALDELLIS, Things Are Not What They Are: Agathias *Mythhistoricus* and the Last Laugh of Classical Culture, in: CQ 53 (2003), 295–300

KALDELLIS 2003b: A. KALDELLIS, The Religion of Ioannes Lydos, in: Phoenix 57 (2003), 300–316

KALDELLIS 2004a: A. KALDELLIS, Procopius of Caesarea. Tyranny, History, and Philosophy at the End of Antiquity, Philadelphia 2004

KALDELLIS 2004b: A. KALDELLIS, Identifying Dissident Circles in Sixth-Century Byzantium. The Friendship of Prokopios and Ioannes Lydos, in: Florilegium 21 (2004), 1–17

KALDELLIS 2005a: A. KALDELLIS, The Works and Days of Hesychios the Illoustrios of Miletos, in: GRBS 45 (2005), 381–403

KALDELLIS 2005b: A. KALDELLIS, Republican Theory and Political Dissidence in Ioannes Lydos, in: BMGS 29 (2005), 1–16

KALDELLIS 2007: A. KALDELLIS, Christodoros on the Statues of the Zeuxippos Baths: A New Reading of the *Ekphrasis*, in: GRBS 47 (2007) 361–383

KALDELLIS 2009: A. KALDELLIS, The Date and Structure of Prokopios' *Secret History* and His Projected Work on Church History, in: GRBS 49 (2009), 585–616

KALDELLIS 2010: A. KALDELLIS, Procopius' Persian War: A Thematic and Literary Analysis, in: R. MACRIDES (Hg.), History as Literature in Byzantium, London/New York 2010, 253–273

KALEMKIAR 1892: P. G. KALEMKIAR, Die siebente Vision Daniels, in: WZKM 6 (1892), 109–136; 227–240

KELLER/PAULUS/XOPLAKI 2021: M. KELLER/Chr. PAULUS/E. XOPLAKI, Die Justinianische Pest. Grenzen und Chancen naturwissenschaftlicher Ansätze für ein integratives Geschichtsverständnis, in: Evangelische Theologie 81.5 (2021), 385–400

KELLY 2004: Chr. KELLY, Ruling the Later Roman Empire, Cambridge (Mass.)/London 2004

KETTENHOFEN 1988: E. KETTENHOFEN, Das Staatsgefängnis der Sāsāniden, in: Die Welt des Orients 19 (1988), 96–101

KINZIG 1994: W. KINZIG, Novitas Christiana. Die Idee des Fortschritts in der alten Kirche bis Eusebius, Göttingen 1994

KLAUCK 1991: H.-J. KLAUCK, Der erste Johannesbrief, Zürich/Braunschweig 1991

KLEIN 2023: A. KLEIN, Die Chronik des Victor von Tunnuna (ca. 565). Eine Chronik und ihre Geschichte(n), Stuttgart 2023

KODER 1999: J. KODER, Romanos Melodos und sein Publikum. Überlegungen zur Beeinflussung des kirchlichen Auditoriums durch das Kontakion, in: Österreichische Akademie der Wissenschaften. Anzeiger phil.-hist. Kl. 134.1 (1999), 63–94

KODER 2005: J. KODER, Romanos Melodos. Die Hymnen. Übersetzt und erläutert, 2 Bde., Stuttgart 2005/06

KOFSKY 2013: A. KOFSKY, Julianism after Julian of Halikarnassos, in: B. BITTON-ASHKELONY/L. PERRONE (Hgg.), Between Personal and Institutional Religion. Self, Doctrine, and Practice in Late Antique Eastern Christianity, Turnhout 2013, 251–294

KOSELLECK 1989: R. KOSELLECK, Vergangene Zukunft. Zur Semantik geschichtlicher Zeiten, Frankfurt a. M. 1989

KOSELLECK 2000: R. KOSELLECK, Zeitschichten. Studien zur Historik, Frankfurt a. M. 2000

KOSELLECK/WIDMER 1980: R. KOSELLECK/P. WIDMER (Hgg.), Niedergang. Studien zu einem geschichtlichen Thema, Stuttgart 1980

KÖTTING 1957: B. KÖTTING, Endzeitprognosen zwischen Lactantius und Augustinus, in: HJ 77 (1957), 125–139

KRAUTSCHIK 1986: S. KRAUTSCHIK, Zwei Aspekte des Jahres 476, in: Historia 35 (1986), 344–371

KRESTEN 1979: O. KRESTEN, Iustinianos I., der „christusliebende" Kaiser. Zum Epitheton φιλόχριστος in den Intitulationes byzantinischer Kaiserurkunden, in: Römische Historische Mitteilungen 21 (1979), 83–109

KRUSCH 1938: B. KRUSCH, Studien zur christlich-mittelalterlichen Chronologie. Die Entstehung unserer heutigen Zeitrechnung, Abhandlungen der Preußischen Akademie der Wissenschaften, Philosophisch-historische Klasse, Jg. 1937, Nr. 8, Berlin 1938

KRUSE 2015: M. KRUSE, A Justinianic Debate across Genres on the State of the Roman Republic, in: G. GREATREX/H. ELTON/L. MCMAHON (Hgg.), Shifting Genres in Late Antiquity, Farnham/Burlington 2015, 233–245

KRUSE 2018: M. KRUSE, Justinian's Laws and Procopius' *Wars*, in: LILLINGTON-MARTIN/TURQUOIS 2018, 186–200

KRUSE 2019: M. KRUSE, The Politics of Roman Memory. From the Fall of the Western Empire to the Age of Justinian, Philadelphia 2019

KULIKOWSKI 2009: M. KULIKOWSKI, Die Goten vor Rom, Darmstadt 2009

LAMOREAUX 1998: J.C. LAMOREAUX, The Provenance of Ecumenius' Commentary on the Apocalypse, in: VigChr 52 (1998), 88–108

LANATA 1984: G. LANATA, Legislazione e natura nelle novelle giustinianee, Neapel 1984

LANDES 1988: R. LANDES, Lest the Millennium be Fulfilled: Apocalyptic Expectations and the Pattern of Western Chronography 100–800 CE, in: W. VERBEKE/D. VERHELST/A. WELKENHUYSEN (Hgg.), The Use and Abuse of Eschatology in the Middle Ages, Leuven 1988, 137–211

LANDES 2000: R. LANDES, Encyclopedia of Millennialism and Millennial Movements, New York/London 2000

LANDWEHR 2020: A. LANDWEHR, Diesseits der Geschichte. Für eine andere Historiographie, Göttingen 2020

LANGE 2023: Chr. LANGE, „Monophysiten" und „Nestorianer". Überlegungen zu zwei Bezeichnungen aus der christlichen Theologie- und Kirchengeschichte, in: Millennium 20 (2023), 193–253

LA PORTA 2013: S. LA PORTA, The Seventh Vision of Daniel. A New Translation and Introduction, in: R. BAUCKHAM/J.R. DAVILA/A. PANAYOTOV (Hgg.), Old Testament Pseudepigrapha. More Noncanonical Scriptures, Vol. I, Grand Rapids (Mich.)/Cambridge 2013, 410–434

LEBON 1909: J. LEBON, Le monophysisme sévérien. Étude historique, littéraire et théologique sur la résistance monophysite au concile de Chalcédoine jusque-à la constitution de l'église jacobite, Louvain 1909

LEBON 1914: J. LEBON, Éphrem d'Amid. Patriarche d'Antioche (526–544), in: Mélanges d'histoire offerts à Charles Moeller à l'occasion de son jubilé de 50 années de professorat à l'Université de Louvain 1863–1913, I, Louvain/Paris 1914, 197–214

LEPPIN 2003: H. LEPPIN, Evagrius Scholasticus oder: Kirchengeschichte und Reichstreue, in: MedAnt 6 (2003), 141–153

LEPPIN 2009: H. LEPPIN, Theodoret und Evagrius Scholasticus: Kirchenhistoriker aus Syrien zwischen regionaler und imperialer Tradition, in: GOLTZ/LEPPIN/SCHLANGE-SCHÖNINGEN 2009, 153–168

LEPPIN 2011a: H. LEPPIN, Justinian. Das christliche Experiment, Stuttgart 2011

LEPPIN 2011b: H. LEPPIN, Zu den Anfängen der Kirchenpolitik Justinians, in: MEIER 2011, 78–99

LEPPIN 2012: H. LEPPIN, Roman Identity in a Border Region: Evagrius and the Defence of the Roman Empire, in: W. POHL/C. GANTER/R. PAYNE (Hgg.), Visions of Community in the Post-Roman World. The West, Byzantium and the Islamic World, 300–1100, Farnham/Burlington 2012, 241–258

LEPPIN 2017: H. LEPPIN, Skeptische Anmerkungen zur Mission des Johannes von Ephesos in Kleinasien, in: W. AMELING (Hg.), Die Christianisierung Kleinasiens in der Spätantike, Bonn 2017, 49–59

LEPPIN 2019: H. LEPPIN, The Roman Empire in John of Ephesus's *Church History*. Being Roman, Writing Syriac, in: P. VAN NUFFELEN (Hg.), Historiography and Space in Late Antiquity, Cambridge 2019, 113–135

LEPPIN 2025: H. LEPPIN, Menschliches Handeln und göttliches Wirken in der christlichen Geschichtsschreibung der Spätantike, in: S. FÖLLINGER (Hg.), Begründen und Erklären im antiken Denken: Akten des 7. Kongresses der Gesellschaft für antike Philosophie 2022, Berlin/Boston 2025, 79–102

LETSIOS 1989: D. LETSIOS, Die „vigilantia Caesaris" am Beispiel des „schlaflosen" Justinian, in: E. CHRYSOS (Hg.), Studien zur Geschichte der römischen Spätantike. Festgabe für Professor Johannes Straub, Athen 1989, 122–146

LEVEN 2023: K.-H. LEVEN, Mimesis, Miasma und Molekularmedizin. Die „Justinianische Pest" in der neueren Forschung, in: M. BUBERT/A. KRISCHER (Hgg.), Zwischen Gottesstrafe und Verschwörungstheorien. Deutungskonkurrenzen bei Epidemien von der Antike bis zur Gegenwart, Frankfurt a. M. 2023, 60–91

LEVINE 1998: R. LEVINE, Eine Landkarte der Zeit. Wie Kulturen mit Zeit umgehen, München/Zürich 1998

LIEBERICH 1900: H. LIEBERICH, Studien zu den Proömien in der griechischen und byzantinischen Geschichtsschreibung, 2. Teil: Die byzantinischen Geschichtsschreiber und Chronisten, München 1900

LIEBESCHUETZ 2011: J. H. W. G. LIEBESCHUETZ, Why Did Jordanes Write the *Getica*?, in: AntTard 19 (2011), 295–302

LILLINGTON-MARTIN/TURQUOIS 2018: Chr. LILLINGTON-MARTIN/E. TURQUOIS (Hgg.), Procopius of Caesarea. Literary and Historical Interpretations, London/New York 2018

LOOFS 1921: F. LOOFS, Die „Ketzerei" Justinians, in: Harnack-Ehrung. Beiträge zur Kirchengeschichte ihrem Lehrer Adolf von Harnack zu seinem siebzigsten Geburtstage (7. Mai 1921) dargebracht von einer Reihe seiner Schüler, Leipzig 1921, 232–248

LURAGHI 2001: N. LURAGHI (Hg.), The Historian's Craft in the Age of Herodotus, Oxford 2001

LUTHER 1997: A. LUTHER, Die syrische Chronik des Josua Stylites, Berlin/New York 1997

MAAS 1986: M. MAAS, Roman History and Christian Ideology in Justinianic Reform Legislation, in: DOP 40 (1986), 17–31

MAAS 1992: M. MAAS, John Lydus and the Roman Past, London/New York 1992

MAAS 2005: M. MAAS (Hg.), The Cambridge Companion to the Age of Justinian, Cambridge 2005

MACCORMACK 1982: S. MACCORMACK, Christ and Empire, Time and Ceremonial in Sixth Century Byzantium and Beyond, in: Byzantion 52 (1982), 287–309

MADATHIL 1992: J. O. MADATHIL, Kosmas der Indienfahrer. Kaufmann, Kosmologe und Exeget zwischen alexandrinischer und antiochenischer Theologie, Salzburg 1992

MAGDALINO 1993: P. MAGDALINO, The History of the Future and Its Uses: Prophecy, Policy and Propaganda, in: R. BEATON/CH. ROUECHÉ (Hgg.), The Making of Byzantine History. Studies Dedicated to Donald M. Nicol, Aldershot 1993, 3–34

Magdalino 2008: P. Magdalino, The End of Time in Byzantium, in: Brandes/Schmieder 2008, 119–133

Mahé 1987: J.-P. Mahé, Quadrivium et cursus d'études au VIIe siècle en Arménie et dans le monde byzantin d'apres le »K'nnikon« d'Anania Širakac'i, in: TravMem 10 (1987), 159–206

Mango 1959: C. Mango, The Brazen House. A Study of the Vestibule of the Imperial Palace of Constantinople, Kopenhagen 1959

Mango 1980: C. Mango, Byzantium. The Empire of New Rome, London 1980

Mango 1993: C. Mango, The Columns of Justinian and His Successors, in: ders., Studies on Constantinople, Aldershot 1993, X

Mango/Scott 1997: C. Mango/R. Scott, The Chronicle of Theophanes Confessor. Byzantine and Near Eastern History AD 284–813. Translated with Introduction and Commentary, Oxford 1997

Marasco 2003: G. Marasco (Hg.), Greek and Roman Historiography in Late Antiquity: Fourth to Sixth Century A.D., Leiden/Boston 2003

Marcowitz/Paravicini 2009: R. Marcowitz/W. Paravicini (Hgg.), Vergeben und Vergessen? Vergangenheitsdiskurse nach Besatzung, Bürgerkrieg und Revolution – Pardonner et oublier? Les discours sur le passé après l'occupation, la guerre civile et la révolution, München 2009

Markschies 2011: Chr. Markschies, Die Welt im Koffer, in: ders. et al. (Hgg.), Atlas der Weltbilder, Berlin 2011, 23–30

Markschies 2020: Chr. Markschies, Christliche Identitäten und die Synchronisierung der Zeit in der Antike, in: Berliner Theologische Zeitschrift 37 (2020), 83–118

Martin ²1990: J. Martin, Spätantike und Völkerwanderung, München ²1990

Maspero 1923: J. Maspero, Histoire des patriarches d'Alexandrie depuis la mort de l'empereur Anastase jusqu'a la réconciliation des églises jacobites (518–616), Paris 1923

McCarthy 2003: D.P. McCarthy, The Emergence of *Anno Domini*, in: G. Jaritz/G. Moreno-Riaño (Hgg.), Time and Eternity. The Medieval Discourse, Turnhout 2003, 31–53

McCormick 1990: M. McCormick Eternal Victory. Triumphal Rulership in Late Antiquity, Byzantium and the Early Medieval West, Cambridge 1986, ND 1990

McGinn 1979: B. McGinn, Visions of the End. Apocalyptic Traditions in the Middle Ages, New York 1979

Mecella 2022: L. Mecella, Procopius' Sources, in: Meier/Montinaro 2022, 178–193

Meier 2002a: M. Meier, Zur Neukonzeption chronologisch-eschatologischer Modelle im oströmischen Reich des 6. Jh. n. Chr. Ein Beitrag zur Mentalitätsgeschichte der Spätantike, in: W. Geerlings (Hg.), Der Kalender. Aspekte einer Geschichte, Paderborn u. a. 2002, 151–181

Meier 2002b: M. Meier, Kaiserherrschaft und „Volksfrömmigkeit" im Konstantinopel des 6. Jahrhunderts n. Chr. Die Verlegung der Hypapante durch Justinian im Jahr 542, in: Historia 51 (2002), 89–111

Meier 2004a: M. Meier, Sind wir nicht alle heilig? Zum Konzept des „Heiligen" (*sacrum*) in spätjustinianischer Zeit, in: Millennium 1 (2004), 133–164

Meier 2004b: M. Meier, Prokop, Agathias, die Pest und das ‚Ende' der antiken Historiographie. Naturkatastrophen und Geschichtsschreibung in der ausgehenden Spätantike, in: HZ 278 (2004), 281–310

Meier ²2004: M. Meier, Das andere Zeitalter Justinians. Kontingenzerfahrung und Kontingenzbewältigung im 6. Jahrhundert n. Chr., Göttingen ²2004

Meier 2007a: M. Meier, Naturkatastrophen in der christlichen Chronistik. Das Beispiel Johannes Malalas (6. Jh.), in: Gymnasium 114 (2007), 559–586

Meier 2007b: M. Meier, Die erste Prätorianerpräfektur des Marinos von Apameia, in: ZPE 162 (2007), 293–296

Meier 2008: M. Meier, Eschatologie und Kommunikation im 6. Jahrhundert n. Chr. – oder: Wie Osten und Westen beständig aneinander vorbei redeten, in: Brandes/Schmieder 2008, 41–73

Meier 2009: M. Meier, Der christliche Kaiser zieht (nicht) in den Krieg. ‚Religionskriege' in der Spätantike?, in: A. Holzem (Hg.), Krieg und Christentum. Religiöse Gewalttheorien in der Kriegserfahrung des Westens, Paderborn/München/Wien/Zürich 2009, 254–278

MEIER ²2010: M. MEIER, Anastasios I. Die Entstehung des Byzantinischen Reiches, Stuttgart ²2010

MEIER 2011: M. MEIER (Hg.), Justinian, Darmstadt 2011, 250–286

MEIER 2011 [2002]: M. MEIER, Das Ende des Konsulats im Jahr 541/42 und seine Gründe. Kritische Anmerkungen zur Vorstellung eines ‚Zeitalters Justinians‘, in: ZPE 138 (2002), 277–299, ND in: MEIER 2011, 250–286

MEIER 2012: M. MEIER, Ostrom-Byzanz, Spätantike-Mittelalter. Überlegungen zum „Ende" der Antike im Osten des Römischen Reiches, in: Millennium 9 (2012), 187–253

MEIER 2014: M. MEIER, Nachdenken über ‚Herrschaft‘. Die Bedeutung des Jahres 476, in: M. MEIER/S. PATZOLD (Hgg.), Chlodwigs Welt. Organisation von Herrschaft um 500, Stuttgart 2014, 143–215

MEIER 2015: M. MEIER, *Xyngráphein* – Historiographie und das Problem der Zeit. Überlegungen zum Muster der ‚Verdichtung‘ in der europäischen Historiographie, in: HZ 300 (2015), 297–340

MEIER 2016: M. MEIER, Liturgisierung und Hypersakralisierung. Zum Bedeutungsverlust kaiserlicher Frömmigkeit in Konstantinopel zwischen dem 6. und 7. Jahrhundert n. Chr., in: N. SCHMIDT/N. K. SCHMID/A. NEUWIRTH (Hgg.), Denkraum Spätantike. Reflexionen von Antiken im Umfeld des Koran, Wiesbaden 2016, 75–106

MEIER 2017: M. MEIER, Der Monarch auf der Suche nach seinem Platz. Kaiserherrschaft im frühen Byzanz (5.bis 7. Jahrhundert n. Chr.), in: S. REBENICH (Hg.), Monarchische Herrschaft im Altertum, Berlin/Boston 2017, 509–544

MEIER 2019: M. MEIER, Der ‚Triumph Belisars‘ 534 n. Chr., in: R. CONRAD/V. H. DRECOLL/S. HIRBODIAN (Hgg.), Säkulare Prozessionen. Zur religiösen Grundierung von Umzügen, Einzügen und Aufmärschen, Tübingen 2019, 43–61

MEIER 2020a: M. MEIER, The Justinianic Plague: An "Inconsequential Pandemic"? A Reply, in: MJ 55 (2020), 172–199

MEIER 2020b: M. MEIER, Seuche, in: RAC 30 (2020), 421–456

Meier ⁸2021: M. Meier, Geschichte der Völkerwanderung. Europa, Asien und Afrika vom 3. bis zum 8. Jahrhundert n. Chr., München ⁸2021

Meier 2025: M. Meier, Kaiser und Kaisertum in Johannes Lydos' *De magistratibus*, in: Begass 2025a, 45–64

Meier (im Druck 1): M. Meier, Der ‚Aphthartodoketismus' Justinians: Quellenprobleme und historische Kontexte, in: Ph. Blaudeau (Hg.), Le christianisme tardo-antique dans l'Empire romain, de Constantin à l'émergence de l'islam (IVe-VIIe s.), Leiden 2025 (im Druck)

Meier (im Druck 2): M. Meier, Jerusalem under Heraclius (610–641): Christians, Jews, Muslims and the End of the World, in: M. Niehoff (Hg.), Palaestina on the Map of Late Antique Mobility and Migration, 2025 (im Druck)

Meier (im Druck 3): M. Meier, The *World Chronicle* of John Malalas: The De-Eschatologization of Contemporary History, in: L. DiTommaso (Hg.), The Opaque Horizon: Studies in Byzantine Apocalyptic Texts and Trajectories, 2025 (im Druck)

Meier (im Druck 4): M. Meier, John Malalas' *Chronicle* and the Bible, in: C. Bay/P. Van Nuffelen (Hgg.), Ancient Historiography and the Bible, 2025 (im Druck)

Meier/Montinaro 2022: M. Meier/F. Montinaro (Hgg.), A Companion to Procopius of Caesarea, Leiden 2022

Meier/Radtki/Schulz 2016: M. Meier/Chr. Radtki/F. Schulz (Hgg.), Die Weltchronik des Johannes Malalas. Autor – Werk – Überlieferung, Stuttgart 2016

Meimaris 1992: Y. E. Meimaris, Chronological Systems in Roman-Byzantine Palestine and Arabia. The Evidence of the Dated Greek Inscriptions, Athen 1992

Mellon Saint-Laurent 2015: J.-N. Mellon Saint-Laurent, Missionary Stories and the Formation of the Syriac Churches, Oakland 2015

Menze 2008: V. L. Menze, Justinian and the Making of the Syrian Orthodox Church, Oxford 2008

Metzger 2021: N. Metzger, Poisoning, Ergotism, Mass Psychosis: Writing a History of Ancient Epidemics Beyond Infectious Diseases, in: Historical Social Research, Supplement 33 (2021), 316–329

METZGER 2022: N. METZGER, Amida 560 n. Chr. – eine Stadt wird wahnsinnig: Zur retrospektiven Diagnose von psychischem Trauma in der Antike, in: N. FUNKE/G. GAHLEN/U. LUDWIG (Hgg.), Krank vom Krieg. Umgangsweisen und kulturelle Deutungsmuster von der Antike bis in die Moderne, Frankfurt/New York 2022, 167–188

MEYER-ZWIFFELHOFFER 2020: E. MEYER-ZWIFFELHOFFER, *Omnia in melius reformantur*: Handelten römische Kaiser zukunftsorientiert?, in: Millennium 17 (2020), 55–113

MILLAR 2008: F. MILLAR, Rome, Constantinople and the Near Eastern Church under Justinian: Two Synods of C.E. 536, in: JRS 98 (2008), 62–82

MILLER/SARRIS 2018: D. J. D. MILLER/P. SARRIS, The Novels of Justinian. A Complete Annotated English Translation, Vol. I, Cambridge 2018

MÖLLER 2001: A. MÖLLER, The Beginnings of Chronography: Hellanicus' *Hiereiai*, in: LURAGHI 2001, 241–262

MONACI CASTAGNO 1980: A. MONACI CASTAGNO, Il problema della datazione dei Commenti all'*Apocalisse* di Ecumenio e di Andrea di Cesarea, in: Atti dell'Accademia delle Scienze di Torino, Classe di Scienze morali, storiche e filologiche 114 (1980), 223–246

MONACI CASTAGNO 1981: A. MONACI CASTAGNO, I commenti di Ecumenio e di Andrea di Cesarea: due letture divergenti dell' Apocalisse, in: Memorie dell' Accademia delle Scienze di Torino, ser. V, vol. 5 (1981), 303–426

MONTINARO 2012: F. MONTINARO, Byzantium and the Slavs in the Reign of Justinian. Comparing the Two Recensions of Procopius's Buildings, in: V. IVANIŠEVIĆ/M. KAZANSKI (Hgg.), The Pontic-Danubian Realm in the Period of the Great Migration, Paris/Belgrad 2012, 89–114

MORDECHAI/EISENBERG 2019: L. MORDECHAI/M. EISENBERG, Rejecting Catastrophe: The Case of the Justinianic Plague, in: P&P 244 (2019), 3–50

Mordechai/Eisenberg et al. 2019: L. Mordechai/M. Eisenberg et al., The Justinianic Plague: An Inconsequential Pandemic?, in: PNAS 116.51 (2019) 25546–25554

Moss 2016: Y. Moss, Incorruptible Bodies.Christology, Society, and Authority in Late Antiquity, Oakland 2016

Mosshammer 2006: A. A. Mosshammer, The Christian Era of Julius Africanus with an Excursus on Olympiad Chronology, in: M. Wallraff (Hg.), Julius Africanus und die christliche Weltchronik, Berlin/New York 2006, 83–112

Mosshammer 2008: A. A. Mosshammer, The Easter Cotmputus and the Origins of the Christian Era, Oxford/New York 2008

Motta 2003: D. Motta, L'imperatore Anastasio: tra storiografia ed agiografia, in: MedAnt 6 (2003), 195–234

Müller-Wiener 1977: W. Müller-Wiener, Bildlexikon zur Topographie Istanbuls, Tübingen 1977

Näf 1990: B. Näf, Das Zeitbewußtsein des Ennodius und der Untergang Roms, in: Historia 39 (1990), 100–123

Nassehi ²2008: A. Nassehi, Die Zeit der Gesellschaft. Auf dem Weg zu einer soziologischen Theorie der Zeit, Wiesbaden ²2008

Nechaeva 2017: E. Nechaeva, Seven Hellenes and One Christian in the Endless Peace Treaty of 532, in: Studies in Late Antiquity 1.4 (2017), 359–380

Nelson 1976: J. L. Nelson, Symbols in Context: Ruler's Inauguration Rituals in Byzantium and the West in the Early Middle Ages, in: D. Baker (Hg.), The Orthodox Churches and the West (= Studies in Church History 13), Oxford 1976, 97–119

Nicks 2000: F. K. Nicks, Literary Culture in the Reign of Anastasius I., in: S. Mitchell/G. Greatrex (Hgg.), Ethnicity and Culture in Late Antiquity, Oakville/Swansea 2000, 183–203

Nicolai 2001: R. Nicolai, Thucydides' Archaeology: Between Epic and Oral Traditions, in: Luraghi 2001, 263–285

Nobbs 2018: A. Nobbs, Digressions in Procopius, in: Greatrex/Janniard 2018, 163–171

NOETHLICHS 1998: K.L. NOETHLICHS, Kaisertum und Heidentum im 5. Jahrhundert, in: J. VAN OORT/D. WYRWA (Hgg.), Heiden und Christen im 5. Jahrhundert, Leuven 1998, 1–31

NOETHLICHS 1999: K.L. NOETHLICHS, Iustinianus (Kaiser), in: RAC 19 (1999), 668–763

NOETHLICHS 2011: K.L. NOETHLICHS, *Quid possit antiquitas nostris legibus abrogare*? Politische Propaganda und praktische Politik bei Justinian I. im Lichte der kaiserlichen Gesetzgebung und der antiken Historiographie, in: MEIER 2011, 39–57

O'DONELL 1982: J.J. O'DONELL, The Aims of Jordanes, in: Historia 31 (1982), 223–240

OLSEN 2012: N. OLSEN, History in the Plural. An Introduction to the Work of Reinhart Koselleck, New York/Oxford 2012

OUSTERHOUT 2010: R. OUSTERHOUT, New Temples and New Solomons: The Rhetoric of Byzantine Architecture, in: P. MAGDALINO/R. NELSON (Hgg.), The Old Testament in Byzantium, Washington 2010, 223–253

PALMER 2000: A. PALMER, Procopius and Edessa, in: AntTard 8 (2000), 127–136

PALMER 2014: J.T. PALMER, The Apocalypse in the Early Middle Ages, Cambridge 2014

PASCHOUD 1972: F. PASCHOUD, Zosimos (8), in: RE X A (1972), 795–841

PASCHOUD 1975: F. PASCHOUD, Cinq études sur Zosime, Paris 1975

PAYNE 2021: R. PAYNE, Ein iranisches Assyrien. Die Macht der Vergangenheit in der Spätantike, in: HZ 312 (2021), 1–33

PAZDERNIK 2005: Ch. PAZDERNIK, Justinianic Ideology and the Power of the Past, in: MAAS 2005, 185–212

PEITZ 1960: W.M. PEITZ, Dionysius Exiguus-Studien. Neue Wege der philologischen und historischen Text- und Quellenkritik. Bearbeitet und hg. von H. FOERSTER, Berlin 1960

PERTUSI 1988: A. PERTUSI, Fine di Bisanzio e fine del mondo: significato e ruolo storico delle profezie sulla Caduta di Costantinopoli in Oriente e in Occidente, Rom 1988

PETER ³1866: C. PETER, Zeittafeln der griechischen Geschichte zum Handgebrauch und als Grundlage des Vortrags in höheren Gymnasialklassen mit fortlaufenden Belegen und Auszügen aus den Quellen, Halle ³1866

PETRI 1964: W. PETRI, Ananija Schirakazi – ein armenischer Kosmograph des 7. Jahrhunderts, in: ZDMG 114 (1964), 269–288

PIEPENBRINK 2017: K. PIEPENBRINK, Christliche Explikationen in der Gesetzgebung Justinians I., in: ZAC 21.2 (2017), 361–382

PIEPENBRINK 2019: K. PIEPENBRINK, ‚Zeitmontagen' in der Gesetzgebung Justinians I., in: A. JUNGHANSS/B. KAISER/D. PAUSCH (Hgg.), Zeitmontagen. Formen und Funktionen gezielter Anachronismen, Stuttgart 2019, 61–74

PODSKALSKY 1972: G. PODSKALSKY, Byzantinische Reichseschatologie. Die Periodisierung der Weltgeschichte in den vier Großreichen (Daniel 2 und 7) und dem tausendjährigen Friedensreiche (Apok. 20) – eine motivgeschichtliche Untersuchung, München 1972

PRAET 2018a: R. PRAET, From Rome to Constantinople. Antiquarian Echoes of Cultural Trauma in the Sixth Century, Diss. Groningen/Gent 2018

PRAET 2018b: R. PRAET, Antiquarianism in the Sixth Century AD: Easing the Shift from Rome to Constantinople, in: RBPhH 96.3 (2018), 1011–1031

PREISER-KAPELLER 2021: J. PREISER-KAPELLER, Der lange Sommer und die kleine Eiszeit. Klima, Pandemien und der Wandel der Alten Welt von 500 bis 1500 n. Chr., Wien 2021

PRINGSHEIM 1961: F. PRINGSHEIM, Die archaistische Tendenz Justinians, in: DERS., Gesammelte Abhandlungen, Bd. 2, Heidelberg 1961, 9–40

PRINZING 1986: G. PRINZING, Das Bild Justinians I. in der Überlieferung der Byzantiner vom 7. bis 15. Jahrhundert, in: D. SIMON (Hg.), Fontes Minores VIII (= Forschungen zur byzantinischen Rechtsgeschichte 14), Frankfurt a.M. 1986, 1–99

REBENICH 2012: S. REBENICH, Monarchie, in: RAC 24 (2012), 1112–1196

RICHTER 1982: M. RICHTER, Dionysius Exiguus, in: TRE 9 (1982), 1–4

RIDLEY 1972: R. T. RIDLEY, Zosimus the Historian, in: ByzZ 65 (1972), 277–302

RIEDLBERGER 2010: P. RIEDLBERGER, Philologischer, historischer und liturgischer Kommentar zum 8. Buch der Johannis des Goripp nebst kritischer Edition und Übersetzung, Groningen 2010

RIEMENSCHNEIDER 2023: J. RIEMENSCHNEIDER, Milieus der klassizistischen Geschichtsschreibung der Spätantike. Exkurse und Diskurse bei Prokop von Kaisareia, Diss. Innsbruck 2023

ROBERTO 2011: U. ROBERTO, Le *Chronographiae* di Sesto Giulio Africano. Storiografia, politica e cristianesimo nell'età di Severi, Soveria Mannelli 2011

ROGGO 2019: S. ROGGO, The Deposition of Patriarch Eutychius of Constantinople in 565 and the Aphthartodocetic Edict of Justinian, in: Byzantion 89 (2019), 433–446

ROHMANN 2013: G. ROHMANN, Tanzwut. Kosmos, Kirche und Mensch in der Bedeutungsgeschichte eines mittelalterlichen Krankheitskonzepts, Göttingen 2013

ROUSSEL 1939: P. ROUSSEL, Un monument d'Hiérapolis-Bambykè relatif a la paix „perpetuelle" de 532 ap. J.-C., in: Mélanges syriens offerts a Monsieur René Dussaud, I, Paris 1939, 367–372

VAN ROMPAY 2005: L. VAN ROMPAY, Society and Community in the Christian East, in: MAAS 2005, 238–266

VAN ROMPAY 2008: L. VAN ROMPAY, Severus, Patriarch of Antioch (512–518), in the Greek, Syriac, and Coptic Traditions, in: JCSSS 8 (2008), 3–22

RICCOBONO 1931: S. RICCOBONO, La verità sulle pretese tendenze arcaiche di Giustiniano, in: Conferenze per il XIV centenario delle Pandette, Mailand 1931, 237–284

ROSA 2005: H. ROSA, Beschleunigung. Die Veränderung der Zeitstrukturen in der Moderne, Frankfurt a. M. 2005

RÖSCH 1978: G. RÖSCH, ONOMA ΒΑΣΙΛΕΙΑΣ. Studien zum offiziellen Gebrauch der Kaisertitel in spätantiker und frühbyzantinischer Zeit, Wien 1978

Ross 2001: S. K. Ross, Roman Edessa. Politics and Culture on the Eastern Fringes of the Roman Empire, 114–242 CE, London/New York 2001

Roueché 1998: Ch. Roueché, Provincial Governors and Their Titulature in the Sixth Century, in: AntTard 6 (1998), 83–89

Rowley 1964: H. H. Rowley, Darius the Mede and the Four World Empires in the Book of Daniel. A Historical Study of Contemporary Theories, Cardiff 1964

Rubin 1951: B. Rubin, Der Fürst der Dämonen. Ein Beitrag zur Interpretation von Prokops Anekdota, in: ByzZ 44 (1951), 469–481

Rubin 1954: B. Rubin, Prokopios von Kaisareia, Stuttgart 1954

Rubin 1960: B. Rubin, Das Zeitalter Iustinians, Bd. 1, Berlin 1960

Rubin 1961: B. Rubin, Der Antichrist und die „Apokalypse" des Prokopios von Kaisareia, in: ZDMG 110 (1961), 55–63

Samodurova 1961: Z. G. Samodurova, Chronika Petra Aleksandrijskogo, in: Vizantijskij Vremennik 18 (1961), 150–197

Sande 1987: S. Sande, The Equestrian Statue of Justinian and the σχῆμα Ἀχίλλειον, in: AAAH 6 (1987), 91–111

Sarantis 2016: A. Sarantis, Justinian's Balkan Wars. Campaigning, Diplomacy and Development in Illyricum, Thrace and the Northern World A.D. 527–65, Leeds 2016

Sarris 2022: P. Sarris, New Approaches to the ‚Plague of Justinian', in: P&P 254.1 (2022) 315–346

Sarris 2023: P. Sarris, Justinian. Emperor, Soldier, Saint, New York 2023

Sawilla 2011: J. M. Sawilla, Geschichte und Geschichten zwischen Providenz und Machbarkeit. Überlegungen zu Reinhart Kosellecks Semantik historischer Zeiten, in: H. Joas/P. Vogt (Hgg.), Begriffene Geschichte. Beiträge zum Werk Reinhart Kosellecks, Berlin 2011, 387–422

Schindler 1966: K.-H. Schindler, Justinians Haltung zur Klassik. Versuch einer Darstellung an Hand seiner Kontroversen entscheidenden Konstitutionen, Köln/Graz 1966

Schleicher 2014: F. Schleicher, Cosmographia Christiana. Kosmologie und Geographie im frühen Christentum, Paderborn 2014

Schmid 1931: J. Schmid, Die griechischen Apokalypse-Kommentare, in: BiZ 19 (1931), 228–254

Schmid 1938: J. Schmid, Ökumenios der Apokalypsen-Ausleger und Ökumenios der Bischof von Trikka, in: BNJ 14 (1938), 322–330

Schmid 1956: J. Schmid, Studien zur Geschichte des griechischen Apokalypse-Textes 1.2: Der Apokalypse-Kommentar des Andreas von Kaisareia, München 1956

Schmidt 2008: A. B. Schmidt, Die „Brüste des Nordens" und Alexanders Mauer gegen Gog und Magog, in: Brandes/Schmieder 2008, 89–99

Schmidt-Hofner 2020: S. Schmidt-Hofner, An Empire of the Best: Zosimus, the Monarchy, and the Eastern Administrative Elite in the Fifth Century CE, in: Chiron 50 (2020), 217–251

Schmitzer 2000: U. Schmitzer, Velleius Paterculus und das Interesse an der Geschichte im Zeitalter des Tiberius, Heidelberg 2000

Schneider 2010: H. Schneider, Kosmas Indikopleustes. Christliche Topographie – Textkritische Analysen, Übersetzung, Kommentar, Turnhout 2010

Schulz 2017: F. Schulz, Theosophische Weissagungen bei Malalas, in: Carrara/Meier/Radtki-Jansen 2017, 329–355

Schwarte 1966: K.-H. Schwarte, Die Vorgeschichte der augustinischen Weltalterlehre, Bonn 1966

Schwartz 1912: E. Schwartz, Johannes Rufus, ein monophysitischer Schriftsteller (Sitzungsberichte der Heidelberger Akademie der Wissenschaften, Philosophisch-historische Klasse, Jg. 1912, 16. Abhandlung), Heidelberg 1912

Schwarz ²1973: E. Schwarz (Hg.), Drei dogmatische Schriften Justinians. 2. Aufl. besorgt von M. Amelotti/R. Albertella/L. Migliardi, Mailand 1973

Scott 1985: R. Scott, Malalas, the *Secret History*, and Justinian's Propaganda, in: DOP 39 (1985), 99–109

Scott 1987: R. Scott, Justinian's Coinage and Easter Reforms and the Date of the *Secret History*, in: BMGS 11 (1987), 215–221

Scott 1990: R. Scott, Malalas' View of the Classical Past, in: G.W. Clarke et al. (Hgg.), Reading the Past in Late Antiquity, Canberra 1990, 147–164

Scott 2012: R. Scott, Justinian's New Age and the Second Coming, in: ders., Byzantine Chronicles and the Sixth Century, Farnham/Burlington 2012, XIX

Scott 2013: R. Scott, Revisiting the Sixth-Century Turning Point, in: Adamantius 19 (2013), 303–313

Signes Codoñer 2005: J. Signes Codoñer, Der Historiker und der Walfisch. Tiersymbolik und Milleniarismus in der Kriegsgeschichte Prokops, in: L.M. Hoffmann (Hg.), Zwischen Polis, Provinz und Peripherie. Beiträge zur byzantinischen Geschichte und Kultur, Wiesbaden 2005, 37–58

Signes Codoñer 2017: J. Signes Codoñer, One History... In Several Instalments. Dating and Genre in Procopius' Works, in: RSBN 54 (2017), 3–26

Simonis/Simonis 2000: A. Simonis/L. Simonis (Hgg.), Zeitwahrnehmung und Zeitbewußtsein der Moderne, Bielefeld 2000

Snively 2001: C.S. Snively, Iustiniana Prima (Caričin Grad), in: RAC 19 (2001), 638–668

Spitaler/Schmid 1934: A. Spitaler/J. Schmid, Zur Klärung des Ökumeniusproblems, in: OC 31 (1934), 208–218

Stein 2023a: E. Stein, Geschichte des spätrömischen Reiches – Histoire du Bas-Empire, Bd. 1: Vom römischen zum byzantinischen Staate (284–476 n. Chr.). Neuausgabe, hg. von H. Leppin/M. Meier, Darmstadt 2023

Stein 2023b: E. Stein, Geschichte des spätrömischen Reiches – Histoire du Bas-Empire, Bd. 2: De la Disparition de l'Empire d'Occident a la Mort de Justinien (476–565). Neuausgabe, hg. von H. Leppin/M. Meier, Darmstadt 2023

Steinacker 1954: H. Steinacker, Die römische Kirche und die griechischen Sprachkenntnisse des Frühmittelalters, in: MIÖG 62 (1954), 28–66

Steppa 2004: J.-E. Steppa, Heresy and Orthodoxy: The Anti-Chalcedonian Hagiography of John Rufus, in: B. Bitton-Ashkelony/A. Kofsky (Hgg.), Christian Gaza in Late Antiquity, Leiden/Boston 2004, 89–106

STEPPA ²2014: J.-E. STEPPA, John Rufus and the World Vision of Anti-Chalcedonean Culture, Piscataway (NJ) ²2014

STICHEL 1982: R. H. W. STICHEL, Die römische Kaiserstatue am Ausgang der Antike. Untersuchungen zum plastischen Kaiserporträt seit Valentinian I. (364–375 n. Chr.), Rom 1982

STICHEL 1988: R. H. W. STICHEL, Zum Bronzekoloß Justinians I. vom Augusteion in Konstantinopel, in: K. GSCHWANTLER/A. BERNHARD-WALCHER (Hgg.), Griechische und römische Statuetten und Großbronzen. Akten der 9. Internationalen Tagung über antike Bronzen, Wien, 21.-25. April 1986, Wien, 130–136

STICKLER 2018: T. STICKLER, Prokop und die Vergangenheit des Reiches, in: GREATREX/JANNIARD 2018, 141–162

STICKLER 2021: T. STICKLER, Olympiodor und Zosimos, in: Occidente/Oriente 2 (2021), 85–97

STICKLER 2022a: T. STICKLER, Procopius and Christian Historical Thought, in: MEIER/MONTINARO 2022, 212–230

STICKLER 2022b: T. STICKLER, 476 n. Chr. – Das Ende des Imperiums? Der Putsch des Odoaker und seine Folgen, in: Rheinisches Landesmuseum Trier et al. (Hgg.), Der Untergang des Römischen Reiches, Darmstadt 2022, 118–123

STROBEL 1958: A. STROBEL, Die Passa-Erwartung als urchristliches Problem in Lc 17 20f., in: ZNTW 49 (1958), 157–196

STROBEL 1977: A. STROBEL, Ursprung und Geschichte des frühchristlichen Osterkalenders, Berlin 1977

STROBEL 1993: K. STROBEL, Das Imperium Romanum im, 3. Jahrhundert'. Modell einer historischen Krise?, Stuttgart 1993

SUERBAUM ³1977: W. SUERBAUM, Vom antiken zum frühmittelalterlichen Staatsbegriff. Über Verwendung und Bedeutung von res publica, regnum, imperium und status von Cicero bis Jordanis, Münster ³1977

SUGGIT 2006: J. N. SUGGIT, Oecumenius. Commentary on the Apocalypse, Washington 2006

TALLEY 1986: Th. J. TALLEY, The Origins of the Liturgical Year, New York 1986

THOMSEN/HOLLÄNDER 1984: Chr. W. THOMSEN/H. HOLLÄNDER (Hgg.), Augenblick und Zeitpunkt. Studien zur Zeitstruktur und Zeitmetaphorik in Kunst und Wissenschaften, Darmstadt 1984

TIMMERMANN 1968: J. TIMMERMANN, Nachapostolisches Parousiedenken, München 1968

TONER 2013: J. TONER, The Psychological Impact of Disasters in the Age of Justinian, in: W. V. HARRIS (Hg.), Mental Disorders in the Classical World, Leiden 2013, 461–473

TORRANCE 1988: I. R. TORRANCE, Christology after Chalcedon. Severus of Antioch and Sergius the Monophysite, Eugene (Or.) 1988

TRAINA/CIANCAGLINI 2002: G. TRAINA/C. A. CIANCAGLINI, La Forteresse de l'Oubli, in: Le Muséon 115 (2002), 399–422

TROMBLEY 1985: F. R. TROMBLEY, Paganism in the Greek World at the End of Antiquity: The Case of Rural Anatolia and Greece, in: HThR 78 (1985) 327–352

TROMBLEY 1994: F. R. TROMBLEY, Religious Transition in Sixth Century Syria, in: ByzF 20 (1994) 153–195

UTHEMANN 2005: K.-H. UTHEMANN, Kosmas Indikopleustes, Leben und Werk. Eine Übersicht, in: DERS., Christus, Kosmos, Diatribe. Themen der frühen Kirche als Beiträge zu einer historischen Theologie, Berlin/New York 2005, 497–561

UTHEMANN 2006: K.-H. UTHEMANN, Kosmas Indikopleustes, in: RAC 21 (2006), 606–613

UTHEMANN 2011: K.-H. UTHEMANN, Kaiser Justinian als Kirchenpolitiker und Theologe, in: MEIER 2011, 100–173

VAN DEN VEN 1965: P. VAN DEN VEN, Le accession de Jean Scholastique au siège patriarcal de Constantinople en 565, in: Byzantion 35 (1965), 320–352

VAN HOOF/VAN NUFFELEN 2017: L. VAN HOOF/P. VAN NUFFELEN, The Historiography of Crisis: Jordanes, Cassiodorus and Justinian in Mid-Sixth-Century Constantinople, in: JRS 107 (2017), 275–300

VAN NUFFELEN 2012: P. VAN NUFFELEN, Orosius and the Rhetoric of History, Oxford 2012

VAN NUFFELEN/VAN HOOF 2020: P. VAN NUFFELEN/L. VAN HOOF, Jordanes. *Romana* and *Getica*. Translated with an Introduction and Notes, Liverpool 2020

VARGHESE 2006: A. VARGHESE, Kaiserkritik in Two Kontakia of Romanos, in: J. BURKE et al. (Hgg.), Byzantine Narrative. Papers in Honour of Roger Scott, Melbourne 2006, 393–403

VASILIEV 1942/43: A. VASILIEV, Medieval Ideas of the End of the World: West and East, in: Byzantion 16 (1942/43), 462–502

VASILIEV 1950: A. VASILIEV, Justin the First. An Introduction to the Epoch of Justinian the Great, Cambridge (Mass.) 1950

VEH 1952: O. VEH, Zur Geschichtsschreibung und Weltauffassung des Prokop von Caesarea, II. Teil, Progr. Bayreuth 1952

VOLBACH ³1976: W. F. VOLBACH: Elfenbeinarbeiten der Spätantike und des frühen Mittelalters, Mainz ³1976

DE VRIES 1957: W. DE VRIES, Die Eschatologie des Severus von Antiochien, in: OCP 23 (1957), 354–380

WALLIS 1999: F. WALLIS, Bede: The Reckoning of Time. Translated, with Introduction, Notes and Commentary, Liverpool 1999

WATT 2006: J. W. WATT, Two Syriac Writers from the Reign of Anastasius: Philoxenus of Mabbug and Joshua the Stylite, in: The Harp 20 (2006), 275–293

WATTS 2011: E. J. WATTS, John Rufus, Timothy Aelurus, and the Fall of the Western Roman Empire, in: R. W. MATHISEN/D. SHANZER (Hgg.), Romans, Barbarians, and the Transformation of the Roman World. Cultural Interaction and the Creation of Identity in Late Antiquity, Farnham/Burlington 2011, 97–106

WEBER 2000: G. WEBER, Kaiser, Träume und Visionen in Prinzipat und Spätantike, Stuttgart 2000

WEHOFER 1907: Th. M. WEHOFER, Untersuchungen zum Lied des Romanos auf die Wiederkunft des Herrn, in: Sitzungsberichte der Philosophisch-historischen Klasse der Kaiserlichen Akademie der Wissenschaften 154 (1907), V, 1–199

WENSKUS ²1977: R. WENSKUS, Stammesbildung und Verfassung. Das Werden der frühmittelalterlichen gentes, Köln/Wien ²1977

WES 1967: M. A. WES, Das Ende des Kaisertums im Westen des Römischen Reichs, 's-Gravenhage 1967

WESSINGER 2011: C. WESSINGER (Hg.), The Oxford Handbook of Millennialism, Oxford/New York 2011

WHITBY 1991: M. WHITBY, John of Ephesus and the Pagans: Pagan Survivals in the Sixth Century, in: M. SALAMON (Hg.), Paganism in the Later Roman Empire and in Byzantium, Krakau 1991, 111–131

WHITBY 2000: M. WHITBY, The Ecclesiastical History of Evagrius Scholasticus. Translated with an Introduction, Liverpool 2000

WHITBY 2022: M. WHITBY, Procopius' *Buildings* and Panegyric Effect, in: MEIER/MONTINARO 2022, 137–151

WIEACKER 1970: F. WIEACKER, Ist Justinian Klassizist?, in: Études offertes à Jean Macqueron, Aix-en-Provence 1970, 683–891

WIEMER 2018: H.-U. WIEMER, Theoderich der Große. König der Goten – Herrscher der Römer. Eine Biographie, München 2018

WIEMER 2022: H.-U. WIEMER, Procopius and the Barbarians in the West, in: MEIER/MONTINARO 2022, 275–309

WITAKOWSKI 1991: W. WITAKOWSKI, Sources of Pseudo-Dionysius for the Third Part of His *Chronicle*, in: Orientalia Suecana 40 (1991), 252–275

WOLFE 2023: J.C. WOLFE, Isaiah and the Issue of Genre in the Chronicle of Pseudo-Joshua the Stylite, in: JLA 16.2 (2023), 407–426

WOLFRAM ³1990: H. WOLFRAM, Die Goten. Von den Anfängen bis zur Mitte des sechsten Jahrhunderts. Entwurf einer historischen Ethnographie, München ³1990

WOLSKA 1962: W. WOLSKA, La Topographie Chrétienne de Cosmas Indicopleustès. Théologie et Science au VIe siècle, Paris 1962

WOOD 2010: Ph. WOOD, ‚We Have No King But Christ'. Christian Political Thought in Greater Syria on the Eve of the Arab Conquest (c. 400–585), Oxford/New York 2010

WORP 1987: K.A. WORP, Indictions and Dating Formulas in the Papyri from Byzantine Egypt A.D. 337–540, in: AFP 33 (1987), 91–96

YERUSHALMI et al. 1988: Y.H. YERUSHALMI et al., Usages de l'oubli, Paris 1988 van Zantwijk 2012: T. van Zantwijk, Zeit, in: Historisches Wörterbuch der Rhetorik 10 (2012), 1508–1522

Zager 2023: R. Zager, Das Geschichtsdenken Augustins. Zur Rezeption des Alten Testaments in *De ciuitate dei* XV-XVIII, Tübingen 2023

Ziebuhr 2024: A. Ziebuhr, Die Exkurse im Geschichtswerk des Prokopios von Kaisareia. Literarische Tradition und spätantike Gegenwart in klassizistischer Historiographie, Stuttgart 2024

Abkürzungen

1.) Quellen

Aet. *Lib. med.*	Aetios von Amida, *Libri medicinales*
Agapet. *Ekth.*	Agapetos, *Ekthesis*
Agath.	Agathias, *Historien*
Amm.	Ammianus Marcellinus
Anth. Graec.	*Anthologia Graeca*
Aristot. *Kat.*	Aristoteles, *Kategorien*
Augustin. *civ.*	Augustinus, *De civitate Dei*
Augustin. *conf.*	Augustinus, *Confessiones*
Cassiod. *Expos. Psalm.*	Cassiodor, *Expositio Psalmorum*
Cassiod. *inst.*	Cassiodor, *Institutiones divinarum et saecularium litterarum*
Chron. ad ann. 1234	*Chronicon ad annum 1234*
Chron. ad ann. 846	*Chronicon ad annum 846*
Chron. Edess.	*Chronicon Edessenum*
Chron. Melcit.	*Chronicon Melciticum*
Chron. Pasch.	*Chronicon Paschale* (Osterchronik)
Cod. Iust.	*Codex Iustinianus*
Cod. Theod.	*Codex Theodosianus*
Coll. Avell.	*Collectio Avellana*
Coripp. *Laud. Iust.*	Corippus, *In laudem Iustini Augusti minoris*
De insid.	Konstantinos VII. Porphyrogennetos, *Excerpta de insidiis*
Dionys. Exig.	Dionysius Exiguus
Euagr. *HE*	Euagrios, *Kirchengeschichte*
Euseb. *HE*	Eusebios, *Kirchengeschichte*
Euseb. *solemn. Pasch.*	Eusebios, *De solemnitate Paschali*
Eustrat. *Vita Eutych.*	Eustratios, *Vita des Eutychios*

Fest.	Festus, *Breviarium*
FGrHist	Die Fragmente der Griechischen Historiker (hg. von F. JACOBY)
FHG	Fragmenta Historicorum Graecorum
Georg. Mon.	Georgios Monachos
Georg. Pasch. cum Tilpin	Georgios Monachos, Ἔκφρασις τοῦ Αὐγουστεῶνος
Georg. Synk.	Georgios Synkellos
Greg. Tur. *Hist.*	Gregor von Tours, *Historiae*
Hdt.	Herodot, *Historien*
Hes. *erg.*	Hesiod, *Werke und Tage*
Hesych. Mil.	Hesychios von Milet
Hieron. *Chron.*	Hieronymus, *Chronik*
Hieron. *Comm. Dan.*	Hieronymus, *In Danielem Commentarii*
Hieron. *Comm. Mt.*	Hieronymus, *In Matheum Commentarii*
Hieron. *In Ier.*	Hieronymus, *In Hieremiam Prophetam Libri VI*
Hippolyt. *Dan.*	Hippolytos, *Commentarius in Danielem*
Hippolyt. *Chron.*	Hippolytos, *Chronik*
IMilet	Inschriften von Milet
Iord. *Get.*	Iordanes, *Getica*
Iord. *Rom.*	Iordanes, *Romana*
Isid. Sev. *Etym.*	Isidor von Sevilla, *Etymologiae*
Iul. Afric.	Iulius Africanus
Iunill. *inst.*	Junillus, *Instituta regularia divinae legis*
Iust. *contr. Orig.*	Justinian, *Gegen Origenes*
Iust. inst.	Justinian, *Institutiones*
Jak. Edess.	Jakob von Edessa
Joh. Ant.	Johannes Antiochenus
Joh. Eph.	Johannes von Ephesos
Joh. Eph. *HE*	Johannes von Ephesos, *Kirchengeschichte* (3. Teil)

Joh. Eph. *LHO*	Johannes von Ephesos, *Leben der Heiligen des Orients*
Joh. Epiph.	Johannes von Epiphaneia
Joh. Lyd. *mag.*	Johannes Lydos, *De magistratibus populi Romani*
Joh. Lyd. *mens.*	Johannes Lydos, *De mensibus*
Joh. Lyd. *ost.*	Johannes Lydos, *De ostentis*
Joh. Mosch. *Prat. Spirit.*	Johannes Moschos, *Pratum Spirituale*
Joh. Nik.	Johannes von Nikiu
Joh. Ruf. *pleroph.*	Johannes Rufus, *Plerophoriai*
Jos. Styl.	Josua Stylites
Kedren.	Georgios Kedrenos
Konst. Porph. *them.*	Konstantinos Porphyrogennetos, *De thematibus*
Kosm. Ind.	Kosmas Indikopleustes
Kyrill. Skythop. *Vita Euthym.*	Kyrillos von Skythopolis, *Vita Euthymii*
Kyrill. Skythop. *Vita Sabae*	Kyrillos von Skythopolis, *Vita Sabae*
Lact. *inst.*	Lactantius, *Divinae institutiones*
Malal.	Johannes Malalas, *Weltchronik*
Marc. Com.	Marcellinus Comes, *Chronik*
Meg. Chron.	Megas Chronographos
Mich. Syr.	Michael Syrus, *Chronik*
Mos. Chor.	Moses von Chorene
Nikeph. Kall. *HE*	Nikephoros Kallistos, *Kirchengeschichte*
Nikeph. Gregor.	Nikephoros Gregoras
Niket. Chon. *Hist.*	Niketas Choniates, *Historia*
Nov. Iust.	*Novella Iustiniani*
Oikoumen.	Oikoumenios, *Apokalypse-Kommentar*
Paul. Silent. *Ekphr.*	Paulos Silentiarios, *Ekphrasis der Hagia Sophia*
Phot. *cod.*	Photios, *Codex*
Phot. *epit.*	Photios, *Epitome*

Priscian. *pan.*	Priskian, Panegyricus auf Anastasios (*De laude Anastasii imperatoris*)
Prok. *aed.*	Prokop, *Bauten*
Prok. *BG*	Prokop, *Gotenkriege*
Prok. *BP*	Prokop, *Perserkriege*
Prok. *BV*	Prokop, *Vandalenkriege*
Prok. *HA*	Prokop, *Anekdota* (*Historia Arcana*)
Prok. Gaz. *Comm. in Gen.*	Prokop von Gaza, *Commentarius in Genesim*
Prok. Gaz. *Anast.*	Prokop von Gaza, *Panegyricus auf Kaiser Anastasios*
Ps.-Dionys.	Pseudo-Dionysios, *Chronik*
Ps.-Zach. *HE*	Pseudo-Zacharias von Mytilene, *Kirchengeschichte*
Rom. Mel.	Romanos Melodos
Script. Orig. Const.	*Scriptores Originum Constantinopolitanarum*
SEG	Supplementum Epigraphicum Graecum
Sev. Ant. *epist.*	Severos von Antiocheia, *Briefe*
Sev. Ant. *hom.*	Severos von Antiocheia, *Homilien*
Sev. Ant. *hymn.*	Severos von Antiocheia, *Hymnen*
Sev. Ant. *Lib. contr. imp. Gramm.*	Severos von Antiocheia, *Liber contra impium Grammaticum*
Sym. Log.	Symeon Logothetes, *Chronicon*
Synax. Eccl. Const.	*Synaxarium Ecclesiae Constantinopolitanae*
Tert. *apol.*	Tertullian, *Apologeticum*
Tert. *resurr.*	Tertullian, *De resurrectione*
Tert. *Scap.*	Tertullian, *Ad Scapulam*
Theod. *epist.*	Theodoret von Kyrrhos, *Epistulae*
Theod. Anagn.	Theodoros Anagnostes
Theoph.	Theophanes, *Chronographia*
Theoph. *Ad Autol.*	Theophilos, *Ad Autolycum*
Theophyl. Sim. *Hist.*	Theophylaktos Simokates, *Historien*
Theos. Tubing.	*Tübinger Theosophie*

Thuk.	Thukydides
Vell.	Velleius Paterculus
Vict. Tunn.	Victor von Tunnuna, *Chronik*
Vita Dan. Styl.	*Vita Danielis Stylitae*
Vita Sym. d. J.	*Vita* des Symeon Stylites d. J.
Zonar.	Johannes Zonaras
Zos.	Zosimos, *Historia Nova*

2.) Literatur

AAAH	Acta ad Archaeologiam et Artium Historiam Pertinnentia
AC	Acta Classica
AFP	Archiv für Papyrusforschung
AHR	The American Historical Review
AntTard	Antiquité Tardive
BASP	The Bulletin of the American Society of Papyrologists
BiZ	Biblische Zeitschrift
BMGS	Byzantine and Modern Greek Studies
BNJ	Byzantinisch-neugriechische Jahrbücher
ByzF	Byzantinische Forschungen
ByzSlav	Byzantinoslavica
ByzZ	Byzantinische Zeitschrift
CQ	The Classical Quarterly
DOP	Dumbarton Oaks Papers
GRBS	Greek, Roman and Byzantine Studies
HJ	Historisches Jahrbuch
HThR	Harvard Theological Review
HZ	Historische Zeitschrift
H&Th	History and Theory
JbAC	Jahrbuch für Antike und Christentum

JCSSS	Journal of the Canadian Society for Syriac Studies
JHS	Journal of Hellenic Studies
JLA	Journal of Late Antiquity
JÖByz	Jahrbuch der Österreichischen Byzantinistik
JRA	Journal of Roman Archaeology
JRS	Journal of Roman Studies
JThS	Journal of Theological Studies
LACL	S. Döpp/W. Geerlings (Hgg.), Lexikon der antiken christlichen Literatur, Freiburg u. a. ³2002
MedAnt	Mediterraneo antico
MH	Museum Helveticum
MIÖG	Mitteilungen des Instituts für Österreichische Geschichtsforschung
MJ	Medizinhistorisches Journal
OC	Oriens Christianus
PG	*Patrologia Graeca*
PL	*Patrologia Latina*
PLRE II	J. R. Martindale, The Prosopography of the Later Roman Empire, Vol. II A.D. 395–527, Cambridge u. a. 1980
PLRE IIIA	J. R. Martindale, The Prosopography of the Later Roman Empire, Vol. III A.D. 527–641. Volume IIIA, Cambridge 1992
PLRE IIIB	J. R. Martindale, The Prosopography of the Later Roman Empire, Vol. III A.D. 527–641. Volume IIIB, Cambridge 1992
PNAS	Proceedings of the National Academy of Sciences
PO	*Patrologia Orientalis*
P&P	Past & Present

RAC	Reallexikon für Antike und Christentum
RBK	Reallexikon zur byzantinischen Kunst
RBPhH	Revue belge de philologie et d'histoire
RE	Paulys Realencyclopädie der classischen Altertumswissenschaft
RSBN	Rivista di studi bizantini e neoellenici
StudPatr	Studia Patristica
TAPhA	Transactions and Proceedings of the American Philological Association
TravMem	Travaux et Mémoires
TRE	Theologische Realenzyklopädie
VigChr	Vigiliae Christianae
WZKM	Wiener Zeitschrift für die Kunde des Morgenlandes
ZAC	Zeitschrift für antikes Christentum
ZDMG	Zeitschrift der deutschen morgenländischen Gesellschaft
ZNTW	Zeitschrift für neutestamentliche Wissenschaft
ZPE	Zeitschrift für Papyrologie und Epigraphik

Geographisches Register

Actium 125
Afrika 61, 69, 72, 76, 136, 146, 150, 207f., 221, 259
Ägypten 48f., 72, 177, 189, 203f., 223, 228
Alexandreia 48, 130, 133f., 183, 203f., 280
Amida 27, 175, 183, 194–205, 280, 284
Anchialos 70
Antiocheia 28f., 40f., 84, 102, 105, 107, 163, 176–178, 235, 274
Asowsches Meer s. Maeotis
Athen 97, 254
Augustaion (Konstantinopel) 208–210
Aurès 77

Balkan 258f.
Benevent 70
Berytos 61
Bosporus 91
Britannien 76

Cannae 66
Capua 97
Caričin Grad s. Iustiniana Prima
Chalke (Konstantinopel) 207f., 221

Chalkedon 177, 183–185, 203f., 273–275

Dara 242

Edessa 71f., 197
Ephesos 183

Festung des Vergessens 78f.

Gallien 76

Hagia Sophia (Konstantinopel) 11, 122, 164, 168, 212, 215
Hierapolis 195
Hippodrom (Konstantinopel) 210

Illyricum 270
Italien 61, 66, 76, 80, 163f., 207f., 258f., 270, 274
Iustiniana Prima 144

Jerusalem 23, 197, 203f., 280

Kaisareia 61
Kanzakon 57
Karrhai 197
Karthago 72, 145
Kaspische Tore 76

Geographisches Register

Kaukasus 70, 76, 91
Kelesene 69f.
Kerkyra 70
Kirkäisches Vorgebirge 70
Kleinasien 182
Kolchis 69
Komana (Pontos/Kappadokien) 69f.
Konstantina/Tella 197
Konstantinopel 1, 11, 27, 43, 45, 47, 49–51, 53f., 61, 77, 96, 98, 120–122, 173, 175, 181, 183, 189f., 201f., 205, 207–210, 212, 236, 239, 245–247, 253, 257, 266f., 269, 280
Korfu s. Kerkyra

Lazika 70, 100
Libyen 72
Lykaonien 157–159

Maeotis 70
Martyropolis 197
Mesopotamien 23, 76f., 184

Nisibis 77

Osrhoene 71

Palästina 61, 72, 130
Patmos 229
Pisidien 158f.
Pontos 76

Ravenna 80
Rom 54f., 71, 97, 111, 127, 150, 156, 158, 221, 245, 251, 254, 258f., 269, 274f.
Rotes Meer 76f.

Schwarzes Meer 77
Syrien 23, 184

Taprobane (Sri Lanka) 223
Tauros 76
Terracina 70
Thermopylen 97f.
Thrakien 48
Tigisis 72
Tralleis 97
Troia 53, 64, 69, 111, 117, 245, 247

Vesuv 77
Via Appia 65

Namensregister

Abgar V. Ūkāmā 71, 73
Achaimeniden 97
Achilleus 209f., 254
Adam 28, 31, 34–37, 39, 64, 110, 259
Aeneaden 117f.
Aeneas 53f., 70, 117f., 158, 237f., 247f., 266
Aetius 269
Africanus, Sextus Iulius 22
Agapetos 138
Agathias 11, 42, 60, 93–104, 107f., 111–113, 121, 186f., 201f., 236, 278
Agnoeten 228
Aias 54
Aineias s. Aeneas
Alarich I. 63, 65, 254f.
Albas 53
Alemannen 102
Alexander d. Gr. 52, 55, 76, 91, 100, 111
Amantios 2
Amazonen 70, 76
Ananias von Schirak 133f.
Anastasios I. 1–5, 11, 25f., 38f., 106, 139, 144, 151, 196, 237–239, 242–248
Anchises 70
Andreas von Byzanz 133
Anicia Iuliana 122

Annianos 22, 132, 261
Antaios 69
Antichrist 6, 26, 88–90, 176f., 179, 199, 211, 214–216, 275
Antonius, M. 125
Appian 75
Araber 57
Ardašir I. 100
Aristoteles 60
Arkadios 62, 208
Artemis 70
Asios 53
Assmann, Jan 63
Athena Promachos 254
Attila 63
Augustinus 14–16, 249
Augustus 34, 36f., 51, 55, 66, 71, 74, 77, 111f., 117, 125f., 136f., 144, 149, 238f., 242, 251, 255, 259f., 265f., 268

Beda Venerabilis 129
Belisar 61, 80, 87, 98, 153f., 162f., 207f., 258
Belos 245
Berber 70, 72, 77
Bernstein, Frank 74
Börm, Henning 85
Brodka, Dariusz 89, 100, 273
Brooks, Ernest W. 180
Bulgaren 210

Burgess, Richard 29

Caesar 117, 126, 191, 238, 242, 245
Cameron, Averil 98, 244
Camillus 66
Candac 257
Cassiodor 128, 228, 257
Chairemon 98
Chosroes I. 71, 97, 100
Chosroes II. 57
Christodoros 11, 144
Christus 23, 30, 35, 56, 71, 128f., 131, 166–169, 171f., 179, 213, 215, 224, 228, 259f.
Constantius II. 112
Corippus 57, 172f., 205, 217–223
Crispus 253

Damaskios 250
Daniel (Prophet) 52, 56, 262
Daniel Stylites 25
Dido 69, 72
Diokletian 77, 111, 123, 125f., 128f., 242
Diomedes: 47f., 50, 53f., 70
Dionysius Exiguus 123, 127–132, 134, 280
Domitian 88, 92, 231
Dubuisson, Michel 247

Elias 225
Ephraem von Amida 176, 199
Euagrios 39, 105–112, 123, 171f., 272f., 278
Eunapios 252

Euphrasios 176
Eusebios von Kaisareia 22, 33, 71, 105f., 109, 129, 248, 261, 270–272
Eustathios von Epiphaneia 38f., 107, 110, 273
Eustratios von Konstantinopel 229
Eutychios 171

Fausta 253
Festus 265
Fontana, Agnese 53
Franken 95–97

Gallier 66
Gardthausen, Victor 124
Geiserich 154
Gelimer 221
Georgios Kedrenos 126
Giesen, Heinz 229
Goffart, Walter 252
Goten 60, 80, 161, 163, 207f., 256, 260, 266, 268–270
Greatrex, Geoffrey 62, 87
Gregor von Tours 132
Gunthigis 256

Hephthaliten 78
Herodot 67, 74f., 83, 90
Hesiod 255
Hesychios von Milet 125f., 245–248, 280f.
Hesychios 33
Heydemann, Gerda 233
Hieronymus 52, 260ff., 267, 270–272
Hippolytos 22

Namensregister

Hunnen 96, 195
Hydatius 271

Innozenz I. 254
Iphigeneia 69f.
Iron/Irion 134
Israeliten 72
Iulianos (Stadtpräfekt) 45
Iulius Africanus, Sextus 22, 52, 237, 248, 261

Jakob Baradaios 183, 201
Jason 69f.
Johannes der Kappadoker 244
Johannes III. Scholastikos 190
Johannes Kyrtos 5–7
Johannes Lydos 127, 146f., 149, 152, 154, 163, 235–245, 247f., 276, 280f.
Johannes Malalas 1–4, 10, 28–55, 58, 64, 73, 82, 93, 110, 127, 152, 177, 181, 189, 194, 212, 232, 239, 260f., 277f.
Johannes Philoponos 24, 165, 223
Johannes Rufus 177, 274f., 280
Johannes von Damaskos 33
Johannes von Ephesos 42, 83, 101, 176–178, 182–191, 196–201, 228, 281, 283
Johannes von Epiphaneia 107, 112f.
Johannes Zonaras 7

Jordanes 229, 256–266, 269–271, 273, 275, 280
Jordheim, Helge 13
Josua Stylites 23f., 27, 42, 189
Josua 72
Julian (Kaiser) 253
Julian von Halikarnassos 170
Junillus Africanus 229, 236, 248
Justin (Konsul) 167f.
Justin I. 4–7, 175, 191, 246, 270f.
Justin II. 57, 172, 184, 189f., 199, 217–223, 279
Justinian 4–7, 11, 29, 45, 57, 60–62, 79f., 82, 85, 87–90, 93, 100, 104, 115–122, 124, 132–157, 159–173, 181, 191, 193f., 198, 203, 205–213, 215–223, 234, 237–240, 242–247, 256–258, 263, 265–268, 270f., 273, 279–281, 283f.

Kabades I. 78
Kaldellis, Anthony 78, 235
Kalypso 70
Karthager 72
Kedrenos s. Georgios Kedrenos
Kirke 70
Klaudios Ptolemaios 236
Klemens 34
Konstantin I. 53, 74, 118, 125f., 150, 153, 238f., 245f., 251–253, 255
Koselleck, Reinhart 12f., 95

Kosmas Indikopleustes 56f., 223–228, 232–234, 238
Kronos 281
Kulikowski, Michael 29
Kutriguren 77, 98
Kyrillos von Alexandreia 128, 130
Kyrillos von Skythopolis 130, 152

Landwehr, Achim 13, 16–18
Leonidas 97
Lykaon 158
Lykaonier 157f.

Maas, Michael 127, 156, 238
Magdalino, Paul 215
Malalas s. Johannes Malalas
Marc Aurel 150, 242
Marcellinus Comes 9, 123, 266–273, 275
Maria 202
Marinos von Apameia 243f.
Maurikios 110f., 191
Maurusier s. Berber
Medeia 69
Mehmed II. 211
Menandros Protektor 112f.
Mermeroes s. Mihr-Mirhoe
Michael Syrus 37, 190, 228
Mihr-Mirhoe 100
Montinaro, Federico 205
Moses 107, 179, 226

Narses 48, 97
Nero 86
Nikephoros Kallistos 171

Noah 53
Numa 117, 238f.

Odainathos 65
Odoaker 63, 273–275
Odysseus 54
Oikoumenios 25, 227–234
Olympiodoros 252
Orestes 69
Orosius 42, 109, 249

Pallas 69
Panodoros 22
Paria 257
Paulos (Patriarch von Antiocheia) 175f.
Paulos Silentiarios 168–170, 172f., 205, 209, 218
Paulus (Apostel) 24, 51
Perser s. Sāsāniden
Petros Patrikios 112, 281
Phöniker 72
Photios 245f.
Piepenbrink, Karen 164
Podskalsky, Gerhard 52
Polybios 251
Pompeius 144, 242
Porphyrios (Seeungeheuer) 91
Priskian 139
Priskos 105
Proklos 2, 25
Prokop von Gaza 33f., 139
Prokop von Kaisareia 4f., 11, 60–93, 96, 98–102, 105, 107f., 111–113, 121, 140f., 145, 149, 152f., 155, 162,

196, 203, 205–211, 216,
220f., 225, 235, 258, 278
Prosper 271
Ps.-Leontios 229
Ps.-Methodios 57
Ps.-Zacharias 84, 177, 188
Ptolemaios s. Klaudios
  Ptolemaios

Remus 53
Romanos Melodos 25,
  211–216, 225, 280
Romulus (Augustulus) 63,
  252, 266–268, 272f.
Romulus 53, 111, 117, 158,
  238f., 265
Rubin, Berthold 6, 89, 92

Sabas 130
Sallust 249
Salomon 11, 122, 215
Sardanapal 86
Sāsāniden 57, 60, 71, 77,
  95–100, 146, 161, 163,
  194–196, 209f., 257, 282
Scott, Roger 194, 211, 215f.
Semiramis 86
Seneca 249
Septimius Severus 255
Sergios (Dolmetscher) 98f.
Severos von Antiocheia 170,
  176, 178–182, 204f., 230,
  234, 280f.
Severus Alexander 100
Simplikios 25
Sokrates 105
Sophia 221

Sozomenos 105
Stephanos von Byzanz 281
Stickler, Timo 62, 64
Strobel, August 131
Susanna 185f.
Symeon 109

Tacitus 249
Taurer 70
Tertullian 51
Theodora 6, 61, 87f., 144,
  167f., 208, 212
Theodoret 105
Theodoros Anagnostes 4,
  203
Theodosios II. 108
Theodosios von Alexandreia
  182f.
Theodosius I. 62, 65, 126,
  253
Theophanes von Byzanz 93,
  112
Theophanes 37, 48
Theophilos 34
Thukydides 64, 67, 69, 83, 95
Thüringer 66, 77
Timotheos II. Ailouros 177,
  275
Timotheos 34
Titus 150, 155, 242
Traian 66, 144, 149, 242
Tribonian 115f., 156, 220,
  229
Troos 53
Tzanen 77, 151

Utiguren 77

Valentinian III. 122
Valerian 97
Vandalen 60, 72, 77, 136, 145f., 148, 150, 154, 161, 207f., 256, 275
Varghese, Annamma 215
Victor von Tunnuna 129, 203
Vigilius 264

Wagner, Richard 59
Watts, Edward 274f.

Zenobia 65
Zenon 35–39, 63f., 110, 269
Zonaras s. Johannes Zonaras
Zosimos 108, 110, 154, 246, 250–256, 275, 280

Sachregister

Aphthartodoketismus 170–173
Apokalyptik 4–10, 12, 19, 21–28, 32, 35f., 38–41, 44, 46–58, 84, 89–94, 101, 103–105, 110–112, 124, 131–135, 141, 146, 164f., 177–182, 185–191, 193f., 198f., 201f., 205, 211, 213–216, 224–228, 230–235, 248, 250, 255, 261–265, 270f., 275, 277–284
Beschleunigung 9, 12, 95, 146, 178–181, 186f., 213, 215, 279–282

Chronoferenzen 13, 18f., 21, 67, 77, 102, 118, 187, 278f.

Eschatologie s. Apokalyptik

Fortschritt 12, 109, 249

Hypersakralisierung 166

Indiktionen 30, 117, 119f., 123–126, 128, 271

Justinianische Pest s. Pest

Katastrophen 23f., 26f., 40–50, 62, 88f., 91f., 94–96, 100–104, 108f., 111, 122, 124, 163f., 166, 175–177, 189–191, 194f., 198, 200, 212–214, 216, 235f., 244, 257, 279, 282
Konsul/Konsulat 119, 121, 123, 128, 147, 158–162, 167, 222, 239, 271

Liturgisierung 57, 166, 217

Miaphysitismus 11, 175–191, 195, 199, 228, 273–275, 280f., 283
Münzprägung/Münzen 120
Mythos 68–70, 156

Niedergang(sdiskurs) 11, 108, 155, 236f., 249–276, 280
Nontemporalität 11, 166–173, 205, 207f., 211, 216–219, 221f., 279

Osterfeststreit 131–134

Palladion 53f., 70
Pest 27, 43f., 49f., 61, 89–91, 102, 104, 108f., 123, 164, 166, 169, 172, 183, 190, 195,

Sachregister

199, 202, 205, 208, 212, 257, 279, 283

Pluritemporalität 11, 13, 16, 144, 153, 159, 205, 207, 221 f., 279

Retardation 178–182, 281

Synchronismen/Synchronisierung 13, 35, 107, 121, 260

Träume 1–8

Verdichtung/Kompression 8, 13, 75 f., 91, 95, 132, 186, 211, 278, 282

Vergessen 11, 74, 78 f., 84, 95, 105 f., 196, 206

Verräumlichung 11, 59 f., 75–79, 95, 100, 225, 278

Weltende s. Apokalyptik

Zeitalter Justinians 118–121, 135–147, 150–155, 164 f., 167, 191, 193 f., 205–207, 220, 238–240, 247, 256 f., 263, 265, 271, 279 f., 283